*Gewidmet den Patienten und Mitarbeitern
der Dynamisch-Psychiatrischen Klinik
Menterschwaige München.*

Günter Ammon

# Der mehrdimensionale Mensch

Zur ganzheitlichen Schau
von Mensch und Wissenschaft

»Pinel« Verlag für humanistische Psychiatrie
und Philosophie GmbH

Umschlaggestaltung: Andrea Mogwitz, München

CIP-Titelaufnahme der Deutschen Bibliothek
Ammon, Günter
Der mehrdimensionale Mensch
1. Auflage 1986
2., erweiterte Auflage 1995
© by »Pinel« Verlag für humanistische
Psychiatrie und Philosophie GmbH, Berlin
Kantstraße 120/121, D-10625 Berlin
Alle Rechte vorbehalten, auch die des teilweisen Abdrucks, des öffentlichen Vortrags und der Übertragung durch Rundfunk und Fernsehen.
Fotomechanische Wiedergabe nur mit Genehmigung des Verlages.
Gesamtherstellung: Alfa-Druck GmbH, Göttingen
Printed in Germany
ISBN 3 922109 - 10 - 1

# Inhalt

| | |
|---|---|
| Gedanken zu Yang und Yin | 7 |
| Einleitung | 9 |
| Der mehrdimensionale Mensch | 15 |
| Die Androgynität des Menschen | 32 |
| WADP/UNO-Deklaration für die Rechte der Frau | 56 |
| Als die Mütter herrschten. Ein Essay über das Matriarchat | 59 |
| Beobachtungen und Erfahrungen bei den Lacandon-Mayas Mittelamerikas | 65 |
| A Psychiatrist Studies a Vanishing Tribe | 72 |
| Archeology and Psychiatry | 78 |
| Identität – ein Geschehen an der Grenze von Raum und Zeit | 87 |
| Das Prinzip der Sozialenergie | 103 |
| Die Bedeutung des Körpers | 122 |
| Zur Dimension des Schöpferischen | 139 |
| Der Traum im therapeutischen Prozeß | 164 |
| Erfahrung bei der Peyote-Zeremonie | 186 |
| Zeit und Zeiterleben | 217 |
| Arbeit und menschliche Existenz | 241 |
| Eifersucht | 262 |
| Tod und Identität | 276 |
| Tod und Sterben – Identitätsprozeß und Gruppendynamik | 292 |
| Religiosität und Gottesbegriff als ganzheitliches Geschehen | 309 |
| Tod und Wiedergeburt. Eine Begegnung | 321 |
| Frieden und Aggression | 324 |
| Schlußbetrachtungen zum Paradigmenwechsel einer Wissenschaft | 336 |
| Nachwort | 341 |
| Humanstruktureller Tanz – Heilkunst und Selbsterfahrung | 343 |
| Interview mit Günter Ammon über den Humanstrukturellen Tanz | 372 |
| Man as a Multidimensional Being in Health and Illness | 385 |
| Glossar | 396 |
| Literaturverzeichnis | 406 |
| Namens- und Sachregister | 424 |
| Quellennachweis | 458 |

# Einleitung zur 2. Auflage

Als dieses Buch vom mehrdimensionalen Menschen 1986 erschien, setzte es der Eindimensionalität des Menschen von Herbert Marcuse mit seinem einengenden Pessimismus und der fast suchtartig zerstörenden Hinterfragung aller Werte ethische Prinzipien mit einem positiv gesehenen breiten und befreienden Spektrum des menschlichen Potentials entgegen mit Dimensionen wie Sozialenergie, Gruppendynamik, Körper und Androgynität, Kreativität, Arbeit, Zeit, Tod und Sterben, Wissenschaft und Frieden – integrative zur Identität führende Werte, die viele Leser ansprachen, so daß das Werk bereits kurz nach dem Erscheinen ausverkauft war.
Daß das Buch erst jetzt nach mehreren Jahren neu aufgelegt wurde, hängt damit zusammen, daß wir vor das Schreiben die Tat gesetzt haben. So entwickelte in der Zwischenzeit der Autor zusammen mit seinen Schülern und Mitarbeitern ein integriertes mehrdimensionales Konzept von Diagnostik und Behandlungsmethodik schwerer psychischer Erkrankungen zusammen mit der sich als sehr fruchtbar erweisenden Konzeption ganzheitlicher Medizin und Psychologie. Der Höhepunkt von Ammons und seinen Freunden getragenen Forschungen war ein Weltkongreß der World Association for Dynamic Psychiatry WADP in St. Petersburg 1994, der in der internationalen Anerkennung ganzheitlichen Denkens und Handelns der Dynamischen Psychiatrie gipfelte. Da nach unseren Erkenntnissen Mehrdimensionalität und Holismus immer zusammen gesehen werden müssen und sich gegenseitig bedingen, füge ich dieser 2. Auflage abschließend meinen zusammenfassenden Einführungsvortrag dieses Kongresses hinzu.
Allgemeinen Wünschen entsprechend ist diese 2. Auflage des »Mehrdimensionalen Menschen« durch den klassischen Beitrag Ammons über den Humanstrukturellen Tanz zusammen mit einem Interview erweitert worden. Der Tanzarbeit sind außerdem eine Reihe dokumentarischer und aussagekräftiger Fotos beigefügt worden, die ihre eigene Sprache sprechen.
Schließen möchte ich diese Einleitung mit der herzlichen Einla-

dung an den Leser, an der einen oder anderen unserer zehntägigen Klausurtagungen in Paestum bei Neapel teilzunehmen, wobei das Gelesene als lebendig gewordene Wirklichkeit ihn mitnimmt und den Holismus erfahren läßt.
Auf Wiedersehen unter der Sonne von Paestum, dem alten Poseidonia der Griechen.


Günter Ammon · Berlin, 12. April 1995

# GEDANKEN ZU YANG UND YIN

EINE S-KURVE TEILT HIER EINEN KREIS IN EIN HELLES UND IN EIN DUNKLES FELD. ES ENTSTEHT SO EINE UMGEKEHRT SYMMETRISCHE ORDNUNG, DIE IN GANZHEITLICHER VEREINIGUNG ZWEIER ENTGEGENGESETZTER PRINZIPIEN IHREN AUSDRUCK FINDET.

ES HANDELT SICH HIER UM EIN URALTES CHINESISCHES SINNBILD EINER GANZHEITLICHEN SCHAU DES UNIVERSUMS, DER COINCIDENTIA OPPOSITORUM, »YANG-YIN« GENANNT. DIESES PRINZIP FINDET SICH ZUERST LITERARISCH NIEDERGELEGT IM ANHANG HI-TSIE DES JI-KING (»BUCH DER WANDLUNGEN«) IM 5. JAHRHUNDERT VOR DER ZEITRECHNUNG.

DAS »YANG« ENTSPRICHT DEM HELLEN FELDE DES SYMBOLS. ES DRÜCKT DAS PRINZIP DER SEELISCH-GEISTIGEN KRÄFTE AUS, DIE SICH IN WÄRME, FRÜHLING UND MÄNNLICHER ZEUGUNGSKRAFT OFFENBAREN. DARÜBER HINAUS VERKÖRPERT »YANG« DAS AKTIVE, DYNAMISCHE PRINZIP SCHLECHTHIN.

DAS »YIN« DAGEGEN WIRD DURCH DEN SCHATTENHAFTEN TEIL DES ZEICHENS AUSGEDRÜCKT. ES VERTRITT DAS PASSIVE PRINZIP, DAS PRINZIP DES WEIBLICH EMPFANGENDEN, DES KÖRPERLICH, ERDGEBUNDENEN UND STATISCHEN.

NACH CHINESISCHER AUFFASSUNG BEFINDEN SICH YANG UND YIN IN JEDEM KÖRPER UND STEHEN ZUEINANDER IM KRÄFTEGEGENSATZ. DIE CHINESISCHE HEILKUNDE FUSST AUF DIESER AUFFASSUNG UND SIEHT IN DEM GLEICHMASS DES VERHALTENS VON YANG UND YIN DAS PPRINZIP DER GESUNDHEIT. BEIDE KRÄFTE STEHEN NACH DIESER ANSICHT IM EWIGEM WECHSELSPIEL UND DRÜCKEN IN ENDLOS RHYTHMISCHEM KREISLAUF DIE SINNFÄHIGKEIT DES LEBENS AUS.

DEN SCHÖNSTEN AUSDRUCK FÜR EINE EINHEIT AUS ZWIESPÄLTIGEM FAND PLATO IN SEINEM »SYMPOSIUM«, WO ER SAGT, DASS ALLE EINHEIT ZUSAMMENKLANG — UND DASS ZUSAMMENKLANG ÜBEREINSTIMMUNG VON GEGENSÄTZEN IST. AUF DIESE WEISE WÜRDE AUCH DER RHYTHMUS ENTSTEHEN, UND ZWAR DADURCH, DASS ZWEI MASSE (SCHNELL UND LANGSAM) ZUERST EINANDER WIDERSPRECHEN UND DANN ÜBEREINSTIM-

MEN. DIE MUSIK BRINGT HIER ALSO EINE HARMONIE IN DIE DINGE — GENAU WIE DIE HEILKUNDE DIESE BEWIRKT. PLATO WENDET NUN DIESE BEGRIFFE VON RHYTHMUS UND EINHEIT AUCH AUF DIE BEZIEHUNG DES MENSCHEN AN. IN DIESEM SINNE WÜRDE AUCH ALLES WAHRE LIEBEN DER MENSCHEN ZUR FRÖMMIGKEIT HINSTREBEN, DAS IM SINNVOLLEN WERBEN DER JUGEND UM DIE WEISHEIT UND DES WEISE GEWORDENEN ALTERS UM JUGENDLICHE NACHFOLGE, ALSO IM EWIGEN KREISE VON LEHRERN UND SCHÜLERN, ALT UND JUNG SEINEN AUSDRUCK FINDET.

DIESE GEDANKENGÄNGE GRIFF HERMANN HESSE IM »GLASPERLENSPIEL« UNTER DEM SYMBOL »YANG UND YIN« AUF. DORT, IN DER PÄDAGOGISCHEN PROVINZ, STEHT DER VEREHRTE MEISTER SEINEM SCHÜLER GEGENÜBER. DER AUTORITÄT UND WÜRDE DES ALTERS HÄLT DIE LEICHT VORANEILENDE FIGUR DER JUGEND ALS SYMBOL DES ANFANGS UND DER HEITERKEIT DIE WAAGE.

SO SEHEN WIR DORT IN DER MEDITATION TRAUMHAFTE BILDER ENTSTEHEN, GEBOREN AUS DEM ERKENNEN GEWISSER ZUSAMMENHÄNGE, DIE DANN IN DIESEN BILDERN ERLEBT WERDEN UND SCHLIESSLICH GRAPHISCHE GESTALT ANNEHMEN. AUF DIESE WEISE SCHLIESSEN SICH ERLEBTE ERKENNTNISSE ZUM SYMBOL ZUSAMMEN.

DAS SYMBOL VERRÄT HIER SEIN GEHEIMNIS: ES IST KEIN »FESTSTEHENDES ZEICHEN« NACH HERKÖMMLICHER AUFFASSUNG, SONDERN ENDPUNKT UND WIEDERBEGINN EINES GEISTIGEN VORGANGS.

GÜNTER AMMON, 1950

# Einleitung

Dieses Buch beschäftigt sich mit den Möglichkeiten und Kräften, die in jedem Menschen ruhen und ihrer Entwicklung harren; ursprünglich schöpferische und konstruktive Kräfte von Geist, Körper und Seele. Dies ist einfach gesagt und auch einfach gedacht, hat jedoch klare Konsequenzen für das Bild vom Menschen und auch das Umgehen mit Menschen, wenn man versteht, daß sich diese menschlichen Grundkräfte von Anfang an innig miteinander und untereinander entwickeln und beeinflussen. Es sind die Grunddimensionen des Menschen, die ihn formen und bestimmen, ihn Freude und Leid erleben lassen.
Leicht können wir uns davon überzeugen, wenn wir Biographien lesen, in denen immer wieder die Mehrdimensionalität des Menschen in seinen verschiedensten Schattierungen von Bedeutung ist in innigem Bezug zu umgebenden Gruppen, gesellschaftlichen Bedingungen und bedeutsamen Begegnungen und Beziehungen. Besonders eindrucksvoll sind jedoch die Lebensgeschichten und Schicksale von Menschen verschiedenster Herkunft und verschiedenster Tätigkeit, die im Laufe der letzten Jahrzehnte wegen psychischer, geistiger und körperlicher Nöte zu mir in Behandlung kamen.
Da ich mich schon früh nicht nur für das Prinzip Krankheit, sondern für das Prinzip Mensch interessierte und somit für alles, was mit dem Menschen zu tun hat, wie seine Geschichte, sein Zusammenleben, seine Kultur und Religiosität, war ich immer wieder beeindruckt zu lernen, daß Mensch, Gruppe und Gesellschaft als ständig in Entwicklung und daher prozeßhaft und dynamisch zu verstehen sind.
Immer wieder haben wir unsere theoretischen Erkenntnisse in der praktischen Arbeit am Menschen entwickelt und wiederum die gewonnenen theoretischen Erkenntnisse durch weitere

praktische Arbeit überprüft, verändert und weiterentwickelt. Eine wissenschaftliche Theorie hat nur dann Sinn, wenn sie dem Menschen dient. Wir fühlen uns der kulturellen abendländischen Tradition wie auch der Tradition unserer Wissenschaft verbunden und sind von dem Prinzip der Evolution überzeugt. Altes soll nicht zerstört, sondern bewahrt werden. War es einst ein großer Schritt in unserer Wissenschaft, die Interdependenz von Psyche und Soma zu erkennen und zu einer psychosomatischen Medizin zu kommen, so ist heute die geistige Dimension in der Beschäftigung mit dem Leidenden dazugekommen. Die mehrdimensionale Betrachtung von Mensch und Wissenschaft heißt jedoch immer Integration und kein eklektisches Aneinanderreihen. Integration bedeutet auch immer Identität und Standpunkt aus einer geistig-ethischen Mitte heraus.

Meine langjährige Zeit des Lernens in den USA zeigte mir am Beispiel der Menninger Foundation, daß, unabhängig vom Staate, private Initiative möglich ist auf allen Dimensionen meines Berufes in Psychiatrie und Psychoanalyse. Dort waren sowohl klinische wie auch Forschungsabteilungen, eine große Abteilung für Ausbildung, für Gesetz und Psychiatrie, Religion und Psychiatrie, eine Kinder- und Jugendlichenabteilung, ein archäologisches und anthropologisches Museum, sowie eine große Mineraliensammlung, die der Vater der Brüder KARL und WILLIAM MENNINGER angelegt hatte. Es lernten und wirkten dort Psychiater und Psychologen aus aller Welt und der Besuch ausländischer Gelehrter wie auch bedeutender amerikanischer Wissenschaftler war die Regel. Wir aßen, lebten und diskutierten miteinander, trugen gegenseitig vor und KARL MENNINGER forderte, klar und frei zu denken und zu sagen, was man meine, was das eigentliche Leiden eines Menschen sei, und konnte sich außergewöhnlich aufregen, wenn ihm eine Diagnose wie »Schizophrenie« oder »Homosexualität« an den Kopf geworfen wurde. Er konnte dann schreien mit den Worten: »Was meinen Sie damit. Was ist das überhaupt ›Schizophrenie‹ oder was verstehen Sie unter ›Homosexualität‹«. Anfangs hatte ich meine sogenannten »Falldarstellungen« in sorgfältiger akademischer Sprache ausgearbeitet und sogar noch mit Literatur gewürzt, was mir aber nur ein müdes Lächeln einbrachte. So lernte ich bereits dort, das Denken in Kategorien und Diagnosen zu überwinden und mich frei mit dem Menschen zu beschäftigen, was besonders wichtig war bei den schwerer Kranken.

In diesem Geiste ist dieses Buch zu verstehen. Es gliedert sich in mehrere Abschnitte, die sich mit menschlichen Dimensionen, die von dem ganzen Menschen ausgehen, befassen und sich mit seiner Androgynität, seinem Körper, der ihm eigenen Identität und Sozialenergie, Arbeit und Zeiterleben, Tod und Sterben, Religiosität, Eifersucht, Frieden und Aggression auseinandersetzen mit teilweise wissenschafts- und behandlungstheoretischer Auseinandersetzung mit kranken, d.h. desintegrierten Aspekten. Auch den Dimensionen von Kreativität, Traum und Gruppe ist Raum gegeben.

Die Beiträge entstanden vorwiegend in den letzten Jahren im Zuge der Weiterentwicklung der von mir vertretenen Dynamischen Psychiatrie.

Das Essay über das Matriarchat wurde bereits 1946 veröffentlicht, die Gedanken zu Yang und Yin 1950. Über meine Begegnungen mit den Lacandon-Mayas Mittelamerikas füge ich diesem Band noch eine Arbeit aus dem Jahre 1966 bei und auch einen mit diesem Fragenkomplex verbundenen Beitrag über meine Erfahrung bei dem Peyote-Kult der nordamerikanischen Indianer (Native American Church) aus dem Jahre 1971*.

Mit diesen Gedanken spannt sich der Bogen hin zu unserer heutigen humanistischen Philosophie und Einstellung, die Bereicherung erfuhr durch meine lebenslange Beschäftigung mit Archäologie und Anthropologie, verbunden mit zahlreichen Reisen durch West- und Osteuropa, Asien, Amerika, mit vielen Reisen zu den noch lebenden Mayas in Mexiko und Guatemala wie aber auch zu den zahlreichen Tempelpyramiden, Stätten alter Hochkultur und einem längeren Forschungsaufenthalt bei den

---

* veröffentlicht zusammen mit PAUL G. R. PATTERSON

Lacandon-Mayas am Usumacinta-Fluß und nicht zuletzt durch meinen Aufenthalt in Brasilien und meiner innigen Beschäftigung mit der Kultur fast aller arabischer Staaten mit dem Schwerpunkt des Studiums der altpharaonischen Kulturen und Mysterien in Ägypten.

Es war für mich dabei immer von brennendem Interesse zu sehen, wie verschieden in anderen Kulturen und Gesellschaftssystemen Menschen mit ihren Kindern, ihren wirtschaftlichen Gegebenheiten, ihren transzendentalen und religiösen Bedürfnissen, ihrer Kreativität, Aggressionen und Sexualität umgehen. Die Reisen waren eingebunden im Kontinuum meiner Arbeit in Behandlung, Lehre und Forschung als Arzt, Psychiater und Psychotherapeut.

In der Zeit von 1950—1954 wirkte ich in der Blut- und Bluttransfusionsforschung, was zu einer Reihe naturwissenschaftlich-experimenteller Veröffentlichungen führte.

Während dieser Zeit hatte ich auch Gelegenheit, in Abendkursen bei I. H. SCHULTZ das Autogene Training und Hypnose zu erlernen, was mir neuerdings, bei meiner Beschäftigung mit Meditation in Verbindung mit meinen Begegnungen in Indien, wieder zugute kommt.

Heute hat die Meditation einen wichtigen Stellenwert in unserer Arbeit; sie wird angewandt in der Regel mit Musik bei allgemeinen Workshops, Tagungen, Kongressen, gruppendynamischen Sitzungen und hat besondere Bedeutung bei dem humanstrukturellen Tanz freier Gruppen und der humanstrukturellen Tanztherapie in der Klinik. Bei der freien Meditation ohne Eingaben meditiert jeder auf seine eigene Art und Weise. Falls die Gruppe es wünscht, arbeite ich mit Eingaben mit dem Ziel, die Meditation zu vertiefen, die Energiezentren des Menschen (Chakren) zu aktivieren und Identitäts-, Kreativitäts- und Körpermeditation durchzuführen. Auch Wanderungen durch Raum und Zeit werden ermöglicht.

Von hier aus ergibt sich auch eine Verbindung mit meiner sozialenergetischen Konzeption, wie sie in diesem Band dargestellt wird. So können in unseren Meditationsgruppen sozialenergetische Ströme und Ausstrahlung erlebt und beobachtet werden und auch eine sozialenergetische Verstärkerfunktion durch die Gruppe beim humanstrukturellen Tanz.

Die Möglichkeit einer Meßbarkeit von Sozialenergie ergab sich über unsere Arbeitskontakte mit ERIK IGENBERGS (1985) in München durch die von ihm erweiterte Methodik der Kirlianfotografie. Durch seine Entdeckung von Freundschaftsbrücken zwischen freundlich aufeinander eingestellten Versuchspersonen konnte er das physikalische Gesetz von Coulomb widerlegen und gleichzeitig meßbare Beziehungsaspekte und auch Persönlichkeitsaspekte beim Menschen feststellen. Ich selber habe mit meinen Mitarbeitern an diesen Versuchen teilgenommen und IGENBERGS hat seine Methodik auf unserem 1985 stattgefundenen Kongreß in München vorgetragen und diskutiert sowie in unserer Zeitschrift »Dynamische Psychiatrie« veröffentlicht. Eine weitere Zusammenarbeit ist zur Zeit im Gange.

Den Schluß dieses Buches bildet eine Betrachtung zum Paradigmenwechsel unserer Wissenschaft, in der unsere Besinnung auf ganzheitliche Heil- und Menschenkunde deutlich wird, die letztlich in der Tradition von Imhotep, Hippokrates, Pythagoras bis hin zu Paracelsus und zu der modernen ganzheitlichen Heil- und Weltkunde führt.

Wenn wir heute von verschiedenen Seiten als New Age-Psychiatrie bezeichnet werden, so ist dies richtig gesehen, wenn man das Grundprinzip der von uns vertretenen Mehrdimensionalität, nämlich die Integration und Identität von menschlicher Persönlichkeit und Wissenschaft anerkennt, wie auch das Ernstnehmen der menschlichen Potentiale wie konstruktive Aggression und Sexualität und die harte Ausbildung und Arbeit für diejenigen, die es sich zur Aufgabe gemacht haben, der Heilkunst zu dienen.

Den Leser bitte ich deswegen um Verständnis, wenn ihm einige Abschnitte dieses Buches überlastig erscheinen mögen an Theorie und Behandlungsmethodik.

Mein Bemühen ist es, durch dieses Buch all denjenigen Anregung, Hilfe und Information zu geben, die sich mit Menschen beschäftigen und die sich einem neuen humanistischen Bewußtsein verbunden fühlen. Das Buch entspricht auch einem allgemein wiederholt geäußerten Wunsch, die bisher verstreut von mir erschienenen Arbeiten einmal gesammelt in Buchform vorgelegt zu bekommen.

Paestum, den 23. Juli 1986 Günter Ammon

# Der mehrdimensionale Mensch

Ich versuche in diesem Kapitel, das neue Denken, d.h. den Paradigmenwechsel in der Wissenschaft vom Menschen und im besonderen in der Psychiatrie darzustellen. Das mehrdimensionale Denken in der humanistischen Dynamischen Psychiatrie, die neuerdings auch als die New-Age-Psychiatrie bezeichnet wird, hebt den menschenfeindlichen Dualismus von gut und böse, Körper und Geist, Gott und Natur, weiblich und männlich, Leben und Tod, jung und alt, gesund und krank, Frieden und Aggression auf und verändert Mensch und Wissenschaft. An die Stelle der Kategorie Krankheit tritt der Prozeß von Dysregulation der Homöostase von Geist, Körper, und Seele. Fixierung im Erleben und Handeln, geschlossenes System und Kategoriendenken, defizitäre und destruktive Entwicklung, Dysregulation, Isolation und schließlich Desintegration stellen Prozesse und Strukturierungen von Eindimensionalität des Menschen dar.
Mehrdimensional bedeutet dabei immer Integration und Erzielung von Integration durch sozialenergetische und gruppendynamische Felder. Die Ergebnisse klinischer Forschung im Bereich von Hirnstromuntersuchung, die Ergebnisse des Ich-Struktur-Testes und des Androgynen Dimensionstestes an Kindern, Familien, Studenten und Arbeitern, Kranken und Gesunden, Alten und Sterbenden sollen das Konzept untermauern.
Das ganzheitliche Menschenbild hat viele Dimensionen: Kreativität, Zeit und Zeiterleben, Krankheit, Arbeit und Tätigsein, Androgynität, Körper und Körpererleben und Religiosität im weitesten Sinne. Dies sind natürlich nur einige Dimensionen, mit denen ich es aber in meiner Arbeit hauptsächlich zu tun habe. Ich gehe noch auf die Multidimensionalität der von mir entwickelten Humanstrukturologie und auf einen mehrdimensio-

nalen Ansatz in Wissenschaft, Kunst, Religion und Gesellschaft ein. Zentral sind und bleiben Identität und Sozialenergie.


Das mehrdimensionale Prinzip des Menschen in Gesundheit und Krankheit, Leiden und Heilkunst befreit den Menschen von den Makeln der Krankheit und der Unbehandelbarkeit und damit von Schuldgefühlen und Verzweiflung.
An die Stelle der Kategorie »Krankheit« tritt der Prozeß von Dysregulation der Homöostase von Geist, Körper und Seele, eine uralte Vorstellung von Heilmedizin und Menschsein, bis hin in die Welt der Mythen.
Durch das ganzheitliche Prinzip unserer humanistischen Dynamischen Psychiatrie wurde der Dualismus aller Lebensäußerungen des Menschen überwunden. Die Humanstrukturologie wurde entwickelt mit einem Verständnis eines ständigen prozeßhaften Wechselspiels von konstruktiv, destruktiv und defizitär beeinflußten und entwickelten Humanfunktionen, primär biologischen, zentralen nicht bewußten Funktionen von menschlichem Ausdruck und den Funktionen von Verhalten, Können, Denken, Arbeiten und Lieben. Durch die Beschäftigung mit Kindern, Familien, Studenten und Arbeitern, Kranken und Gesunden, Alten und Sterbenden entwickelte unsere Richtung ein sich immer mehr differenzierendes Bild multidimensionaler und funktionaler Äußerungen oben genannter Humanstrukturen, die wir früher als die verschiedensten Ich-Funktionen des sogenannten Ich-Strukturmodells bezeichnet haben. Als die wichtigsten zentralen Human- bzw. Ich-Funktionen sind in Koordination hier zu nennen: Kreativität, konzeptionelles Denken, Phantasie- und Traumfähigkeit, Sexualität, Aggression, Ich-Abgrenzung, Körper-Ich, Angst, Narzißmus und zentral die Identität mit ihren konstruktiven, destruktiven und defizitären Aspekten. In der Forschungsabteilung unserer Klinik wurde dann der Ich-Strukturtest (ISTA) entwickelt und führte zu

Der Sphinx auf dem Turm der Casa Ammon, Paestum

einer Möglichkeit der Meßbarkeit der verschiedenen Humanfunktionen in ihren verschieden entwickelten Dimensionen. Grundsätzlich dabei ist, daß alle Funktionen als menschliche Möglichkeiten und Dimensionen angesehen werden, Möglichkeiten menschlichen Reagierens in Verbindung mit der dem Menschen gegebenen sozialen Energie und umgebender Gruppendynamik.

Deutlich wird dies, wenn wir denken an menschliche Dimensionen wie Angst, Hingabebereitschaft, Selbstwertgefühl, Abgrenzung, Identität, die an sich mehrdimensionale Sexualität und Androgynität des Menschen, wie auch seinen Ausdruck in Denken, Tätigsein und Arbeit.

Das Annehmen des Menschen als ganze Person mit der ihm eigenen Ausstrahlung, Gesichtsausdruck, Ausdruck der Augen und Sprechweise, der Haltung und Körperlichkeit und Kleidung, der Gruppenwelt, aus der er kommt, seinen Interessen, Bedürfnissen und Leiden, seinen Störungen, Hemmungen, Lähmungen und vielleicht verzweifelten Wut, beinhaltet die erste bedeutsame Begegnung mit Menschen, die zu uns kommen.

Detaillierte Auseinandersetzung im Gespräch, beim Tätigsein im therapeutischen Milieu in Klinik oder Institut, durch Studium von Lebensgeschichte, Familie, früheren Interessen und Leistungen, Gruppenbezügen, Freundschaften und Partnerschicksalen, bis hin zur Untersuchung im Traum- und Schlaflabor, lassen den Menschen prozeßhaft mehr und mehr verstehbar werden. Mehr und mehr werden dabei eindimensionale Einengungen des ursprünglich mehrdimensionalen Menschen deutlich. Denken wir dabei z.B. an einengende Bedürfnisverbote, die man auch als Lebensverbote bezeichnen kann, durch Familie, Gruppe und Gesellschaft, die Menschen dazu bringen können, ein freud- und beziehungsloses, von Routine, Zwang, anpassender Unterwerfung und unterdrückter Aggression bestimmtes Leben zu führen, was die Psychoanalyse mit der Kategorie Zwangsneurose bedacht hat.

Wir sehen hier auch das Zusammentreffen von eindimensionalem Verhalten und Erscheinungsbild mit eindimensionalem Kategoriendenken. Dabei sind die mehrdimensionalen Möglichkeiten und Bedürfnisse dieses Menschen für seine Heilung wichtiger als die Kausalität seines Zustandes. Einen Menschen zu kategorisieren und sich vorwiegend auf die Kausalität seiner Verhaltensweisen zu konzentrieren, zerstört jede menschliche Beziehung und ist deshalb antitherapeutisch. Ja, selbst bei weiterer eindringlicher Beschäftigung mit dem Leidenden werden wir auch seine nicht gelungenen Befreiungsversuche durch Depression, Psychosomatik, destruktive Aggression und Sexualität bis hin zu psychotischem Reagieren und Flucht in Alkoholismus oder Drogen kennenlernen: eine Mehrdimensionalität destruktiver Flucht- und Befreiungsversuche aus nicht bewußt und unerträglich gewordener Einengung. Dabei werden die Untersuchungen ergeben, daß ähnlich Leidende verschiedene Ergebnisse haben, was die Vordergründigkeit und Stärke ihrer Leiden angeht, bzw. daß diese oder jene der oben beschriebenen Abwehrformationen fehlen. Besonders aber werden die Begabungen, Interessen, Ausbildungsgänge, körperlichen und geistigen Möglichkeiten und das androgyne Potential sowie die Strukturierung und Entwicklung der einzelnen Humanfunktionen im biologischen und psychologischen Verhaltens-Ich der Persönlichkeit mit ihren integrierenden Aspekten verschieden ausfallen.

Die ganzheitliche Betrachtung der konstruktiven, destruktiven und defizitären Aspekte eines Leidenden und seines Beziehungsgeflechtes, besonders im Hinblick auf den Grad gestörter Identität, erbringt das notwendige mehrdimensionale Arbeitskonzept mit dem Ziel Heilung. Mehrdimensional bedeutet dabei auch immer Integration und Erzielung von Integration durch die fordernden sozialenergetischen und gruppendynamischen Felder. Auch die bisherigen Ergebnisse unserer Hirnstromuntersuchungen stellen das Kategoriendenken in unserer Wissenschaft in Frage und ergeben zusammen mit den Ergebnissen des ISTA, des ADA, des Androgynen Dimensionstestes und des Autokinetischen Lichttestes individuelle Verstehensweisen einer Persönlichkeit mit skalenmäßigen Differenzen, selbst innerhalb verschiedener Dimensionen. Ich verweise in diesem Zusammenhang auf bisherige Veröffentlichungen aus unserer Forschung (vgl. AMMON, BURBIEL, FINKE, WAGNER 1982; AMMON, BURBIEL, STUCK 1983; AMMON et al. 1984, 1985a, 1985b; BURBIEL, FINKE, WAGNER 1983; BURBIEL, WAGNER 1984; BURBIEL, STUCK 1984).

Es mag hier deutlich werden, daß unsere Konzeption eine allgemeine für die Heilkunde schlechthin und auch für den gesunden Menschen ist. Die Anwendung von Krankheitsbegriffen im Rahmen einer ganzheitlichen Schau hat dabei nur den Stellenwert einer groben und der Kommunikation dienenden Orientierung. Im Schnittpunkt der Untersuchung ist diese Orientierung notwendig, da sie auch die Dimensionen von Störungen zusammenfaßt. Sie wird jedoch zum Störfaktor von verstehendem und heilendem Umgang, wenn sie zum Selbstzweck wird und den ganzen Menschen durch eindimensionale Betrachtung von Pathologie und Untersuchungsbefunden ausklammert. Erschütternd ist dieses Vorgehen oftmals nicht nur in den großen psychiatrischen Anstalten, sondern auch in den medizinischen Krankenanstalten unserer derzeitigen Welt, wo die zum Symptom- und Krankheitsträger erniedrigten Menschen in völliger Abhängigkeit auf ihre Befunde warten, bis dann ihr »Urteil« mit der Diagnose gefällt wird, woran sich oft das zweite »Urteil« der Prognose anschließt, das ebenfalls den Menschen als ein geistig-seelisches Wesen ausklammert und in der Regel Krankheitsverlauf und Lebenserwartung mit einschließt. Ja, selbst psychoanalytische Schulen sind davon nicht ganz auszuschließen, wenn sie z.B. das Urteil »Psychose« oder »Schizophrenie« fällen. Psychotherapeutische Schulen verfallen bei Überkonzentration von sogenannten Körpertherapien ebenfalls der Eindimensionalität, wenn sie die zwischenmenschliche Beziehung zwischen Leidenden und Therapeuten und psychodynamische Prozesse im allgemeinen vernachlässigen, ebenso wie Richtungen, die den Körper tabusieren.

Die humanistische Psychiatrie hat sich in den letzten Jahren mit den Dimensionen der Androgynität, des Körpers, der Zeit,

der Arbeit, der Religiosität und der Kreativität auseinandergesetzt.
Lassen Sie mich auf diese Dimensionen eingehen: Eine wesentliche Dimension der menschlichen Persönlichkeit ist die Androgynität. Der Mensch ist androgyn, d.h. zweigeschlechtlich angelegt, sowohl körperlich wie psychisch. Er hat die Möglichkeit, sich sowohl männlich als auch weiblich zu erleben und zu verhalten. Dabei ist Androgynität entsprechend unserem ganzheitlichen Persönlichkeitskonzept auf den ganzen Menschen bezogen und betrifft alle Dimensionen der Identität, nicht nur die Sexualstruktur, sondern die Struktur des Lebensstils, der Körperlichkeit, der Emotionalität, der Berufs- und Arbeitswelt, die Partnerwahl usw. Einen Menschen aufgrund seiner anatomischen Gestaltung auf gesellschaftliche Rollenklischees zu fixieren, ist inhuman und oft krankmachend. Identitätstherapie heißt deshalb vor allem, den Menschen zu helfen, zu ihrer eigenen Androgynität zu finden, zu einem freien Umgehen mit dem ihnen zur Verfügung stehenden Potential. Bei Bewußtwerden seiner Androgynität wird der Mensch ein mit seinen Bedürfnissen übereinstimmendes identitätsträchtiges, volles und kreatives Leben führen können. Je mehr androgyne Bedürfnisse nichtbewußter Art und androgyne Körperlichkeit und das Erfüllen und Anpassen an erwartete Rollen auseinanderklaffen, desto mehr wird der Mensch in psychische oder körperliche Krankheit getrieben.
In meinem humanstrukturologischen Verständnis ist der Körper integrierter Bestandteil der gesamten Persönlichkeit. Die Beziehung zwischen dem Körper in seiner Zusammensetzung von Organsystemen, neurophysiologischen, endokrinologischen und anderen Funktionen und der Psyche wurde im weitesten Sinne in der psychosomatischen Forschung und Lehre, wie auch neuerdings in der physiologischen Psychologie bearbeitet und anerkannt. Uns interessiert hier jedoch besonders die Dimension des Körpers als Ganzes, als Vorstellung und Erleben und als Ausdruck von Seele und Geist. Es ist schon ein entscheidender Unterschied, ob ein Mensch seinen Körper als ein

lästiges Vehikel seiner Seele empfindet, einen Körper, den er wie ein Gefängnis erlebt, das er froh ist eines Tages verlassen zu können, oder ob er den Körper als einen Tempel des Göttlichen heiligt und liebevoll pflegt im Kontakt mit seinem Selbsterleben. Verbunden mit einer Negativeinstellung dem Körperlichen gegenüber ist oft auch eine Geringschätzung anderer Dimensionen der Realität und des Menschen, wie Arbeit, Tätigsein, Sexualität, Erziehung von Kindern, Erschaffung kultureller Werte für die Gemeinschaft usw. Die Beziehung zum Körper und zur Körperlichkeit, Ausdrucksfähigkeit und Freude am Körper, auch in Beziehung zu nahestehenden Menschen, ist gerade bei seelischen Leiden oft stark gestört. Es kann natürlich auch eine Präokkupation mit der Körperlichkeit einen Aspekt psychischer Störung darstellen. Ich denke da an Formen von krankhaftem Narzißmus, destruktiver Sexualität oder Fixierung verschiedenster Art auf den Körper oder Teile von ihm. Wichtig ist die Homöostase, d.h. das harmonische Gleichgewicht zwischen Körper und Seele, aber auch in Verbindung mit den geistigen Kräften und Bedürfnissen des Menschen. Der Köper, vor allem, als wichtigstes Organ, das Gesicht eines Menschen mit seinen Augen, seinem Gesichtsausdruck, seiner Mimik, sowie die Gestaltung seines Gesichtes mit Stirn, Ohren, Mund, Kinn und Wangen drücken mehr aus als die Sprache. Dies trifft auch für die Erscheinungsformen des gesamten Körpers zu, ich spreche hier von Körperlandschaft, die ähnlich wie das Gesicht gezeichnet ist durch die Geschichte eines Menschenlebens. In diesem Sinne spricht der Körper, auch wenn der Mensch schweigt.

Ganzheitlich gesehen brauchen der körperliche Ausdruck und die körperliche Gestaltung nicht unbedingt den erwarteten biologischen Zeiten zu entsprechen. Auch weisen Meditationslehrer darauf hin, daß der Mensch falsche chronische Vorstellung mit sich trägt, während jeder Mensch grundsätzlich einen schönen Körper hat (Vgl. KRAVETT 1983; WALLACE, HENKIN 1982). Damit arbeiten wir auch in unserer Körpermeditation, und zwar erstaunlicherweise oftmals mit

Erfolg. Ähnlich ist es mit den Vorstellungen, dick oder dünn, alt oder jung, schön oder häßlich, krank oder gesund zu sein. Das ganzheitliche Denken und Erleben, aber auch Tun, bringt hier eine große Befreiung für jeden Menschen, wenn er es wirklich ernst nimmt.

Durch unseren humanstrukturellen Tanz, sowohl als Therapie wie aber auch als Selbsterfahrung und Ausdruck in freien Gruppen, könnten wir hier viele Beispiele über prozeßhafte Veränderung von Körperlichkeit aufweisen und haben dies auch verschiedenenorts durch Video und Fotos dokumentiert. Manchmal waren wir beim Ansehen alter Videofilme oder Fotos von Teilnehmern unserer Gruppe selbst erstaunt.

Da der Körper und seine psychische Besetzung, die wir das Körper-Ich nennen, bereits vor dem Beginn der Sprachfähigkeit sich entwickelt, können Gefühle und Erlebnisse, die in dieser frühesten Lebenszeit eines Menschen lagen, nur durch den Körper ausgedrückt werden. Die Beziehung des Menschen zu seinem Körper ist jedoch in der Regel nicht so sehr durch religiöse Erziehung geprägt, sondern durch das Umgehen mit dem Körper des Kindes durch seine Eltern und andere frühe wichtige Beziehungspersonen; z.B. das Ansehen des Körpers, das Sprechen über den Körper, das Pflegen des Körpers, das Streicheln des Körpers spielen eine entscheidende Rolle.

Ein nichtbeachteter Körper wird zu einem hospitalisierten Körper. Manchmal drückt der ganze Körper große Traurigkeit aus, nicht nur durch seine Haltung, sondern auch durch seine Gestaltung, Hautbeschaffenheit, Hauttonus, Körperspannung und Körpergeruch.

In der von uns entwickelten humanstrukturellen Tanztherapie mit Meditation hat der Einzelne in Verbindung mit selbstgewählter Musik — nach der Meditation in der Gruppe — die Möglichkeit, sich körperlich auszudrücken und dabei seinen Körper zu zeigen oder zu verbergen und sich von Eindimensionalität zu Mehrdimensionalität zu entwickeln. Dies hat meine Mitarbeiterin MARIA BERGER (1985) auf einem Kongreß anhand von Videoaufzeichnungen nachgewiesen, in denen sie den

Entwicklungsprozeß einer Patientin über zwei Jahre aufzeigte. Nach der Selbstdarstellung des Einzelnen folgt die Auseinandersetzung darüber im Gespräch mit der Gruppe. Am Schluß tanzt dann die Gruppe gemeinsam in Meditation.

Wir meditieren in der Welt der Töne und werden oft in Erstaunen versetzt durch bunte Bilder von Dingen, die wir noch nie gesehen haben, und erreichen manchmal danach tiefes Tranceerlebnis. Manche Teilnehmer sehen Passagen ihres Lebens wie in einem Film vorbeigleiten. Wir sehen hier ein mehrdimensionales Geschehen von Körperlichkeit, Bewegung, Musik, Meditation, Psychotherapie, Kreativität und Gruppendynamik. Diese Methodik wurde auch als humanstruktureller Tanz auf Klausurtagungen und in Instituten von Mitarbeitern und Freunden zu einer beliebten Form von Selbsterfahrung und Ausdruck.

Die Dimension der Zeit ist in sich multidimensional. Jeder Mensch hat seine eigene Zeit. Die Zeit ruht in ihm und er bewegt sich mit Zeit und Psyche um die in ihm ruhende Zeit, wie andererseits er sich um die ruhende Zeit der Ewigkeit in der kurzen Spanne seines Lebens bewegt.

Die Zeit ist relativ. Die verschiedenen relativen Zeiten eines Menschen, wie die biologische Zeit, die linear gemessene Zeit, die psychologische Zeit und die gesellschaftliche Zeit stehen in prozeßhafter Korrelation zueinander und sind abhängig von den gewachsenen Strukturen der Persönlichkeit. Die Lebenszeit hängt von uns selber ab. Sie ist etwas sehr Relatives und nicht meßbar. Die echte Lebenszeit liegt in der Begegnung und im Tätigsein. Unsere Therapie versucht, den Menschen Zeit zu geben, d.h. erlebte, gelebte Zeit. Das versuchen wir auf den verschiedensten Ebenen.

Ein Mensch kann eine bedeutsame Lebenszeit haben, indem er einem ihm wichtigen Menschen begegnet oder indem er eine bedeutsame Sexualität erlebt, in der die Zeit unerhört lang und lebendig ist und ihm Leben gibt, während er sonst manchmal Jahre dahingeträumt und seine Lebenszeit nicht wahrgenommen hat. Wievielen Menschen vergeuden die schönsten Möglichkeiten von Zeit in ihrem Leben!

Erlebte Zeit läuft nicht linear, sondern bewegt sich in vielen Dimensionen. Wir können auch sagen, daß die Zeiträume von Vergangenheit, Gegenwart und Zukunft ineinander übergehen, eins sind, d.h. daß in der Gegenwart eine Vergangenheit und eine Zukunft enthalten sind. Man hat Beziehung zur Vergangenheit, Erfahrungen und Erinnerungen, und diese haben Bedeutung in der Gegenwart. Die Vergangenheit ist also nicht etwas, was passiert und abgeschlossen ist, sondern sie hat heute und jetzt Bedeutung! Und die Zukunft ebenso. Man überlegt, welche Wünsche habe ich, welche Möglichkeiten oder welche Verantwortung, welche Aufgaben habe ich, was plane ich? Physikalisch gesehen gibt es außer den Dimensionen von Vergangenheit, Gegenwart und Zukunft noch viele andere Dimensionen im Raum-Zeit-Gefüge, die wir mit unserem Denken nicht erfassen können. Besonders können mit Hilfe von Meditation, Hypnose oder bewußtseinserweiternden Trancezuständen parapsychologisch zu verstehende und erforschbare visionäre Erfahrungen von vergangener und zukünftiger Zeit gemacht werden.

Wichtig ist, daß der Mensch auch ein spirituelles Wesen ist und hier ganz neue Ansatzpunkte für seine Behandlung liegen. Die spirituelle, geistige Wesenhaftigkeit des Menschen auszuklammern würde in der Psychotherapie an dem Menschen vorbeigehen, ebenso wie die häufige Ausklammerung seiner Psyche oder aber auch seines Körpers. Störungen dieser Dimensionen oder ihrer Beziehungen zueinander machen den Menschen in der Regel behandlungsbedürftig. Die Störung seiner Geistigkeit könnte man im eigentlichen Sinne auch als Geisteskrankheit bezeichnen. Verständlicherweise wirkt sich eine Störung des Geistigen auch körperlich und psychisch aus.

Die spirituelle Kraft, Mythos und Religion ebenso wie gruppendynamische Prozesse gehören zu den sogenannten nicht-rationalen Bezirken unseres Daseins. Ich meine, daß hiermit eine Dimension wissenschaftlichen Forschens angerissen ist, die uns fordert, neue Wege zu erproben. Eine Tatsache, auf die kürzlich seine Heiligkeit der XIV. DALAI LAMA hingewiesen hat in bezug auf die Reinkarnation und ein Angebot gemacht hat, die ihm vorliegende Dokumentation — es handelt sich um mehrere hundert überzeugend dokumentierte Fälle von Rückerinnerung an frühere Inkarnationszustände — der Forschung zur Verfügung zu stellen. Ein Arbeitskontakt wurde kürzlich auf dem Kongreß »Raum und Zeit« in Bad Eibsee zwischen Seiner Heiligkeit dem XIV. DALAI LAMA und mir vereinbart.

Wenden wir uns nun der Dimension der Religiosität zu: Mythos, Kult und Religion ermöglichen, jenseits des logisch-analytischen wissenschaftlichen Denkens und Erlebens, durch das geregelte und geschützte gruppendynamische Geschehen im Ritual und die Begegnung mit dem Göttlichen eine tiefe Begegnung mit sich selbst — ein Erkennen —, ein sinnstiftendes Gemeinschaftserleben in der Gruppe und Orientierung für den Lebensentwurf der persönlichen Identität. Daher ist die Bedeutung der Religion daran zu messen, inwieweit sie dem Menschen in seinen tiefen Bedürfnissen dient, seine körperliche, geistige und kulturelle Entwicklung fördert und ihn zur kreativen und freien Begegnung mit seinen Mitmenschen ermutigt, im Bewußtsein der Begrenztheit seiner Lebenszeit.

Religion und Kulte können dem Menschen helfen, das Einssein mit dem kosmischen Göttlichen zu erlangen, Raum, Zeit und Todesfurcht zu überschreiten und seine einmalige Identität beim Durchschreiten seiner begrenzten Lebensspanne zu gestalten. Erst das Bewußtsein der Begrenztheit menschlichen Lebens befreit den Menschen zu sich selbst und seiner einmaligen Aufgabe in dieser Welt, die durch seine Lebenszeit bestimmt ist.

In archaischen Gemeinschaften waren Kult, Mysterium und Gruppe eine integrierte Einheit. Seit Jahrhunderten war es das Unbewußte im Menschen, das Mythen, Religionen, Kulte, Orakel, Beziehungen zur transzendenten Welt, zu Tod, Untergang und Wiederauferstehung wie aber auch zur Medizin, Seelenkrankheit und Heilung beherrschte. Dies mutet an wie eine geistige Wanderung der Menschheit von der Magie steinzeitlicher Höhlenmalerei über Orakel, transzendentale Zustände, Wiedergeburts- und Opferkulte, rituelle Beschäftigung mit Tod und Erotik. Eine geistige Wanderung auch durch psychodramatisches religiöses Theater sowie durch die kultischen Sexualrituale in den Geburtshäusern der altägyptischen Tempel, wie auch durch ähnliche Kulte der Astarte in Babylon und die weitverbreiteten Lingam- und Phalluskulte von Indien bis Mexiko, über die kultische Therapie eines Imhotep, über Aeskulap bis hin zu Hippokrates, der schon die Einheit von Seele und Körper lehrte und als einer der ersten großen Psychotherapeuten gilt und zusammen mit seiner Familiengruppe die Kranken heilte, bis hin zu modernen anmutenden Schlaftherapien und Traumdeutung im Aeskulap-Heiligtum in Epidauros, sowie die Tanz- und Schlaftherapie von PYTHAGORAS.

Arbeit und Tätigsein sind wichtig bei der Bildung der Identität des Menschen. Die Möglichkeiten des Selbstausdruckes, Selbsterkennens und der Selbstverwirklichung liegen im Kontakt mit anderen und bilden eine Basis aller menschlichen Gemeinschaften. Die menschliche Psyche entwickelt sich durch Tätigsein, das Tätigsein wird durch das gemeinsame Ziel motiviert. Deswegen muß der Arbeitsprozeß auch vom Verstehen der ökonomischen und gesellschaftlichen Verhältnisse aus betrachtet werden, wodurch die Arbeit selbst als ein wesentlicher Faktor der menschlichen Existenz erscheint.

Das gruppendynamische Feld ist entscheidend für Funktion und Organisation von Arbeitsgruppen. Dabei unterscheiden wir dynamische und kreative Gruppen von statischen, erstarrten, »toten« Gruppen. In einer kreativen Gruppe gehen die Arbeitsziele über die Grenzen dieser Gruppe hinaus, was eine Annäherung an andere Gruppen ermöglicht; Gruppen dieser Art sind nicht starr und fixiert sowie auch nicht die Rollen einzelner Gruppenmitglieder im Rahmen dieser Gruppen. Auch die Rolle des Gruppenleiters kann unter Umständen, je nach der momentanen konkreten Gruppenaufgabe, von verschiedenen Gruppenmitgliedern übernommen werden.

Nur in dieser Art von Gruppen, die genauso dynamisch nach innen wie nach außen sind, sind die Möglichkeiten zur Realisierung der Bedürfnisse, Ziele, Hoffnungen und Entwicklungen der Gruppenmitglieder vorhanden. Das Ziel der Gruppe wird nicht nur von den Projektleitern bestimmt, sondern das wesentliche Ziel ist die Persönlichkeitsentwicklung und Identitätsförderung der einzelnen Mitglieder, wobei die Entwicklung der Persönlichkeit unter dem Einfluß der Gruppe und Arbeit bis in ein hohes Alter möglich ist. In dieser Hinsicht werden von uns keine »biologischen« Begrenzungen anerkannt. Gruppen, deren Ziel begrenzt, die in ihrer Struktur bürokratisch und hierarchisch sind, sind »potentiell tot« oder unfähig, die geistige Entwicklung ihrer Mitglieder zu gewähren. Solche Gruppen werden letzten Endes destruktiv und verhindern die Ausführung der Arbeitsziele.

Die Sozialenergie bildet neben den Dimensionen Identität und Gruppe in ihren strukturellen und prozessualen Merkmalen die Dimension, die im Zusammenhang mit der Arbeit von außerordentlicher Wichtigkeit ist. Ein gruppendynamisches Feld ist erst dann konstruktiv, wenn es konstruktive Sozialenergie unter den Mitgliedern einer Gruppe hervorbringt. Die Entwicklung bzw. die Erweiterung der Identität eines Menschen, seine Selbstverwirklichung und die Befriedigung seiner Bedürfnisse, wie auch die Realisierung konstruktiver Arbeitsziele ist an das Entstehen und Fließen von Sozialenergie gebunden. Ihr Vorhandensein ist Maßstab und entscheidendes Kriterium für Konstruktivität und Kreativität der anderen genannten Dimensionen.

HERBERT MARCUSE (1967) hat die Eindimensionalität von Mensch und Arbeit in der Industriegesellschaft im Zusammenhang von Manipulation und Konformismus soziologisch und ökonomisch zu beleuchten versucht. Er verfiel mit seinen Vorschlägen von Aufklärung und der sogenannten großen Weigerung jedoch selbst eindimensionalem Denken.

In einer dynamischen Gruppe ist die Entwicklung des kreativen Potentials jedes ihrer Mitglieder möglich. Daher ist in meinem gruppendynamischen Konzept der Dualismus zwischen Individuum und Gruppe aufgehoben. Die Kreativität bezeichnen wir als Realisierung gesunder, konfliktfreier menschlicher Möglichkeiten, Kreativität kann nicht als eine individuelle Tätigkeit betrachtet werden. Als Grundlage der kreativen Atmosphäre betrachten wir zwischenmenschliche Kontakte mit unbewußter Verbindung zur Gruppe und zur Welt als Ganzem.

Kreativität bedeutet immer, etwas ganz Neues, bisher nicht Gedachtes zu denken, zu tun und zu gestalten und somit auch noch völlig unbekannte Möglichkeiten aus dem nichtbewußten Persönlichkeitsreservoir freizulegen. Kreativität muß nicht immer ihren Ausdruck in Kunst, Literatur, Musik, Theater oder dergleichen finden, sie äußert sich auch in einem kreativen Lebensstil, der in der Regel gruppengebunden ist.

Der Ursprung der Kreativität ist die fragende Neugierde, d.h. der Impuls, grundsätzliche Denkgepflogenheiten, herkömmliche Vorstellungen und Wissenschaftssysteme zu hinterfragen. Geschlossene »Systematisierung« lähmt Kreativität, freies Denken und Schaffen; denn sie behindert die zwischenmenschliche Entfaltung der fragenden Neugierde. Die Begriffe von Neugierde und Frage implizieren immer die Vorstellung des »Woran?« und »An wen?«; darin zeigt sich bereits der interpersonelle Charakter kreativen Geschehens.

Die Forschung VADIM S. ROTENBERGs (1982a, b) hat ergeben, daß Kinder in ihrer ersten Lebenszeit vorwiegend in der rechten Hirnhemisphäre wahrnehmen und erleben, d.h. bildlich und ganzheitlich. Erst durch die Erziehung wird linkshemisphärisches Denken im Sinne des logischen und kausalen Verknüpfens nach den Prinzipien der aristotelischen Logik erlernt. Erwachsene müssen in der Regel zusätzliche Energie aufwenden, um sich von der Vorherrschaft logischen-verbalen Denkens zu befreien und wieder kreativ sein zu können.

Der kreative Akt selbst findet in einem besonderen Ich-Zustand statt, in einem Zustand der Entspannung, in dem Einfälle spielerisch kommen und gehen und die Ich-Grenzen geöffnet sind. Dieser Zustand hat mit der kreativen Aufgabe unmittelbar nichts zu tun. Es handelt sich vielmehr um das Kommenlassen von Gedanken im Gespräch in einer kreativ-erotisch gestimmten Atmosphäre. Auf keinem Gebiet können kreative Phasen willentlich herbeigeführt werden, in einer steifen Arbeitsatmosphäre sind sie undenkbar.

Diese Erfahrungen konnten durch hirnphysiologische Forschungsergebnisse von V. S. ROTENBERG (1982a, b) und L. R. ZENKOV (1978) bestätigt werden. ROTENBERG (1983) beschreibt die Aktivität der rechten und linken Hirnhemisphäre bei kreativen und unkreativen Menschen anhand von elektroenzephalographischen Aufzeichnungen. Bei kreativen Persönlichkeiten befindet sich die rechte Hirnhermisphäre in kreativen Phasen in einem entspannten Zustand, gemessen an einem Überwiegen der Alpha-Aktivität, bei relativer geistiger körperlicher Ruhe. Das bedeutet, daß während des kreativen Aktes der Zustand der Entspannung, des Loslassens und Detachment am ausgeprägtesten ist. Unkreative Persönlichkeiten dagegen müssen ihr Gehirn zusätzlich aktivieren, um rechtshemisphärisches bildhaftes Denken, eine Voraussetzung des kreativen Aktes, zuzulassen.

Zentral bei aller Psychotherapie ist, das Denken, das bei allen psychischen Erkrankungen eine mehr oder weniger starke Tendenz zum Konkretismus hat, auf eine metaphorische und konzeptionelle Ebene zu führen. Bei konkretistischem Denken ist das Denken segmentiert und zwingt den Menschen zu unübersichtlicher und frustrierender Kleinarbeit hin zu einem Überlastungssyndrom.

Jede kreative Leistung ist mit durchlebten Grenzsituationen verbunden, in denen sich die Frage nach dem eigenen Leben stellt, in denen Angst, Selbstmordgedanken und auch psychosomatische Schwierigkeiten auftreten und der Mensch gegen seinen Willen von einem Zustand in den anderen fällt.

Die Mehrdimensionalität des Menschen stellt die oben beschriebenen Aspekte und Möglichkeiten menschlichen Seins im ganzheitlichen und integrierten Erleben und Denken dar. Fixierung im Erleben und Handeln, geschlossenes System- und Kategoriendenken, defizitäre und destruktive Entwicklungen, Dysregulation, Isolation und schließlich Desintegration stellen Prozesse und Strukturierungen von Eindimensionalität des Menschen dar.

In den Diskussionen zu meinen Vorträgen über Ganzheitlichkeit und Mehrdimensionalität im menschlichen Leben wird immer wieder die berechtigte Frage aufgeworfen, wie sich die ganzheitliche Philosophie und Psychologie im praktischen Leben darstellt. Meine Antwort darauf ist, die verschiedenen Dimensionen des Lebens, zu denen auch Schwierigkeiten und ernste Probleme gehören, wie besonders im Liebes- und Arbeitsleben, auszuhalten und sich dabei sozusagen in sich selber hineinfallen zu lassen; nicht aber zu glauben, Spannungen, Unzufriedenheiten durch Manipulation und organisatorische Maßnahmen in der Beziehung zu Menschen oder zu sich selbst lösen zu können. Ich denke nur z.B. an die berühmte Freizeit-, Wochenend- oder Ferienplanung oder Planung in Partnerbeziehungen. Ganzheitlich heißt auch, nach innen hören zu können und dem eigenen Wesen vertrauen zu können, dann wird man auch andere Menschen interessant finden und ihnen vertrauen können. Wenn dies nicht der Fall ist und wenn z.B. der Partner zur Ergänzung der eigenen Person gebraucht wird und eine vorübergehende glückliche Beziehung eindimensional abläuft, sei es in der sexuellen oder in der Arbeitsdimension, so wäre es ratsam, die Beziehung auf ihre Tragfähigkeit dadurch zu überprüfen, daß man die Aktivitäten dieser oder jener Dimension vorübergehend einstellt. Früher oder später würde eine eindimensionale Beziehung sowohl zu einem Einzelnen wie auch zu einer Gruppe zum Scheitern verurteilt sein.

Viele Menschen ahnen nicht, daß es gerade ihre suchtartige Jagd nach Glück und Lust ist, die sie von sich selber wegführt und auch letztendlich von anderen Menschen. Hier liegt die Wurzel für die Gefühle der inneren Leere und Einsamkeit und die gähnende Langeweile, unter der so viele heute in der westlichen Welt leiden. Geradezu tragisch wird die Situation durch die Verbindung von Prestige und Glück, wenn Menschen sich selbst und anderen Glück und Erfolgsgefühl vorgaukeln, statt Gefühle von Traurigkeit zuzulassen.

Zu dem weltweiten Aufbruch eines neuen Humanismus mit einer ganzheitlichen Schau des Menschen, neuen Denkwegen und sich verbindenden Entdeckungen in Astrophysik, Biologie, Mathematik, Philosophie, Hirnforschung, meditativer Religiosität und humanistischer Psychologie und Psychiatrie gehört auch ein neues Erleben von Zeit, politischem Umgang und Denken mit einer ganzheitlichen Sicht unserer Erde und die Androgynität und Leiblichkeit des Menschen.

# Die Androgynität des Menschen

»In androgyner Gesellschaft. Mann und Frau — wir sind zu beidem angelegt« — war das Motto einer Tagung in Paestum. Die Teilnehmer, die aus der gesamten Bundesrepublik sowie aus der Schweiz kamen, mußten bei ihrem Eintreffen die Grenze nach Androgynien überschreiten, zu dem das gesamte DAP-Tagungszentrum in Süditalien erklärt worden war. Die Anregung dazu ergab ein Gedicht von *Christine Heid* aus Berlin:
*Androgynien —*
*besatzungsfreie Zone*
*geliebtes Land*
*in mir erst ein winziger Keim —*
*breite Dich aus in mir.*
*Androgynien —*
*ich schäme mich*
*daß ich Deine fruchtbaren Landschaften*
*mit allen Waffengattungen bekämpft und besetzt habe.*
*Wie dumm von mir, zu glauben, ich könnte Dich besetzen —*
*mich selbst hab ich besetzt —*
*aus Angst*
*mich in Deiner Großherzigkeit zu verlieren*
*aus Zorn*
*mich in Dir mit so unsicheren Schritten zu bewegen.*
*Androgynien —*
*Ich weiß*
*nur meine Tränen werden Dich fruchtbar machen.*
*Androgynien —*
*ich möchte voller Leben Deine Landschaften entdecken.*
*Androgynien —*
*wo die Gefühle befreit sind*

*befreit für Begegnungen im eigenen Menschsein.
Androgynien —
wo Liebe Liebe ist
und nicht
eine Verzweiflungstat der Einsamkeit.*

Androgynität ist der höchste Ausdruck und die alles umfassende Möglichkeit von Menschlichkeit und menschlichem Sein. Androgynität umfaßt alle Äußerungen und Erlebnisweisen von Geist, Körper und Seele. Androgynität bedeutet Synergismus und Integration vorwiegend weiblicher Emotionalität und Phantasiewelt mit vorwiegend männlicher Rationalität und Handlungsfähigkeit. Dies bedeutet humanstrukturell gesehen auch den Synergismus im höheren Nervensystem zwischen den Potentialitäten der rechten und linken Hirnhemisphäre, wie zwischen dem bewußten und nichtbewußten Kern der Persönlichkeit, zwischen Hingabe und Tätigsein und bildhaftem, konzeptionellem Denken mit denkerischen konkreten Konsequenzen.

Androgynität bedeutet auch die Freiheit des körperlichen Ausdrucks in Hingabe und Abgrenzung und die Freiheit erotischer Bedürfnisse jenseits herkömmlicher Rollenfixierungen. Androgynität bedeutet Emanzipation beider Geschlechter und nicht etwa eine Erkämpfung der Gleichheit der Frau mit dem Mann in der gesellschaftlichen Welt — bei Einzwängung der Frau in die männliche Rolle.

Die androgyne geistige Revolution ist der archimedische Punkt der großen Wendezeit, in der wir uns in der Welt von heute befinden. In der wohl gefährlichsten Grenzsituation menschlicher Geschichte, wo unsere Erde, zu der alle Menschen gehören, in Gefahr ist, durch nukleare Waffen zerstört zu werden, als radikalster Ausdruck einer patriarchalischen, rationalistischen Gesellschaft, haben Denker und Forscher der verschiedensten Wissenschaften sich aus konsequenter Notwendigkeit ihrer Arbeit einem ganzheitlichen Denken zugewandt. Sie haben damit eine Abkehr von herkömmlicher aristotelischer Logik, Rationalität und mechanistischem Kategoriedenken vollzogen und zwar aus praktischen, methodischen Gründen, nicht aus ideologischen Vorstellungen. Sie alle wissen um die neuen Erkenntnisse von Astrophysik, Mathematik, Genetik, Biologie, Philosophie und Humanistischer Psychologie, Psychotherapie und Psychiatrie, wozu auch ein politischer Umgang und Denken aus einer ganzheitlichen Sicht unserer Erde gehört.

Die Übereinstimmung in den Auffassungen von Raum und Zeit großer religiöser Führer und Philosophen ist eine Überraschung der Wendezeit , ebenso wie die Eröffnung der geistig-spirituellen Dimensionen des Menschen in der Zeit seiner größten Bedrohung. Die sanfte Verschwörung eines neuen Humanismus geht durch die Länder der Welt und niemand kann dieses Bewußtsein aufhalten. Es ist Realität des Geistes und damit auch des Friedens und der Aufhebung der Gegensätze zu einer neuen Schau von Mensch und Welt.

Viele Vortragende von Ost und West konnten im März 1986 auf dem Kongreß zum Thema »Die Androgynität des Menschen« in West-Berlin von ihren Arbeitsgebieten her diese Fest-

stellung eines archimedischen Punktes in der Menschheitsgeschichte deutlich machen.
Lassen Sie mich jetzt auf das Thema der Androgynität des Menschen im besonderen eingehen. Der Mensch ist androgyn, d.h. zweigeschlechtlich angelegt, sowohl körperlich wie psychisch. Er hat die Möglichkeit, sich sowohl männlich als auch weiblich zu erleben und zu verhalten. Androgynität, wie ich sie verstehe, beinhaltet ein ganzheitliches Verständnis des Menschen, jenseits jeglicher Rollenfixierung, Verhaltensfixierung, Fixierung sexueller Praktiken, Einstellungen und Phantasien, und umfaßt androgynes Denken ebenso wie androgynen Lebensstil.
Aus der Geschichte der Wissenschaft sei zu erwähnen, daß FREUD zwar nicht den Ausdruck »Androgynität« gebrauchte, aber von seiner sexuellen Präokkupation her von der biologischen und psychologischen Bisexualität des Menschen ausging. FREUD stieß durch Diskussion mit seinem Freund WILHELM FLIESS, einem Berliner Arzt, auf den Begriff der Bisexualität. Einer von FREUDs Patienten gab die Ideen von FLIESS an OTTO WEININGER weiter, aber ohne das Wissen FREUDs. Für WEININGER wurde die »Bisexualität« zum Hauptthema seines Buches »Geschlecht und Charakter« (1908). FREUD konnte aber die Bisexualität nicht mit der Triebtheorie erklären. Er schrieb in einer Fußnote zu seinen »Drei Abhandlungen der Sexualtheorie« (1905): »Jede Einzelperson weist vielmehr eine Vermengung ihres biologischen Geschlechtscharakters mit biologischen Zügen des anderen Geschlechts und eine Vereinigung von Aktivität und Passivität auf . . .« Er stellte einen bisexuellen Urzustand der menschlichen Psyche fest, ein Zustand, wo . . . »die Unabhängigkeit der Objektwahl vom Geschlecht des Objekts« vorherrscht. FREUD übertrug diesen bisexuellen Urzustand auf die primitiven Gesellschaften und die frühhistorischen Zeiten und betrachtete diese archaischen Zustände der Bisexualität als »das Ursprüngliche«, aus dem sich die Heterosexualität genauso wie die Homosexualität herausentwickelte.

Er sagte weiter: »Die Entscheidung über das endgültige Sexualverhalten fällt erst nach der Pubertät und ist das Ergebnis einer noch nicht übersehbaren Reihe von Faktoren, die teils konstitutioneller, teils aber akzidenteller Natur sind« (op. cit. Fußnote S. 22-23).

»Seitdem ich mit dem Gesichtspunkte der Bisexualität bekannt geworden bin, halte ich dieses Moment für das hier maßgebende und meine, ohne der Bisexualität Rechung zu tragen, wird man kaum zum Verständnis der tatsächlich zu beobachtenden Sexualäußerungen von Mann und Weib gelangen können.« (FREUD, a.a.O.).

Es ist jedoch zu sagen, daß die Konzeption der Bisexualität viel älter ist als die erwähnten Arbeiten von FLIESS (1897), FREUD (1905) und SWOBODA (1904) oder die Pionierarbeiten von STEINACH (1910), HALBAN (1900), SAND (1920), GOLDSCHMIDT (1916/17) und HIRSCHFELD (1903, 1918). In fast allen Mythologien der Menschheit finden wir Gottheiten, die als Mann und als Frau erscheinen. Sogar der Hermaphrodit, der sowohl männliches als auch weibliches Geschlecht besitzt, wird in vielen archaischen Religionen als Gottheit verehrt wie die Ischtar von Babylon, die Aphrodite von Paphos und Karthago, Zurvan von Persien, Aion von Hellas, Tuisto von Germania, Tiamat von Niniveh und Shiva in Indien.

MANFRED LURKER (1981) beschreibt in seinem Buch »Götter und Symbole der alten Ägypter« Androgynität wie folgt: Die Urgötter tauchen »als doppelgeschlechtliche Wesen« auf, sie zeugen und gebären. Die Androgynität ist ein Sinnbild für die Absolutheit des Schöpfers, der zur Erschaffung der Welt an kein Geschlecht gebunden ist und keines Partners bedarf. So erzeugt Atum aus sich heraus die Götter Schu und Tefnut. Hermapollon berichtet, daß der memphitische Urgott Ptah als Mann weiblich gelte. Bilder aus der Spätzeit zeigen die Götter öfter mit weiblichen Brüsten. Der Nilgott Hapi wird als zweigeschlechtliches Wesen dargestellt, mit Bart und Brüsten einer alten Amme. Die Thebanische Göttin Mut war »Mutter ihres Erzeugers«, ein sprachliches Symbol für ihre Allmutterschaft, die notwendig die Vaterschaft mit einschließt (eine Darstellung zeigt sie auch mit Phallus).

Die Göttin Neith »schuf den Samen der Götter und Menschen« und hat den Beinamen »Vater der Väter und Mutter der Mütter«. In Esne konnte der Schöpfergott Chnum auch als Neith angesprochen werden, wobei diese das in ihm vorhandene weibliche Komplement darstellt. Nach einem im Louvre befindlichen Papyrus (3079) sagt Isis in der Totengeschichte des Osiris-Schauspiels von sich selbst: »Ich machte mich zum Manne, obwohl ich eine Frau war, um deiner (— Osiris —) Namen auf Erden leben zu lassen . . .« Für die alten Ägypter war es also nichts Widernatürliches, wenn den Göttern die Sexualpotenz beider Geschlechter zu eigen war.

Einer der berühmtesten androgynen Menschen des Altertums war der bis zum Transsexuellen hinneigende ägyptische Pharao Echnaton, der während seiner Regentschaft eine Gesellschaft und Herrschaft des Friedens, der Gleichheit der Geschlechter und der Menschlichkeit zu schaffen versuchte. Er hat sich selbst darstellen lassen als Pharao mit nacktem Körper und weiblichen Genitalien. Er lehnte jegliche Form von Gewalt und Krieg ab — bis ihm Geistigkeit und Menschlichkeit wichtiger waren als Macht. Der Gegenpol einer ebenso androgynen Herrscherin im alten Ägypten war die bedeutende Pharaonin Hatschepsut, die ebenfalls eine Herrscherin des Friedens war. Sie wurde in der Kunst und in Monumenten männlich dargestellt. Interessanterweise wurde sie auch im Tal der Könige begraben.

Die Sumerer glaubten, daß ursprünglich alle Menschen organisch und psychisch bisexuell gestaltet waren. PLATON drückte diesen Glauben in seiner philosophischen Erklärung der Liebe als einem Sehnen nach der früheren hermaphroditischen Einheit der Geschlechter aus. Sein Schüler ARISTOPHANES beschrieb den Kugelmenschen als den ursprünglich organisch und psychisch bisexuellen Menschen.

Diese historischen Beispiele zeigen, daß es möglich ist, sich als Mann und Frau zu erleben, unabhängig von der genitalen Gestaltung. Dies ist besonders bedeutsam, wenn man daran denkt, daß z.B. in Italien heute eine große Zahl von Männern Anträge auf Geschlechtsumwandlung gestellt haben. Diese Menschen müssen sich den grausamsten irreversiblen Geschlechtsverstümmelungen unterwerfen, um ihre Bedürfnisse leben zu können. Dies sehe ich als unwissenschaftlich und gefährlich an, wenn Menschen erst durch chirurgische Eingriffe dem Gesetz entsprechend gestattet wird, sich so zu verhalten, zu erleben und zu kleiden, wie dies ihren psychischen Empfindungen entspricht.

Ähnlich verhält es sich mit dem »psychologischen Messer« in der othodoxen Psychoanalyse, wo ein Mensch in seinem psychischen Erleben seiner genitalen Ausgestaltung angepaßt werden soll. Resultat können schwere Depressionen und Suizidalität sein. Hier ist auch anzumerken, daß in der freudianischen Analyse die Körperlichkeit des Menschen ausgeklammert wird. Demgegenüber ist es unser Anliegen, den Menschen frei zu machen für seine verschiedensten androgynen Möglichkeiten.

Bei den Naturvölkern finden wir ein breites Spektrum im Umgang mit der geschlechtlichen Identität des Menschen. Es gibt sogar die Institution des Weib-Mannes, die mit einer besonderen sozialen Stellung verbunden ist und von allen Stammesmitgliedern als solche anerkannt wird. Z.B. erziehen bei manchen Stämmen die Eltern einen Knaben als Mädchen, wenn sie sich ein Mädchen gewünscht haben. Dies führt häufig zu einer besonderen seelischen Sensibilität, wodurch diese Menschen zu Heilern, Priestern, Wahrsagern und Schamanen werden können. Bei den Tschukden in Nordsibirien gibt es zwei Arten von Schamanen: die transsexualisierten Schamanen, d.h. diejenigen, die einen seelischen Transformationsprozeß durchlebt haben und die als mächtiger angesehen werden, gegenüber den sogenannten normalen, nicht transsexualisierten Schamanen. Von den schamanistischen Heilern werden auch transsexuelle Riten durchgeführt, in denen einem männlichen Kranken z.B. verordnet wird, weibliche Kleidung zu tragen oder sich die Haare zu einem Kranz zu flechten.

Ich würde meinen, man sollte den Menschen, die transsexuell orientiert sind in ihrer gesamten Persönlichkeitsstruktur, die Möglichkeit geben, sich auch andersgeschlechtlich erleben und verhalten zu können, ohne geschlechtschirurgische Operationen — als ob männlich oder weiblich nur an das Sexualorgan gebunden wäre, wobei der ganze Mensch ausgeklammert wird.

Androgynität wie ich sie verstehe, beinhaltet ein ganzheitliches Verständnis des Menschen, jenseits jeglicher Rollenfixierung, Verhaltensfixierung, Fixierung sexueller Praktiken, Einstellung und Phantasien, umfaßt androgynes Denken ebenso wie androgynen Lebensstil. Es handelt sich um den Umgang mit dem dem ganzen Menschen zur Vergügung stehenden Potential. Dies will ich Ihnen an dem folgenden Modell zeigen.

Hierbei wird deutlich: Androgynität ist nicht horizontal und linear zu denken, sondern räumlich, mehrdimensional vorzustellen. Die hier im Modell gezeigten Dimensionen stellen beispielhaft verschiedene Lebensbereiche dar, die ich für die Androgynität als zentral und besonders bedeutsam halte. Dies sind die Dimensionen der Sexualität, der Körperlichkeit, des androgynen Erlebens sowie des Handelns und der Tätigkeit. Die Integration dieser Bereiche äußert sich dann im androgynen Lebensstil.

Die Fluktuation in einem mittleren Bereich der räumlich dargestellten Dimensionen und die Flexibilität im Umgang mit diesen Dimensionen stellt den Bereich der Androgynität dar. Vom Zentrum des Kernbereichs aus ist die Bewegung in alle Dimensionen hin möglich, bis hin in alle Endpole. Eingeengte Lebensmöglichkeiten und Rollenfixierungen sind in diesem Modell als Punkte auf die Oberfläche vorzustellen, z.B. eine starr männliche Rollenfixierung. Je mehr Fixierungen ein Mensch in seinen Lebensbereichen hat, desto eingeengter ist sein ganzer Lebensraum.

Es müssen vier biologische Voraussetzungen geklärt werden, um Männlichkeit oder Weiblichkeit mit wissenschaftlicher Eindeutigkeit feststellen zu können:

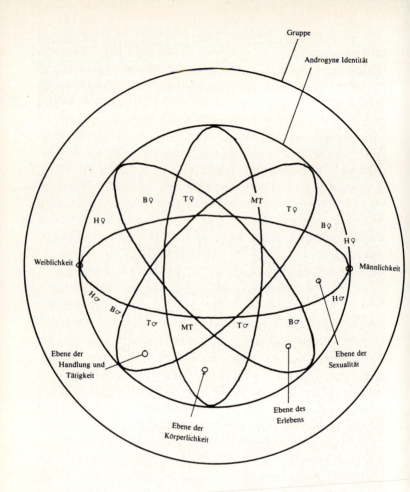

| H♀ | Homosexualität weibl. Tendenz |
| B♀ | Bisexualität ,, ,, |
| T♀ | Transvestitismus ,, ,, |
| MT | Männliche Transsexualität |

| H♂ | Homosexualität männl. Tendenz |
| B♂ | Bisexualität ,, ,, |
| T♂ | Transvestitismus ,, ,, |
| WT | Weibliche Transsexualität |

Androgynes Prinzip nach *Ammon* (räumliches Modell)

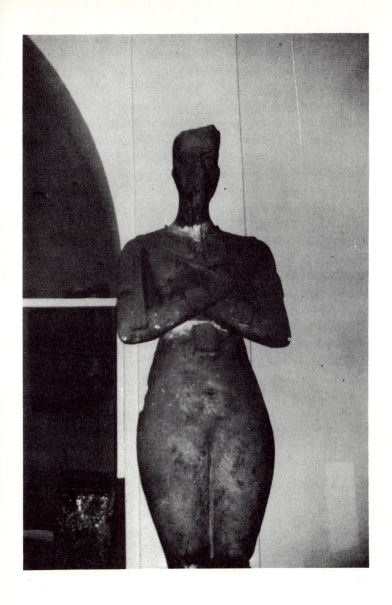

Statue des Pharaos Echnaton im Ägyptischen Museum in Kairo

1. Das Chromosomengeschlecht.
Der normale Mensch besitzt 44 nichtgeschlechtliche Autosomen und 2 geschlechtsbestimmende Gonosomen. Beim Mann gehört ein Gonosom zum Typ X und das andere zum Typ Y. Es gibt aber eine große Zahl von Personen mit 45 und 47 Chromosomen, z.B. 44 + X, 44 + Y, 44 + XXX, 44 + XXY, 44 + XYY usw. Diese Personen sind vom Organischen her bisexuell.
2. Das gonadophorische Geschlecht,
d.h. das Vorhandensein von Wolffschen oder Müllerschen Gängen.
3. Das Keimzellengeschlecht
wie Testikel oder Ovum
4. Das Genitalgeschlecht
wie Penis oder Vagina.
Nach RICHARD GOLDSCHMIDTs Intersexualitätsforschungen (1916/17) kann man mit der Chromosomenanalyse, der Gonadenanalyse und der gonadophorischen Analyse zusammen mit der Anatomie der Genitalien verschiedene Stufen einer Skala von biologischen Sexualstrukturen finden.
Die Medizin stimmt darüber überein, daß phylogenetisch die Klitoris der Frau als ein rudimentärer Penis und die Prostata des Mannes als ein rudimentärer Uterus zu verstehen ist.
Es erhebt sich jedoch die Frage, ob die Bisexualität nur organisch zu sehen ist oder auch in ihrer psychologischen Verbindung. MAGNUS HIRSCHFELD war einer der ersten Wissenschaftler, der den behavioristischen und psychologischen Anteil des Menschen miteinbezog. Er entwickelte sogar die Vorstellung eines sogenannten dritten Geschlechts, »die Urninge«. Er benutzte diese Idee auch, um die Homosexuellen vor dem Gesetz der damaligen Zeit zu schützen (vgl. HIRSCHFELD 1903). Andere Wissenschaftler wie BLOCH sahen keine Beziehung zwischen biologischen und psychologischen Bedingungen. Jedoch wurde seit FREUD der Psychologie mehr Bedeutung zugemessen in bezug auf sexuelle Bedürfnisse und Verhalten als den biologischen Bedingungen.

Das Konzept der Bisexualität bedarf jedoch einer kritischen Betrachtung. Mit diesem Konzept wird der Mensch nur in seinem Geschlecht und seiner Sexualität gesehen, die übrige Person wird ausgeschlossen. Der Mensch wird als sexuelles Wesen verstanden, bestimmt von Trieben oder geprägt von biologischen und genetischen Strukturen. In meiner mehr als 30jährigen klinischen Erfahrung habe ich bei jeder Frau männliche Bedürfnisse und bei jedem Mann weibliche Bedürfnisse auf einem gleitenden Spektrum zwischen männlich und weiblich vorgefunden, aber auch verschieden starke Ausprägungen von unterdrückten Bedürfnissen. Gleichzeitig beobachtete ich verschiedene Einstellungen dem Sexualverhalten gegenüber in der Gesellschaft. Meine Beobachtungen beziehen sich auch auf sogenannte gesunde Menschen in gruppendynamischen Gruppen verschiedener Art, Kindergärten, Ausbildungsgruppen für Studenten und Lehranalysen.
Bisexualität verstehe ich als eine Dimension sexueller Bedürfnisse in der generell androgynen Natur des Menschen. Androgynität gehört zu einem ganzheitlichen Verständnis des Menschen, frei von Fixierungen an sexuelles Rollenverhalten. Sie drückt sich aus in einem allgemeinen Lebensstil mit den Dimensionen Körper, Geist und Seele. Von meinem ganzheitlichen Persönlichkeitskonzept ausgehend, umfaßt die Androgynität alle Dimensionen der Identität, nicht nur die Sexualstruktur, sondern die Geistigkeit, die Körperlichkeit, das androgyne Erleben, sowie Handeln und Tätigsein usw. Eine androgyne Persönlichkeit hat ein weites Spektrum an Erfahrungs- und Verhaltensmöglichkeiten zur Verfügung, aus denen sich die eigene Androgynität in Kontakt mit sich selbst entwickelt. Jedoch können Partner oder Gruppen die Androgynität eines Menschen im Laufe seines Lebens in der Struktur verändern. Für die Entwicklung und das Zulassen der Androgynität ist die Gruppe nach unseren Erkenntnissen von eminenter Bedeutung, d.h. sie muß von Sozialenergie getragen sein, die dem Menschen gegeben wird und die durch die Vielfältigkeit der sich so entwickelnden Beziehungen wieder in die Gruppe zurückfließt.

Sie ist notwendig zur Bildung der androgynen Stuktur eines Menschen.

Sexualität, wie ich sie verstehe, darf nie von dem Erleben, den Bedürfnissen und Beziehungen des gesamten Menschen abgespalten werden. Sie ist immer gebunden an die Beziehung und den Kontakt zu einem Menschen und zu Gruppen. Androgynität bedeutet immer die Flexibilität von weiblichen und männlichen Bedürfnissen in einer Person. Alle fixierten, suchtartigen und zwanghaften Manifestationen menschlicher Sexualität sind jedoch dem Bereich psychischer Erkrankung zuzuordnen. Alle suchtartigen und zwanghaften Manifestationen von Sexualität sind auf einer Skala von Pathologie zu sehen. Pathologische Formen des Sexualverhaltens zeigen immer Fixierungen im Rollenverhalten, einen Mangel an Kontakt, Liebe und Fürsorge für andere Menschen.

Bei genauerem Studium der Lebensgeschichte androgyner Menschen wird man immer wieder auf passagere Phasen oder Episoden homosexueller oder bisexueller Verhaltensweisen stoßen. So erinnere ich einen Patienten, der mit Depression und Arbeitslähmung zu mir in Behandlung kam. Seine Mutter hatte ihn vorwiegend wie ein Mädchen erzogen und ihn dementsprechend gekleidet und ihn bis zu seinem 12. Lebensjahr selbst gebadet. Während der Pubertät beobachtete er sich vor dem Spiegel mit weiblichem Genital, das er herstellte durch Zusammenpressen der Oberschenkel, wodurch er seinen ersten genitalen Reiz erlebte und sich an seinem weiblich erscheinenden Genital erfreute. Vom Vater wurde er mit dem Kosenamen seiner Mutter gerufen, geküßt und gestreichelt; während die Mutter ihn ohne jede Zärtlichkeit sehr kühl behandelte. Er entwickelte eine manifeste Homosexualität, die sich erst veränderte, als er 27 Jahre alt war und begann, ältere dominante Frauen zu lieben. Durch eine verständnisvolle psychotherapeutische, langjährige Behandlung konnte er sich seiner Androgynität schuldfrei bewußt werden und damit seine androgyne Identität dynamisch und kreativ leben. Er verlor dabei seine Homosexualität gänzlich.

Dies ist ein Beispiel, das für viele steht, wobei es nicht wichtig ist, mit kausalem Denken der Genese traumatischer Lebenssituationen nachzugehen, sondern die verstehende Beziehung zum Therapeuten vorrangig zu sehen. Gesellschaftliche Rollenforderungen und Moralvorstellungen dürfen dabei nicht berücksichtigt werden, ebenso wenig wie Denken in Kategorien oder konkretistische Logik; vielmehr ist der Mensch direkt bildhaft in der Welt seiner Phantasien, Bedürfnisse und geheimen Wünsche anzusprechen. Eine tiefe Vertrauensbasis mit der Teilung von Geheimnissen und mit grenzüberschreitendem Denken des Therapeuten ist dabei notwendig.

Da der androgyne Mensch jeweils auch die Empfindungen und Gefühle des andersgeschlechtlichen Partners zutiefst erlebt, wird er, wenn er die eigengeschlechtliche Einstellung übernimmt, besonders sensibel mit den Gefühlen des Partners umgehen können.

In den Untersuchungen über Androgynität von SANDRA BEM, JUNE SINGER und CHARLOTTE WOLFF und PETER EHMANN werden Bisexualität und Androgynität simultan benutzt. Ich verstehe jedoch Bisexualität als nur einen Aspekt eines Menschen mit bisexuellem Verhalten.

Androgynität bedeutet eine ganzheitliche Sicht des Menschen, während die Bisexualität ein dualistisches Verständnis mit streng gesellschaftlich bestimmten Rollenfixierungen weiblich und männlich impliziert.

Eine der wichtigsten Autorinnen über Androgynität ist SANDRA BEM, die auch den Versuch unternahm, mit einem von ihr entwickelten Sex-Role-Inventory Männlichkeit und Weiblichkeit eines Menschen testpsychologisch zu erfassen. Im Rahmen der von ihr entwickelten Meßmethodik bestimmte sie Androgynität als Kombination hoher Männlichkeits- und Weiblichkeitswerte (BEM 1974). Das Verdienst BEMs ist, daß sie für die Aufhebung der starren Geschlechtsrollenstereotypen plädiert. Sie betont, daß die Festlegung eines Mannes auf männliches Verhalten und einer Frau auf weibliches Verhalten zu einer Einengung der menschlichen Möglichkeiten führt, daß androgyne Menschen über ein größeres Verhaltensrepertoire verfügen, weil ihnen in verschiedenen Situationen Handlungsweisen zur Verfügung stehen, die eher als männlich oder als weiblich eingestuft werden können. Letzlich bedeutet also Androgynität bei BEM, daß der Mensch über Verhaltensweisen verfügt, die über gesellschaftlich normiertes Verhalten hinausgehen. Dieser Ansatz findet sich auch — wenngleich in kritischer Interpretation — in der Darstellung von ZELDOW (1982), ebenso bei GADPAILLE (1983) und KELLY und WORELL (1977). Hierzu gehören auch eine Reihe von Autoren, die sich ausschließlich mit Feminismus und der Geschlechtsrolle der Frau beschäftigen; zu nennen sind u.a. NEEDLES (1982/83), KRAVETH (1976) und BARDWICK (1970). Andere Forscher wie ALLGEIER und FAGEL (1978) führten Untersuchungen hinsichtlich von Koituspositionen und Geschlechtsrollen und -normen durch.

CHARLOTTE WOLFF (1981) definiert Bisexualität als die Wurzel der menschlichen Sexualität. Für sie ist Bisexualität eine psychische Dimension — Androgynität bezieht sich in ihrer Darstellung nur auf die körperliche Ausgestaltung eines Menschen. Ihr Verdienst ist es, daß sie die Qual erkennt, unter der ein Mensch leidet, wenn seine geschlechtlichen Wünsche nicht seiner körperlichen Ausgestaltung entsprechen. Sie verdeutlicht auch am Beispiel der Transsexualität, daß der Mensch seinen sexuellen Wünschen und Neigungen ohne Tabuisierung nachgehen sollte.

Hierin sieht sie die Basis für kreative Energie. Die Wurzel der Kreativität liegt damit für WOLFF in der Realisierung sexueller Möglichkeiten.

SINGER (1981 aus der Schule C. G. JUNGs), sucht den Ursprung von Androgynität in den Schöpfungsmythen von Völkern. Sie bezeichnet Androgynie als Archetypus der menschlichen Psyche, der zu den ältesten kollektiven Urbildern der Menschheit gehört. Sie ist der Auffassung, daß wir durch die Androgynie eine Ahnung von der kosmischen Ganzheit von der mythischen Urtrennung in männlich und weiblich bekom-

men. Androgynie nimmt also einen übergreifenden Standpunkt über die männliche und weibliche Dualität ein.
Um Verwechslungen zu vermeiden, grenzt sie daher geschlechtsspezifische Rollen- und Verhaltensweisen, sowie Hermaphroditismus und Bisexualität vom Prinzip der Androgynie ab. Bisexualität bedeutet für SINGER eine natürliche unbewußte Tendenz zur Androgynie hin, die damit beginnt, sich des männlichen und weiblichen Potentials bewußt zu werden. Androgynie würde dann verwirklicht werden, wenn die Fähigkeit zu einer harmonischen Beziehung zwischen den männlichen und weiblichen Aspekten in einer einzigen Person entwickelt sei.
Eine Reihe von Forschern hat in den letzten Jahren versucht, mit Hilfe von Fragebogen Männlichkeit, Weiblichkeit, Geschlechtsrollenverhalten sowie Androgynität zu messen. Zu nennen sind u.a. SANDRA BEM (1974) mit ihrem BEM-Sex-Role-Inventory, SPENCE, HELMREICH und STAPP (1975) mit dem Personal Attributes Questionnaire (PAQ), HEILBRUN (1976) mit den Skalen »Männlichkeit« und »Weiblichkeit« aus der Adjective List. PETRA WOLLSCHLÄGER (1981) entwickelte eine auf deutsche Gesellschaftsverhältnisse bezogene Eigenschaftsliste zur Feststellung von weiblichen und männlichen Geschlechtsstereotypien.
Zusammenfassend ist festzustellen, daß die vielfältige Literatur zum Thema Androgynität sich häufig ausschließlich mit der Erklärung der gesellschaftlichen Veränderungen im Geschlechtsrollenverhalten beschäftigt. Die hierauf aufbauenden Testverfahren messen den unterschiedlichen Grad phänomenologischer Ausprägung dieses Geschlechtsrollenverhaltens und die Resultate drücken hauptsächlich die sexuelle Dimension der Androgynität aus.
Die Diskussion um die Meßbarkeit von Androgynität hat gezeigt, daß man sich von der Vorstellung eines Androgynitäts-Scores, also der Vorstellung, daß eine einzige Zahl Aufschluß über den Grad der Androgynität geben kann, lösen muß, da es sich auch um eine inhaltliche Ausgestaltung von Identität han-

delt und nur die gleichzeitige Erfassung von mehreren Dimensionen dem Verständnis von Androgynität gerecht wird.

Der Androgynitäts-Dimensionstest nach AMMON (ADA) basiert auf meinem holistischen Verständnis der Persönlichkeit. Der Test mißt die Androgynität auf den Ebenen des Sexualverhaltens und -erlebens, des sozialen und beruflichen Rollenverhaltens, des männlich-weiblichen Erlebens, der Bedürfnisse und Phantasien und der Körperlichkeit. Die Dimension Sexualität bedeutet sexuelles Verhalten, Vorstellungen und Phantasien über Sexualität. Die Dimension des beruflichen Rollenverhaltens bedeutet auch männliche oder weibliche Rollenfixierungen in Beruf und anderen Aktivitäten. Die Dimension des Erlebens, der Phantasien und Bedürfnisse umfaßt androgynes Denken, Erleben als Mann oder Frau, Phantasien über Geschlechtlichkeit und Wünsche dazu. Die Dimension Körperlichkeit umfaßt sowohl die realen männlichen oder femininen Züge eines Körpers, z.B. ein Mann mit weiblichen Brüsten oder eine Frau mit schmalen Hüften und männlich flacher Brust, als auch die Annahme des Körpers, wie er ist und die Wünsche und körperlichen Empfindungen dazu.

Zur Konstruktion des Androgynen-Dimensions-Test nach AMMON (ADA) verwendeten wir daher ein vierdimensionales Skalenmodell, mit den Skalen:

1. Sexualität, repräsentiert durch eine Auswahl von Items, die die Handlungsebene der Sexualität darstellen,
2. dem Aspekt der Tätigkeit in Bezug auf den Beruf und die Interessen, was sich im Extrem in stereotypem Rollenverhalten und -fixierungen äußert.

Diese beiden Ebenen repräsentieren den gesamten Verhaltensbereich, während die

3. Ebene des Erlebens und der Bedürfnisse, die Beziehung zur Geschlechtlichkeit umfaßt und
4. die Skala der Körperlichkeit exakt den Körper beschreibt.

Wesentliches Konstruktionsprinzip des ADA ist, daß an den Enden jeder Dimension die fixierten und starren Verhaltens-

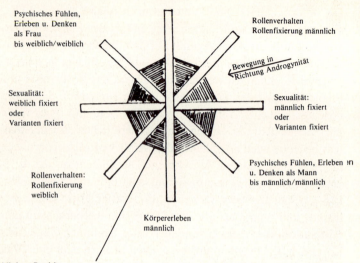

Mittlerer Bereich:

als Zone flexibler Einstellungen, Verhaltensweisen und Erleben: Androgynität im Sinne von nicht-fixierten Erlebens- und Verhaltensweisen und eines Verfügbar-habens beidgeschlechtlichen Verhaltens und Erlebens.

**Dimensionen der Androgynität nach Ammon**

1. Sexualität — Sexuelle Praktiken, Vorstellungen und Phantasien über Sexualität

2. Rollenverhalten — soziales und berufliches Verhalten, männliche und weibliche Rollenfixierungen

3. Erlebnisebene — Erleben als Mann und/oder Frau, Phantasien über Geschlechtlichkeit und Wünsche, androgynes Denken

4. Körperlichkeit — Reale Beschreibung des Körpers, Körper als männlich/weiblich abgelehnt bzw. angenommen

Dimensionen der Androgynitätsskala nach *Ammon*

weisen stehen, beispielsweise starr fixiertes männliches bzw. weibliches Rollenverhalten in Beruf, Gesellschaft und Familie. Im mittleren Bereich jeder Skala liegen diejenigen Items, die das Verfügen über beidgeschlechtliche Möglichkeiten jeder Dimension ausdrücken. Diese vier erwähnten Dimensionen stellen wesentliche Aspekte der Androgynität dar. Wir haben festgestellt, daß diese Dimensionen oft nicht gänzlich in die Persön-

Gartenmotiv mit Turm (Casa Ammon)

lichkeit eines Menschen integriert sind. So können z.B. die weiblichen Gefühle eines Mannes mit seinem weiblichen Beruf übereinstimmen, aber nicht in der Verwirklichung seiner sexuellen Bedürfnisse. Diese Diskrepanzen werden signifikant beim Vergleich der Eigen-Ratings mit den Fremd-Ratings. Wir können den ADA graphisch darstellen und können Fixierungen oder androgyne Aspekte auf jeder Dimensionsskala ersehen.

Dazu schlagen wir eine graphische Darstellung der einzelnen Skalenergebnisse in der Form vor, daß die Skalen sternförmig angeordnet werden, um den jeweiligen Skalenmittelpunkt. Die schraffierte Fläche auf der Grafik veranschaulicht einen mittleren Bereich aller Skalen als Zone flexibler Einstellungen, Verhaltensweisen und Erleben. Die Ausprägung in jeder einzelnen Skala könnte uns dann zeigen, in welchen Dimensionen ein Mensch noch unter Fixierungen leidet und in welchen Aspekten er sich als androgyn erleben und verwirklichen kann.

Zusätzlich zum ADA wurde ein gesonderter ärztlicher Untersuchungsbogen zur Erfassung der Körperlichkeit unter Miteinbeziehung der Sexualorgane erstellt:

1. Genaue Beschreibung des Gesichtsausdruckes, des Augenausdruckes, der Nase, der Ohren, der Lippen, der Haut,
2. Verhalten während der Untersuchung
3. Körperhaltung
4. Beschreibung des gesamt-körperlichen Eindruckes (Fettleibigkeit oder anorektische Züge, Knochenbau, Muskeln etc.),
5. Beschreibung des Körperbautypus,
6. des Behaarungstypus,
7. der Brüste und Brustwarzen,
8. Beckenmessung,
9. Beschreibung des Genitales (Größe, Ausprägung, Behaarungstyp),
10. Beschreibung der Gliedmaßen, besonders der Hände und Oberschenkel.

Dieser Test soll verschiedene Dimensionen der Körperlichkeit erfassen. Zur Körperlichkeit gehören natürlich auch die Genitalien, die bei den körperlichen Untersuchungen meist völlig ausgeklammert werden.

Androgynität kann sich in den verschiedenen Lebensbereichen in unterschiedlichster Art und Weise ausdrücken; d.h. in den einzelnen Dimensionen vollkommen verschieden sein. Je größer androgyne Bedürfnisse nichtbewußter Art und androgyne Körperlichkeit und das Erfüllen und Anpassen an erwartete Rollen auseinanderklaffen, desto mehr wird ein Mensch psychisch und körperlich leiden. Wird z.B. ein Junge von früher Kindheit an von den Eltern wie ein Mädchen erzogen, weil sie sich ein Mädchen gewünscht hatten, später aber werden an ihn Leistungsanforderungen gestellt entsprechend der Familienphilosophie, einen männlichen Beruf zu wählen, so wird dieser Mensch im späteren Leben Brüche in seiner Persönlichkeitsstruktur aufweisen.

Der ADA soll diese Brüche aufzeigen und eine Nichtausbalanciertheit zwischen den Skalen feststellen. Es kommt darauf an, daß diese Menschen flexibel mit diesen unterschiedlichen Ausprägungen in ihren Persönlichkeitsbereichen umgehen können, wenn ihnen dies nicht gelingt, werden sie krank oder entwickeln eine double personality bzw. desintegrierte Persönlichkeit. Krankheit kann man hierbei positiv als eine Flucht aus der unerträglichen Lebenssituation verstehen.

Aufgabe der Therapie wird es hier sein, dem Menschen seine Androgynität bewußt zu machen, ihn von Schuldgefühlen zu befreien und ihm zu ermöglichen, ein mit seinen Bedürfnissen übereinstimmendes identitätsträchtiges, kreatives Leben führen zu können. Eine Anpassungstherapie bei Menschen mit starken andersgeschlechtlichen Regungen und Bedürfnissen muß vermieden werden.

Ich habe in meiner Praxis immer wieder erleben müssen, auch besonders durch Berichte von Therapeuten und Patienten, wie sehr eine Anpassungstherapie schwerste Schuldgefühle, Rollenleistungsdruck und Depressionen hervorrufen kann. Mein

Hauptanliegen war es daher, diesen vielen Menschen zu helfen, ihre Androgynität voll und kreativ zu entwickeln. Damit könnte auch die transsexuelle Chirurgie auf ein Mindestmaß von Extremfällen beschränkt werden.

Ein Beispiel, wo eine chirurgische Geschlechtsumwandlung — allerdings in einem sehr frühen Alter von 7 Monaten — erfolgreich war, wobei die Erziehung zum Mädchen eher die Hauptrolle gespielt hat als die Geschlechtsumwandlung selbst, beschreiben die amerikanischen Psychiater JOHN MONEY und ANKE EHRHARDT (1975).

Es handelt sich um einen Jungen, der im Alter von 7 Monaten durch einen chirurgischen Eingriff seinen Penis verlor. Bei der Beschneidung seines Penis wurde dieser durch den starken Strom des Operationsinstrumentes verkohlt und mußte amputiert werden. Es wurde daraufhin eine Geschlechtsneuzuweisung durch den Chirurgen vorgenommen, indem er operativ die Genitalien des Jungen in die eines Mädchen umwandelte. Das Kind erhielt einen Mädchennamen und wurde im Alter von 17 Monaten wie ein Mädchen gekleidet und frisiert. Diese Betonung der weiblichen Kleidung und Frisur hatte eine starke Auswirkung auf das Kind. Die Eltern behandelten es wie ein Mädchen und verhielten sich zu ihm eindeutig anders als zu ihrem Sohn. Das geschlechtsumgewandelte Mädchen wurde zu Hausarbeiten herangezogen, wurde liebevoll von der Mutter gekämmt und angezogen und bekam Mädchenspielzeug. Bei einer Nachuntersuchung zeigte das Kind bereits im Alter von 5 Jahren eindeutig mädchenhaftes Verhalten und unterschied sich dadurch eindeutig von seinem gleichaltrigen Zwillingsbruder.

Dies erinnert auch an die Transsexualisierung der Schamanen wie ich sie anfangs erwähnt habe. Ich erinnere auch Fälle, wo Partner sich gegenseitig transsexualisiert haben durch Lebensstil, sexuelles Verhalten und Umgang mit ihren Körpern.

Wie wir am Beispiel des Zwillingsjungen gesehen haben, spielt die bewußte und unbewußte Einstellung der Eltern gegenüber der Geschlechtlichkeit des Kindes, aber auch die rollenfixierte Erziehung in Kindergarten, Schule und Beruf eine entscheidende Rolle, einschließlich der sexuellen Rollenfixierung. Wenn SANDRA BEM fordert, daß bereits Kinder androgynisiert werden müßten, so stimme ich mit ihr darin nicht überein, denn jedes Kind ist primär androgyn. Gesellschaftliche Institutionen wie z.B. Kindergarten, Schule und Universität schränken durch ihre einseitigen Leistungsforderungen auf linkshemisphärischer Ebene die Androgynität des Kindes, d.h. seine Phantasiewelt, sein bildhaftes Denken und Erleben ein. Von daher wird verständlich, daß androgyne Menschen eher rechtshemisphärisch geöffnete, kreative, grenzüberschreitende und ganzheitliche Menschen sind.

Therapie ist in meinem Verständnis Kreativierung oder Re-Kreativierung des Menschen hin zur Androgynität in dem Sinne, daß der Synergismus von Bewußtem und Unbewußtem oder, wie ich es auch nenne, von rechtshemisphärischem und linkshemisphärischem Denken hergestellt wird.

Ein beeindruckendes und ausführliches Beispiel für eine gelebte Transsexualität, ohne chirurgischen Eingriff, nennt CHARLOTTE WOLFF in ihrem Buch »Bisexualität«, das ich an dieser Stelle zitieren möchte:

»Meine Mutter wünschte sich ein Mädchen, und ich wurde bis zum Alter von 4 1/2 Jahren wie ein Mädchen gekleidet und von allen für ein kleines Mädchen gehalten. In der Schule hatte ich kein Interesse für die Unternehmungen der Jungen, sonden spielte immer mit den Mädchen. Bei ihnen fühlte ich mich frei und glücklich, ich wünschte mir nur, Kleider, Röcke usw. tragen zu können. In meiner späteren Schulzeit zog ich mir so oft wie möglich die Kleider meiner Mutter an. Während des Krieges beim Militärdienst hatte ich meine beste Zeit bei der Truppenbetreuung, als ich aufgefordert wurde, als das sechste Mädchen in der Revuetruppe einzuspringen, da dieses schwanger geworden war und nach Hause fahren mußte und kein anderes Mädchen aufzutreiben war. Ich war damals 18 und wurde nach sehr kuzer Zeit von beiden Geschlechtern als Mädchen behandelt. Wie in vielen Lagern gab es nur einen Umkleideraum für jedes Geschlecht. Ich reise als Mädchen herum und benutzte den gleichen Umkleideraum wie die Mädchen herum und benutzte den gleichen Umkleideraum wie die Mädchen. Oft wurden wir nach der Vorstellung in das Offizierskasino eingeladen. Ich kann Ihnen nicht sagen, wie aufregend es für mich war, als Frau behandelt und sogar um ein Rendevouz gebeten zu werden. Nach dem Krieg ging ich nach Australien, wo ich einen Mann kennenlernte, mit dem ich einige Zeit als Frau zusammenlebte. Wieder war es aufregend für mich, schöne Unterwäsche, Kleider und alles, was eine Frau braucht, zu haben. Ich besorgte das Knochen, die Hausarbeit, und wir fuhren nach Sindey ins Theater oder zum Essen. Wir freundeten uns auch mit anderen Paaren an. Natürlich kam wie in jeder Beziehung zwischen Männern und Frauen Sex ins Spiel. Ich übernahm immer die Rolle der Frau. Mein Freund schlief fast jede Nacht mit mir. Manchmal befriedigte ich ihn oral, aber meistens drang er anal in mich ein. Oft wünsche ich, wenn ich seinen Samenerguß in mir spürte, daß er mich schwanger machen könnte. Seit vielen Jahren wünsche ich mir, eine Schwangerschaft zu erleben und ein Kind zur Welt zu bringen. Ich möchte kein Vater sein, aber ich sehne mich so danach, eine Mutter sein zu können. Ich finde es wunderschön, einem Kind das Leben zu schenken. Im Jahre 1957 mußte ich in dieses Land zurückkehren. Meine Mutter, die letztes Jahr starb, war bei schlechter Gesundheit. Sie wußte, daß ich eine richtige Frau sein sollte, weil ich mich, so oft es ging als Frau anzog und schminkte. Seit ihrem Tod habe ich so weit wie möglich versucht, als Frau zu leben. Nach der Arbeit ziehe ich mir ein Kleid oder einen Rock an, schminkte mich, koche für mich selbst, mache die Hausarbeit usw. Ich bin mit ein oder zwei Männern befreundet, die mich zu Drinks einladen und nachher mit mir in den Bungelow zurückkehren (ich lebe jetzt allein), um mit mir ins Bett zu gehen. Alle sind verheiratet. Ich habe noch keinen alleinstehenden Mann gefunden. Ich habe zwei Freundinnen, die eine ist heterosexuell, die andere lesbisch. Vorige Woche verbrachte ich drei wunderschöne Tage in London. Ich kenne ein Hotel, wo ich als Frau absteigen kann und keine Männerkleider tragen muß. Vorigen Samstag schlenderte ich durch die Kaufhäuser, sah mir die Kleider und Kosmetika an und aß dann mit einem anderen Mädchen zu Mittg. Ich hätte gerne eine Hormonbehandlung, um meinen Busen zu vergrößern und meine Haut und Haare zu beeinflussen, aber am liebsten würde ich mein Geschlecht wechseln, um eine richtige Frau zu werden. Wenn ich wie ein Mann gekleidet bin und dessen Rolle spiele, fühle ich mich immer irgendwie, ich glaube, unwohl ist das richtige Wort. Ich kann mich nur entspannen und die Dinge aufnehmen, meine ganze Aufmerksamkeit auf die Umgebung richten, wenn ich eine Frau bin«.

Therapie müßte in diesem Beispiel auf einen annehmenden, gewährenden und spielerischen Umgang mit der Körperlichkeit abzielen. Statt einer transsexualisierenden Chirurgie kann man Transsexualisierung genauso durch therapeutische Methoden wie z.B. Körpertherapie, Tanztherapie und eine verstehende und liebevolle Psychotherapie mit spielerischem Umgang mit Körperlichkeit herbeiführen.

Wenn man die Gesellschaft über diese Möglichkeiten und viele andere mehr aufklärt, kann man nicht nur Hunderttausenden von Menschen entscheidend helfen, zu einem glücklichen, kreativen und auch erfüllten Leben entsprechend ihrer Bedürfnisse zu kommen, statt ihnen das Ausleben dieser Bedürfnisse zu verwehren. Eine Gesellschaft ist auch daran zu messen, wie sie mit diesen Bedürfnissen umgeht und wieviel Freiheit der Mensch hat, sich auch sexuell und androgyn seinem Lebensstil entsprechend auszudrücken. In diesem Sinne zielt jede androgyne Bewegung auf eine friedliebende, klassenlose Gesellschaft, in der hierarchische Macht- und Ausbeutungsstrukturen überflüssig sind. Sie lebt nach den Prinzipien der Gleichheit der Geschlechter und der Achtung vor den Kindern und wird sich stets von allen Rollenzwängen befreien. Deswegen muß bei Kindern auch verhindert werden, daß sie in das Prokrustes-Bett ihrer anatomischen Rolle eingezwängt werden, ebenso müssen sich Psychiater und Psychotherapeuten für die Anerkennung androgyner Bedürfnisse einsetzen.

Ich möchte es abschließend so sagen: Auf die sexuelle Revolution muß jetzt die androgyne Revolution folgen. Mein Anliegen war es, das Problem in den Raum zu stellen und die Androgynität des Menschen anzuerkennen und ihm Lebensrecht zu geben.

Wesentlich dabei wird immer die geistige Dimension des Menschen sein, die im Denken, Erleben und Handeln ein integratives Moment darstellt.

Das geistige Prinzip der Androgynität in meinem Verständnis bedeutet immer ein Loslassen von Fixierungen und konkreten Denk- und Handlungsweisen hin zu einer konzeptionellen und ganzheitlichen Sicht des Menschen.

Das geistige Prinzip der Androgynität bedeutet im tiefsten Sinne die Aufhebung der Gegensätze männlich und weiblich, bzw. Mann und Frau, der eigentlich tiefste gesellschaftliche Gegensatz, der für dualistisches Denken verantwortlich ist. Damit wird philosophisch gesehen der Gegensatz Freund und Feind aufgehoben und stattdessen ganzheitlich der Frieden gesetzt, deswegen wird auch eine zukünftige androgyne Gesellschaft eine Dienerin am Frieden der Welt sein.

Dieses Verständnis hat immense Folgen für die Psychotherapie und Psychiatrie und führt zu einem besseren Verständnis der Natur des Menschen mit seinen biologischen, psychologischen und spirituellen Dimensionen.

Die Umbruch- und Wendezeit, in der wir uns befinden, steht im Zeichen neuer Werte für den Menschen in der Welt. Der archimedische Punkt unserer Wendezeit und ihres neuen Bewußtseins ist die Hinwendung zu einem Androgyniat, das eine über 2 000 Jahre herrschende patriarchalische Welt ablöst. Wir erwarten damit auch ein Freiwerden eines großen kreativen Identitätspotentials des Menschen mit einer Integration seiner mehrdimensionalen Möglichkeiten und eine Überwindung unserer desintegrierten hedonistischen Borderline-Gesellschaft. Unser inniger Wunsch und unsere Hoffnung sind dabei, daß mehr Friedensfähigkeit in den Herzen der Menschen Platz findet und sich auswirkt auf das Leben auf unserer Erde.

# WADP/UNO-Deklaration für die Rechte der Frau*

Die Stellungnahme der WADP betont die Tatsache, daß die rigide Definition der Geschlechtsrollen weitgehend auf soziale, kulturelle und religiöse Einflüsse zurückgeht und machtpolitischen Interessen dienen kann. Wenn eine Gesellschaft dem Menschen dienen will, muß sie jedoch offen für Entwicklung und Veränderung sein und sie muß der Frau die gleichen Menschenrechte zugestehen wie dem Mann.

Die Stellung der Frau ist immer noch ein Problem in der Welt, da in einigen Ländern die Frauen in Fragen der Menschenrechte immer noch nicht den Männern gleichgestellt sind.
Die Weltgesellschaft für Dynamische Psychiatrie ist in besonderem Maße auf diesem Gebiet kompetent aufgrund ihrer transkulturellen Forschung und ihres transkulturellen Informationsaustausches. Akademien, Universitäten und professionelle Organisationen aus 22 Ländern in Asien, Afrika, Amerika und Europa arbeiten nicht nur in psychiatrischen Problemen zusammen, sondern auch in Fragen menschlicher Probleme insgesamt.
Psychiatrische Probleme stellen nur einen Teil der Probleme dar, der andere sind die vielen kreativen Möglichkeiten der

---

* Eine Stellungnahme der Weltgesellschaft für Dynamische Psychiatrie WADP anläßlich der Internationalen Konferenz zum Problem der Überbevölkerung in Mexico City vom 6.-13. August 1984, des United Nations Funds for Population Activities (UNFPA), verlesen von Dr. Edward Dehné, 2. Vice-President, WADP. Die WADP ist Mitglied mit Sitz und Stimme in den non-governmental, non-profit, non-political Gremien »Population« der UNO und »Water and Food Supply for the World« der WHO.

Menschen. Manchmal kann die Unterdrückung von einem Geschlecht zu psychiatrischen Krankheiten führen; manchmal kann dies auch der Fall sein, wenn männliche oder weibliche Tendenzen in einer Person unterdrückt werden.

Bei allem Respekt für kulturelle Traditionen und Sitten müssen wir uns für die *Menschenrechte der Frauen* in allen Teilen unserer Erde aussprechen. Wir müssen dies tun wegen unseres wissenschaftlichen und menschlichen Gewissens. Die Menschenrechte für Frauen müssen denen der Männer gleichgestellt werden. Beide sind auf dieser Erde mit einer Seele, einem Körper, mit Intelligenz, Kreativität und geistigen Kräften geboren worden.

Die Definition der Geschlechtsrolle ist zu einem großen Teil ein Ergebnis sozialer, kultureller und religiöser Erziehung und Anpassung. Wenn eine Religion oder Kultur oder ein soziales System mit einer bestimmten Philosophie den menschlichen Bedürfnissen dienen soll, dann sollte sie offen sein für Entwicklungen und Einstellungsveränderungen.

Die Forschung hat gezeigt, daß Frauen den Männern manchmal in Bereichen der Gefühle, der Kreativität, der Sorge um andere, Liebesfähigkeit, konzeptionellem Denken und der Fähigkeit, Schmerzen auszuhalten, überlegen sind.

Im Gegensatz zu einem allgemeinen Vorurteil haben Frauen sogar mehr physische Kraft als Männer. Außerdem haben auch Frauen im Gegensatz zu allgemeinen Vorurteilen das Bedürfnis nach sexueller und beruflicher Aktivität und wollen für sich selbst entscheiden.

Deshalb fordern wir:
  I. Gleiche Rechte für Frauen in der Politik: Aktives und passives Wahlrecht.
 II. Gleiche Rechte auf Arbeit und Bezahlung.
III. Gleiche Rechte in der Familie und im Sexualleben.
 IV. Gleiche Rechte auf Ausbildung und Bildung.
  V. Gleiche Rechte bei der Entscheidung, Kinder zu bekommen.
 VI. Gleiche Rechte vor Gericht.

VII. Gleiche Rechte in Fragen des Eigentums.
VII. Gleiche Rechte auf medizinische Behandlung.
IX. Gleiche Rechte auf Respektierung ihrer Persönlichkeit und Identität.
X. Gleiche Rechte auf Repräsentation in der Kunst, Literatur, im Film und in den Massenmedien.

Der Mensch, der die Gabe hat, Leben zu schenken, hat Anspruch auf größten Respekt in unserer Welt. Nur die Frau kann entscheiden, ob und wann sie einem Kind das Leben schenken möchte, mit wem sie es mag und mit wem nicht. Ihr Körper gehört ihr allein. Frauen dürfen niemals dazu gezwungen werden, Leben zu geben oder zu vernichten.

So hat die Erfahrung uns gezeigt, daß in den Gebieten auf der Welt, in denen Frauen gleiche Rechte auf Bildung haben, die Bevölkerungsexplosion viel weniger ein Problem ist als in den Gebieten der Welt, in denen Frauen weniger Bildung und persönliche Achtung genießen.

# Als die Mütter herrschten
Ein Essay über das Matriarchat

Gesellschaftliche Umwandlungen haben in dem letzten halben Jahrhundert stattgefunden und finden immer noch weiter statt, die manchen Beobachter veranlassen, davon zu sprechen, daß viele Zeichen dafür sprächen, daß das etwa zweieinhalbtausend Jahre herrschende Patriarchat wieder durch das Matriarchat abgelöst würde. Mit einer ähnlichen Einstellung schrieb ich damals, vor nunmehr 40 Jahren, kurz nach der Beendigung des grauenhaften 2. Weltkrieges in einer sozialistischen Frauenzeitschrift folgenden Beitrag, in dem ich mein lebenslanges archäologisches Interesse verband mit dem psychologischen Interesse an dem Umgehen der Geschlechter miteinander und den androgynen Aspekten der Intimsphäre. Auch heute noch kann ich ja zu diesem Artikel sagen wegen seiner Geschlossenheit, Zielrichtung und zusammengetragenen Fakten. Der Beitrag war damals als Essay gedacht und will auch heute keinen höheren Anspruch erheben. Das Thema der Androgynität hat mich zeitlebens beschäftigt, aber erst seit den letzten Jahren auch wissenschaftliche Konsequenzen für die Theoriebildung meines engeren Faches ziehen lassen. In dem Zusammenhang meiner Veröffentlichung und nicht zuletzt im Zuge des von mir 1986 veranstalteten internationalen Kongresses über die »Androgynität des Menschen« in West-Berlin kam mir das in der Folge abgedruckte Essay wieder in die Hände, und ich entschloß mich, es in diesem Buch mit aufzunehmen.
Ich bin heute nicht der Meinung, daß wir uns wieder einem Matriarchat zuwenden und auch nicht der Gleichstellung der Frau in einer patriarchalischen Gesellschaft, wo die Frau dann sozusagen als »gleichberechtigter Mann« in das Prokrustesbett des Patriarchats gepreßt werden würde. Ich meine vielmehr, daß

alle Anzeichen dahin deuten, daß weltweit die Entwicklung eines Androgyniats in Bewegung ist, in der sich beide Geschlechter von ihren Rollenzwängen je nach den Bedürfnissen des Einzelnen befreien und entwickeln können. Dabei denke ich an den Bewußtseinswandel der Wendezeit, in der wir uns befinden, wo eine ganzheitliche Sicht von Mensch und Welt um sich greift und das Denken in Wissenschaft, Politik, Religion, Ethik und Gesetz sich entsprechend den Bedürfnissen von Menschen und Natur verändert, ja sich verändern muß und wird.


Eine falsche Vorstellung der üblichen Geschichtsbetrachtung ist die Annahme, daß alle großen Kulturen zu allen Zeiten von Männern getragen wurden. Glaubte man einst, daß der Mann stets das herrschende, aktive Element und die Frau ein passives, immer beherrschtes Wesen sei, so ergaben BACHOFENs Forschungen über das Mutterrecht (Basel, 1861): eine sehr alte Form der Machtteilung war die Frauenherrschaft.
Vor 5 000 Jahren brachte eine Staatenwelt am Rande des Mittelmeeres eine eigene Kultur von höchster Blüte hervor. Es handelt sich hier um eine Kulturepoche, die durch die Urvölker Altägyptens, Babylons, Altgriechenlands, der Insel Kreta sowie durch die Etrusker und Hethiter Kleinasiens bestimmt wurde. Auch die Namen längst vergessener ägäischer Völker, wie der Lokrer, Karer, Lykier, Pelasger, Kaukoner, Epeier und Telobier gehören in diese Welt eigenster Art.
Die gesellschaftliche Basis aller dieser Völker war die besonders hervorgehobene Abstammung von der Mutter. Der Vater blieb in dieser mutterrechtlichen Welt außerhalb der Familie und hatte die Stellung eines guten Freundes. In der Regel wurden die Kinder nach der Mutter oder dem Mutterbruder, dem Onkel, benannt.
Die ursprünglich auf der Insel Kreta wohnenden Lykier benannten nach HERODOT ihre Kinder ausschließlich nach den Müttern. Bei ihnen waren mütterliche Ahnenreihen üblich. Der

Stand der Kinder wurde nach dem der Mutter beurteilt. Nikolaus von Damaskus berichtet von der gesetzmäßigen Erbberechtigung der Töchter. Auch schreibt er, daß die Lykier den Weibern mehr Ehre erweisen als dem Manne.

Im ältesten Ägypten zur Zeit des alten Reiches (3200-3500 v.d. Zeitr.) war es ebenso wie im benachbarten Äthiopien zeitweilig sogar üblich, daß die Frau den Gatten wählte. Der römische Geschichtsschreiber DIODOR berichtet, daß der ägyptische Mann jener Zeit der Frau in der Ehe Gehorsam zu versprechen hatte. Ferner erwähnt er die Alimentationspflicht der Töchter alten Eltern gegenüber. Teilweise soll damals auch Vielmännerei geherrscht haben.

Starb im alten Ägypten ein König, so trat dem Gesetz gemäß der Sohn seiner Schwester die Thronfolge an. Aus Mythien wird Ähnliches berichtet.

Bekannt geworden sind die Geschwisterehen ägyptischer Herrscher. Aber auch sonst versuchte der Mann seine Stellung dadurch zu behaupten, daß er seine Schwester heiratete und so von seinem Bruderrecht Gebrauch machend, die Herrschaft in der Familie erlangte.

In Altägypten und im vorklassischen, mutterrechtlichen Sparta waren die unehelichen Kinder durch die Vormachtstellung der Frau den ehelichen gegenüber gleichberechtigt.

Religiös wurde jenes Zeitalter beherrscht von einem Mutter-Erde-Kult, verbunden mit Gestirn- und Mondverehrung. Wahrsagende Priesterinnen hatten nicht selten bedeutsamen Einfluß auf die Geschicke dieser Völker.

Der Mondwechsel als Ausdruck der weiblichen Wandlung war von höchster Bedeutung. Weit verbreitet war damals der Kult weiblicher Gottheiten; um nur einige zu nennen: die altgriechischen Göttinnen Demeter, Kore und die Mondgöttin Hekate, die hethitische Sonnengöttin von Arinna, die altkretische Fruchtbarkeitsgöttin als »Herrin des Tierreiches« und in Altägypten die »Mutter der göttlichen Künste und Fabeln«, die Göttin Isis.

Bei den Hethitern finden wir die Göttin Kybele und später in Kleinasien die Göttermutter Magna Mater. Mit diesem Mutterkult eng verbunden war die Legende von Chrestos, dem die Welt erlösenden Sohn der großen Mutter. Diese Vorstellungen hielten sich lange in Ägypten, das das Mutterrecht am treuesten bewahrte, und formten von dort aus vermutlich die christliche Lehre mit.

Besonderer Erwähnung bedürfen die Etrusker, jenes rätselhafte, kleinasiatische Volk, das um 1000 v.d. Zeitr., von Kleinasien kommend, in Italien einwanderte. Die etruskische Frau war völlig unabhängig. Heute noch spiegeln uns die mit schönen farbigen Fresken ausgemalten Grabkammern das Leben dieses Volkes wieder; die Damen der Gesellschaft sind mit prächtig gestickten Gewändern bekleidet, Tänzerinnen tragen durchsichtige Florgewebe. Daneben finden sich auf den Wandmalereien aber auch tanzende, flötenspielende, mit durchsichtigen Gewandungen angetane Jünglinge; so im Grabmal des Corneto Tarquinii. Im mutterrechtlichen Zeitalter empfand die Menschheit in dieser Hinsicht entgegengesetzt zu heute herrschenden Gepflogenheiten. — Auf dem etruskischen Semele-Spiegel (früher im Berliner Museum) sehen wir, wie eine mit einem kostbaren Gewand bekleidete Dame einen mit Arm- und Halsschmuck gezierten nackten Jüngling zärtlich zum Kuß umfaßt. Es ist dies der jugendliche Dionysos mit seiner Mutter Semele.

Die hervorragende Stellung der Frau wird auch durch kostbare Sarkophage aus bemaltem Ton unterstrichen, die verstorbenen etruskischen Damen gewidmet waren und diese in Lebensgröße ruhend darstellten. So der Sarkophag der Larthia Seinati in Florenz.

Der antike Historiker THEOPOMP schreibt, daß die Etruskerinnen sich zu körperlichen Übungen und gymnastischen Wettkämpfen trafen. Heute erscheint uns diese Feststellung nicht weiter verwunderlich. Für denjenigen aber, der sich mit dem Studium der Antike befaßt hat, ist diese Aussage bemerkenswert, da im klassischen Zeitalter Griechenlands dem weiblichen Geschlechte jeder Sport streng verboten war.

Damals wurde die Frau Sklavin des Mannes, hatte Haus und Acker zu besorgen und seine Kinder zu gebären, während er seinen Pflichten und Interessen in der damaligen Gesellschaftsordnung nachging.

Bei HOMER und in den großen Sagen der griechischen Vorzeit, vor allem in den Amazonensagen, die von weiten Eroberungszügen weiblicher Reiterscharen berichten, tritt uns die Frau als Königin, Priesterin, Kriegerin oder Göttin entgegen.

Wie wir dies schon ähnlich von Etruriern berichtet hatten, nehmen im frühen Sparta gemäß Gesetzgebung des Lykurg ebenfalls die Mädchen in kurzen Kleidern an öffentlichen Ringkämpfen und Wettläufen teil. Entsprechend finden wir auf der Insel Kreta Wandmalereien, Stierspiele kretischer Frauen darstellend, und auf der Insel Zypern eine Vasenmalerei der gleichen Zeit, eine Rennfahrerin darstellend.

Vasenmalereien des sogenannten griechischen Mittelalters (etwa 1000 v.d. Zeitr.) zeigen uns Frauen, die nackten Jünglingen bei Sport und Tanz zusehen, während dies einige hundert Jahre später nach dem vollendeten Untergang der mutterrechtlichen Gesellschaftsform bei Todesstrafe in Olympia verboten war.

Weitgehenden Einfluß hatte das weibliche Geschlecht auch bei dem Urvolk Babyloniens, bei den Sumerern vor 5000 Jahren am Euphrat und Tigris. Es genoß dort volle Rechts- und Gesetzfähigkeit und konnte sich frei im öffentlichen Leben bewegen sowie öffentliche Ämter bekleiden. Ausgrabungen in der Hauptstadt Ur ließen uns den reichen Kopfschmuck der Königin Schubad aus prächtigen Edelsteinen und schwerem Gold auffinden.

Fragen wir nun nach Gründen für die Entstehung mutterrechtlicher Kultur, so mag die Hauptursache darin liegen, daß die Frau Herd und Habe verwalten mußte, während der Mann zu Krieg und Jagd auszog.

So war für die Kreter die Gemeinsamkeit des Mutterschoßes das allumfassende Band. Hier entstand der Begriff »Mutterland«.

Schließlich stammt nach BACHOFEN aus dem Gedanken des gebärenden Muttertums die Idee der Brüderlichkeit aller Menschen. Auch beruht hierauf das Prinzip allgemeiner Freiheit und Gleichheit; denn im mutterrechtlichen Stamm gibt es nur Brüder und Schwestern. Ebenso hat die Gastfreundschaft hier eine ihrer uralten Wurzeln.

Wie wir gezeigt haben, gehörte das Mutterrecht und die damit verbundene Vormachtstellung der Frau einer ursprünglichen frühzeitlichen allgemeinen Lebensform an, die nicht so sehr an bestimmte Völker gebunden war. Es war dies eine Ordnung, die nur nach ihrem eigenen Bewußtsein beurteilt werden kann. Mit Beginn der uns weit mehr bekannten antiken Geschichte kam das mütterliche Recht allmählich in Verfall.

Die Vorherrschaft der Frau hatte auf seiten des Mannes einen immer mehr wachsenden Gegendruck erzeugt. Am Beispiel der Geschwisterehen zeigten wir schon, wie er es verstand, auf diesem Umwege die Rechte des Familienoberhauptes an sich zu bringen. Dazu kam um das Jahr 2000 v.d.Zeitr. ein großer Einbruch semitischer und indogermanischer Völkerschaften in die ruhende Welt mütterlicher Ordnung: ein Prozeß, der sich stellenweise bis über das Jahr 1000 hinzog. Sowohl bei den indogermanischen als auch bei den semitischen Völkern herrschte damals schon das Vaterrecht; das heißt, ihre Staaten waren auf die Erbfolge vom Vater her aufgebaut. In jahrhundertelangen Kriegen und Wanderungen unterwarfen sie allmählich die Urvölker des Mittelmeerraumes. Sie führten feste Wohnsitze ein und lösten das Mutterrecht vollends durch den königlichen Vater mit seiner Gewalt ab. Damit begann endgültig die Herrschaft des Mannes, die im römischen Patriarchat ihren beredtesten Ausdruck fand. Der Mann wurde Herr der Familie, er hatte in Politik und geselligem Leben der nun folgenden Jahrhunderte rechtliche Vormacht. Die Frau wurde mehr und mehr in dienende Stellung gezwungen.

Wenn die Theorie BACHOFENs von einem absoluten Frauenregime bei den Urvölkern von ernstzunehmenden Forschern

Semele mit dem jungen Dionysos, Apollon und einem kleinen Satyr. Gravierung eines Bronzespiegels aus Vulci, 4. Jahrhundert v.d. Zeitrechnung.

heute nicht mehr geteilt wird, so können wir jedoch mit gutem Gewissen abschließend feststellen, daß damals eine natürliche Gleichstellung von Frau und Mann bestand.

Priesterinnen bei der Verehrung eines zum Heros gewordenen Toten mit Orakel und Opfer aus Kretas früher Griechenzeit, auf dem buntbemalten Sarkophag von Hagia Triada dargestellt.

Lateinische Erdgöttin mit zwei Knaben, die »Luft« und »Wasser« symbolisch darstellen. Zu ihren Füßen der Stier als Symbol des Mutterrechtes schlechthin. Die mondsichelförmigen Hörner des Stieres sollen auf den Mond als Zeichen weiblicher Wandlung hinweisen. (Von der südlichen Osttür des Ara Pacis, Rom)

Amazonenschlacht auf einem Krater mit Labyrinthsymbolik. New York

Vier Frauen im Rennwagen. Matriarchalisches griechisches Relief.
Bronzekopie auf der Dachterrasse der Casa Ammon in Paestum.

# Beobachtungen und Erfahrungen bei den Lacandon-Mayas Mittelamerikas

Zu meiner Studie bei den Lacandones haben mich folgende Aspekte angeregt:

1. Mein Interesse an der Maya-Archäologie mit dem immer noch nicht voll erklärten Abzug der Mayas um 800 nach der Zeitrechung aus ihren großen Tempelstädten von Mexiko und Guatemala nach Yucatán. Die Lacandones, die im Regenwald in der Nähe des Usumacinta-Flusses und nicht weit von dem Tempelgebiet von Bonampak als nicht von den Spaniern Unterworfene und Nichtchristianisierte lebten, waren für mich von höchstem Interesse. Ich hatte das Vorhaben durch die Vermittlung von Frau DUBY-BLOM, mit ihnen eine Zeitlang zu leben, um zu sehen, ob in ihren Überlieferungen, Gebräuchen, religiösen Vorstellungen eine Beziehung zu der alten Maya-Kultur festzustellen sei. Auch wollte ich mit Hilfe von Frau DUBY-BLOM, die seit 25 Jahren mit der Gruppe in Verbindung stand und ihre Sprache beherrschte (sie sprachen Maya), mit ihnen Hypnoseexperimente machen, um an das kollektive Unbewußte der Lacandones heranzukommen.
2. Von einer deutschen geographischen Expedition (RITTERSBERGER) hatte ich Forschungsberichte gelesen, die von sog. Kindfrauen der Lacandon-Männer sprachen, um damit der Frage eines kulturell institutionalisierten Inzestes nachzugehen.
3. Ich hatte die Hypothese in Zusammenarbeit mit parapsychologischen Forschungen GARDNER MURPHYs (an der Menninger Foundation, Topeka, USA), daß eine Gruppe, die mitten im Urwald abgeschlossen von aller Welt lebt (keine Straßen durch den Urwald), durch die wenigen Sinnesrei-

ze durch die Umwelt ein hohes parapsychologisches Potential (PSI-Phänomene und extra sensory perception) aufweisen würde. Zu diesem Zwecke hatt mir GARDNER MUR—PHY ein Forschungsdesign ausgearbeitet.
4. Auch Auftreten und Erscheinungsweisen psychischer Störungen bei einer derartigen Gruppe interessierten mich.

Da es sich um eine Gruppe von nur ca. 50 Menschen handelte, war von dieser Seite aus eine günstige Arbeitsbedingung gegeben.

Interessant waren meine Vorbesprechungen zu diesem Projekt: MARGARET MEAD meinte, Grundbedingung wäre es, daß ich die Maya-Sprache lerne. Weitere Grundbedingung wäre, daß ich mich völlig frei machen müßte von westlichem Denken und völlig unvoreingenommen an die Kultur herangehen müsse. Ebenso müsse ich mich frei machen von hierarchischen Vorstellungen fremden Kulturen gegenüber.

LUDWIG VON BERTALANFEY meinte, daß, falls die Hypothese stimmen würde, daß beim Abzug der Führungsschicht der Mayas nur Gruppen von Bauern an den Zentren zurückgeblieben waren, man hier nicht von einer kulturellen Regression der Maya-Kultur sprechen dürfe, sondern man sollte immer die Frage erheben: Progression oder Regression in einer Kultur, in welcher Hinsicht? (Von unserem westlichen Denken aus würden wir es als eine kulturelle Regression bezeichnen, von der Sicht der Bauern aus als eine Progression, sich von der beherrschenden Oberschicht zu befreien. GARDNER MURPHY und JUDITH WALLERSTEIN meinten unabhängig voneinander, das Sinnvollste und Wichtigste wäre, Familienstruktur und Kindererziehung bei einer derartigen Gruppe zu studieren, zumal diese Gruppe polygam war.

Auf Wunsch meiner Freunde habe ich nach einigen Bedenken die Berichte über meine Feldstudien diesem Band beigefügt, da sich hier mehrdimensionale Wissenschaftsbereiche holistisch verwoben zeigen wie Archäologie, Anthropologie, Parapsychologie und Psychiatrie. Wie auf den folgenden Seiten deutlich wird, konnte weder die Inzest- noch die parapsychologische Hypothese bestätigt werden. Unbefriedigt blieb ich auch mit meinen Forschungen über die Beziehung der Gruppe zur Maya-Hochkultur.

Ich meine auch, daß für den Leser dieses Bandes die Lacandonen-Studie sozialpsychologisch interessant sein könnte, da in dieser Kultur Männer und Frauen voneinander nicht zu unterscheiden sind, beide Geschlechter tragen lange Haare und lange weite weiße Gewänder und haben weiche Gesichter; die Männer haben keinen Bartwuchs. Heute würde ich sagen, es ist eine körperlich androgyne Gruppe mit Polygamie bei einflußreicher Stellung der Frau.

Bei meiner Wiederbegegnung mit den Lacandones Anfang der 80er Jahre mußte ich feststellen, daß durch den Bau einer Autostraße von Palenque quer durch den Urwald bis hin zur Lacandon-Siedlung Lacanja die Lacandonen-Kultur weitgehend zerstört war, vorwiegend durch den Tourismus, trotz großzügiger Unterstützung durch die mexikanische Bundesregierung. Man sah die Lacandonen-Männer, -Frauen und -Kinder in ihren langen weißen Gewändern oder auch in westlicher Kleidung am Rande der Tempelpyramiden von Palenque sitzen und an Touristen für diese angefertigte Pfeil- und Bogengarnituren und andere Souvenirs verkaufen. Sie erzählten mir auch, daß mein damaliger Freund und Assistent Kim durch einen Lastwagenunfall im Urwald sein Leben verloren hatte. Für die Lacandones, aber auch für lacandonfreundliche progressive Amerikaner und Mexikaner galt er als die Hoffnung einer politischen und kulturellen Führerschaft der Gruppe. Sein Vater Bor war noch bei guter Gesundheit.

Es war für mich jedoch interessant zu erfahren, daß sich inzwischen eine Bewegung für ein unabhängiges Mayaland (Mayapan) gebildet hat.


Die Lacandones leben über ein weites Dschungelgebiet an der Grenze zwischen Guatemala und Mexiko hin verstreut, zwischen dem Usumacinta- und Jataté-Fluß. Es handelt sich um eine Gruppe von 200 Personen, einschließlich der Kinder, die in vier sich feindlich gegenüberstehenden Gruppen aufgespalten sind. Sie sind die direkten Nachkommen der Maya, die die großen Tempelstätten in den Dschungeln von Mexiko, Guatemala und Honduras bauten und die diese Zentren nicht verließen, als der Hauptstrom abwanderte und dann in Yucatán die Tempelstätte des sogenannten Neuen Reiches baute.

Die Lacandones wurden nie von den Spaniern erobert und führten ihre Lebensweise unbehelligt weiter fort. Nur wenige Kontakte mit Weißen kamen zustande, z.B. mit Kautschuksammlern und Archäologen, die sie dabei überraschten, wie sie in den Ruinen der großen Tempelstadt Jaxchilan, einer Pilgerstätte der Lacandones, Copal opferten. Die Lacandones waren jedoch scheu und flüchteten im allgemeinen. Nur wenige Ethnologen interessierten sich für diese Gruppe, unter ihnen der Amerikaner ALFRED TOZZER (1907), der mit einer Gruppe von ihnen zu Beginn dieses Jahrhunderts zwei Jahre lebte und ein außerordentlich gründliches Werk über sie verfaßte: Eine vergleichende Studie der Maya und der Lacandones, in der er sich besonders der Religion der Lacandones zuwandte. Der französische Anthropologe JACQUES SOUSTELLE (1933, 1935, 1937) studierte besonders den Totemismus und die materielle Kultur der Lacandones.

Am Ende der vierziger Jahre entstand ein interessanter Kontakt mit dem amerikanischen Kameramann HEALEY, der zu der Entdeckung von Bonampak mit seinen großartigen Wandgemälden führte. Einer kurzen Erwähnung bedarf auch die kleine deutsche Expedition von RITTERSBERGER, die im Jahre 1959 die Mündung des Jataté in den Miramarsee erforschte. Neuere Tätigkeit amerikanischer Missionare brachte weitere, bisher nicht fruchtbare Kontakte. Zu erwähnen wäre noch eine kurze genetische Studie, die von der Universität von Mexico City im Frühjahr des Jahres 1964 durchgeführt wurde.

Die bedeutendste anthropologische Forschung an den Lacandones während der letzten 25 Jahre wurde jedoch von dem Dänen FRANS BLOM (1955) und seiner schweizerischen Ehefrau, GERTRUDE DUBY (1961), durchgeführt, die hoch im Bergland von Chiapas in St. Christobal Las Casas ihr anthropologisches Institut Na-Bolom gründeten und von dort aus über die letzten zwei Jahrzehnte hin in ständigem Kontakt mit den Lacandones standen, von denen sie sehr verehrt wurden und die sich an sie wandten, wenn sie Rat und Hilfe brauchten. Seit dem Tode von FRANS BLOM im Jahre 1963 führte GERTRUDE DUBY das Werk alleine fort.

Während meiner mehrjährigen Tätigkeit an dem bekannten psychiatrischen Behandlungs-, Ausbildungs- und Forschungszentrum, der Menninger Foundation und Klinik in Topeka, benutzte ich meine Ferien, um die verschiedensten Tempelstädte der alten Maya in den Dschungeln von Chiapas, Yucatán und Guatemala zu besuchen, wobei ich auch Kontakte mit den Maya dieser Region aufnahm. Immer wieder stieß ich durch Hinweise auf die Lacandones, die bisher niemals vom psychologischen Gesichtspunkt aus erforscht wurden.

Das Leben mit einer Gruppe der Lacandones in der Nähe der Ruinen von Bonampak und Lacanja war als eine Studie zwecks Vorbereitung eines größeren psychologischen Forschungsvorhabens gedacht. Die Expedition wurde mit Genehmigung der mexikanischen Regierung und in Zusammenarbeit zwischen Mitarbeitern der Menninger Foundation und der Kansas University durchgeführt. Sie fand unter meiner Leitung in der Zeit von Juli bis September 1964 statt. Frau GERTRUDE DUBY-BLOM beriet das Unternehmen und stellte ihre zwanzigjährigen Erfahrungen mit den Lacandones zur Verfügung. Die Ergebnisse der Studie sind folgende:

1. Es besteht kein direktes kulturelles und historisches Zugehörigkeitsbewußtsein zur Mayakultur. Die alte Frage jedoch und das Wundern darüber, warum die alte Mayakultur im 9. Jahrhundert n. Chr. zusammenbrach, kann von uns heute umgekehrt gesehen werden, nämlich: wie war es möglich, daß sich Tempelstädte so lange im Dschungel halten konnten, wo der Dschungel — wie die Lacandones es noch heute

demonstrieren — bei steinzeitlicher Agrikultur nur ausreichend Nahrung für kleinere Gruppen bietet, was auch der Hauptgrund dafür ist, daß die Lacandones kein kulturelles und politisches Zusammengehörigkeitsgefühl kennen, sondern als soziale Einheit nur die clanartig erweiterte Familie.

2. Geisteskrankheiten und Neurosen in unserem Sinne konnten von den BLOMs während zwei Jahrzehnten nicht beobachtet werden, auch nicht von mir, obwohl ganz verschiedene Persönlichkeitstypen bei den Lacandones angetroffen wurden. Beobachtet wurde jedoch die Schwierigkeit von aggressiver Impulskontrolle bei den sonst sehr friedfertigen und freundlichen Eingeborenen.

3. Besonders auffällig war die Autonomie, in der diese Eingeborenen leben und mit der auch ihre Freude an der Arbeit, verbunden mit der Einsicht in die Notwendigkeit und Wichtigkeit des Tuns, zusammenhängt. Jeder Eingeborene und jedes Tun in dieser Gruppe ist wichtig und wird anerkannt.

4. Die Polygamie dient der Ökonomie der Gruppe, führt aber nicht zu Rangunterschieden.

5. Die Frauen übernehmen jeweils verschiedene Rollen im Wechselspiel, so auch die Betreuung der Kinder, die immer die mütterliche Nähe erleben. Bei geringem Interesse an Spielzeug identifizieren sich die Kinder schon früh mit der Tätigkeit des gleichgeschlechtlichen Elternteils. Sexuell sind die Lacandones beinahe puritanisch zu nennen. Junge Menschen kennen kein Liebeswerben, kein Liebesspiel, keinen Tanz, öffentliches Zeigen von Zärtlichkeiten ist unbekannt, die langen Gewänder verhüllen die Körperformen. Außereheliche Beziehungen sind unbekannt, es besteht ein absolutes Tabu hinsichtlich der Nacktheit außerhalb der engeren Familie. Auffallend war der Einfluß und die Achtung, die die Frauen genießen, wie auch die Achtung vor der Persönlichkeit der Kinder, denen viel Freiheit gelassen wird, sowie die Unkenntnis körperlicher Bestrafung.

6. Die Mütter singen ihre Kinder in den Schlaf, wobei sie jedesmal ein neues Lied improvisieren.

Dieser letzte Punkt erschien uns als Schlüssel zur Psychologie dieser Kultur und führte zur Vorbereitung einer mexikanischen Expedition mit Dr. RODRIGUEZ ROMERO, die von mir beraten wurde.

Parapychologische Tests, die von Prof. Dr. GARDNER MURPHY vorbereitet und ausgearbeitet wurden, verliefen alle negativ. Es war möglich, hypnotische Experimente durchzuführen. Hinsichtlich der Denkabläufe konnte bestätigt werden, daß man keinesfalls das Denken des Kindes oder des Geisteskranken mit dem des sog. »Wilden« gleichsetzen kann, daß aber unter bestimmten Umständen, d.h. wenn das Erklärungsvermögen versagt, der sog. »Wilde« von primitiven Denkabläufen Gebrauch macht, während er andererseits — und hier ganz besonders die Lacandones — praktisch denkt und handelt. Dagegen konnte die Feststellung gemacht werden, im Hinblick auf Sprachstudien, daß die Lacandones ein anderes Zeiterleben und einen anderen Zeitbegriff haben, als in unserer westlichen Kultur üblich, eine Tatsache, der ich besondere psychologische Bedeutung zumesse.

Das sozialpsychologische Prinzip des Gebens und Nehmens war besonders ausgeprägt unter den Mitgliedern dieser Gruppe. Zur technischen Durchführung der Studie wäre zu sagen, daß vorbereitete Fragebögen mit Bewertungszahlen wie auch formelle Interviews über bestimmte Fragen völlig versagten, daß aber hilfreich war a) ein eingeborener Assistent, der mir zugleich Maya-Sprachunterricht gab, b) meine Rolle als Arzt für die Lacandones, c) ständige direkte Beobachtung und Unterhaltung über Vorkommnissse zum Zeitpunkt des Geschehens.

Durch die sich zur Zeit verstärkenden Kontakte mit den Weißen ist anzunehmen, daß diese Kultur in etwa einer Generation ihre traditionelle Eigenständigkeit verloren haben wird.

# A Psychiatrist Studies a Vanishing Tribe
*An Interview*

In all the 21 years Mrs. Gertrude Duby Blom has been in contact with the Lacandones in the rain forests of extreme Southern Mexico, she never has detected a sign of mental illness in the natives.

Neither did Dr. Günter K. Ammon who lived in the steaming jungle among the vanishing descendants of the Ancient Mayas from July to September. It was his sixth trip to the tribes and temples of Central America.

Mrs. Blom is the widow of the late Dr. Frans Blom, a Danish anthropologist who went to the Maya country in 1918 and lived there until his death about a year ago. Mrs. Blom has remained to carry on his work.

Dr. Ammon, a German psychiatrist and psychoanalyst who has been in the United States since 1956, is on the staff of the educational department of the Menninger Foundation.

Dr. Ammon went to live among the Lacandones because he saw an unique opportunity for comparative study of primitive society which has been almost completely isolated from modern cultures for hundreds of years. For many years, the Lacandones were forgotten by the outside world.

The Lacandones — there are fewer than 200 of them still living — are Mayas who stayed behind when most of their people emigrated to Yucatan in the 9th century. They live in the jungles of Chiapas in Mexico and just across the Usumacinta River in Guatemala.

A short distance away are ruins of temples — including Bonampak and Jaxchilan and, farther away, Palenque — built by the once thriving Mayas long before the Spanish conquest. The Spanish never conquered the Lacandones, who melted into the jungle and stayed there. Their mode of existence is almost unchanged from pre-conquest days.

The only way to reach the Lacandones is by single-engine airplane, and that is how Dr. Ammon reached them. He led an expedition of Menninger Foundation and University of Kansas staff members. With the group, Dr. Ammon lived in the stifling heat with the natives, learned their language and cultivated close friends. At the same time, he studied them with the deliberateness of a scientist.

Others in the expedition included Dr. Erward Zeller, professor of geology who flew his own plane, and his assistant, Mrs. Laura Turner, both of KU; Johnnie Baz, a French television cameraman; Mrs. Blom as a consultant, and a pilot.

The Lacandone group with which Dr. Ammon lived consisted of 46 natives. There were nine families.

The Lacandones are badly divided by space and emotions. As a result of primitive agricultural methods, each family can provide only for itself. Communication between groups in the jungle is nil. There is no feeling between groups of belonging — no unity, Dr. Ammon said. There is hostility between the groups. These facts probably are reasons why the Lacandones are going down to apparent oblivion, Dr. Ammon said.

There is no tribal chief and no government as modern societies know it. The nearest thing to a chief is the father-in-law, who is a dominant figure because his daughter, after marriage, continues to cook in her mother's cooking hut. Men try hard to please their fathers-in-law.

Lacandone men are probably the most independent in the world: They can walk alone for months in the jungle. They know at least 33 jungle fruits which serve for food, in addition to fish and game.

The Lacandones are primitive. Seeds are planted by poking sticks in the ground after cutting and burning trees, and there are no fertilizers. As a result, the Lacandones are nomads, to an extent, because they must move when soil wears out.

Living with the Lacandones was inspiring but distressing at

times. There were incessant insects and heat. Huts provided little relief from either.

During his stay, Dr. Ammon medically treated every Lacandone in the group.

One common misconception Dr. Ammon said, is that the behaving of the mentally ill is a throwback to the pattern of the »primitive«. The primitive Lacandones are about level-headed and practical as you can get, Dr. Ammon said. They generally are peaceful and friendly, and their day usually is filled with hard work.

It is possible, Dr. Ammon said, to draw some aspects of the Lacandones culture and apply them to modern society, but it is impossible to pattern another society after the Lacandones. In fact, caution must be exercised in drawing conclusions based on isolated aspects.

Dr. Ammon said, he had gone to Chiapas with the understanding the Lacandones officially praticed incest. Incest might be necessary, he believed, to perpetuate the vanishing tribe.

After Dr. Ammon had been among the people for a while, however, he learned that what previous expeditions had seen and thought were daughters married to their fathers actually were child brides. Lacandone men take two or three wives, sometimes including one as young as 10 or 11 years old.

Each wife has certain types of duties. A child bride, for example would not be expected to fulfill sexual requirements of a marriage. Instead her job might be to make tortillas.

The Lacandones are far from being pre-occupied with sex, despite their polygamous society. Actually, they are exceptionally puritanic, as they have been for centuries. Men and women, alike, wear long white robes which conceal their bodies. Both men and women also wear their hair long.

There is no dating before marriage, no dancing or courting as we know it, Dr. Ammon said.

It is the long white robe of the Lacandones which has contributed to their somewhat legendary image. Nothing could look more mythical than a Lacandone glimpsed fleeing through the rain forests in an white robe or burning incense at a religious ritual at an ancient temple site, Dr. Ammon said.

On the other hand, 335 tests conducted by Dr. Ammon on 28 Lacandones showed they have no more extrasensory perception than any other people. Prior to the expedition, it was thought the Lacandones conceivably could have developed ESP more than modern societies.

After the tests, one Lacandone who saw Dr. Ammon performing hypnosis thought he was devil and offered to kill him. Dr. Ammon talked his way out of it.

One striking thing about the Lacandones is their polygamous society. To the Lacandones, polygamy is so natural that they are surprised, puzzled and amused when questioned about it, Dr. Ammon said.

With polygamy, the Lacandone infant never is left without female attention and usually is in body contact with her. Therefore there is less need to compete for parental attention than there is in our society.

This tends to eliminate tension resulting from competition and rivalry, Dr. Ammon said.

Another observation to which Dr. Ammon attaches significance is the Lacandones' conception of time. The Lacandones never are under pressure of time, and none of them knows how old he is. They apparently conceive time as something which always surrounds them. This is contrary to our conception that time is moving, a conception which has enslaved many people to the clock, Dr. Ammon said.

The Lacandone language has no expressions for gaining, losing, wasting or selling time. It has no word for »hour«. To the Lacandones, the past is somewhat a part of the present, and they tell about something which happened a century ago as if it happened in their lifetimes.

To the Lacandones, time is always with them, not a stream running from the past, through the present and ultimately to death.

Nonetheless, they believe, as their ancestors believed, that they must be good, do good things and conduct religious ceremonies to keep time in existence. They believe every day could be the end of time and the world, and the danger of time ending is great because there are so few of them left to keep it around them.

In a sense, time is worshipped. With special songs, the Lacandones try to perform magic to preserve time. »Magic« includes songs sung at eclipse. Another song is sung for protection against thunderstorms. A song performed as a thunderstorm moved through the jungle, is one of the most vivid recollections Dr. Ammon has of his latest visit to the rain forests.

The Lacandones live in constant terror brought on by the belief that the end of time is near, a terror developed by the modern world since the atomic bomb, Dr. Ammon said.

One of the human's earliest abstractions is time, Dr. Ammon said. Babies in modern societies are left for long periods without their mothers while their mothers work, devote time to their husbands and participate in various activities. This can have a detrimental effect on the child, Dr. Ammon said. The fact that the Lacandones baby never is left long without motherly attention might add to his concept that time – like mother – is all around him, he said.

Here are some more of Dr. Ammon's observations which the trained psychiatrist conceivably can apply to the study and treatment of mental illness:

Dr. Günter K. Ammon, who took most of these pictures, towers over these Lacandones during his visit to the Primitive Central American tribe from July to September. The adult Lacandones here are average height. Dr. Ammon said he did not realize how much taller he was until he saw the picture. The Lacandone directly in front of him, about 11 or 12 years old, is a child bride of one of the natives.

These two women making tortillas cooked for Dr. Ammon. The woman at left is the only wife of Kim, the psychiatrist's assistant in the jungle. At right is Kim's mother-in-law.

Mongolic features of this baby substantiate the theory that ancestors of the Lacandones came from Asia thousands of years ago. Carrying the child is one of two wives of Obregon Kim, a tribesman.

Kim, Dr. Ammon's assistant in the jungle, builds a primitive hut. Kim means son.

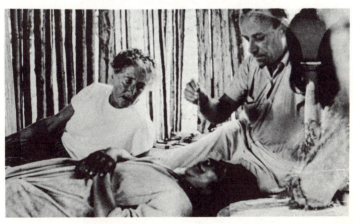

Dr. Ammon, holding an eye fixation piece, performs hypnosis on Bor, a highly respected Lacandone. At left is Mrs. Gertrude Duby Blom, who operates an institute for the Lacandones. One purpose of the hypnosis was to learn whether the natives had any knowledge of the Ancient Maya past.

This is the temple of Palenque, built about 650 A.D. by the Ancient Mayas, ancestors of the surviving Lacandones. It is considered by the Lacandones to be the house of the gods, and the gods are believed to live there today.

— No one complained of work while Ammon was there. There was no procrastination. Everyone worked hard and fast because he felt his job was necessary and important.
— No one complained of boredom.
— There is no apparent feeling of loneliness or emptiness among the Lacandones.
— Women are respected by men and consulted frequently for their opinions.
— The Lacandones have an amazing respect for children and treat them as individuals, never as property.

The Lacandones never strike, punish or scream at their children. In fact, they consult them for their opinions on matters »civilized« parents would not consider, Dr. Ammon said.

There is little emphasis on toys, either by the parents or children. A baby boy's rattle is made by placing pebbles in a monkey's skull, and a girl's doll is a hard, heavy piece of wood. The children, themselves, have little use for their toys.

Lacandones children are nursed on their mother's breasts until they are three to five years old. Then they go to work with their parents, the sons with fathers and daughters with mothers. As a result, children learn to identify early with members of their own sex, and, although Lacandone men sometimes appear effeminate with their long hair, their behaviour is masculine.

Obsessions concerning time are factors in some kinds of mental illness, Dr. Ammon said, feelings of insecurity, sometimes traced to infancy; also often they do not feel what they do is important and their self-esteem is low. Boredom and emptiness also figure into some mental illness found in modern civilization, Dr. Ammon said.

(Interview von Clay Loyd für Topeka Capital-Journal, Sunday Magazine, Dez. 1964)

# Archeology and Psychiatry
*The Scientific Method*

Der folgende Text entstand durch ein redigiertes Interview mit Patienten der Menninger Clinic für das von ihnen herausgegebene Patientenmagazin »829« aus dem Jahre 1962. Ich habe ihn auch in diesen Band aufgenommen, wegen der dort gelebten ganzheitlichen Konzeption und interdisziplinären Beziehung verschiedener Wissenschaften. Ich selbst meine, daß auch heute noch dieser Beitrag sehr aktuell ist und auch weitgehend meinem heutigen Denken entspricht.

»Nothing we can learn from ancient history is as important as that culture has to be integrated, just as psychiatry has learned to understand a person as a whole and to help integrate personality.«

There is a certain connection between psychiatry and archeology; indeed, one can say that a psychiatrist and his patient do certain archeological work on an psychological level. They free repressed memories, try to excavate the past of a fellow man and to construct and to rewrite his history. This is what the archeologist is doing while excavating ancient cultures, while finding certain pieces of pottery or ruins and then trying to bring all these findings and pieces together to one understanding of a whole culture. FREUD himself, and one of his first followers, KARL ABRAHAM, used psychoanalytical principles also to understand better the ancient history of Egypt and of the Jewish people. I refer to FREUD's study of Moses and ABRAHAM's study of the Egyptian pharao Amenophis IV. This was an early application of psychoanalytic thinking to cultural history and archeology. Modern archeology develops towards dynamic principles and cultural understanding, moving away from its old attitude, when pieces were just collected in museum fashion: put into a glass case, nicely numbered, lettered, registered and diagnosed. Modern archeology strives toward understanding of culture and its meanings. But still I think we have to look into the future to see psychoanalytically oriented archeology, as MARGARET MEAD created a psychoanalytically oriented ethnology, and as even psychiatry is doing only in the last 20 years, developing mainly in this country into a psychoanalytically-minded science. In this way there is much in common between both scienses — psychiatry and archeology — because psychiatry also was for a long time only preoccupied in labeling, collecting data, making diagnoses, filling the material, and then being satisfied without concern for a real understanding to be put into use.

However, the heart of archeological work beats in the field, at the place of the excavation. Only there, on the spot where the gained materials is still »hot«, can facts be related and reconstructed. The same applies to psychiatric work, where understanding can only be gained out of the relived situation between patient and doctor with the help of its explanation right at the spot.

This interview today gives evidence of how psychiatry works in our time. As Doctor KARL MENNINGER says, we are living psychiatry her. Our whole setup here is a kind of therapeutic community where patients and doctors are living together and are living psychiatry. This is why I am very glad to give this interview, because it is showing this. Doctor Karl feels that the doctors are talking with the patients not because they are assigned to them but because all constitute one group. Doctor MEAD described our MENNINGER community as a sub-culture in its own right.

The application of the reconstructive part of archeology is, of course, in seeking an understanding of our own culture. What was the reason for failure, for example, of the Maya culture? We can learn about this and then apply this to our own culture. We can say that any culture can live only if it has something to live for: if people have convictions and beliefs; if they have

Priesterkönig (klassisches Maya)

Fruchtbarkeitsgöttin (Veracruz)

Kulturrassel (Yucatan)

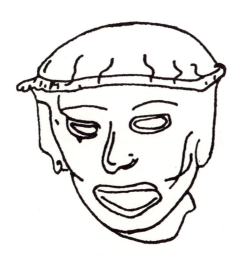

Kopf eines Toten (Veracruz)

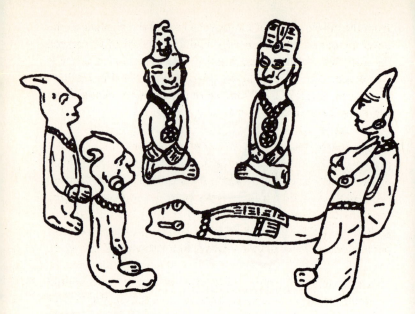

Mayapriester bei Totenzeremonie (Yukatan) *

* Terrakotta-Figuren aus der archäologischen Sammlung von Günter Ammon, gezeichnet von Patienten der Menninger Clinic, Topeka, Kansas, USA

good symbols; if they have something they are standing for. No culture can survive or did survive in the past if only anti. Applying this to our culture, we have to stop being only anti-communistic, we must have something positive to stand for. We are badly in need of symbols to express our concerns. This shows the loneliness of our time and the troubles of our present culture. We can learn from archeology. Looking for example at the Egyptian culture, we learn that this culture lasted for a period of several thousand years and that during these thousands of years there was every several hundred years a kind of transitory phase of the culture, when it slowly developed new beliefs, new patterns of life, new values, and new symbols. Applying this to our culture, which is in a kind of transitory phase, think that during a span of only 100 years we moved

from the development of motor vehicles and the airplane to the development of space ships! How much is asked of us to keep up with this as far as our thinking and our emotional life is concerned. Let me quote at this point ROBERT FROST: »Let's see, where are we? Oh, we're in transition, changing an old King for another old one . . .«
Should we do it?
As psychiatry helps the individual to correct ancient, distorted perceptions of himself and others, helps to rewrite his private history which leads to the application of new values, new actions and new symbols — as psychiatry accomplishes this for the individual, so applied archeology and applied anthropology lead to the change of old-fashioned historical and political perceptions and free man to change, to become politically creative.
Hence: should we change an old King for another one, should we continue with frozen, old political concepts in the face of the atomic threat? Should we continue to try to defend human dignity with atomic weapons? Can human values be defended by arms? History teaches us that this cannot be done, just as the individual cannot defend his values by aggressiveness, since man has to live his values.
To correct perceptions, to rewrite history, to become creative would mean to apply new symbols and to become free to go new ways. What could be new symbols in a time of threatened peace, of threatened human and democratic values?
Such new symbols could consist in being human and helpful towards the enemy, taking care of his children, his sick and hungry people, and forgetting about weapons; in other words, living our values, if we really believe in them. These could be new symbolic actions of our time.
Because of the great complexity of what happens in the field of science, the average man feels helpless, puzzled, like a child in a world of adults. He doesn't know how a space ship functions. At the same time, so much responsibility is placed on only a few people.

Anxiety arises: we think about what would happen if from one day to the next all the leading scientists, engineers and scholars died. What would then happen to our culture?

I think there would be the same situation as when it happened to the Aztec and Maya cultures when the nobility and the priesthood were destroyed by the Spaniards. The average man was not able to read the Maya glyphs. They were known only to the leading group. Hence, we have still more than one million Mayas living, people who speak Mayathan, but who cannot read the glyphs. This, I think, is what happened: there was a great distance between the leaders of the hierarchic group and the comman man, just as there is a big spiritual gap between modern scientists and the common man. The distance between these two groups in the Maya culture led to their failure.
Even before the Spaniards came, the Maya culture broke somewhat because the common peasant did not understand any more the complex, abstract thinking and the astronomical work, the glyphs, the calendar, and so forth, which with the priesthood was preoccupied. Finally, the peasants just refused to follow any more because the priests were no longer fulfilling their needs. They had only the need to have interpretation about fertility, and they were not concerned with abstract matters. Hence this culture came to a decline. Therefore, I think nothing we can learn from ancient history is as important as that culture has to be integrated, has to be somewhat a whole, just as psychiatry has learned to understand a person as whole and to help to integrate personality.

With living people we always know their thoughts, but in studying a dead culture we do not have this. We can only reconstruct with the help of dead material. There is a similar difficulty in applying psychoanalytic principles, for example, to art. FREUD had this difficulty when he wrote his papers on art. It would be the same if we could have only a dream without the thoughts of the patient, and we would try to translate and reconstruct the meaning of the dream only by its symbols. There is one way to deal with this: to apply the knowledge of the universal meaning of symbols and the knowledge of the environment from which symbols were developed. Modern archeologists do the same and in addition they try to find a bridge between the dead relics of the ancient culture and its living descendants.

This kind of work was started by MORLEY, who died a few years ago. This important American archeologist tried to get help in understanding the ancient Maya culture, studying also its modern descendants, their customs, their religious habits and their rituals. Another example is what HEALEY did. He went to live with the Lacandone Mayas who still live in the deep rain forest around the Usumacinta River, trying to learn more about their ancient culture. The fascinating thing that happened was that he discovered the beautiful temple site of Bonampak when he followed them to worship at this temple site of their ancestors. But of course this is only one small bridge to the Maya past.

You will never learn archeology from books alone, as you will never learn psychiatry from books alone, and as an archeologist you will slowly gain a feeling in your fingertips for what is a fake and what is an original. You will pick up pottery from different places, you will talk with natives, you will find to get pieces offered by them, or you will find them yourself. What is a real piece and what is a fake? Sometimes you can only say this by feeling. Psychiatry tries to free human beings from a need to fake, to build up phony facades and suffer about them by themselves, while being ruled by an unknown need to imitate, to double. Psychiatry attempts to free and to unite personality.

Archeology might present us with a model which can be somewhat helpful for sharpening our philosophy about the therapeutic teamwork between psychiatrists and their fellow men in trouble. Archeology helps to write and to rewrite the past history of man. Psychiatry helps to write and to rewrite the history of the individual.

Man is conecerned about his past history, since his past justifies the present and his future intentions as well.

# Identität — ein Geschehen an der Grenze von Raum und Zeit

Jenseits der Triebpsychologie und ihrer Theorie von der biologischen und energetischen Basis psychischen Geschehens stellt sich der psychoanalytischen Wissenschaft die Frage nach der psychischen Energie des Menschen und, damit zusammenhängend, nach einer Theorie der Persönlichkeit. Auf dem Hintergrund meiner psychiatrischen Arbeit und ich-strukturologischen Diagnostik sowie der meiner Schüler und Mitarbeiter entwickelte ich die psychoanalytische Konzeption der Sozialenergie und der Identität, zeige ihre ich-strukturellen, psychogenetischen und gruppendynamischen Dimensionen auf und verbinde diese mit einer neuen Sichtweise des Unbewußten. Die Zielsetzung der Konzeption ist die persönlichkeitsspezifisch differenziertere psychotherapeutische Behandlung, die Herstellung und Handhabung sozialenergetisch konstruktiver therapeutischer Felder zur nachholenden ich-strukturellen Entwicklung der Identität sowie die methodologische Konsequenz, nach neuen Wegen der ganzheitlichen wissenschaftlichen Erkenntnis menschlichen Seins zu suchen.

Identität und Menschsein sind seit Urzeiten nicht voneinander zu trennen. Ich möchte meinen, überhaupt sind Menschsein, Menschlichkeit und Identität nicht voneinander zu trennen; ebenso gehören zum Menschsein das Unbewußte, das Nichterkannte neben dem Erkennbaren, die Dimensionen des Wachseins und des Schlafes, wie auch die Dimensionen von Leben und Tod. Der Raum, der zwischen diesen Bereichen liegt, ist der Raum, in dem der Mensch steht mit seiner Identität, in der er sich selbst erlebt und verändert. Hier trifft er auf andere Menschen und Gruppen, zu denen er in Beziehung tritt, die ihn verändern und die er verändert.

Dieses Grundverständnis von menschlicher Existenz spiegelt sich wider in meinem gruppendynamischen und ich-strukturellen Denken sowie meiner Erklärungsweise psychischer Energie. Ich gehe aus von einem Verständnis des Menschen, der lebt mit dem wesentlichen und bedeutsamsten Anliegen, nach eigener Identität zu ringen, sich selbst zu erleben mit und durch andere, sich auszudrücken in Gruppen, sich zu entwickeln im Kontakt und in Auseinandersetzung mit dem anderen in der Gruppe.

Diese Ich- bzw. Identitätsentwicklung schlägt sich nieder in den gruppenabhängigen Strukturen, von denen die im Unbewußten liegenden zentralen Ich-Funktionen am bedeutsamsten sind und in interdependenter Beziehung stehen mit den sekundären Ich-Funktionen der Fähigkeiten und Fertigkeiten und den Ich-Funktionen des primären Ich, den biologischen und neurophysiologischen Funktionen des Menschen mit dem Gehirn als Träger des Niederschlags bewußter und unbewußter menschlicher Erfahrungen.

Die bisher ungenutzte Hirnsubstanz, die die noch unerahnten Möglichkeiten und Potentialitäten des Menschen enthält, die zwar in ihm liegen, aber noch nicht genutzt sind — oder vielleicht in seinem individuellen Leben auch gar nicht genutzt werden —, rechne ich in ihren potentiellen ich-strukturellen Entwicklungsmöglichkeiten ebenso zum Unbewußten wie den ich-strukturellen Niederschlag lebensgeschichtlich erfahrener Gruppendynamik.

Der Begriff der Identität ist Ausdruck des holistischen Menschenbildes in der Dynamischen Psychiatrie, der unbewußte und bewußte, kreativ-konstruktive und destruktiv-defizitäre Aspekte des Menschen umfaßt, seine biologische, neurophysiologische Seite und seine Existenz als Gruppen- und Gesellschaftswesen einbezieht, aber auch den gesamten Menschen mit seinen Fähigkeiten, Fertigkeiten und seinem Tätigsein meint.

Der Begriff der Identität ist zu denken auf verschiedenen Ebenen in unterschiedlichen Dimensionen, die ich im folgenden darstellen möchte.

Zunächst verstehe ich die Identität als vorwiegend zentrale Ich-Funktion des Unbewußten, als Ich-Funktion, die in Interdependenz steht zu anderen Ich-Funktionen und die konstruktive, destruktive und defizitäre Ausprägung haben kann.

Wenn wir eine Ich-Funktion mit unserem Ich-Struktur-Test untersuchen, so erhalten wir jeweils einen Wert für jeden dieser drei Bereiche, wobei ein Wert signifikant die beiden anderen überragt. Dieser Wert wird dann abgebildet im Persönlichkeitsprofil und wir gehen von dieser Ausprägung der Ich-Funktion aus, wenn wir das Perönlichkeitsprofil beschreiben.

Eine konstruktiv ausgeprägte Ich-Funktion meint immer konstruktiv bezogen auf den Menschen in seiner ganzheitlichen Identität. Destruktiv meint eine auf Erkrankung weisende Ausformung, deren Kommunikationscharakter zur Umgebung jedoch erhalten geblieben ist. Eine defizitäre Ich-Funktion erscheint zunächst als nicht vorhanden. Beziehen wir dieses Modell auf die Ich-Funktion der Identität, so können wir sagen,

1. daß konstruktive Identität das Wesen eines Menschen bezeichnet, der selbstbestimmt auf schöpferische Weise mit anderen zusammenleben kann,

2. daß destruktive Identität das Wesen eines Menschen meint, der destruktiv agierend sich selber darstellt. Ein typisches Beispiel für destruktive Identität sind die Borderline-Kranken, die immer wieder mit einer neuen Fassade sich brillierend darstellen, ohne sagen zu können, wer sie sind auf dieser Welt und was sie wollen.

3. nicht zu wissen, wer er ist und was er will, ist auch ein Charakteristikum für einen Menschen mit defizitärer Identität. Gegenüber einem Menschen mit destruktiver Identität sind diese Menschen jedoch nicht in der Lage, destruktiv zu agieren; was sie kommunizieren können, ist allein das Loch und die Leere,

die in ihnen ist. Narzißtisch depressive Menschen sind ein Beispiel für defizitäre Identität.

Der Ich-Funktion der Identität sind andere zentrale Ich-Funktionen zuzuordnen, die in enger Verbindung zur Identität und gemeinsam in interdependentem Zusammenhang stehen, d.h. sind diese Ich-Funktionen destruktiv oder defizitär, wird auch die Identität destruktiv oder defizitär sein.

Besonders zu nennen sind hier die Ich-Funktionen der Ich-Abgrenzung, der konstruktiven Aggression, der Kreativität, der Sexualität, des Narzißmus, der Gruppenfähigkeit, die alle dem zentralen Ich und dem Unbewußten zuzuordnen sind. Bedeutsam für die Identität sind auch die im zentralen Ich verwurzelten Regulationsfunktionen wie die Frustrationsregulation und besonders die Sozialenergieregulation.

Diese Dimension der Identität als Ich-Funktion stellt die intrapsychische Ebene dar, den Synergismus von Biologischem, Unbewußtem und Bewußtem im Menschen, wobei ich als Arbeitshypothese annehmen möchte, daß der Synergismus von Bewußtem und Bewußtem, d.h. von zentralem und sekundärem Ich im Biologischen, besonders in den neurophysiologischen Bahnen des Gehirns, eine Entsprechung findet.

Die dialektische Spannung von Unbewußtem und Bewußtem wird in der Identität — und hier ist nun die Dimension der Identität als Struktur gemeint — zur Synthese.

Identität als Struktur meint die Gesamtheit aller Ich-Funktionen in ihrer jeweiligen Ausprägung und Interdependenz in Bezug auf den Entwicklungsstand des Menschen, um dessen Identität es geht.

Hiermit ist die zweite Dimension von Identität angesprochen, die interpsychische Ebene, in der die Identität bezogen wird auf die gesamte Persönlichkeit in Abgrenzung zu anderen Menschen, zu Gruppen und zur Gesellschaft.

Identität habe ich – und damit ist die dritte Dimension der Identität angesprochen — als Grenzgeschehen zwischen dem einzelnen Menschen und der Gruppe beschrieben. An dieser Grenze der Auseinandersetzung zwischen Individuum und

Gruppe findet Identitätswachstum statt. Identität ist ein interpersonelles Geschehen. Durch diese gruppendynamische Ebene im Verständnis von Identität tritt die Dimension des Raumes, d.h. des zwischenmenschlichen Raumes, des Ortes der Begegnung hinzu. Mittels seiner Identität bringt ein Mensch sich in Gruppen ein, entsprechend der Ausprägung seiner Identität wird er diese Gruppen in Bewegung bringen. Auseinandersetzungen um Bedürfnisse und damit auch um die Grenzen der Gruppe finden statt.
Die dialektische Spannung auf der gruppendynamischen Ebene von Identität liegt zwischen den Polen Individuum und Gruppe. Dadurch aber, daß Identität immer auch Auseinandersetzung des einzelnen in der Gruppe bedeutet, Auseinandersetzung, die sowohl das Individuum wie auch die Gruppe verändert, entsteht aus diesem Spannungsverhältnis heraus eine neue Dimension: die Identität als psychische Energie, als »Motor« für ich-strukturelle Entwicklungen, als Sozialenergie, als ökonomisches Prinzip.
Im 1. Handbuch der Dynamischen Psychiatrie (1979a, d) habe ich vom narzißtisch-energetischen Prinzip der Sozialenergie gesprochen und die Sozialenergie als Funktion lebensgeschichtlich früher narzißtischer Zuwendung durch die Primärgruppe und späterer realitätsbezogener narzißtischer Gratifikationen aus aktuellen Gruppenzusammenhängen betrachtet. Die Sozialenergie selbst bewirkt den Ich-Struktur-Aufbau, sie kommt zustande, vermittelt durch die Identität des Menschen, der mit eben dieser Identität in Gruppen lebt, sich auseinandersetzt und so im gruppendynamischen Gesamtgeschehen Sozialenergie erhält und anderen Menschen gibt.
Damals nahm ich an, daß es die narzißtische Zufuhr sei, die diesen sozialenergetischen Austausch ermöglicht.
Unter narzißtischer Zufuhr verstand ich die für die Ich-Entwicklung und geistig-seelische Existenz des Menschen notwendige Bestätigung seiner konstruktiven, nicht der psycho-pathologische Persönlichkeitsanteile, durch Geborgenheit, Zuwendung, Sicherheit und Liebe. Diese narzißtische Zufuhr hielt

ich für die Quelle des Energiereservoirs des Ich, das entsprechend unterschiedlich stark oder schwach ausgebildet zu denken ist. Auch in diesem Zusammenhang sprach ich schon von einer notwendigen Regulation der narzißtischen Zufuhr, die ich bezogen auf den therapeutischen Prozeß wie folgt beschrieb: »Zwischen narzißtisch energetischer Zufuhr und konfrontatorischem Arbeiten findet eine flexible Regulation durch den Therapeuten statt. Eine Überregulation hinsichtlich des konfrontatorischen Arbeitens kann zu Reaktivierung archaischer Verlassenheitsangst führen. Eine Überregulation hinsichtlich zu großer narzißtischer Zufuhr kann zu einer arretierten symbiotischen Situation führen, in der letztlich kein Strukturgewinn in der therapeutischen Arbeit erreicht wird« (AMMON 1979d).

Diese Sichtweise hat sich in den letzten zwei Jahren aufgrund weiterer klinischer Studien erneut differenziert.

Wir konnten herausfinden, daß es immer beide Elemente sind, sowohl eine narzißtische Bestätigung der Persönlichkeit in ihrem Sein und Handeln wie auch eine sozialenergetische Zufuhr, d.h. Auseinandersetzung, Kritik und Infragestellen, die in einem ausgewogenen regulierten Verhältnis zu einem Ich-Struktur-Wachstum führen, und zwar sowohl in der nachholenden Ich-Entwicklung psychisch Kranker, wie auch im Sinne von Identitätserweiterung bei an sich grundsätzlich konstruktiven Menschen.

Der in der frühen Lebensgruppe erfahrene sozialenergetische Austausch, der bestimmt wird durch die diese Gruppe kennzeichnende Gruppendynamik, ist verantwortlich für die spezifische ich-strukturelle Entwicklung des Kindes und damit für seine weitere Entwicklung, z.B. auch für seine gruppendynamische Situation in der Schule. Andererseits erweitert die Schule bzw. zuvor noch der Kindergarten die Identifikationsmöglichkeiten des Kindes, die es im günstigsten Falle aufnehmen und dadurch seine Identität bereichern kann.

Sozialenergie als psychische Energie ist damit als motivationaler Faktor im Entwicklungsprozeß von Individuen zu verstehen, wobei die Motivation sich sowohl auf das Sein wie auch auf das Verhalten des Menschen bezieht. Angewendet auf das Ich-Struktur-Modell bedeutet das, daß Sozialenergie die Energie ist, die den Strukturaufbau veranlaßt, die Ich-Struktur daher sozusagen als geronnene Sozialenergie zu verstehen ist, und die Identität die Summe der erfahrenen Sozialenergie in quantitativer und qualitativer Dimension wiedergibt. Sozialenergie hat damit Transmitterfunktion zwischen der Gruppendynamik einer Gruppe und den ich-strukturellen Konsequenzen für einzelne Persönlichkeiten der Gruppe aus dieser Dynamik heraus. Die Sozialenergieregulation, d.h. die Fähigkeit, Sozialenergie zu geben und zu bekommen, bezeichne ich als zentrale Ich-Funktion, die eng verbunden ist mit der Identität.

Hier zeigt sich auch die Verbindung der Ebenen und Dimensionen, die die Identität ausmachen, die Widerspiegelung aller Ebenen auf der Ebene, die im Vordergrund steht, — entsprechend meinem Grundsatz einer holistischen Wissenschaft, in der jeder Aspekt des Abstrakten sich im Konkreten findet, jedes Besondere alle Beziehungen des Allgemeinen in sich birgt. Identität ist Funktion, Struktur, Ort, gruppendynamischer Niederschlag und ökonomisches Prinzip, wobei jede Dimension in der anderen enthalten ist.

Hinzuzufügen als fünfte Dimension ist die prozeßhafte Ebene der Identität. Gemeint ist die Identität als dynamisches Entwicklungsprinzip, als Prozeß fortwährender sozialenergetischer Auseinandersetzungen des Menschen, der Kontakte zu anderen in Gruppen, deren gruppendynamisches Geflecht ihren Niederschlag findet in der Ich-Struktur sowie in der Erweiterung und dem Wachstum einzelner Ich-Funktionen.

Ist Identität als Prozeß definiert, als dynamisches Geschehen, als etwas, das immer wieder neu zu erringen ist, so spielt auch die Dimension der Zeit eine bedeutsame Rolle, — will man erfassen, was der Begriff Identität in der Human-Strukturologie bedeutet.

Identität, wie ich den Begriff verstehe, ist ein Geschehen an der Grenze von Raum und Zeit, ein Geschehen, das gebunden ist einerseits an Kontakt in gruppendynamischen Auseinandersetzungen, wobei menschlicher Kontakt immer die Beteiligung zentraler, unbewußter Persönlichkeitsanteile in einer Beziehung meint, und andererseits an die Zeit, an die Situation, die prozeßhaft sich darstellt, gleichzeitig aber auch Grenzen hat für den Menschen. Gemeint ist die Lebenszeit des Menschen, die Zeit, die er zu seiner Zeit, zu gelebter eigener Zeit machen kann, die man aber auch — und hier, würde ich meinen, beginnt psychische Krankheit — in einem Gefühl ozeanischer Grenzenlosigkeit, einem dauernden Warten auf ein Übermorgen vertun und vergeuden kann.

Die Identität als Geschehen an der Grenze von Raum und Zeit spielt auch eine Rolle in der Dialektik von Identität und Unbewußtem.

Wie ich eingangs sagte, verstehe ich als zum Unbewußten gehörig den strukturellen Niederschlag aus der lebensgeschichtlich erfahrenen Gruppendynamik, wobei der Dynamik lebensgeschichtlich früh erfahrener Gruppen besondere Bedeutung zukommt.

Damit enthält das Unbewußte die Dimension der Vergangenheit. Gleichzeitig rechne ich die potentiellen Möglichkeiten des Menschen zum Unbewußten, was die Zukunftsdimension des Unbewußten, den prozeßhaften Charakter des Unbewußten und damit auch die Dimension der zukünftigen Zeit und zukünftiger Möglichkeiten in den Begriff der Identität einführt.

Habe ich von den Dimensionen der Vergangenheit und der Zukunft gesprochen, die dem Unbewußten immanent sind, so ist zu ergänzen, daß das Unbewußte zur Gegenwart hin offen ist. Die Gegenwart, d.h. die geschehende Realität, findet statt in Gruppen, so daß hier die Gruppe in ihrer aktuellen Realität die Gegenwart bildet, die Auseinandersetzung um Identität in der Gruppe diese zeitliche Lücke im Unbewußten zwischen Vergangenheit und Zukunft schließt. Wieder ist es die Identität, die auf dieser neuen Ebene die Synthese darstellt, die Identität in ihrer sozialenergetischen Dimension, die die Synthese zwischen

Individuum und Gruppe, Unbewußtem und Gruppe und damit Raum und Zeit schafft.

In dieser Synthese wird die Gruppendynamik zur Struktur, und zwar in dem Maße, wie die Identität als Sozialenergie wirksam werden kann.

An anderer Stelle (AMMON 1982 b) spreche ich von diesem Geschehen als sozialenergetischem Kreis. Stationen dieses sozialenergetischen Kreises sind zunächst: Sozialenergieaustausch, Ich-Struktur im Unbewußten, Identität und Gruppenbezüge, in denen sich der Kreis zum Sozialenergieaustausch hin wieder schließt.

Sozialenergetische Austauschprozesse, zunächst in der Primärgruppe, bestimmen die Ausprägung der Ich-Struktur des Menschen. Seine ich-strukturelle Beschaffenheit wiederum gibt den Stand seiner Identität an. Mittels dieser Identität setzt der Mensch sich selbst wieder in Gruppenbezüge, die neuen sozialenergetischen Austausch bewirken und damit den sozialenergetischen Kreis wieder öffnen im Sinne einer Identitätserweiterung.

Auf die destruktive Ausprägung dieses sozialenergetischen Kreises und seine Konsequenz für die therapeutische Arbeit gehe ich ein in der nachfolgenden Arbeit »Zum Prinzip der Sozialenergie«.

Das Prinzip der Sozialenergie, das wir zunehmend besser differenzieren können, zeigt Schritt um Schritt zugleich seine Relevanz, nicht nur für die Theorieentwicklung, sondern auch für eine konkrete psychotherapeutische Behandlungspraxis. Die Bedeutung des Prinzips einer sozialen Energie hat sich, nicht nur beschränkt auf die psychoanalytische Forschung, in den letzten Jahren immer mehr als notwendig erwiesen.

Die amerikanische Sozialpsychiatrie beschäftigt sich mit diesem Fragenkomplex ebenso wie die sowjetische UZNADZE-Schule. LENIN bereits verwendete den Terminus der sozialen Energie, worauf mich DIMITER PETROW aufmerksam machte. HANS BÖTTCHER (1981) spricht von einer interpersonell-energetischen Ebene, der er die motivationale einschließlich der informationellen zuordnet.

Die Idee der psychischen Energie kann nicht mehr auf der Grundlage eines mechanistischen Verständnisses als »Quantum von Hirnenergie« diskutiert werden, wie mein wissenschaftlicher Freund FILIP V. BASSIN mir (1981) schrieb, sondern muß bezogen werden auf den Charakter interpersoneller Beziehungen.

Besonders eklatant zeigt sich diese Notwendigkeit in der Sichtweise und Interpretation der Hospitalismusforschung von RENÉ SPITZ. Aufgrund der Triebtheorie, auf deren Boden er steht, kommt er zu dem Schluß, daß sich die Säuglinge, um die kein Mensch sich sorgend und liebend kümmert, aufgrund ihrer dualistischen Triebstruktur selbst töten, da ihre Triebe kein Objekt finden (SPITZ 1945, 1946).

U.E. ist die menschliche Wärme und Zuneigung, das Sich-Kümmern, Ernst- und Annehmen, das, was diesen Säuglingen fehlt und für ihren Tod verantwortlich ist, eben die fehlende Sozialenergie. Die Deprivationsexperimente von HARLOW und HARLOW (1966) können ebenfalls zur Untermauerung dieser These herangezogen werden, ebenso MAKARENKO (1962), sowie die späteren sowjetischen Pädagogen, worauf ebenfalls BASSIN mich hinwies. Auch AUGUST AICHHORN (1925) und seine Arbeit mit Jugendlichen möchte ich in diesem Zusammenhang erwähnen, ebenso ISTVAN BENEDEK (1968) in seinen Bemühungen um psychisch Kranke auf einer psychiatrischen Versuchsstation, dem »Landgut«, aber auch LURIA (1970), LEONTJEV (1971) und GALPERIN (1980) gehören dazu, die u.a. mit Gehirnverletzten des 2. Weltkrieges arbeiteten und auf diesem Wege Menschen wesentlich geholfen haben bei gleichzeitiger Eröffnung neuer Wege für die Wissenschaft.

Persönlichkeitsveränderung, ich-strukturelle Änderung und auch Identitätswachstum vollziehen sich immer an einer Grenze, — einer Grenze, an der ein tiefer menschlicher Kontakt ent-

Casa Ammon

steht und an der ein Mensch auf die Frage nach sich selbst zurückgeworfen ist.
Jede bedeutsame Begegnung, die den Menschen in seiner zentralen Persönlichkeit erreicht, formt ein Stück weit seine Persönlichkeit, so daß diese Persönlichkeit letztendlich zu denken ist als ein neues ganzheitliches Resultat aus einer Kette von bedeutsamen Begegnungen und Grenzsituationen, durch die eine ganzheitliche Identität sich abgrenzt und formiert.
Deswegen möchte ich auch weniger von einer verinnerlichten Gruppendynamik sprechen, als nunmehr von verinnerlichter sozialenergetischer Gruppendynamik, die das Kind beeinflußt durch die Wertsetzung in der Primärgruppe und in den nachfolgenden wichtigen Gruppen. Diese Wertsetzung betrifft die verschiedenen Seinsbereiche des Menschen wie die Wertsetzung von Arbeit, die Wertsetzung des Umgangs mit der Zeit, des Umgangs mit Kontakten und Freunden, die Wertsetzung von Ideen, von Aufgaben, von Bedeutsamkeiten geistiger und auch sozialer und politischer Art. Das alles sind Wertsetzungen, die ein Kind in den primären Gruppen lernt, Bedeutsamkeiten, die ihren Niederschlag im Unbewußten finden und die Identität prägen.
Auf dieser Basis wird Auseinandersetzung möglich, d.h. ein gegenseitiges Sich-Mitteilen von Bedürfnissen, Wünschen, zustimmenden und ablehnenden Gefühlen. Sozialenergetische Zuwendung heißt immer auch, dem anderen einen Spiegel vorhalten und ihm zeigen, wer er ist, wo er steht und wohin er sich entwickeln kann. Zur sozialenergetischen Zuwendung gehört aber ebenso, den anderen Menschen ernst zu nehmen in dem, was er ist, was er weiß und tut, daraufhin eine Auseinandersetzung zu beginnen und sich einzulassen auf den anderen.
Sozialenergetische Auseinandersetzung wird immer den ganzen Menschen berühren, ihn in Frage stellen und ihm damit neue Wege eröffnen.
In einer solchen sozialenergetischen Auseinandersetzung kommt es zu Grenzsituationen, werden existenzielle Fragen des Menschen berührt. Sozialenergetische Auseinandersetzung ist als

wechselseitiger Prozeß in einer Gruppe zu verstehen, als ein bedeutsames Geschehen, das allen Beteiligten etwas gibt. Als praktische Konsequenz bedeutet das z.B., daß auch Patienten einer dynamisch-psychiatrisch strukturierten Klinik Sozialenergie und narzißtische Zufuhr geben. Andererseits ist es allerdings auch möglich, daß eine Gruppe im pathologischen Sinne reagiert, d.h. entsprechend einer unbekannten Übertragungssituation sich genauso verhält, wie die einst die Krankheit auslösende Familiengruppe. Hier kommt es nicht zu einer Auseinandersetzung. Die krankmachenden Aspekte werden weiter aufrechterhalten, Entwicklungen finden nicht statt. Nach diesem Verständnis kann es also auch krankheitserhaltende und sogar krankmachende psychotherapeutische Gruppen geben.

Ich spreche von konstruktiver, destruktiver und defizitärer Sozialenergie (siehe nächstes Kapitel »Zum Prinzip der Sozialenergie«).

Sozialenergie ist etwas, das jeder Mensch braucht, das ihn zum Leben erweckt, wie es in der alten ägyptischen Kultur so eindrucksvoll und anschaulich dargestellt wird im Symbol des Ank, dem ägyptischen Kreuz als Zeichen mit der Bedeutung »Du sollst leben«, das die Götter den Sterblichen einhauchen, das den Pharaonen übergeben wird und auch im Aton-Kult des Echnaton in den Sonnenstrahlen symbolisiert ist, die in gebenden Händen enden. Ich möchte auch meinen, daß die mittelalterlichen Heiligenscheine, die ja ursprünglich die gesamte Persönlichkeit mit einem goldenen Schein umgaben — der kleine Heiligenschein um den Kopf ist ja eine Verkürzung der ursprünglich angenommenen Aura jedes Menschen —, das darstellen, was wir heute als Ausstrahlung bezeichnen, die Sozialenergie in ihrer Ausstrahlungsform und Hinwendung, in ihrem sich mit dem anderen Menschen Verbinden, im Kontakt und Beziehung Herstellen.

Sozialenergie, Gruppe, Identität, Ich-Struktur und Unbewußtes beschreiben Inhalte, die eng zusammenhängen, in gegenseitiger Abhängigkeit zueinander stehen und gemeinsam die menschliche Entwicklung, die immer ein lebenslanger Prozeß ist, bestimmen.

Diese Zusammenhänge zu erfassen, haben wir eben erst begonnen. Neue Wege der Erkenntnisfindung sind hierzu erforderlich, wie mir scheint.

Der Begriff von Wissenschaft und Erkenntnis hat sich gewandelt über die Zeiten. Eine rationalistische Erforschung der Welt hat die Wissenschaft verselbständigt, wesentliche menschliche Seinsbereiche ausgegrenzt, dabei auch das Unbewußte, die Gruppe, den Menschen in seiner ganzheitlichen Existenz und Kultur. Man kann deshalb sagen, daß die Erforschung des Unbewußten erst neu begonnen worden ist und sich in ihren Anfängen bewegt, sie geht aber andererseits um Jahrtausende zurück, wenn man unsere derzeitige Auffassung von Wissenschaftlichkeit erweitert und z.B. an die großen Lehrer Altägyptens, Mesopotamiens und der Reiche der Sumerer bis hin zu den Kulten von Kreta denkt. Die wissenschaftlichen Erkenntnisse aus alten Kulturen, die auf ganz andere Weise gefunden wurden als durch unsere heutigen Methoden, sind erstaunlich.

Ein Beispiel dafür sind die astronomischen Angaben, die von den Mayas (ca. 900—1224 n.Chr.) stammen, die eine Genauigkeit erreichen, die dem Stand heutiger Wissenschaft, die über komplizierte Hilfsmittel verfügt, sehr nahe kommt. Dies läßt sich am Kalendersystem der Mayas verdeutlichen. Zählt der Julianische Kalender 365,25 Tage pro Jahr, der Gregorianische 365,2425 Tage, verzeichnet der Kalender der Maya 365,2450 Tage pro Jahr und kommt unserem heutigen wissenschaftlichen Kalender, der die Anzahl von 365,2422 Tagen annimmt, am nächsten (ALONZO 1980).

Dargestellt werden die Erkenntnisse der Mayas in ihrer Architektur, die wiederum mit der Religion und dem Leben überhaupt eng verbunden ist, was hinweist auf eine ganzheitliche Lebens- und Erkenntnisweise, in der in unserer Kultur getrennte Lebensbereiche integriert sind. ALONZO (1980) untersuchte die Pyramide des Tempels Kukulcan in Chichen Itza. Einige seiner Ergebnisse möchte ich im folgenden darstellen, da sie Aufschluß geben über die enormen geistigen Leistungen, die damals vollbracht wurden und in dem Bauwerk verborgen sind.

Jede Seite der Pyramide hat 91 Stufen, die Stufen der vier Seiten addiert ergeben — bezieht man die obere Plattform mit ein — die Zahl 365 und beschreiben damit die Anzahl der Tage des Jahres. Die Mayas, deren Zahlensystem auf der Zahl 20 beruht, zählen ihr Jahr in 18 Monaten — 18 Ecken weist die Plattform auf — mit jeweils 20 Tagen. Eingeschlossen in ein Jahr sind die sogenannten »5 bösen Tage«, die hinzugezählt wiederum die Zahl 365 ergeben. Das, was in unserem Denken ein Jahrhundert darstellt, ist im Denken der Mayas an die Zahl 52 gebunden, die einen Lebenszyklus beschreibt. Auch diese Zahl findet sich in der Architektur des Tempels von Kukulcan wieder, und zwar in den versenkten 26 Paneelen an jeder Seite der Treppe, die zusammen die Zahl 52 ergeben.

Dieses Spiel der Zahlen wird mit eindrucksvoller Genauigkeit fortgesetzt im Geschehen von Licht und Schatten am Tempel des Kukulcan an den Daten der Tag- und Nachtgleiche. Der Tempel von Kukulcan ist um 17 Grad gegenüber dem magnetischen Nordpol versetzt, wie übrigens auch zahlreiche andere Bauten der Mayas und der mesoamerikanischen Kulturen. Am 21. März und am 22. September projizieren sich die Decken der Plattform der Reihe nach auf den Rand der Balustrade der Nordtreppe als sieben gleichschenklige Dreiecke, wobei das letzte den Hals eines großen Schlangenkopfes bildet. Der Kopf der Schlange ruht auf der Basis der Balustrade. Dieses Lichtphänomen erweckt den Eindruck einer sich wellenförmig bewegenden Schlange und bekanntlich stellt die gefiederte Schlange ein bedeutsames religiöses Symbol der Mayas dar.

Die Wissenschaft findet sich im Mythos — worauf auch PAUL FEYERABEND (1976) hinweist —, der Mythos wird dargestellt von der Architektur, die wiederum die Kultur und damit das gruppendynamische Geschehen der in dieser Kultur lebenden Menschen abbildet.

Die moderne ethnologische und anthropologische Forschung thematisiert ganz ähnliche Fragen. HANS G. KIPPENBERG (1980) versucht vom Standpunkt der uns fremden Konzeptionen her eine Kritik an der Universalisierung unseres Begriffes von Wissenschaft und ihrer möglichen Erkenntnisse und Erkenntnisweisen zu entwickeln, und die Frage nach dem Verstehen fremden Denkens aufzuwerfen. Hier Zusammenhänge zu finden, hängt zusammen mit dem, was wir als das Unbewußte erforschen, wie z.B. die Sprache des Unbewußten in Symbolen, Bildern, Musik und Träumen.

Ob wir diese Zusammenhänge finden werden, hängt mit unserer Methodik zusammen, mit der Frage, wie wir an dieses Problem herangehen. Auch hier spielt die Identität eine Rolle, in ihrer methodischen Dimension. Identität als Prozeß habe ich in der Dialektik von Raum und Zeit beschrieben. Raum und Zeit sind Dimensionen, die im Unbewußten integriert sind, zum einen durch die gruppendynamische Bestimmtheit des Unbewußten, zum anderen durch die zeitliche Bestimmtheit.

Um das Unbewußte zu erforschen, brauchen wir eine Methodik, die diese Dimensionen integriert und die die Sprache des Unbewußten, die m.E. nicht im rationalistischen Sinne systematisiert werden kann, erfaßt.

Eines der schönsten Symbole des Unbewußten stellt m.E. das Labyrinth dar. Bereits FREUD (1932) wies auf das Labyrinth als Symbol des Unbewußten hin, das sich in seiner Urform in der Oase Fajum findet, und vor allem aber über das kretische Labyrinth des Minotaurus bekannt geworden ist.

Die kretischen Höhlenlabyrinthe sind wiederum verbunden mit den Mythen und den Mysterienkulten, die KERENYI (1967) ausführlich untersuchte. Sie zeigen in ihrer Symbolik Formen, Wandlungen und Ausdrucksweisen des Unbewußten und gleichzeitig Lebens-, Verstehens-, Denk- und Daseinsweisen einer frühen Kultur, d.h. ihre Gruppenidentität.

Das Labyrinth ist zu verstehen als eines der ältesten Symbole des Unbewußten, das konkret symbolisch den Eintritt in die Höhle des Unbewußten ausdrückt, das hinweist auf die unbewußten bedeutsamen Begegnungen im Labyrinth und das zu Grenzsituationen menschlicher Existenz hinführt, zu Tod und Wiedergeburt. Auch hier, vermittelt über das Grenzerleben, macht sich das prozeßhaft Entwickelte und im Flusse Veränderte erfahrbar, geht es um die Identität. Wesentlich dabei ist die Fähigkeit des Sich-selbst-erleben-könnens in allen Bereichen des eigenen Wesens, wie es der selbstverständliche Gedanke der frühen antiken Philosophen in ihrer Auffassung der Kulte war.

Sich selbst als existierend wahrzunehmen, sich selbst zu erleben in der Zeit und im Raum, der durch die Beziehung zu den anderen Menschen gebildet wird, möchte ich in den Mittelpunkt eines holistischen Menschenverständnisses stellen, — ein Verständnis, das Bewußtes und Unbewußtes verbindet im Begriff der Identität.

# Das Prinzip der Sozialenergie

Wie ist die Entstehung der psychischen Energie des Menschen zu verstehen? Welche Wirkungen bringt sie für die Persönlichkeit des Menschen hervor? Im Unterschied zur biologischen Triebkonzentration FREUDs beantworte ich dies Frage mit einer Konzeption der sozialen Energie. Sie entsteht im Kontakt von Menschen untereinander und nimmt je nach Bedeutsamkeit dieses Kontaktes hierfür die unterschiedlichen Dimensionen der konstruktiven, der destruktiven und der defizitären Sozialenergie an, die in unterschiedlicher Mischung jedes zwischenmenschliche Geschehen bestimmen. Besonders in der frühen und der späteren Kindheit finden sozialenergetische Austauschprozesse ihren entwicklungspsychologischen Niederschlag in der Persönlichkeitsstruktur, was wir mit Hilfe des »Ich-Struktur-Tests nach Ammon« (ISTA) für eine Anzahl von Ich-Funktionen nachweisen können. Sozialenergie ist auch entscheidend für die Entwicklung der Körperlichkeit eines Menschen und für die Ausbildung der neurophysiologischen Hirnstrukturen und -funktionen, wie ich ebenfalls empirisch nachzuweisen begonnen habe. Sozialenergie, Identität, Gruppendynamik und das interpersonell gewachsene Unbewußte stellen sich in meinem Konzept der Humanstrukturologie als die Dimensionen der wissenschaftlichen Erfassung einer ganzheitlichen (holistischen) Persönlichkeitskonzeption dar. Therapeutische Effizienz setzt sozialenergetische Felder und sozialenergetisch-ich-strukturelles nachholendes Arbeiten voraus.

Die Vorstellung von psychischer Energie hat die Wissenschaft immer wieder beschäftigt. Bei FREUD findet sich die Auseinandersetzung mit diesem Komplex beim Begriff der Libido, der eng gekoppelt ist mit seinem Verständnis vom Menschen als vorwiegend durch Triebe geführtes Wesen. Aufgrund unserer Beobachtungen von Entwicklungsverläufen gesunder Kinder in ihren Familien, gruppendynamischen Prozessen gesunder Menschen und unseren klinischen Erfahrungen hat sich immer mehr herauskristallisiert, daß psychische Energie

a) keine biologisch-physikalische Größe mit entsprechender Gesetzmäßigkeit sein kann und

b) immer gruppen- und personenbezogen zu sehen ist.

Sozialenergie verstehe ich, allgemein gesprochen, als eine dem Individuum aus seiner Umwelt gegebene Energie. Diese Energie vermittelt sich im und durch zwischenmenschlichen Kontakt. Wie dies vorzustellen ist, werde ich später näher beschreiben.

Sozialenergie dient dem Individuum zur Entwicklung der Ganzheit seiner Persönlichkeit: seiner Körperlichkeit, seinem Wesen, seinem Verhalten. Die fundamentale Veränderung gegenüber herkömmlichem psychologischem und psychoanalytischem Energieverständnis liegt darin, daß menschliches Wachstum primär verstanden wird auf der Basis sozialer, zwischenmenschlicher Prozesse und nicht — wie das Endogenitätsdenken meint — aufgrund innerindividuell isoliert ablaufender biologischer Eigengesetzlichkeiten. Hieraus ergeben sich Konsequenzen für die allgemeine und spezielle Theorieentwicklung einerseits, für die Weiterentwicklung therapeutischer Methodik andererseits. Beziehungen zwischen Menschen werden mit diesem Konzept in ihrer qualitativen Wirksamkeit benennbar. Das Verhältnis zwischen Mensch und Gruppe und auch zwischen Individuum und Gesellschaft wird dynamisch und energetisch beschreibbar, was wesentliche Konsequenzen für gruppendynamisches und therapeutisches Arbeiten hat.

Die Psychoanalyse verstehe ich als Behandlungswissenschaft. Aus dem therapeutischen Tätigsein heraus habe ich den Begriff

der Sozialenergie als konsequente Schlußfolgerung der Anwendung meines Narzißmus-Konzeptes geprägt.
Die Vorstellung psychischer Energie hat im Zuge der Theoriebildung und -entwicklung mehrfach Veränderung erfahren (AMMON 1979d, AMMON et al. 1981; GRIEPENSTROH, v. WALLENBERG PACHALY 1979). Sprach ich zunächst von einem unspezifischen Energiereservoir, aus dem das Wachstum der Ich-Funktionen hervorgeht, in Abgrenzung zu FREUDs Begriff der Libido in biologisch-physikalischem Verständnis, wurde mir immer deutlicher, daß psychische Energie keine primär aus dem Inneren des Menschen heraus entstehende Größe ist, sondern mit dem sozialen Umfeld des Menschen in Zusammenhang steht. Das soziale Umfeld wiederum, die Kultur, die Gesellschaft bestehen aus und in der Interdependenz unterschiedlichster Gruppen. Jede Gruppe besitzt ihre eigene Dynamik, die beeinflußt wird von weiteren Gruppenbezügen, in denen die Gruppe bzw. einzelne Mitglieder der Gruppe stehen, bis hin zur Großgruppe der Gesellschaft. Psychische Energie entstammt diesem Geflecht unterschiedlicher Gruppendynamiken, was es im einzelnen näher zu untersuchen gilt.
Psychische Energie ist soziale Energie unter Menschen und gehorcht gruppendynamischen Gesetzmäßigkeiten. Dies bedeutet nicht, daß nicht auch die Beschäftigung mit einem Gegenstand oder einer Sache sozialenergetisch wirksam sein kann. Es heißt aber, daß diese Beschäftigung immer in einem durch Beziehungen bestimmten Umfeld abläuft — ich spreche vom sozialenergetischen Feld — und damit wieder von Kontakten getragen wird. Ich sage dies auch in Abgrenzung zu Interaktionsmodellen, die eine Vorstellung von »Sender« und »Empfänger« implizieren, wenn sie Kontakte beschreiben. M.E. geht es hier nicht um eine lineare Dimension, sondern um die Dimension eines Kraftfeldes, das durch Kontakt gebildet wird und durch Veränderungen aktueller und latenter Beziehungen differenziert seine Struktur und Wirksamkeit verändert. Sozialenergie als psychische Energie sehe ich immer in Abhängigkeit von zwischenmenschlichen und gruppendynamischen Bezügen, von

der Umwelt des Menschen, gesellschaftlichen Faktoren und seinem Sein in dieser Gesellschaft.
Sozialenergie entsteht durch Kontakt, Auseinandersetzung, Geborgenheit, Verläßlichkeit, Liebe, durch Forderungen an die Identität, durch Forderungen und Aufforderungen zum Tun, zur Tätigkeit und zur Aufgabe. Gerade die Bedeutung der Verläßlichkeit möchte ich an dieser Stelle noch einmal hervorheben als vom Analytiker zu erwartende grundlegende Eigenschaft. Der Patient muß sich auf seinen Analytiker verlassen können, erst dann ist eine Beziehung tragend, die Auseinandersetzungen standhält und in der auch Anforderungen gestellt werden können.
Menschen, die nicht oder zu wenig gefordert werden, sind verlassene Menschen mit Sozialenergiedefiziten. Durch Sozialenergie entwickelt sich ein Mensch, kann er wachsen und sich verändern, seine Identität ausbilden wie auch die Ich-Struktur als Ganzes.
Sozialenergie ist notwendig zur Erhaltung des Lebens. Ein neugeborenes Kind, das keine Sozialenergie bekommt, würde sterben. So ist es m.E. auch kein gegen das eigene Leben gerichteter Trieb, der hospitalisierte Säuglinge zum Sterben verurteilt, wie RENÉ SPITZ (1945, 1957) es beschreibt, sondern der Mangel an Zuwendung, Wärme, Ernsthaftigkeit und Fürsorge, der zum Tod dieser verlassenen Kinder führt. Sozialenergie geben heißt zunächst nichts anderes als Verständnis und Interesse am anderen zu haben, sich mit einem Menschen einzulassen, auseinanderzusetzen, ihn auch mit seinen Ängsten, Sorgen und Schwierigkeiten ernstzunehmen. Man muß sagen, daß diese von mir hier aufgezählten Elemente auch Merkmale eines Therapeuten darstellen und Kriterien für die Auswahl von Ausbildungskandidaten sein sollten.
Sozialenergieaustausch ist immer ein wechselseitiges Geschehen, aus dem alle daran Beteiligten Veränderung und Wachstum erleben. Sozialenergie ist Kraft und Stärke, die Menschen untereinander sich geben können und die ihren Niederschlag findet in allen Bereichen der Ich-Struktur. Sozialenergie kann

entsprechend der Gestaltung der gruppendynamischen Konstellation, in der die zwischenmenschliche Auseinandersetzung stattfindet, konstruktiv, destruktiv oder defizitär sein, und das ist der derzeit neueste Stand unserer Theoriebildung. Bestimmend für die Form der Ausprägung sehe ich die gruppendynamischen Bezüge, in denen Auseinandersetzung und Bestätigung stattfindet — ich spreche vom sozialenergetischen Feld, um diesen gruppendynamischen Raum zu beschreiben. Dieses Feld kann nun durch konstruktive, destruktive oder defizitäre Dynamik bestimmt sein und wird auch immer Elemente jeder dieser Dynamiken enthalten in unterschiedlichem Verhältnis. Jeder Mensch wird selbst erfahren haben, wie die Begegnung mit einem Menschen ein tiefes und gutes Gefühl hinterlassen kann, wie erfrischend eine solche Begegnung ist und wie sie Denken und Fühlen anregt. Das Gefühl, erkannt und verstanden zu werden, den anderen zu verstehen und zu erkennen, kann durchaus verbunden sein mit einem Disput, einer kritisch-dialektischen Auseinandersetzung. Der Mensch findet sich in anderen wieder, erlebt sich durch die Augen des anderen und erfährt ein Gefühl, ernstgenommen zu werden und sinnvoll zu sein. Konstruktive Sozialenergie zeigt sich in bedeutsam empfundenen Begegnungen, die von früher Kinheit an Einfluß auf die Entwicklung der Persönlichkeit nehmen.

Konstruktive Sozialenergie ist gekennzeichnet dadurch, daß Auseinandersetzungen zu Entwicklung, Wachstum, Veränderungen der Persönlichkeit und der Ich-Struktur führen. Konstruktive Sozialenergie ist u.a. daran zu erkennen, daß Beziehungen belastbar sind, d.h. daß auch Gefühle wie Angst und Aggression ausgehalten und in die Auseinandersetzung einbezogen werden. Ich möchte hier von einer Interdependenz von Sozialenergie, Kontaktfähigkeit und Angsttoleranz sprechen. Von der Stärke der Angsttoleranz können wir auf die Kontaktfähigkeit und das Ausmaß an Sozialenergie, über das ein Mensch verfügt, schließen. Sozialenergie verstehe ich als die treibende und tragende Kraft jeglicher Form von humanstruktureller Entwicklung und Veränderung des Menschen im konstruktiven, destruktiven und defizitären Sinne.

Defizitäre Sozialenergie ist insuffiziente oder verweigerte Sozialenergie, das Ignorieren von Menschen. Eine der größten Strafen, die Eltern ihren Kindern antun können, ist der sogenannte Liebesentzug. Mangel an Sozialenergie entsteht, wenn alle Zuwendung, alles Interesse, alles Bedeutsame an Kontakten bewußt oder unbewußt verweigert wird. Auch der Körperkontakt ist außerordentlich wichtig für die Sozialenergie. Menschen, die nie gestreichelt worden sind und nie Körperkontakt erlebt haben, haben auf einem großen und tief in ihre Persönlichkeit eingreifenden Gebiet keine Sozialenergie bekommen und defizitäre Strukturen entwickelt. Die defizitäre Dynamik von Sozialenergie drückt sich im fehlenden Interesse und fehlender Zuwendung bei formaler Betreuung aus. Es fehlt ein Verständnis für den Menschen, seine Eigenarten und eine Auseinandersetzung mit ihm. Diese Dynamik ist typisch für tote Beziehungen, die oft durch symbiotische Selbstaufgabe gekennzeichnet sind. Defizitäre Sozialenergie findet oft auch ihren Ausdruck in Verwöhnungs- und Versagungsbeziehungen.

Destruktive Sozialenergie ist demgegenüber gekennzeichnet durch offene Destruktion unter Menschen, durch Verbote, Lebenseinengungen, Bestrafungen, Beschimpfungen und Zwänge aller Art. Extreme Beispiele für destruktive Sozialenergie sind die Kindesmißhandlung, aber auch eine destruktive Zerstörung von Identität.

Konstruktive, destruktive und defizitäre Sozialenergie sind in ihrer Dynamik vielfältig gestaltet und finden ebenso vielfältig gestalteten Niederschlag in der sich verändernden oder entwickelnden Ich-Struktur.

Im Zusammenhang mit meiner Konzeption der Energie als Sozialenergie ergibt sich eine in der Psychologie meines Wissens neue Konzeption von Entwicklung. Entwicklung ist an interpersonelle, kreative und sozialenergetische Austauschprozesse gebunden. Sie ist kein teleogischer oder epigenetisch vorgezeichneter Prozeß. In unserem Denken heißt Entwicklung

wachsende Erweiterung der Ich-Struktur, d.h. sowohl der bewußten wie der unbewußten und der neurophysiologischen Anteile der Ich-Funktionen. Besonders bedeutsam sind in diesem Geschehen, welches insgesamt ein lebenslanger Prozeß ist, die Zeit der kindlichen Entwicklung, das sozialenergetische Feld und die Gestimmtheit, die Beziehungen emotionaler Art in der Familiendynamik und in der entsprechenden sozialenergetischen Atmosphäre. Diese gesamte Gestimmtheit der umgebenden Gruppe ist spiegelbildlich wiederzufinden in der Ich-Struktur des Kindes. Die Ich-Struktur kann man als manifestierte Sozialenergie verstehen. Die gesamte Gruppendynamik spielt im ich-strukturellen Aufbau eine Rolle, fördernd, störend oder auch hemmend, und sie ist verantwortlich für eine konstruktive Entwicklung, aber auch für Defizite der verschiedenen Ich-Strukturen und der Identität als ganzer.
Zunächst erhält das Kind bzw. bereits das ungeborene Kind Sozialenergie durch die Mutter. Die Mutter ist Teil einer oder mehrerer Gruppen und der gesellschaftlichen Umgebung. Gruppen reagieren auf werdende Mütter und sind dadurch mitbestimmend für die Einstellung der Mutter zu ihrem ungeborenen Kind. Auch gesellschaftliche, politische und kulturelle Aspekte spielen hierbei eine Rolle. Der größte Teil der Vermittlung von Sozialenergie zwischen Mutter, Kind und Gruppe verläuft auf der Ebene des Unbewußten und zwar um so mehr, je jünger das Kind ist. So spielen Sprechweise und die Sprache der Mutter eine Rolle, der Tonfall der Stimme, mit der sie sich dem Kind zuwendet und dem das Kind mit eigenem Tonfall in Lauten und Schreien wie in anderen Äußerungen von Gesten und Gebärden antwortet. Diese Formen können wir als die primären Äußerungen des Unbewußten beschreiben, als eine Kommunikation von Gruppe, Mutter und Kind in einem sozialenergetischen Austausch. Im Idealfall geht dieser Austausch einher mit Gefühlen von Getragenheit, Sicherheit und Wohlbefinden sowie gegenseitiger Anerkennung der Persönlichkeit in Verbindung mit dem, was wir Empathie und Verstehen und auch einfühlendes Verständnis in die innere Wahrnehmung des anderen

nennen, und durch die auch ein Einklang mit den äußeren Wahrnehmungen des anderen hergestellt werden kann. Es handelt sich auch um Wahrnehmungen von Abgrenzungsbedürfnissen oder von Aggressionen, von neuen Gedanken, Gefühlen und Zärtlichkeitsbedürfnissen, die von dem Kind ausgehen.

Wesentlich ist in diesem Zusammenhang das Menschenbild, d.h. das, was in der jeweiligen Gruppe als erstrebenswert und vorbildlich gilt. Es ist oft von großer Bedeutung, was in den ersten Lebensgruppen als konstruktiv empfunden wird und wieviel Raum, Zeit, Echtheit, innere Ruhe und Gelassenheit in der Vermittlung mitwirken. Wertsetzungen, die die verschiedenen Seinsbereiche des Menschen betreffen, wie besonders die Arbeit, das Umgehen mit der Zeit, mit Kontakten und Freunden, als bedeutsam geltende Ideen, Aufgaben und geistige Interessen, Standpunkte in sozialen und politischen Fragen, spielen dabei eine Rolle.

Der in der frühen Lebensgruppe erfahrene sozialenergetische Austausch ist verantwortlich für die spezifische ich-strukturelle Entwicklung des Kindes. Besonders die Ausprägung und der Umgang mit den Ich-Funktionen der Aggression, der Angst und des Narzißmus ist dabei wesentlich, worauf ich noch zurückkommen werde.

Identität und Gruppe gehören zusammen, denn erst durch ein Erleben und Erfahren der eigenen Persönlichkeit im Spiegel der anderen Menschen und durch ein Wahrnehmen, Ernstnehmen und Erkennen der anderen in der Gruppe kann Ich- und Identitätsentwicklung stattfinden. Identität ist das Bleibende in einer Persönlichkeit und sie ist gleichzeitig nichts Bleibendes. Identität ist ein Prozeß, ein fortwährendes Suchen, eine fortwährende Entwicklung. Identität wird nicht in einem bestimmten Augenblick oder in einer bestimmten Lebensphase endgültig gefunden, sondern sie ist etwas, was immer wieder neu gefunden werden muß. So gehört zur Identität immer das Fragen, die Frage an den anderen Menschen und die Frage an sich selbst.

Die Identität wächst durch Sozialenergie. Wachstum der Identität ist ohne Identitätsforderung nicht möglich. Zunächst ist jede Identitätsforderung an einen zwischenmenschlichen Prozeß gebunden. Die Aufforderung, sich zu zeigen, sich auseinanderzusetzen, aus Konformität, Abhängigkeit und Anpassung herauszutreten, fordert den Menschen heraus. Grenzen werden vermittelt, es wird um Auseinandersetzung mit konstruktiver Aggression gehen, und das bedeutet, daß Kontakt entsteht, Sicherheit und Vertrauen wachsen als Voraussetzung für Identitätswachstum. Werden Forderungen mit Interesse an den ganzen Menschen gerichtet, werden diese ihn im zentralen Ich berühren und verändern. Forderungen hingegen, bei denen es nur um ein Leistungsprodukt geht, werden mehr das sekundäre Verhaltens-Ich ansprechen und kein zentrales Identitätswachstum initiieren, höchstens eine Erweiterung der Fertigkeiten.

Veränderungen im zentralen Ich finden ihren Ausdruck auch in der Erscheinung des Menschen, in seinem Gesichtsausdruck, in seiner Gestik, Mimik, im Sein und Verhalten. Bleibt diese äußere Erscheinung über Jahre hinweg unverändert, wird sich auch im zentralen Ich eines Menschen nichts verändert haben. Ich meine auch, daß Leistungsforderungen besonders Möglichkeiten des Unbewußten aktivieren und ganz neue, bisher brachliegende Ich-Funktionskräfte hervorbringen und ungewöhnliche Ich-Leistungen herausfordern können.

Leistungsforderungen und ich-strukturelle Entwicklung gehören damit eng zusammen. Menschen, die ständig Leistungen verweigern, auf Anforderungen gekränkt reagieren — ich spreche vom sogenannten »Überlastungssyndrom« —, werden sich daher auch nicht weiterentwickeln können. Kinder, die in ihrer Entwicklung keine Leistungsforderungen und Abgrenzung erfahren haben — ich spreche von Kindern mit sogenannten Verwöhnungs- oder Versagungsschäden —, können nur über eine begrenzt differenzierte Ich-Struktur verfügen. Auch als Erwachsene erleben sich diese Menschen leer und identitätslos, wissen nicht was sie wollen, verfügen nicht über genügend Frustrationstoleranz, so daß ihnen das Leben schwer und nicht zu bewältigen erscheint. Ihr Wille ist ein zielloser, zersplitterter, ständig fordernder Wille ohne Kontinuität, der nie erfüllt oder befriedigt werden kann. Hierdurch entwickeln diese Menschen auch als Erwachsene ständig narzißtische Erwartungen und leben in dauernder Abhängigkeit von narzißtischer Bestätigung, um sich überhaupt existent zu fühlen und funktionieren zu können, sie leben mit defizitärer Identität.

Hinweisen möchte ich noch auf einen weiteren Aspekt der Sozialenergie, der ebenfalls strukturbildend wirkt. Ich meine das, was ich als Grenzsituation, bedeutsame Begegnung oder bedeutsames Ereignis beschreibe. Wenn ich gesagt habe, daß Entwicklung als Kette von bedeutsamen Ereignissen zu verstehen ist, die von einer Atmosphäre der Kontinuität und Verläßlichkeit getragen ist, so möchte ich ergänzen, daß auch einmalige bedeutsame Ereignisse in menschlichen Grenzsituationen bestimmend für den weiteren Lebensweg eines Menschen und seine Identität sein können.

Ich habe immer wieder Menschen erlebt, die unter größtem Risiko, manchmal sogar unter Einsatz ihres Lebens, Grenzsituationen durchgestanden haben. Erwähnen möchte ich in diesem Zusammenhang auch die Menschen, die um ihrer Erkenntnis, Einstellung und Überzeugung willen Entsagungen auf sich nehmen, sich äußerstem Risiko aussetzen, ihre soziale Anerkennung, Freude und unter Umständen sogar ihr Leben aufs Spiel setzen. Ich meine, wir müssen uns Grenzsituationen dieser Art als eine im extremen Maße durch Sozialenergie bestimmte Identitätsforderung vorstellen. Grenzsituationen und bedeutsame Ereignisse oder Begegnungen sind dadurch charakterisiert, daß sie den Menschen im zentralen Ich, d.h. seinem Unbewußten berühren, treffen und von daher sozialenergetisch wirken.

Dynamische Psychiatrie versteht sich als holistische Wissenschaft. Holistisch bedeutet, in Abgrenzung zu Ansätzen des philosophischen und historischen Holismus, die Betrachtung des Menschen als Ganzem in seiner Körperlichkeit, seiner Gei-

Im Innenhof der Casa

stigkeit, dem Synergismus bewußter wie unbewußter Anteile, seinen Gruppen und gesellschaftlichen Bezügen. Den Begriff des Holismus möchte ich benutzen auf dem Hintergrund seiner Bedeutung in der griechischen Sprache: Er ist abgeleitet aus »Holon«, das Ganze, und »der Holismus meint eine Philosophie, in welcher das Ganze die alles beherrschende Idee darstellt« (vgl. MEIER-ABICH et al. 1954) und weiter auf der Grundlage seiner Bedeutung, wie z.B. JANTSCH (1982) sie diesem Begriff in seiner erweiterten Systemtheorie beimißt. Mit der sich im 20. Jahrhundert entwickelnden philosophischen Richtung des Holismus, Vertreter wie SMUTS, HOLDAND u.a. sind hier zu nennen, und den daraus abgeleiteten Konsequenzen haben wir ganz und gar nichts zu tun. So stimme ich zwar zu, daß der Mensch von der Wissenschaft als Ganzheit zu verstehen ist, die unterschiedlichen Dimensionen seiner Existenz durch Integration in ihrer Bedeutung erst zu erkennen sind, meine aber, daß die menschliche Individualität als Ganzheit sich erst in der und durch die Auseinandersetzung in Gruppen und mit anderen Menschen realisiert. Menschliche Freiheit liegt damit in der Auseinandersetzung und nicht im willenlosen Aufgehen in einer imaginären Gemeinschaft. Ganzheitlichkeit zeigt sich in dem Ineinanderverwobensein gruppendynamischer und innerindividueller Prozesse.

Unter »holistisch« verstehe ich nun einen ganzheitlichen, zusammenklingenden Prozeß, ein In-Beziehung-Setzen der unterschiedlichen und veränderbaren Strukturen in der Zeit, die synergistisch zusammenwirken im Unbewußten und Bewußten.

Mein holistischer Ansatz zeigt sich besonders deutlich in dem Begriff der Sozialenergie und der Identität. Beiden Begriffen immanent ist die dynamische prozeßhafte Sichtweise der menschlichen Persönlichkeit. Identität ist ein Prozeß, der sich vollzieht in Raum und Zeit, ein Geschehen, das neben einer historisch gewachsenen eine gegenwärtig wachsende und eine sich fortlaufend entwickelnde zukünftige Dimension besitzt. Das, was die Identität sich verändern macht, ist Sozialenergie. Insoweit fließen alle denkbaren Elemente über die Sozialener-

gie in der Identität zusammen. Ob dies, was dann individuell als Identität sich gestaltet, konstruktiv, destruktiv oder defizitär sein wird, hängt wiederum ab von der Qualität der Sozialenergie, d.h. von der Gruppendynamik als ganzer.
So meine ich, daß z.B. bei der schizophrenen Reaktion nicht die Mutter des so Erkrankten in ihrer Interaktion zu dem heranwachsenden Kind als krankheitsverursachend angesehen werden kann. Ursächlich für dieses Krankheitsbild ist eine spezifische Familiendynamik, an der mehrere Menschen beteiligt sind — neben der dominierenden, kalten Mutter z.B. ein weicherer, sich der Mutter anpassender und unterordnender Vater. Auch die Geschwister, Nachbarn und die typische Abgeschlossenheit und Isolation dieser Gruppe tragen zu der Dynamik bei, die letztendlich zum spezifischen Krankheitsbild führt. Aufgrund der individuellen Ausprägung der Lebens- und Gruppengeschichte jedes Menschen wird auch das entwickelte ich-strukturelle Geflecht individuell unterschiedlich sein, denn die Gruppendynamik leitet die Sozialenergiezufuhr, die sich wiederum entsprechend auf die einzelnen Ich-Funktionen in ihrer Interdependenz auswirkt. Von daher ist es m.E. auch unrichtig, psychisch Kranke in klar voneinander abgegrenzte Diagnosegruppen zu klassifizieren oder eine psychiatrische Diagnostik lediglich auf Symptomen aufzubauen — obwohl ich Symptome als Hinweis zu einem spezifischen Komplex eines Krankheitsbildes für richtungsweisend halte. Ich spreche vom gleitenden Spektrum der archaischen Ich-Krankheiten und versuche so auf ich-struktureller Grundlage, den individuellen Differenzen in einzelnen Krankheitsbildern gerecht zu werden, was wiederum Auswirkungen auf die therapeutische Behandlung hat. Als hilfreich erweist sich dabei der Ich-Struktur-Test.
In der Human-Strukturologie unterscheide ich drei Ich-Bereiche, innerhalb dieser wiederum die Ich-Funktionen: das primäre Ich mit seinen biologischen und neurophysiologischen Funktionen, das zentrale Ich der im Unbewußten liegenden Ich-Funktionen und das sekundäre Ich der Fähigkeiten, der Fertigkeiten und des Verhaltens. Hypothetisch gehe ich davon

aus, daß die Sozialenergie das ich-strukturelle Wachstum der Ich-Funktionen aller drei Ich-Bereiche bestimmt. Am offensichtlichsten nachvollziehbar ist dies beim sekundären Verhaltens-Ich. Sozialenergiezufuhr in diesem Bereich verläuft auf der rationalen Ebene von Bestätigung und Kritik. Verhaltensweisen, Fähigkeiten und Fertigkeiten entwickeln sich entsprechend der Aufmerksamkeit und Bestätigung, die der Mensch für diese in seiner umgebenden Gruppe erfährt, sprechen nicht unbewußte Gründe aus der Gesamtdynamik dagegen. Oben Gesagtes soll allerdings nicht bedeuten, daß ich nicht Faktoren wie Intelligenz, Begabungen und spezielle Eignungen annehme, die die Grenzen setzen für die Entwicklung, die sich in der Gruppe nachvollziehen kann.

Das zentrale Ich besteht in seinen Funktionen auf Seinsweisen, die einen Ausdruck im Verhalten auf unterschiedlichen Gebieten und in unterschiedlichen Formen finden. Sozialenergie in diesem Bereich ist besonders abhängig von der Gruppendynamik des sozialenergetischen Feldes. Neben offen aus- und angesprochenem Gruppengeschehen spielt hier die unbewußte Dynamik der Gruppe eine Rolle, d.h. neben gesprochenem Wort und Verhalten auch Einstellungen, unbewußte Mitteilungen wie u.a. durch Mimik, Gestik, Bewegung, Gesichtsausdruck und vor allem Einstellungen, Erwartungen, Ängste und Wünsche. Die Gesamtheit der so bestimmten Dynamik einer Gruppe macht das sozialenergetische Feld aus, dessen energetisches Potential ins zentrale Ich jedes Einzelnen reicht und die Ausprägung der zentralen unbewußten Ich-Funktionen bestimmt.

Betrachten wir z.B. das destruktive Körper-Ich der psychosomatisch Kranken. Diese Menschen erlebten in ihrer früheren Gruppe Bestätigung, Zuwendung, Fürsorge und Wärme bei körperlicher Krankheit. Die Krankheit ist sozusagen vorwiegendes Kontaktmittel des Kranken. Gleichzeitig verhindert diese Brücke aber gerade einen Kontakt, der Auseinandersetzung und Entwicklung tragen könnte. Haben nämlich diese Menschen das Bedürfnis nach Identitätswachstum und Erweiterung ihres Lebensraumes, wird ihnen von der Gruppe in destruktiver Dynamik die Krankheit dazwischengestellt. Das Gefühl zu sich selbst wird bei diesen Menschen auch im weiteren Leben vorwiegend durch die körperliche Krankheit bestimmt. Ich habe diese Dynamik an anderen Orten ausführlich beschrieben (vgl. AMMON 1974b, 1978c). Das sozialenergetische Feld wirkt hinsichtlich der Ich-Funktion des Körper-Ich destruktiv, destruktive Sozialenergie schafft diese hauptsächlich destruktive Ausprägung.

Im primären Ich-Bereich und der konkreten sozialenergetischen Bezüge zu primär ich-funktionalem Wachstum liegt noch ein großes Feld von Forschungsarbeit vor uns. So gilt es, diesen Bereich mit Funktionen noch auszufüllen und vor allem, Beziehungen zu untersuchen zwischen der neurophysiologischen Hirntätigkeit, deren Beziehung zu menschlichem Sein und Verhalten sowie den sozialenergetischen Bestimmungen. Hinweisen möchte ich in diesem Zusammenhang auf unsere Forschungsarbeiten, die im 3. Band des Handbuches der Dynamischen Psychiatrie dargestellt werden.

In diesem Zusammenhang möchte ich nur auf die Tatsache verweisen, daß das menschliche Gehirn sich in großem Maße postnatal entwickelt und daß aus der unermeßlich großen Zahl möglicher synaptischer Verbindungen im Gehirn nur ein geringer Teil realisiert wird. Welche Auswahl von synaptischen Verschaltungen zustandekommen oder wie welche Nervenbahnen sich weiter entwickeln und besetzt werden, in welchem Maße und wie die gehirnlichen Möglichkeiten genutzt werden, ist — so möchte ich vermuten — abhängig von sozialenergetischen Einflüssen. Die Erkenntnisse moderner Hirnhemisphärenforschung lassen hier weitere Schlüsse zu (vgl. AMMON 1982a,b, ROTENBERG 1982d, MARSEN 1982), und auch die Theorie vom funktionellen System von ANOCHIN (vgl. ANOCHIN 1953, PESCHKE 1982) führt in Verbindung mit der Human-Strukturologie zu neuen Erkenntnisansätzen.

Als Arbeitshypothese nehme ich an, daß Sozialenergie auch als Entwicklungsprinzip im biologisch-körperlichen Seinsbereich des Menschen wirksam ist und insbesondere die Funktionsweise neurophysiologsicher Funktionen und Strukturen bestimmt. Dargestellt habe ich bis jetzt den entwicklungspsychologischen Aspekt der Sozialenergie sowie die, die Persönlichkeits- und die Allgemeine Psychologie betreffenden Aussagen dieses Begriffes. Die Dynamische Psychiatrie versteht sich aber vorwiegend als Behandlungswissenschaft, so daß der behandlungstheoretische Aspekt der Sozialenergie erwähnt werden muß. Der Begriff der Sozialenergie verdankt seine Schöpfung ja gerade der Arbeit mit schwer psychisch kranken Menschen, so daß ich meine, daß auch gerade im Bereich der Therapie seine Anwendung von besonderer Bedeutung ist, sowohl im Hinblick auf die Diagnostik, als auch auf die Behandlungsplanung und direkt therapeutische Arbeit sowie auf das ich-strukturelle Arbeiten.

Sozialenergetisches Geschehen zeigt sich in der therapeutischen Arbeit in faßbarster Art und Weise. Ich denke z.B. an einen Menschen, der im Alter von 87 Jahren in unsere Dynamisch-Psychiatrische Klinik kam. Er war bereits auf dem Fließband des Todes gewesen, d.h. in einer internistischen Klinik zum Pflegefall erklärt worden und wartete auf die Verlegung in ein Altenpflegeheim. Sein Leben hindurch war er ein geistiger Mensch gewesen — eine Dimension seiner Person, die in der internistischen Klinik ignoriert worden war. Mitarbeiter und Patienten unserer Klinik, in die er kam, sprachen genau an dieser Stelle seine Persönlichkeit an. Er erfuhr neben intensiver ärztlicher Behandlung geistige, aber auch menschliche körperliche Anforderungen — Ebenen, auf denen er zur Auseinandersetzung aufgefordert wurde. Nach relativ kurzer Zeit gab er seine Bettlägrigkeit auf, hielt Seminare in der Klinik ab und zog nach einem knappen Jahr zurück in seine Wohnung, begann wieder in seinem Beruf zu arbeiten — lernte, lehrte und lebte zwei weitere Jahre »unter eigener Regie« den Rest seines Lebens.

Ich-strukturelles Arbeiten mit archaisch ich-kranken bzw. narzißtisch gestörten Menschen erfordert zur Herstellung eines sozialenergetischen Feldes eine Regulation von narzißtischer Zufuhr bzw. narzißtischer Energie und sozialenergetischer Auseinandersetzung. Ein sozialenergetisches Feld ist es, das Voraussetzung für Vertrauen und damit Basis für eine Auseinandersetzung um defizitäre und destruktive Persönlichkeitsanteile schafft.

Elemente eines sozialenergetischen Feldes sind neben Geborgenheit und Vertrauen auch Abgrenzung und Konfrontation. In der Konfrontation werden dem Patienten die kranken Anteile vor Augen geführt, so daß er sich davon distanzieren, d.h. diese Anteile als ich-fremd erleben kann. Unterstützt wird durch das behandlungsmethodische Vorgehen der Abgrenzung die Ich-Funktion der Abgrenzung des Patienten einerseits gegenüber einer überschwemmenden Flut des Irrationalen, anderseits gegenüber der Welt der Realitäten. In der konkreten Behandlungspraxis kann dies auf unterschiedlichste Weise geschehen, wie z.B. dadurch, daß der Therapeut auf ständig wiederholtes wehleidiges Klagen nicht einfühlend eingeht, sondern sagt, daß er nicht mehr bereit ist, dies anzuhören; dadurch, daß er, versucht der Patient ein Hick-Hack herzustellen, dies mit Ruhe und Gelassenheit unterläuft, ohne sich provozieren zu lassen, oder auch dadurch, daß er bei psychosennahen Patienten Assoziationen und Traumanalysen vermeidet.

Sozialenergetische Auseinandersetzung bedeutet ein Ernstnehmen des ganzen Menschen, das etwas anderes ist, als konkretistisch auf Worte und Verhaltensweisen zu reagieren. In der therapeutischen Auseinandersetzung ist es wichtig, dem Patienten deutlich zu machen, auf welche Art und Weise er selbst sich wiederholt unglücklich, vereinsamt und isoliert macht. Dies immer empathisch zu tun, ist oft dadurch erschwert, daß der Patient aufgrund seiner unbewußten Dynamik den Therapeuten wütend auf sich macht, d.h. ihn dazu bringt, seine Wut zu tragen. Dies geschieht aufgrund der lebensgeschichtlich gewachsenen Angst, Aggressionen direkt zu äußern. In dem Augenblick aber, wo der Therapeut diese Wut nicht annimmt, sondern mit eigener Wut reagiert, ist der Kontakt zum Patienten — zumindest passager — zerstört, ihm wird nicht geholfen.

Gelingt es, dem entgegengesetzt, mit Empathie dem Patienten klarzumachen, an welcher Stelle er, bildlich gesprochen, immer wieder »über seine eigenen Beine stolpert«, und ihn in seiner Destruktivität zu bremsen, wird ihm geholfen werden können. In der Praxis ist dies allerdings nicht immer und oft nicht so leicht durchzuführen. Wir behandeln schwer kranke Patienten, Patienten, die in eine herkömmliche Psychoanalyse nie aufgenommen würden, und die gerade aufgrund ihrer Erkrankung oft starke Übertragungsgefühle und einen entsprechenden Sog zur Gegenübertragung entwickeln.

Zwischen narzißtischer Bestätigung und sozialenergetischem Arbeiten muß eine flexible Regulation durch den Therapeuten stattfinden. Narzißtisch Kranke erleben jede Leistungs-, Lern- und Veränderungsanforderung als existentiell bedrohlich und als schwere Kränkung. Eine Überregulation hinsichtlich konfrontatorischem Arbeiten kann daher zur Reaktivierung archaischer Verlassenheitsgefühle führen. Aus diesem Grunde heraus schlagen viele Menschen unter genannten Bedingungen jede Sozialenergie zurück. Dies gilt insbesondere für Patienten mit stark destruktivem und defizitärem Narzißmus. KOHUT (1976) spricht, um dieses Phänomen zu bezeichnen, vom »aufgeblähten Selbst« dieser Patienten, was m.E. eine diffamierende Kategorisierung darstellt und dabei gleichzeitig die hinter der Paranoia und den Größenwahnvorstellungen stehende archaische Angst zu wenig berücksichtigt, die oft verborgen wird hinter destruktiv aggressivem Gebaren, aber auch defizitär aggressiv maskiert auftreten kann.

Ich habe bereits eingangs, als es um die Entwicklung des Kindes ging, von der Bedeutsamkeit der drei Ich-Funktionen Aggression, Angst und Narzißmus gesprochen. Allgemein spreche ich von dem ich-funktionalen Dreieck von Aggression, Angst und Narzißmus, was die Interdependenz dieser drei Ich-Funktionen im narzißtischen Krankheitsgeschehen verdeutlichen soll. Diese Verallgemeinerung soll zeigen, daß erst, wenn es gelingt, Kontakt zu einem Patienten herzustellen, die Angst geringer wird und die aggressiven paranoischen Vorstellungen abnehmen, die immer auch mit narzißtischen Größenwahnvorstellungen verbunden sind. Eine aggressive Auseinandersetzung, in der es auch um den Narzißmus und den damit verbundenen Größenwahn gehen wird, wird erst auf dieser Basis ermöglicht. Auch die paranoische Eifersucht, unter der all diese Patienten leiden, kann so einer therapeutischen Bearbeitung zugeführt werden.

Übergeordnet könnte man sagen, daß das sozialenergie-regulative Arbeiten mit dem Ziel einer Annahmefähigkeit von Sozialenergie wichtiger ist als ein eingeengtes Fokussieren auf die Übertragungsdeutung. Die Deutung bleibt, zumal bei archaisch ich-kranken Patienten, oft intellektuell, ohne strukturelle Veränderungen einzuleiten. Dies gilt sowohl für die Einzel- wie für die Gruppenpsychotherapie. Die Funktion, die eine Therapie bei archaisch ich-kranken Patienten erfüllen muß, soll sie eine wirksam bleibende Veränderung schaffen, läßt sich verdeutlichen an der interdependenten Beziehung von Sozialenergie, Identität und Gruppe, die ich auch als sozialenergetischen Kreis beschrieben habe (AMMON 1982b), genauer gesagt aber eher eine spiralförmige Bewegung beschreibt, in der sich eben auf immer mehr ansteigender Ebene gleiche Mechanismen wiederholen.

Die Vorstellung des sozialenergetischen Kreises allerdings macht ein weiteres Moment deutlich, nämlich den Teufelskreis, der in einer pathologischen Entwicklung steckt, die Zwangsläufigkeit, mit der psychisch oder psychosomatisch kranke Menschen sich immer wieder die Gruppe suchen werden, die ihnen nur narzißtische Bestätigung geben und mit ihrer Krankheit mitagieren wird. Die pathologische Ich-Struktur bleibt so erhalten.

Aufgabe der Therapie, dynamisch betrachtet, ist daraus folgend, dem Patienten eine als therapeutisches sozialenergetisches Feld strukturierte Gruppe oder zunächst auch Einzelbeziehung zu schaffen, in der im Gegensatz zu den Gruppen mit pathologischer Dynamik, die der Patient sich sucht, Ich-Struktur-Aufbau, Veränderung und Wachstum stattfinden können, was ich auch als nachholende Ich-Entwicklung beschrieben habe. Hat der Patient den Weg zur Auseinandersetzung um seine eigene Identität beschritten, wird er sich selbst Gruppen suchen, in denen er diesen Prozeß fortführen kann, Die Therapie kann dann beendet werden, der Teufelskreis ist durchbrochen.

Der Begriff der Sozialenergie ist vor relativ kurzer Zeit von mir geprägt worden. Dennoch konnten auch zuvor schwer psychisch kranke Menschen Hilfe erfahren. Der Grund liegt m.E. darin, daß Therapeuten intuitiv ein sozialenergetisches Feld hergestellt haben, ohne benennen zu können, was die Wirksamkeit in der Behandlung eigentlich ausmachte. Anders herum meine ich, daß zum Herstellen eines therapeutischen sozialenergetischen Feldes weit mehr als theoretisches Wissen gehört: nämlich die Persönlichkeit, Standpunkthaftigkeit und Standfestigkeit des Therapeuten, der entsprechend arbeitet.

Abschließend möchte ich sagen, daß die Konzeption der Sozialenergie in ihrer Facettenhaftigkeit einen wesentlichen Aspekt im holistischen Denken der Dynamischen Psychiatrie darstellt und auf theoretischer wie praktisch-therapeutischer Ebene einen synergistischen und integrativen Charakter besitzt.

# Die Bedeutung des Körpers

Ausgangspunkt dieses Beitrages ist die Integration der Körperlichkeit als einer zum Menschen gehörenden Dimension in die therapeutische Arbeit. Es geht mir hier besonders um die »Unerreichten«, d.h. die Unberührten und oftmals auch Unberührbarkeit ausstrahlenden Patienten, die durch verbale Behandlungsmethoden in ihrem Innersten nicht angesprochen werden können. Für diese schwerkranken Menschen, denen in ihrer Entwicklung Berührung, Kontakt, Zuwendung — und damit Sozialenergie — verweigert wurde, bedeutet das freundliche Annehmen ihres Körpers und körperlichen Ausdrucks in der Tanztherapie, der Reit-, Mal-, und Theatertherapie oftmals den Wendepunkt, an dem sie erstmals wirklich erreicht werden können.

Die von mir entwickelte human-strukturelle Tanztherapie stellt in ihrem Handlungs- und Entwicklungsaspekt eine intensive Form von Körpertherapie dar. Sie ermöglicht jenseits der verbalen Sprache durch den integrierenden Selbstausdruck des Tänzers ein Identitätswachstum und freieres Fließen des Synergismus zwischen Körpererleben, Fühlen und Denken. Die bei der kreativ offenen Entwicklung der human-strukturellen Tanztherapie intuitiv einbezogenen archaischen Formen von Kult, Religiosität und Gruppendynamik haben die bereits im Altertum bekannten heilenden Kräfte des Tanzes, aber auch der Musik, Malerei und des Theaters neu zugänglich gemacht.

Nach meiner Veröffentlichung »Die Rolle des Körpers in der Psychoanalyse« sind nunmehr elf Jahre vergangen und nach meinem grundlegenden Werk »Psychoanalyse und Psychosomatik« zwölf Jahre. Das Körper-Ich, das sich in der Symbiose von Mutter und Kind entwickelt, hat m.E. einen Identitätsaspekt. Es darf nicht lediglich als funktionell bestimmte psychische Repräsentanz eines physiologischen Apparates betrachtet werden. Das Körper-Ich bringt vielmehr zugleich auch die Körper-Identität zum Ausdruck, im Sinne der einmaligen Art und Weise, wie das Kind seinen Körper erlebt und wie es von der Mutter erlebt wird. Störungen der frühen Körper-Ich-Entwicklung, wie sie durch einen mangelhaften und unzureichenden affektiven Körperkontakt zwischen Mutter und Kind hervorgerufen werden, sind daher nicht allein Störungen einer funktionellen Struktur, sie sind immer auch Identitätsstörungen (vgl. AMMON 1974c).

Neuerdings unterscheide ich zwischen der erlebten Körper-Ich-Identität und dem realen Körper-Ich. Die Diskrepanz zwischen den beiden Dimensionen ist ein Faktor schwerer psychischer Störungen, in die auch die sexuelle Identität und androgyne Problematik mit einbezogen werden können.

Von Seiten der Humanstrukturologie beschäftigt uns die androgyne Persönlichkeitsstruktur in spektral- und dimensionaltheoretisch verschiedenster Ausprägung und Bedeutung für den einzelnen Menschen bis hin zu transsexueller Einstellung und Struktur.

Das Nichtbewußtsein der eigenen androgynen und sexuellen Struktur kann den Menschen durch gesellschaftlichen Rollenzwang in Depression und Identitätsdiffusion treiben, wobei die Freudianische Therapie mit ihrem eingeschränkten Verständnis von Sexualität und Lebensstil großes Unglück bei diesen Menschen durch ihre Anpassungsideologie bringen kann. Diesen Menschen zu helfen ist eines unserer wesentlichen Anliegen.

Darüber hinaus meinen wir, daß der heutige Trend zu transsexualisierenden chirurgischen Eingriffen völlig am Menschen und seinen Bedürfnissen vorbeigeht, unwissenschaftlich im speziellen und besonders im ganzheitlichen Verständnis des Menschen ist und ersetzt werden sollte durch ganzheitlich gerichtete psychologische therapeutische Maßnahmen, um diesem immer weiter ansteigenden Personenkreis zu helfen, einen transsexuellen Lebensstil zu entwickeln, ohne dabei verstümmelt zu werden.

Bei Bewußtwerdung seiner Androgynität wird der Mensch ein mit seinen Bedürfnissen übereinstimmendes, identitätsträchtiges, volles und kreatives Leben führen können. Je größer androgyne Bedürfnisse nichtbewußter Art und androgyne Körperlichkeit mit dem Erfüllen und Anpassen an erwartete Rollen auseinanderklaffen, desto mehr wird der Mensch in psychische und körperliche Krankheit getrieben. Die Krankheit kann man dabei auch positiv als eine Flucht aus einer unerträglichen Lebenssituation verstehen.

Es erhebt sich die Frage, warum in der modernen europäischen Philosophie seit der Aufklärung androgynes Gedankengut kaum in Erscheinung tritt, wohl aber in der Dichtung, im gegenwärtigen Film und Theater, während in der Philosophie der großen Akademie von Athen die Androgynität im Mittelpunkt stand und ihre philosophische Ausformung in PLATONS Kugelmenschen zum Ausdruck kam, wie auch in der platonischen Liebe zwischen Lehrer und Schüler (vgl. AMMON 1950a). Es ist bemerkenswert, daß in patriarchalisch strukturierten Gesellschaften im Lehrer-Schülerverhältnis der Lehrer wie selbstverständlich eher eine dominierende Position innehat und die Schüler eine gefügige, während in der heute sich wandelnden zum Matriarchat (besser gesagt *Androgyniat*) sich hinentwickelnden Gesellschaft auch das Lehrer-Schüler-Verhältnis sich entsprechend in einem Wandlungsprozeß befindet. Durch die Protestbewegung der Jugend und der Studentenrevolte der sechziger Jahre, wo die Schüler mehr eine aktive dominierende, fordernde und neue Denkwege beschreitende Rolle einnahmen und als Lehrer mehr androgyne, gewährende und Kritik annehmende Persönlichkeiten forderten, veränderte sich die platonische Beziehung zwischen Lehrer und Schüler entsprechend. Verlassen wir an diesem Punkt unsere androgynen Betrachtungen und wenden wir uns wieder der psychiatrisch-therapeutischen Dimension unseres Vorhabens zu.

Neben verschiedenen aus der Praxis heraus entwickelten Körpertherapieformen in unserer Dynamisch-Psychiatrischen Klinik Menterschwaige/München wie Reittherapie, Sporttherapie, Massagen und Musiktherapie (AMMON 1986), Theatertherapie sowie die gesamte Milieutherapie (AMMON 1959, 1971a, 1979f) habe ich dann in den letzten Jahren die humanstrukturelle Tanztherapie (AMMON 1986) aufgrund meiner eigenen lebenslangen Beschäftigung mit dem Tanz konsequenterweise entwickelt. Ausgangspunkt dieser Weiterentwicklung war das Ringen von mir und meinen Mitarbeitern um die Gruppe der »Unerreichten« (AMMON 1984a), d.h. der Patienten, die wir nicht erreichen konnten und die sich durch uns wie durch das gesamte therapeutische Milieu nicht berühren ließen. Das Leid dieser Menschen drückt sich oft aus durch Gefühle unerträglicher innerer Leere und Angst allein zu sein und andererseits durch das Suchen nach Identität und verläßlichen Menschen, von denen sie sich doch immer wieder verletzt und unverstanden fühlen. Destruktive Aggression oder Rückzug, suizidale Verzweiflung, psychosomatische Integrationsversuche unbewußter Art bei oft hoher Intelligenz und körperlicher Schönheit zeichnen das Krankheitsbild, um das es hier geht, aus (AMMON 1978, 1976b, 1979g, 1984a).

Wir machten dann während der therapeutischen Arbeit in unserer Dynamisch-Psychiatrischen Klinik die Erfahrung, daß die »Unerreichten« auch die Unberührbaren waren, d.h. man hatte das Gefühl, sie nicht anfassen zu können, ihre Haut wirkte kalt und unbelebt, obwohl es sich dabei oft um junge und schöne Menschen handelte. Bei diesen Menschen stellten wir oft eine Angst fest, andere zu berühren. Die Lebensgeschichte ergab, daß sie nicht gestreichelte Kinder waren und selten Körperkontakt mit den Eltern gehabt hatten. Es waren in der Regel auch ungeküßte Kinder. Wir konnten diese Erfahrung auch in den Psychoanalytischen Kindergärten unserer Akademie bei Kindern und deren Eltern beobachten. Ganz im Gegenteil gab es dann auch Kinder und Erwachsene, von denen wir sagen können, daß sie eine sog. Streichelhaut haben.

Es ist erstaunlich, daß die FREUDsche Psychoanalyse, die sich mit dem Menschen beschäftigt, den Körper weitgehend ausspart, nur auf verbaler Ebene arbeitet und den Körper als solchen in die Analyse gar nicht einbezieht. Selbst bei der Traumanalyse wird in der Regel dem körperlichen Erscheinungsbild der Traumfiguren, die bekanntermaßen oftmals den Träumer selbst darstellen, keine besondere Bedeutung zugemessen. Ich stimme mit EICKE (1973) überein, wenn er sagt: »Gerade als Psychotherapeut unterliegt man allzuleicht der Gefahr, die Störungen der Seele zu überschätzen und den Körper in seiner Daseinsberechtigung zu übersehen.«

In meinem humanstrukturologischen Verständnis ist der Körper integrierter Bestandteil der gesamten Persönlichkeit. Es ist deshalb von zentraler Bedeutung, daß der Körper wahrgenommen wird, so wie er uns in der therapeutischen Situation zunächst gezeigt wird. Dazu gehört die Köperhaltung, der Gesichtsausdruck, die Stimme, die Art, wie der Patient sich bewegt, der Geruch des Körpers, der Händedruck, der Körperbau, die Beschaffenheit der Haut, die körperliche Ausstrahlung, die Art wie er sich kleidet, sowie die Gestaltung der primären und sekundären Geschlechtsmerkmale. Es war das einmalige Verdienst des großen WILHELM REICH (1933), den Aspekt der Körperlichkeit in der Psychoanalyse entwickelt zu haben.

Ebenso wichtig für die diagnostische Einschätzung ist das Gefühl, das durch den Körper des Patienten beim Therapeuten ausgelöst wird. Es ist sehr ernst zu nehmen, ob er diesen Menschen anfassen kann, ob er ihn beim ersten Kontakt am liebsten in den Arm nehmen und ihn erst einmal schützen und trösten möchte, oder ob er unberührbar wirkt.

Es ist darüber hinaus von Bedeutung, daß wir mit dem Patienten auch über seinen Körper sprechen. Ich werde nie vergessen, daß der orthodoxe Psychoanalytiker KARL MÜLLER-BRAUNSCHWEIG, der ein Mitarbeiter des Magnus-Hischfeld-Instituts in Berlin war, sich bei seinen Patienten genau nach der Form ihrer Genitalien und ihrer Brust erkundigte. Er bekam dabei ein Bild über die körperliche Struktur, die auch sehr stark mit der psychischen Struktur zusammenhängt, und gleichzeitig ein Bild davon, wie der einzelne mit seinem Körper umging, ob er offen und frei über seinen Körper berichten konnte oder gar keine Beziehung zu ihm hatte.

Ich spreche in diesem Zusammenhang auch von einer Körperlandschaft, wobei der Körper vieles erzählt und mitteilt, und sich darin, ähnlich wie im Gesicht, eine Lebensgeschichte ausdrückt. Ähnlich wie die psychische Struktur des Menschen, die von den Erfahrungen in der Lebensgruppe, in der er sich befindet, bestimmt wird, werden auch die Körperstruktur und das Körpererleben dadurch bestimmt, wie die Primärgruppe mit dem Körper des Kindes umgegangen ist. Der menschliche Körper ist von Anfang an immer als ein Körper in der menschlichen Gemeinschaft zu verstehen, von deren Hilfeleistung und Zuwendung er abhängig, mit deren Erwartungen er konfrontiert ist. Es besteht ein Synergismus zwischen Körperstruktur und psychischer Struktur, d.h. daß sich beide Strukturen wechselseitig beeinflussen in Abhängigkeit von der Gruppendynamik und nur ganzheitlich zu verstehen sind. Auch kulturelle und gesellschaftliche Rollenerwartungen sind beeinflussende Faktoren für die körperliche Entwicklung (AMMON 1982d, 1982b).

Liebevolle körperliche Berührung am ganzen Körper ist ein primäres Bedürfnis, das befriedigt werden muß, wenn das Kind sich zu einem gesunden menschlichen Wesen entwickeln soll. Dazu gehört, daß es in die Arme genommen, angefaßt, getragen, gestreichelt wird, daß es an den Körper der Mutter oder anderer wichtiger Bezugspersonen gedrückt und zärtlich angesprochen wird. Dieses Bedürfnis nach körperlicher Berührung und körperlichem angenommensein ist primär Grundlage aller psychischen Entwicklung und besteht, solange der Mensch lebt. Dieses Berühren wird nur dann zu einem freundlichen Körpererleben, wenn es auch mit einer freundlichen und offenen inneren Haltung und Einstellung verbunden ist. Es ist entscheidender Motor für die Entwicklung der Kontaktfähigkeit, der Gemeinschaftsfähigkeit und der Identität (AMMON 1982b).

Ein Ich, das keine Grundlage im Körpergefühl hat, führt zu einem Gefühl von innerer Leere und Nichtangenommensein. Ein gestörtes Körpererleben ist somit Ausdruck einer ablehnenden, zurückweisenden oder ambivalenten Haltung der Gruppe dem Kind gegenüber. Die krankmachendste Form ist die Verweigerung von Berührung, Zuwendung und Kontakt, was ich auch immer als Verweigerung von Sozialenergie verstehe. Man könnte hierbei sogar von einem hospitalisierten Körper sprechen.

Ich möchte in diesem Zusammenhang den spanischen Philosophen ORTEGA Y GASSET (1953) zitieren: »Es ist klar, daß die entscheidende Form im Umgang mit Dingen nichts anderes als die Berührung sein kann. Und da es so ist, sind Berührung und Kontakt die unbedingt wichtigsten Faktoren in der Struktur unserer Welt.« Diese körperliche Berührung, eingebettet in eine liebevolle Beziehung, ohne die ein Mensch gar nicht leben kann, ist auch ein Grundpfeiler für die geistige Entwicklung, für das Be-greifen-Können des Menschen. Es besteht ein inniges Zusammenspiel zwischen körperlicher, psychischer und geistiger Struktur, diese Bereiche sind eng miteinander verwoben. So ermöglicht beispielsweise die konästhetische Sinneswahrnehmung dem Kind, auf die innere Befindlichkeit der Mutter zu reagieren, gleichgültig, wie sie sich nach außen hin gibt.

Es ist daher kaum nachzuvollziehen, daß sich in der Psychoanalyse eine Ausklammerung des Körpers so lange aufrechterhalten konnte und daß es zu einem so massiven Berührungstabu in den psychoanalytischen Sitzungen kommen konnte. SANDOR FERENCZI (1921) und WILHELM REICH (1933) bekamen große Schwierigkeiten und wurden heftig angegriffen und schließlich unabhängig voneinander aus der Psychoanalytischen Vereinigung ausgeschlossen, weil sie erkannt hatten, daß Berühren und die Einbeziehung des Körperlichen bei manchen Patienten unabdingbar waren. Die tragische Behandlung

Zur Sonne

Verzweiflung

Nach dem Tanz

... gebend

Meditativer Abschlußtanz

von WILHELM REICH durch die psychoanalytische Organisation und Behörden ist bekannt.

Die meisten Menschen, die psychisch krank und in therapeutischer Behandlung sind, haben ein gestörtes Körpererleben. So verletzten sich z.B. viele schizophren strukturierte und Borderline-Patienten mit Messern, Bügeleisen etc., um sich körperlich existent zu erleben und ihrer grauenvollen Angst und inneren Leere zu entfliehen. Dabei soll der körperliche Schmerz sie von dem qualvollen psychischen Schmerz entlasten, den sie kaum auszuhalten vermögen. Manche Patienten schneiden sich in die Handgelenke um zu prüfen, ob noch Leben in ihnen ist. Andere Patienten erleben ihren Körper in Einzelteile aufgelöst, sie können ihn nicht als Einheit erleben bzw. erleben sich selbst außerhalb ihres Körpers. HARRY STUCK SULLIVAN (1953) spricht von »not-me«- and »bad-me«-Anteilen, die als nicht zugehörig zu ihrem eigenen Körper erlebt werden. Auch bei gesunden Menschen können in extremen Belastungssituationen bestimmte Körperteile als nicht mehr zu ihnen gehörig erlebt werden, bzw. sie haben sie nicht mehr unter Kontrolle (vgl. AMMON, PATTERSON in diesem Buch).

Die körperliche Berührung mit den Patienten kann in unserem Verständnis besonders bedeutsam sein. Dieses Einbeziehen des Körpers kann bei schwer gestörten Patienten in der Schizophrenie (AMMON 1979g, 1980), der Zwangsneurose und dem Borderline-Syndrom (AMMON 1976c) bei Selbstverletzungen und in großen Angstzuständen oft lebensrettend sein. Durch Berühren an der Schulter oder an der Hüfte können sie wieder ein Gefühl bekommen für die Zusammengehörigkeit ihres Körpers durch das Erleben ihrer Körpergrenzen.

Die Notwendigkeit der Einbeziehung des Körperlichen versteht sich bei der Psychosomatik von selbst, da hier der Patient keine Beziehung zu einem gesunden Körper, sondern nur zu seinen kranken Körperanteilen hat und auch nur über diese Zuwendung erhalten hat (AMMON 1978).

Manchmal kommt es darauf an, den Körper ganzheitlich berührt zu sehen durch eine Streichelmassage, die die Körpergrenzen fühlbar und erlebbar macht. Diese Form der Körpertherapie hilft jedoch nicht allein, sondern ist ein Teil der gesamten ich-strukturellen Arbeit.

In diesem Zusammenhang entwickelte ich die human-strukturelle Tanztherapie (AMMON 1986): In einer größeren Gruppe von dazu eingeladenen oder sich dazu gesellenden Patienten werden in mehreren Vorbesprechungen Erwartungen, Bedürfnisse und Notwendigkeiten von den Patienten geäußert und besprochen. Es handelt sich hierbei vorwiegend um Patienten, die Schwierigkeiten haben, sich verbal zu äußern oder ihre Gefühle zu zeigen, Patienten, die durch mehr formale Einzel- und Gruppenpsychotherapie wenig Hilfe bekommen haben.

Nach einer sorgfältig durchgeführten Strukturierung einer geschlossenen Gruppe von etwa 20 bis 30 Patienten kommen die Patienten mit ihren eigenen Schallplatten oder Tonbändern und tanzen einzeln in der Mitte der Gruppe, indem sie sich selbst mit ihrem Gefühl, ihrer Vorstellung, ihrem Leid und manchmal auch ihrer Geschichte zeigen. Es kommt hierbei nicht auf tänzerisches Können an, sondern auf das unbedingte Sich-der-Gruppe-gegenüber-Darstellen. Manchmal können die Patienten sich kaum bewegen oder es steht ihnen nur eine einzige Bewegungsmöglichkeit, wie z.B. des im Kreis Herumrennens, zur Verfügung; manchmal verbindet sich bei ihnen Lust und Freude am Körperlichen und tänzerischen Ausdruck zu einem ergreifenden Tanz, manchmal versuchen sie durch Perfektion und »schönes Tanzen« den Menschen dahinter zu verbergen.

Anschließend an jeden Tanz spricht der Patient über seine Erlebnisse dabei und über das, war er versuchte darzustellen. Manchmal bleibt er jedoch auch erschüttert und weinend inmitten des Tanzes stehen, manchmal tritt ein anderer Patient zu ihm und tanzt mit ihm, sei es in Lust oder in Leid.

Beim human-strukturellen Tanz tanzen auch des öfteren Patienten ohne Musik und stellen sich selbst durch Pantomime dar, besonders auch in ihrer Beziehung zum Therapeuten. Manchmal tanzen auch Patienten zu zweit oder zu dritt, manchmal begleitet vorerst ein Patient einen anderen, der Angst hat, sich selbst zu zeigen und schüchtern ist, und läßt ihn dann alleine weitertanzen, sobald er sich sicherer fühlt. Manchmal drücken die Tänze auch größte Wut und Aggression aus. Anschließend geben viele Patienten der Gruppe dem Tänzer ein Feedback durch ihre eigenen Wahrnehmungen und Gefühle. Es ergeben sich auch emotionale Auseinandersetzugen untereinander. Des öfteren greift auch der Therapeut in die Besprechung ein und bezieht die getanzte Darstellung eines Patienten auf sein Verhalten in anderen Situationen in der Klinik, wie z.B. während der Gruppenpsychotherapie, Reit- oder Maltherapie, bei der Theatertherapie oder selbst seinen Reaktionen beim Autokinetischen Lichttest oder im Hirnstrombild.

Die tanztherapeutische Sitzung findet in der Regel ohne Zuschauer statt und endet mit einem Finale, wo alle Patienten als Gruppe tanzen. Die bisherige Erfahrung ist, daß Patienten, die bisher wenig verstanden waren und wenig erreichbar waren, sich im Klinikmilieu isolierten und versteckt hielten oder ständigen Streit verursachten, besser verstanden wurden, ergreifende und liebenswerte Seiten ihres Wesens zeigten und dadurch in Kontakt mit der Gruppe kamen.

Der human-strukturelle Tanz ist in prozeßhafter und strategisch sich aufbauender Arbeit zu verstehen; während z.B. anfangs viele Patienten in Straßenkleidung tanzten, kamen sie nach etwa einem halben Jahr im Tanzkostüm und später kann es ihnen auch gestattet sein, nackt zu tanzen und die Tanzarbeit mit Formen von Körpertherapie abzuschließen — z.B. Trocknen des durchgeschwitzten Körpers mit Frottierhandtüchern und Massage durch Masseure oder gegenseitig. Die Tanztherapie erfreut sich in unserer Klinik und in der letzten Zeit auch in den Instituten unserer Akademie großer Beliebtheit und ist für viele Patienten die effektivste Form der Therapie.

Trotzdem darf man die Tanztherapie nicht als eigenständige Therapie ansehen, sondern muß sie verstehen als einen Aspekt des gesamten therapeutischen Milieus und seiner verschiedenen therapeutischen Facetten, die als eine Ganzheit zu verstehen sind.

Ursprünglich hielten wir diese Methode für kontraindiziert bei offen psychotisch reagierenden Patienten, ließen diese jedoch dann versuchsweise auf ihre von den Mitpatienten unterstützten Wunsch zu und stellten die integrative Funktion für das Ich durch unsere Form der Tanztherapie fest. Dagegen kam es bei starren, präpsychotischen Persönlichkeitsstrukturen zu psychosenahen Ausbrüchen, verbunden mit großer Angst, Weinen, Schreien und Weglaufen. Es waren dies auch Patienten, die ein sehr bewegtes, von Abbrüchen gekennzeichnetes autokinetisches Lichttestbild aufwiesen. Wir konnten jedoch zusammen mit der ganzen Gruppe diese Patienten auffangen, d.h. in der Regel bildete sich spontan um sie eine Gruppe von einigen sie tröstenden und umarmenden Mitpatienten, der Therapeut trat auf sie zu, legte seinen Arm auf sie und führte sie beruhigend auf ihren Platz, besprach mit ihnen ihre Angst und ihre Gefühle. In der Regel war es nicht nötig, diesen Patienten die Tanztherapie zu verwehren, sondern sie ihrem Wunsch gemäß in der Gruppe zu belassen. Oft tanzten sie dann bereits in der nächsten Sitzung im Finale mit großer Beteiligung mit.

Darüber hinaus haben wir den human-strukturellen Tanz als solchen auch bei unseren Gruppendynamischen Klausurtagungen eingeführt, wobei es oft ergreifend war, wenn weibliche oder männliche Teilnehmer auf einer sonnendurchfluteten Gartenterrasse z.B. unbekleidet nach Beethoven ihre Lebensgeschichte oder ihr Dasein tänzerisch darstellten. Man sieht dann, wie der ganze Körper tanzt, selbst Muskeln und Haut vibrierend zu uns sprechen.

Der human-strukturelle Tanz ermöglicht so eine Vertiefung der Selbsterfahrung des einzelnen mit der Gruppe in ihrem Körpererleben und über die elementaren eigenen Bedürfnisse. Der human-strukturelle Tanz stellt m.E. dem einzelnen im schützenden Freiraum der Gruppe ein Potential für einen tiefgehenden, kreativierenden und integrierenden Selbstausdruck zur Verfügung, indem er im Tanz sein Körper-Ich und seine Körpergrenzen in der Bewegung durch den Raum »erlebt« und auch durch den Körperkontakt der übrigen Gruppenmitglieder erfährt und spürt. Er kann im Tanz sein Ideal-Ich und verschiedene Identifikationsmöglichkeiten ohne das Medium der Sprache darstellen, und kann aus dem nonverbalen und verbalen Feedback Sozialenergie zur Veränderung des Real-Ich, dessen Struktur deutlicher wird, erfahren. Er erlebt sich ganzheitlich im Tanz: Körper — im Spiel der Muskeln — und Psyche — in der Umsetzung der Musik in Bewegung — sind gleichzeitig und integrativ beteiligt. Dabei spielen auch das Angeschautwerden und Anschauen eine große Rolle (AMMON 1986).

Die human-strukturelle Tanztherapie stellt in ihrem Handlungs- und Entwicklungsaspekt eine intensive Form von Körpertherapie dar, aber auch eine konzentrierte Form von Gruppentherapie, die sich überwiegend auf einen Patienten konzentriert und erst am Schluß die ganze Gruppe einbezieht.

Tanz, Theater, Malerei und das Arbeiten mit Ton stellen seit der ältesten Steinzeit archaische Formen von Kult, Religiosität und Gruppendynamik dar. Diese gleichen archaischen Elemente finden wir auch bei Kindern. Wir machten die Entdeckung, daß durch diese archaischen Elemente, die wir intuitiv einsetzen, bisher unerreichte Patienten berührbar wurden, psychisch, geistig und körperlich.

Im Einklang mit ROTENBERG (1982a) und ZENKOV (1978) können wir mit einiger Sicherheit sagen, daß bei unseren Patienten der Synergismus der rechtshemisphärischen Hirnkräfte (die vorwiegend nichtbewußten Fähigkeiten von Phantasie und Denken) und der linken Hirnhemisphäre (die die Fertigkeiten und praktischen Fähigkeiten des Menschen vertritt) gestört ist und daß bei Kindern rechtshemisphärische Fähigkeiten im Vordergrund stehen, die durch kulturelle Lernprozesse die linkshemisphärischen Fertigkeiten überwiegen lassen (vgl. AMMON 1982d). .

Dies spielt auch eine zentrale Rolle bei der Kreativität, die als Ich-Funktion auch in den Strukturen der rechten Hirnhemi-

sphäre anzusiedeln ist (AMMON 1981a, 1982d, 1982c).
Es war für uns eine überraschende Erfahrung, daß der humanstrukturelle Tanz eine unerhört integrative Wirkung für unsere Klinik, Institute, Klausurtagungen und Balintwochenenden auslöste und damit auch die Effektivität der Arbeit dieser Institutionen am Menschen und an Gruppen entscheidend vertiefte und humanisierte.

Als der eigentliche Begründer der Tanztherapie muß PYTHAGORAS angesehen werden, der in den Sanatorien der großgriechischen Tempel die Heilungsuchenden bis in Trancezustände hinein tanzen ließ. Sie verfielen dann in einen Heilschlaf für mehrere Wochen und hatten während dieser Zeit Gespräche über ihre Träume mit den Priestern.

Lassen Sie mich an dieser Stelle zwei Reaktionen auf tanztherapeutische Sitzungen in Form von Briefen aufzeigen:

»Es fällt mir gar nicht leicht zu schreiben, aber es ist mir äußerst wichtig, Ihnen mitzuteilen, was in der Tanztherapie am Freitag passiert ist. Ich habe zuerst getanzt. Ich habe lieb und freundlich getanzt — alle sagten es. Aber ich wollte etwas ganz anderes und konnte nicht. Sie sind der einzige, der gesehen hat, wie starr und angepaßt das war. Ich hatte das Gefühl, daß ich es nicht bin, daß ich irgendetwas mache, was ich gelernt habe. Der Tanz war alles, was ich mir in meinem Leben angeeignet habe, hatte mit mir und meinem Körper nichts zu tun. Ich bin das ganze Wochenende traurig gewesen, weil ich gemerkt habe, durch Sie, was mir fehlt — daß ich fast keinen Bezug zu meinem Körper habe und hoffe nur, daß es nicht so bleiben muß. Sie haben gesehen, wie ich es geschafft habe, nichts von mir zu zeigen und ich habe dadurch merken können, wie sehr ich darunter leide. Ich wollte mich zeigen und habe gezeigt, was ich nicht bin. Ich bin Ihnen sehr dankbar, daß Sie meine Verzweiflung gesehen haben. Tanztherapie ist für mich sehr wichtig geworden und ich spüre das erste Mal, daß mein Körper mir noch nicht gehört. Ich spüre das erste Mal die Verzweiflung und Verlassenheit dabei. Über Ihr Ernstnehmen von mir und Ihre Aufmerksamkeit bin ich sehr froh und will auf alle Fälle weitermachen.«

Und:

»Ich schreibe Ihnen, weil ich mich bei Ihnen für alles, was ich in Paestum erlebt habe, bedanken möchte und schreibe Ihnen, weil Sie mir — ich glaube das größte und schönste Geschenk meines Lebens gegeben haben. Sie haben mir auf so eine liebevolle Art Mut gegeben, daß ich vor der Gruppe und vor Ihnen tanzen konnte. Ich war sehr berührt, als Sie sich für den Augenkontakt, den Sie mit mir während dem Tanzen hatten, bedankten. Mir war es nicht bewußt, daß ich Sie so lange angeschaut habe, aber es war das, was ich mir gewünscht hatte. In dem Moment wußte ich, daß ich für Sie getanzt habe und ich war sehr glücklich. Mein Gefühl von mir war bis jetzt, daß ich ein unbeweglicher und fetter Elefant bin, und zu erleben, daß ich mich bewegen kann und durch meinen Körper das, was in mir ist, auszudrücken vermag, war einfach unendlich wichtig. Ich habe mich zum ersten Mal mögen können. Diesen liebevollen Kontakt mit Ihnen und die Begegnung mit so vielen lieben Menschen ist in mir und bleibt in mir. Ich kann zum ersten Mal aufrecht gehen und den Menschen in die Augen schauen. Das ist für mich eine neue Welt. Eine Welt mit unendlich vielen Möglichkeiten. Diese Welt hat sich plötzlich vor mir geöffnet und ich spüre ganz fest, daß ich leben will und daß das Leben ganz kostbar ist.«

Der human-strukturelle Tanz beginnt mit Meditation nach vom Therapeuten ausgesuchter Musik, und diese Musik wird ebenfalls benutzt zum Tanz des Finales. Ich benutze z.B. Tantric Songs oder das 5. Klavierkonzert von Beethoven. Auch haben sich neuerdings mehr und mehr verschiedene Therapeuten und Mitarbeiter an dem Tanz beteiligt. Dies vermittelt den Patienten und Teilnehmern ein Gefühl von Solidarität und Partnerschaft. Der therapeutische Effekt ist oft der gleiche bei Tänzern wie bei Zuschauern.

Es ist die Aufgabe des Therapeuten, den Menschen mit seinem eigenen Körper in Beziehung zu bringen. Er kann beispielsweise einer Frau, die einen androgynen Körper hat, aber infolge ihrer Erziehung darüber unglücklich ist, da sie meint, als Frau weibliche Brüste haben zu müssen, helfen, ihren Körper zu akzeptieren, ihn schön zu finden und zu genießen. Er kann ihr helfen, sich als ein androgyner Mensch zu erkennen, dies als etwas Schönes und Bewundernswertes zu erleben und sie dabei unterstützen, einen entsprechenden Lebensstil und Partner zu wählen. Eine androgyn knabenhaft wirkende Frau kann nicht sexuell glücklich werden mit einem männlichen Partner, der bei ihr volle Brüste und entsprechende Weiblichkeit erwartet.

Das gleiche gilt für psychisch transsexuell strukturierte Menschen. Man kann ihnen helfen, sich transsexuell in Erotik und Sexualität zu erleben, auch ihr Genital entsprechend zu erleben, was besonders leicht beim männlichen Geschlecht ist im Sinne einer Transsexualisierung wie z.B. bei den Schamanen.

Mein Mitarbeiter WALTER ANDRITZKY hielt auf unserem XV. Internationalen DAP-Symposium und 2. Weltkongreß der World Association for Dynamic Psychiatry ein Referat über eine ethnologische Literaturstudie zur Transsexualität. »Ausgehend von den Materialien des Ethnologen BAUMANN (1955) über die Verbreitung des ›Doppelten Geschlechts‹ im kultischen Transvestitismus und kosmologischen Weltbildern stellt sich die Frage nach dem Umgang mit individuellen Abweichungen vom Geschlechtsrollenideal in ethnischen Gruppen. Dies ermöglicht einen differenzierten Umgang mit Problemen der geschlechtlichen Identität in unserer eigenen Kultur.
Die Spannweite der Reaktionen auf androgynes Verhalten, vom Lächerlichmachen bis zum Status des durch ›Geschlechtstransformation‹ besonders gefürchteten und verehrten Schamanen, besonders die häufig institutionalisierte Sonderstellung der Kult-Transvestiten führt zur Frage eigener Gefühle gegenüber Menschen, in deren Persönlichkeit Männliches und Weibliches gemischt oder vertauscht uns gegenübertreten.« (ANDRITZKY 1983).
In allen großen antiken Religionen spielt die Androgynität der Gottheiten und der zentralen Kultfiguren von Mysterienbünden eine besondere Rolle, z.B. im Hinduismus, bei Echnaton (Amenophis IV., 1375—1358 vor unserer Zeitrechnung), bei dionysischen Mysterienbünden wie auch in fernöstlichen Philosophien sowie Ansätzen neuer dionysischer Mysterienkulte in der westlichen Welt (AMMON 1984b). In diesem Zusammenhang ist auch der syrische Priester und römische Kaiser Heliogabal (204—222 nach unserer Zeitrechnung) zu erwähnen, der in seinen Kulttänzen durch Veränderung seines Genitales mit Hilfe von Schmuck die männliche und weibliche Erscheinung wechselte. Es sollte uns zu denken geben, daß während Jahrtausenden von androgyn bestimmten Kultformen bei bereits in der Antike hochentwickelter Chirurgie niemand auf die Idee kam, chirurgische Geschlechtsumwandlung vorzunehmen.
Der Therapeut wird in diesem Zusammenhang auf die partnerschaftlichen Beziehungen eingehen wie auch auf die Partner-

wahl. Chirurgische Geschlechtsumwandlungen sind dabei keine Lösungen, da sie oft eine schöne, natürliche Körperlichkeit zunichte machen. Sie sind sehr schwerwiegende Eingriffe in den Körper und die Psyche und irreversibel, während bei einer psychischen Geschlechtsumwandlung die Partner beglückter sind und alles noch viel reizvoller erleben. Als human-struktureller Therapeut wird man einem Menschen deutlich machen können, daß er auch ohne medizinische Geschlechtsumwandlung die Rolle des anderen Geschlechts im sexuellen Zusammensein und Lebensstil übernehmen kann. Auch ist dem Menschen dabei freigegeben, sich von einer transsexuellen Fixierung wieder hinzuentwickeln zur Androgynität, d.h. wo beides, männliches und weibliches Geschlechtserleben, flexibel zur Verfügung steht, oder auch zu der anatomischen geschlechtlichen Fixierung. ANDRITZKY (1983) faßte es in die Worte: »Im Sinne AMMONs Spektraltheorie gleitender Übergänge von Männlichem und Weiblichem werden die gruppendynamischen Vorgänge während eines Geschlechtsrollenwechsels untersucht und die Veränderung körperlich-morphologischer Prozesse als Geschehen an der Grenze von Psyche und Soma verstanden«.

Wir stimmen mit HILARION PETZOLD (1977) überein, wenn er schreibt: »Die Wiederentdeckung des Körpers und das Konzept ganzheitlicher Behandlung müssen als die wichtigsten Errungenschaften moderner (Psycho-) Therapie angesehen werden.« Und: »Die Zeit der ›eindimensionalen‹ Behandlungen beginnt abzulaufen und die Forderung nach einem ganzheitlichen und integrativen Ansatz der Therapie, der sich nicht nur auf die psychische Realität beschränkt, sondern auch die körperliche, geistige und soziale Dimension des Menschen zu erreichen sucht, stellt sich immer dringlicher.«

Unsere neue Richtung der Humanstrukturologie hat konsequentermaßen nunmehr auch das Berührungstabu nur verbal arbeitender, den Körper des Menschen ausklammernder Therapieformen aufgegeben. Die Gruppendynamik ist das Alpha und Omega unserer Theoriebildung und praktischer Arbeit. Sie bestimmt die Effektivität der Team-, Forschungs- und besonders der Behandlungsarbeit und ihres Geflechtes in unseren Kliniken und Instituten und bestimmt den Erfolg oder Mißerfolg unserer Behandlungsmethodik (AMMON 1976a).

# Zur Dimension des Schöpferischen

Unser Denken über das Schöpferische im weitesten Sinn — nicht nur über künstlerische Produktion — verdichtet sich im Begriff der Kreativität. Kreativität bedeutet immer, etwas ganz Neues, bisher nicht Gedachtes zu denken, zu tun und zu gestalten. Ihre Wurzeln hat sie in der menschlichen Anlage zur Neugierde und zur Frage. Die Entwicklung der individuellen Kreativität hängt stark von der Gruppe ab, in der ein kreativer Mensch gerade lebt. So läßt sich sehr genau angeben, unter welchen Familieneinflüssen eine kreative Anlage gefördert oder behindert wird. Dabei bedeutet Förderung den reichen Austausch von Sozialenergie zwischen Gruppe und Individuum. Dieser Austausch verhütet die Erstarrung persönlicher und sozialer Strukturen. In dem folgenden Beitrag wird auch Aufschluß über sehr alte Fragen gegeben, wie sie seit jeher keineswegs bloß die Wissenschaftler gestellt haben: Läßt sich im menschlichen Gehirn eine Region bezeichnen, von deren Funktion kreative Leistung abhängt? Gibt es für die Schwierigkeiten im Umgang mit auffällig kreativen Menschen psychologische Gründe? Besteht eine Verwandtschaft zwischen »Genie« und »Wahnsinn«, also zwischen kreativen und psychopathologischen Prozessen? Lassen sich aus kreativen Äußerungen seelisch Kranker Therapien ableiten?

*Zum Begriff der Kreativität*

Der Begriff der Kreativität hat vielfach verschiedenen Gebrauch erfahren, in den Wissenschaften als differenziert erläuterter Fachterminus, in der Umgangssprache mit unterschiedlichster inhaltlicher Füllung. Nach H.B. und A.G. ENGLISH (1958) ist Kreativität als das Vermögen zu verstehen, Neues für sich zu entdecken und sich anzueignen.

Diese Definition von Kreativität soll im folgenden als Rahmen benutzt und um genetische, gruppendynamische und strukturelle Aspekte bereichert werden. Dann werden wir die Begriffe Kreativität und Genialität voneinander abgrenzen, den kreativen Prozeß in seiner Eigenart beschreiben und schließlich die meines Erachtens bedeutsamste Voraussetzung für Kreativität, nämlich die Gruppe als Raum kreativen Geschehens darstellen.

Kreativität bedeutet immer, etwas ganz Neues, bisher nicht Gedachtes zu denken, zu tun und zu gestalten und somit auch, noch völlig unbekannte Möglichkeiten aus dem unbewußten Ich-Reservoir freizulegen. Kreativität muß nicht immer ihren Ausdruck in Kunst, Literatur, Musik, Theater oder dergleichen finden, sie verrät sich zuallererst in einem kreativen Lebensstil, der in der Regel gruppengebunden ist.

Der Ursprung der Kreativität ist die fragende Neugierde, das heißt der Impuls, grundsätzliche Denkgepflogenheiten, herkömmliche Vorstellungen und Wissenschaftssysteme zu hinterfragen. Geschlossene »Systematisierung« lähmt Kreativität, freies Denken und Schaffen, denn sie behindert die zwischenmenschliche Entfaltung der fragenden Neugierde. Die Begriffe von Neugierde und Frage implizieren immer die Vorstellung des »woran?« und »an wen?«; darin zeigt sich bereits der interpersonelle Charakter kreativen Geschehens.

*Kreativität aus der Sicht herkömmlicher psychoanalytischer Schulen*

Ansätze, kreative Vorgänge in psychoanalytischer Theorie zu fassen, finden sich bei SIGMUND FREUD (1856—1939) im wesentlichen in den Arbeiten, die er von 1907 bis 1910 verfaßt hat. FREUD redet von der »psychologisch noch rätselhaften künstlerischen Begabung« (1910c), und sagt, daß die Dichter uns in der Seelenkunde weit voraus seien, ». . . weil sie aus Quellen schöpfen, welche wir noch nicht für die Wissenschaft erschlossen haben« (1907). Der leichteste Zugang, sich dichterischen Werken zu nähern, sei bei denjenigen Dichtern gegeben, ». . . die sich in naiver Schaffensfreude dem Drängen ihrer Phantasie zu überlassen pflegen« (1908b).

FREUD sieht einen engen Zusammenhang zwischen neurotischem und künstlerischem Geschehen. Beides führt er auf ein Unbefriedigtsein in der Realität zurück, das seinen Ausgleich in der Phantasie sucht. Dieser Schluß liegt nahe, geht man von dem grundsätzlich physikalischen Energiedenken der traditionellen Psychoanalyse aus, das seinen Niederschlag in der Trieb- und Libidotheorie FREUDs und seiner aus ihr abgeleiteten Sublimierungshypothese findet. FREUD meint dazu: »Die Sublimierung ist ein Prozeß an dr Objektlibido und besteht darin, daß sich der Trieb auf sein anderes, von der sexuellen Befriedigung entferntes Ziel wirft; der Akzent ruht dabei auf der Ablenkung vom Sexuellen« (1914). Und später (1930) schreibt er: »Die Triebsublimierung ist ein besonders hervorstechender Zug der Kulturentwicklung, sie macht es möglich, daß höhere psychische Tätigkeiten, wissenschaftliche, künstlerische, ideologische, eine so bedeutsame Rolle im Kulturleben spielen«.

Deutlich ist hier die Grundvorstellung eines physikalischen Gesetzen gehorchenden, in seinem Quantum innerpsychisch festgelegten Reservoirs psychischer Energie, das immer nur aus der Triebenergie als Urquelle entspringen kann — eine Vorstellung, die (man denke an einen Stromkreis, der eben nur eine begrenzte Energiemenge enthalten kann) eine Zufuhr psychischer Energie von außen, woher auch immer, ausschließt. Das Moment des Miteinanders als Energiequelle, wie wir es mit dem Begriff der »Sozialenergie« zu fassen versuchen, bleibt damit von vornherein unberücksichtigt. Dieser herkömmliche Ansatz und die damit einhergehende Begrenzung im theoretischen Denken werden in der Psychoanalyse auch in der Folgezeit beibehalten, so daß der wesentliche Aspekt der Gruppe und der aus ihr entspringenden, Kreativität ermöglichenden Sozialenergie als methodische Kategorie im Denken nicht erscheinen.

Die Wechselbeziehung zwischen Individuum und Gruppe meint auch ERNST KRIS (1952) nicht, wenn er vom doppelten Kommunikationsaspekt der schöpferischen Tätigkeit spricht. Die auf ihn zurückgehenden Begriffe von »creation and re-creation« und »inspiration and elaboration« beziehen sich auf die Interaktion zwischen Künstler und Publikum, deren energetische Wirksamkeit auf eine beidseitige Veränderung hin er nicht untersucht.

KRIS denkt in seinem Konzept der Kreativität zwar an die Möglichkeit der Veränderung des Ich-Zustandes während des schöpferischen Vorganges, betrachtet diese Veränderung aber nicht als etwas grundlegend Neues, sondern als »Regression unter Herrschaft des Ich« auf Vorhandenes. Konsequenterweise bleibt in diesem Denken auch die kreative Persönlichkeit letztendlich unverändert: Der ursprüngliche Ich-Zustand wird durch erneute Sublimierung wiederhergestellt.

*Kreativität und menschliche Entwicklung*

GISELA AMMON (1972, 1973) spricht davon, daß Kinder die kreativsten Wesen seien, beschreibt kreative Prozesse in Kindergruppen und abstrahiert davon das »facilitating environment« (WINNICOTT 1963, 1969), die »umgebende Gruppe«, die kindliche Kreativität zur Entfaltung kommen läßt.

Die Forschungen VADIM S. ROTENBERGs (1982a) haben ergeben, daß Kinder in ihrer ersten Lebenszeit vorwiegend in der rechten Hirnhemisphäre wahrnehmen und erleben, das heißt bildlich und ganzheitlich. Erst durch die Erziehung wird linkshemisphärisches Denken im Sinne des logischen und kausalen Verknüpfens nach den Prinzipien der aristotelischen Logik gelernt (vgl. auch ECCLES, J. 1981).

Erwachsene müssen in der Regel zusätzliche Energie aufwenden, um sich von der Vorherrschaft logisch-verbalen Denkens zu befreien und wieder kreativ sein zu können.

Wenn eingangs gesagt wurde, die fragende Neugierde sei die entscheidende Voraussetzung für Kreativität, so kann man berechtigt weiter schließen, der Umgang mit dieser naturgegebenen Neugierde und der Anlage zur Frage, mit der jedes Kind geboren wird, müsse durch die umgebende Familiengruppe zum Dreh- und Angelpunkt der kreativen Entwicklungsmöglichkeiten des Kindes werden. Dieses »ad gredi« (lat.: herangehen) wurde als »konstruktive Aggression« beschrieben (AMMON 1970a, 1972c), die ebenso wie die Kreativität als Ich-Funktion des zentralen Ich gesehen werden muß, als wesentliches Element der gesamten Ich-Struktur, die in ihrer Ausprägung und der Abhängigkeit zwischen den einzelnen Ich-Funktionen die Identität eines Menschen ausmacht. Identitätsentwicklung ist als gruppenabhängiger Prozeß zu verstehen, wobei der Primärgruppendynamik der frühen Familiengruppe besondere Bedeutung zukommt (AMMON 1970a, 1973a, 1976d, 1979d, 1979h). Durch unsere jahrzehntelangen Erfahrungen mit Kindern und schöpferischen Persönlichkeiten in psychoanalytischen Behandlungen kamen wir hinsichtlich der Entwicklung von Kreativität zu folgenden Feststellungen: Bei allen untersuchten Personen fand sich regelmäßig ein unkonventioneller Lebensstil, der charakterisiert war durch freien Umgang mit Sexualität, verbunden mit einer freundlichen Aggressivität und der Fähigkeit zu freier Kommunikation und Kooperation mit Personen und Tätigkeiten der jeweiligen Lebenssituation. Die Kindheit der untersuchten Persönlichkeit war in den meisten Fällen durch eine freundlich verlaufende Symbiose bestimmt gewesen, in der die sexuell und konstruktiv aggressive Neugier des Kindes nicht unterdrückt worden war, Leistungen aber stimuliert und gefördert wurden, ebenso Frustrationstoleranz durch Abgrenzung, verbunden mit Freude und Lustgewinn am Tätigsein. Die Kindheit schöpferischer Persönlichkeiten verlief nicht kanalisiert, Außergewöhnliches war möglich. Diese Kinder konnten einen gesunden Narzißmus entfalten, Selbstwertgefühl in Sein, Erleben und Tun entwickeln und sich als Wesen mit einem Recht auf eigene Identität erleben, obwohl die Familiendynamik oftmals durch Grenzsituationen und auch Leid gekennzeichnet war.

## Kreativität und Hirnforschung

Der kreative Akt selbst findet in einem besonderen Ich-Zustand statt, in einem Zustand der Entspannung, in dem Einfälle spielerisch kommen und gehen und die Ich-Grenzen geöffnet sind. Dieser Zustand hat mit der kreativen Aufgabe unmittelbar nichts zu tun. Es handelt sich vielmehr um das Kommenlassen von Gedanken im Gespräch in einer kreativ-erotisch bestimmten Atmosphäre. Auf keinem Gebiet können kreative Phasen willentlich herbeigeführt werden, in einer steifen Arbeitsatmosphäre sind sie undenkbar. Die ideale Bedingung ist ein besonderer Ich-Zustand zwischen Wachen und Schlafen, der von mir auch als »tertiärer Denkprozeß« (s. unten) bezeichnet wurde (AMMON 1972c; als primärer Denkprozeß kann das unbewußte Traumdenken, als sekundärer Denkprozeß das rational-logische, also bewußte Denken gesehen werden).

Diese Erfahrungen konnten jetzt durch neueste hirnphysiologische Forschungsergebnisse von V.S. ROTENBERG (1982a) und L.R. ZENKOV (1978) bestätigt werden. ROTENBERG beschreibt die Aktivität der rechten und linken Hirnhemisphäre bei kreativen und unkreativen Menschen anhand von elektroenzephalographischen Aufzeichnungen (vgl. auch LEHMANN und KOUKKOU 1981). Bei kreativen Persönlichkeiten befindet sich die rechte Hirnhemisphäre in kreativen Phasen in einem entspannteren Zustand, gemessen an einem Überwiegen der Alpha-Aktivität, als während relativer geistiger und körperlicher Ruhe. Das bedeutet, daß während des kreativen Aktes der Zustand der Entspannung am ausgeprägtesten ist. Unkreative Persönlichkeiten dagegen müssen ihr Gehirn zusätzlich aktivieren, um rechtshemisphärisches bildhaftes Denken, eine Voraussetzung des kreativen Aktes, zuzulassen.

ZENKOVs hirnexperimentelle Untersuchungen an Patienten, Wissenschaftlern und Künstlern ergaben, daß diese durch rechtshemisphärischen Ausfall nur noch unkreativ formalistisch operieren konnten. ZENKOV erwähnt folgendes Beispiel: »Gleichfalls war bei einem Mathematiker zu beobachten,

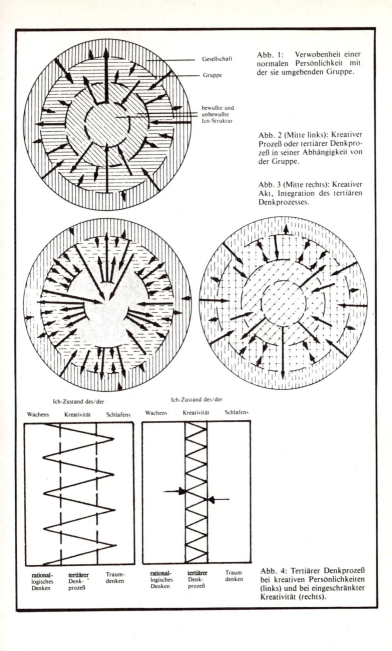

Abb. 1: Verwobenheit einer normalen Persönlichkeit mit der sie umgebenden Gruppe.

Abb. 2 (Mitte links): Kreativer Prozeß oder tertiärer Denkprozeß in seiner Abhängigkeit von der Gruppe.

Abb. 3 (Mitte rechts): Kreativer Akt, Integration des tertiären Denkprozesses.

Abb. 4: Tertiärer Denkprozeß bei kreativen Persönlichkeiten (links) und bei eingeschränkter Kreativität (rechts).

daß er aufgrund einer inneren Gehirngeschwulst im Bereich des rechten Scheitelbeins bzw. Hinterhauptbeins die Fähigkeit zu kreativen, nichttrivialen Problemlösungen verloren hatte, ihm aber vollständig die Fähigkeit geblieben war zu formal logischen und rechnerischen Operationen.« Einen weiteren Beleg für die Annahme, daß das kreative nonverbale (nicht-sprachliche) Potential des Menschen vorwiegend rechtshemisphärisch lokalisiert ist (und wohl bereits heute schon der Sitz unbewußter Ich-Strukturen rechtshemisphärisch angenommen werden kann), liefert ZENKOVs Analyse von 70 russischen Ikonen aus dem vierzehnten bis sechzehnten Jahrhundert: »43 Werke enthielten ein verbales Element in Form von Inschriften, in Form von auf Papierrollen Geschriebenem sowie in Form von Büchern. In 41 der Fälle befand sich dieses sprachliche Element im rechten Gesichtsfeld (d.h. in der rechten Hälfte der Ikone bzw. in der rechten Bildhälfte vom Betrachter aus gesehen). Bei 63 der Gemälde ließ sich eine asymmetrische Komposition feststellen. Bei 58 von ihnen befand sich das visuelle (nicht verbale) sinntragende Zentrum der Ikone (zumeist eine figürliche Darstellung der Person bzw. ihr Antlitz) in der linken Bildhälfte der Ikone, was bedeutet, daß es sich auf diese Weise an die rechte nichtverbale Gehirnhälfte beim Betrachter wendet. Es liegt absolut auf der Hand, daß eine solche Einheitlichkeit der räumlichen Bildaufteilung angesichts der Vielfalt der ikonographischen Kunst und angesichts einer noch vorhandenen Freiheit des Künstlers im Rahmen des verbindlichen Kanons deutlich darauf hinweist, daß der mittelalterliche Künstler ein tiefes Gefühle besaß für die Asymmetrie unserer Wahrnehmungsweise« (ZENKOV 1978).

*Die kreative Persönlichkeit*

Als wichtigste Merkmale einer schöpferischen Persönlichkeit sind zu bezeichnen:
— ein außergewöhnlicher Lebensstil, der sich vor allem im freien Denken, eigenwilligem Umgang mit Raum und Zeit, aber auch in Körperlichkeit, Kleidung und Direktheit im Kontakt ausdrückt;

- gesunder Narzißmus;
- eine unkonventionelle, kreativ konstruktive und außergewöhnliche Sexualität von oft bisexueller Struktur;
- Kontaktfähigkeit mit einem Spüren und Zulassen eigener Gefühle und das Spüren des Kontaktes zu anderen Menschen sowie der geistigen Beziehung zu Menschen und Dingen (durchaus unkreativ sind symbiotisch verschmelzende Beziehungen mit mangelnder Auseinandersetzung)
- freibeweglich zu öffnende Ich-Grenzen nach innen und außen, und zwar manchmal bis an die Grenzen zu destruktiv aggressiven und psychoseähnlichen Ausbrüchen gehend;
- eine besondere Intensität in zwischenmenschlichen Beziehungen und Interessen, oftmals fixiert auf eine besondere geistige Aktion, sei es in Forschung oder Kunst;
- Auftreten unkreativer Phasen, die in extremen Fällen über Jahre dauern können;
- Leben in Gruppen von Gleichgesinnten, die das Überleben in Kreativität ermöglichen.

Hier wird bewußt und betont von »Überleben« gesprochen, nicht nur von »Leben« oder »Existenz«.

Jede kreative Leistung ist mit durchlebten Grenzsituationen verbunden, in denen sich die Frage nach dem eigenen Leben stellt, in denen Angst, Selbstmordgedanken und auch psychosomatische Schwierigkeiten auftreten und der Mensch gegen seinen Willen von einem Zustand in den anderen fällt.

Der schöpferische Prozeß, auf den wir noch eingehen werden, ist mit einem speziellen Ich-Zustand der kreativen Persönlichkeit verbunden, der nicht nur sie selbst in Bewegung bringt, sondern im Sinne des außergewöhnlichen und ureigenen Identitätsentwurfes weitere Wellen schlägt und Resonanz finden muß, die das neue Erleben integriert. Bei der allgemein verbreiteten Feindlichkeit außergewöhnlichem Denken und Handeln gegenüber wird dem Kreativen zunächst kein Raum für seine Entwicklung bereitgestellt, so daß er einer Gruppe bedarf, die diesen Raum gibt. In der Geschichte sind häufig Beispiele zu finden, wie kreativen Menschen dieser Raum verwehrt wurde.

Gruppendynamisch gesehen ist die kreative Persönlichkeit in der Regel an der Gruppengrenze, wie auch an der Grenze üblicher gesellschaftlicher Vorstellungen und Regeln angesiedelt. Die Position der »Grenzperson« ist von dem sogenannten Außenseiter oder Prügelknaben der Gruppe zu unterscheiden. Wichtig ist dabei die Beziehung zwischen Grenzperson und zentraler Person der Gruppe. Bei Ausstoßung der Grenzpersönlichkeit verliert die Gruppe ihre kreativen Möglichkeiten und macht zugleich die Grenzpersönlichkeit zum Außenseiter oder Gegner.

*Der kreative Prozeß als persönlichkeits- und gruppenveränderndes Geschehen*

Der schöpferische *Prozeß,* der vom schöpferischen und kreativen *Akt* begrifflich unterschieden werden muß, wurde oben als »tertiärer Denkprozeß« bezeichnet. Er ist gekennzeichnet durch:
1. die lang andauernde Beschäftigung mit einem Thema, das den ganzen Menschen ergreift; die Beschäftigung mit diesem einen Thema kann oftmals unterbrochen werden, wird aber immer wieder aufgenommen;
2. eine außerordentliche Sensibilität, sowohl für stimulierende Momente der Realsituation als auch für die Welt der eigenen Vorstellungen;
3. in dem schöpferischen Prozeß sind alle Ich-Funktionen involviert, die im kreativen Akt eine Verbindung zwischen Künstler und Werk herstellen;
4. eine erhöhte Beweglichkeit der Ich-Funktionen, besonders der Ich-Abgrenzung, verbunden mit besonderer Offenheit für Denken, Erotik und Aggression;
5. die Freiheit von Kanalisierungen im Sinne eines konventionell erstarrten formalistisch-logischen, rationalen Denkens.

Die erhöhte Elastizität und Flexibilität der Ich-Funktionen im Zustand des beginnenden tertiären Denkprozesses äußert sich häufig in Form einer starken Stimmungslabilität, verbunden mit Rücksichtslosigkeit und impulsivem Verhalten oder auch depressiven Verstimmungen.

Schon vor einigen Jahren wurde eine Graphik entwickelt, die das Geschehen des tertiären Denkprozesses darstellt (AMMON 1972c), die aber aufgrund der weitergegangenen Forschung und Erkenntnisse hier erweitert wurde.

Abbildung 1 zeigt die Gruppenverwobenheit, in der jeder Mensch steht. Die ihn umgebende Gruppe wird ihrerseits von der Gesellschaft mit ihren kulturellen, ökonomischen und politischen Gruppen und Prozessen umschlossen. Die Pfeile zeigen die Impulse, die von den einzelnen Gruppen bzw. der Persönlichkeit ausgehen. Die Grenzen der Gruppe wie auch die Grenzen der Persönlichkeit sind als gestrichelte Linien gekennzeichnet, was deren Flexibilität und Durchlässigkeit andeuten soll.

Abbildung 2 zeigt die Veränderung im kreativen Prozeß. Die Ich-Grenzen der Persönlichkeit dem eigenen Unbewußten, wie auch der umgebenden Gruppe gegenüber, sind erweitert, so daß intensivere Impulse nach außen dringen, der Mensch aber auch verletzlicher ist. Die Gruppe stellt in entsprechender Kommunikation die schützenden Grenzen her, so daß die Grenze des Menschen partiell die Gruppengrenzen werden (vgl. AMMON 1976a, 1979e).

Abbildung 3 zeigt die Ich-Grenzen wieder in normaler Flexibilität. Die Veränderung gegenüber Abbildung 1 besteht in einer neuen Strukturierung der Persönlichkeit, einer Veränderung des Ich aufgrund der Integration des kreativen Erlebens. Aber auch die Gruppe hat durch dieses Geschehen eine Veränderung erfahren. Dieses Stadium der Integration möchte ich als schöpferischen oder kreativen Akt bezeichnen.

Im kreativen Akt werden die neuen Erfahrungen und Erlebnisse in das Ich integriert. Immer wird durch kreative Akte die zentrale Ich-Struktur im Sinne von Ich- und Identitätserweiterung verändert. Kreativität bedeutet dementsprechend Strukturgewinn, Veränderung der Persönlichkeit und der Gruppe, was immer auch mit einem Infragestellen der bisherigen Identität bis zum letzten Risiko der Selbstaufopferung verbunden ist.

*Der tertiäre Denkprozeß*

Der tertiäre Denkprozeß, der den Zustand der kreativen Persönlichkeit während des kreativen Prozesses bezeichnet, läßt sich als fließendes Geschehen dem Zustand zwischen Wachen und Schlafen vergleichen, wie Abbildung 4 zeigt (vgl. AMMON 1974d).

L.R. ZENKOV (1978) konnte durch seine experimentellen Untersuchungen über die Beziehung zwischen der rechten und linken Hirnhemisphäre diese theoretische Konzeption bestätigen. »Es besteht Grund zu der Annahme, daß dieser translaminare Bereich seinen höchsten Grad an Aktivierung erreicht in den Momenten der ›insight‹, der Intuition, des erleuchteten Gedankens, in den Momenten also, in denen ein Mensch erkennt, daß ihm der innere Sinn des Gegenstandes seines Denkens klar geworden ist. Diese Phase entspricht einem bestimmten Gleichstand der Informationsströme zwischen dem verbalen und nichtverbalen System. Eine Reihe von Forschern beschreibt diesen Zustand als nicht gespannte, ruhige Aufmerksamkeit, als einen hypnotischen Zustand, als einen Zustand zwischen Schlaf- und Wachsein« (ZENKOV 1978).

Im tertiären Denkprozeß fallen demnach logisch-rationales, also linkshemisphärisches und ganzheitliches, also rechtshemisphärisches Denken zusammen. Dieses Resultat wird durch eine ganze Reihe von Forschern bestätigt (AMMON 1972c, 1982d; KOSTANDOV, GENKINA 1975, 1976; MARSEN 1982; MOORE 1979; ROTENBERG 1982a). Intuition spielt dabei eine große Rolle, also die Einsicht in kausal nicht ableitbare Zusammenhänge. Entsprechend lautet ein Ausspruch von IWAN P. PAWLOW (zit. nach SIMONOW 1975): »Die wissenschaftliche Intuition ist ein Gefühl (vor allem ein Gefühl!) für die künftige Entwicklung eines Problems. Die Intuition beginnt dort, wo die logische Analyse des Problems abreißt und das Wissen allein machtlos ist. Die psychologischen Wurzeln der Intuition liegen in der Stärke und der Individualität des abstrakten Denkens. Diese sich bis zur Leidenschaft steigernde Kraft ist das wichtigste bei der Arbeit des Wissenschaftlers.«

*Zur Atmosphäre kreativen Tätigseins*

Die Atmosphäre kreativen Tätigseins wird immer eine individuelle sein. Dazu kann eine persönlich gestaltete Umgebung gehören, Freiheit in der Wahl der Kleidung, ein eigenwilliger körperlicher Ausdruck, eine besondere Sprechweise. Freilich läßt sich ein kreativer Zustand durch bloße Manipulation der umgebenden Atmosphäre nicht erzwingen. Zu einer kreativen Atmosphäre gehört der Kontakt zwischen den Menschen, ebenso eine intensive Konzentration und Eindringlichkeit mit unerbittlicher Zielrichtung. Man kann fallweise von einer ekstatischen Gestimmtheit sprechen, die mit oft ungeheuer großer Leistungskraft einhergeht. Zu der kreativen Atmosphäre gehört immer ein in sich ruhendes Zeiterleben, das manchmal die Fülle von jahrelanger gemessener, fließender Zeit in sich birgt und mit einer besonderen Empfindlichkeit und Freude verbunden ist, einer gesteigerten Wahrnehmung für Licht, Farben und Gerüche.

Immer wird die kreative Situation ein Stück gelebte Lebenszeit darstellen, in der häufig »schlagartig« so viele bedeutsame Ereignisse auftreten wie sonst manchmal in Jahrzehnten nicht.

*Kreativität als Identitätsleistung*

Ein Mensch mit entwickelter Identität wird sich auf spezifische Weise in Gruppen bewegen und anderen Menschen, mit denen er in Gruppen zusammen ist, Verständnis, Hilfe, Güte, Ernsthaftigkeit, Bestätigung und Auseinandersetzung geben können, eben das also, was ich als Sozialenergie bezeichne. Er wird gruppendynamisch einen Platz in der Gruppe finden und in dieser Gruppe auch wieder Sozialenergie bekommen, die seine weitere Entwicklung möglich macht. Andererseits wird er von äußeren Dingen weitgehend unabhängig sein, er wird allein sein können ohne einsam zu sein, und den Zielen nachgehen, die er sich selbst gesetzt hat.

Identität ist ein Prozeß, ein ständig fortlaufender Prozeß neuen Infragestellens. Insofern gehören Identität und Kreativität immer eng zusammen. Ein Mensch mit Identität — und dies ist wohl auch ein wesentliches Kriterium, um einen Menschen als kreativ zu bezeichnen — lebt orientiert in der äußeren Wirklichkeit, besitzt aber gleichzeitig eine Beziehung zu seiner inneren, unbewußten Wirklichkeit, verbindet Rationales und Emotionales in ausgewogener Harmonie.

Identität ist der Kern des von mir im Unbewußten postulierten »zentralen Ich« und auf dieser Ebene als Funktion im Zusammenhang zu anderen zentralen Aspekten der Persönlichkeit zu sehen: der Abgrenzung des Ich der Realität gegenüber wie der Welt des eigenen Unbewußten in einem regulativen Prozeß. Dieser Prozeß läßt keine starren Abgrenzungen zu, er ist offen unbewußten Denkprozessen gegenüber, unbewußt wirksamen Emotionen, unbewußten Bedürfnissen, die sich dann in das Bewußtsein hineinfließend entwickeln zu einem Synergismus (Zusammenwirken) von Bewußtem und Unbewußtem. Dieser Synergismus ist es auch, der — wie zuvor beschrieben — im kreativen Akt sowie beim tertiär prozeßhaften Denken überhaupt von Bedeutung ist.

Kreativität und auch Sexualität sind Aspekte der Identität, wobei gerade diese beiden Ich-Funktionen im zentralen Ich innig in die Identität hineinfließen und bedeutsame, ganz persönliche Variationen haben. Die Ausformung eines kreativen Lebensstils ist keineswegs schicht- und schon gar nicht statusabhängig. Sie ist auch nicht abhängig von angesammelter Bildung, künstlerischen Produktionen oder wissenschaftlicher Arbeit. Ein Arbeiter kann genauso kreativ sein in seinem Lebensstil, in seinem Denken, in seiner Sexualität, in seinem Schaffen am Arbeitsplatz und in seiner Beziehung zu seinen mitarbeitenden Kollegen wie ein Künstler, der komponiert oder bildhauert.

*Kreativität, Gruppe und Sozialenergie*

Kreativität bedeutet immer auch, Hilfs-Ich-Funktionen der

Mitglieder einer umgebenden Gruppe in Anspruch zu nehmen und diesen für ihre Bedürfnisse ebenfalls Hilfs-Ich-Funktionen zur Verfügung zu stellen. Als Hilfs-Ich-Funktion ist zu bezeichen, wenn eine einem Individuum fehlende Eigenschaft oder Fertigkeit von einem anderen Menschen übernommen wird. Dieses gegenseitige Geben und Nehmen ist als sozialenergetischer Austauschprozeß zu verstehen. In konstruktiven Gruppen werden die einzelnen Mitglieder immer wieder in flexiblem Wechsel Hilfs-Ich-Funktionen füreinander übernehmen. In toten Gruppen werden zwar auch Hilfs-Ich-Funktionnen von einzelnen für andere übernommen, die gesamte Gruppenstruktur bleibt hier aber starr; Veränderung und Entwicklung darf nicht geschehen. Fällt ein Hilfs-Ich aus einer derartigen Gruppensymbiose aus, gerät das pathologische Gleichgewicht ins Wanken.

Sozialenergie wurde als Energie aus der Gruppe beschrieben. Sie manifestiert sich als toleranter, aber auch konfliktfähiger Kontakt, der den Ich-Struktur-Aufbau bedingt und damit Voraussetzung von Persönlichkeits- und Identitätsentwicklung ist. Mittels seiner Identität kann dann das Individuum wieder Kontakte und Beziehungen in Gruppen herstellen, anderen Menschen Sozialenergie geben und dabei selbst im Sinne eines Austauschprozesses sekundäre sozialenergetische Zufuhr erfahren (vgl. AMMON 1979d).

Kreativität ist von daher auch als sozialenergetischer Austauschprozeß zu verstehen, der in lebendigen Gruppen stattfindet. Bestätigt finden wir diese These, wenn wir das Leben bedeutsamer Künstler und Wissenschaftler betrachten. Man denke etwa an GOETHE, der immer mit Gruppen lebte. Auch FREUD und sein Kreis ist ein lebendiges Beispiel für dieses Geschehen.

*Zum Verständnis der Beziehung von kreativen und psychopathologischen Prozessen*

Eine interessante Frage, die noch weiterer Forschung bedarf, ist die Frage nach der Beziehung zwischen Borderline-Syndromen (Grenzsituationen zwischen normal und krank) sowie schizophrenen Prozessen und Kreativität. Nach unserer Ansicht (AMMON 1976c, 1979h) ist das der Unterschied zwischen krankem und gesundem Reagieren. Im pathologischen Sinne hat die letztlich durch Desintegration erzielte neue Weise zu denken und wahrzunehmen einen visionären Charakter und ist für den Menschen nicht zu integrieren. Die völlig neuen Wege des kreativen Menschen haben mit diesen Ich-Zuständen zweifellos zu tun, enden aber in einem bleibenden ich-strukturellen Gewinn und einer Identitätserweiterung. Eine Erklärung für den Unterschied zwischen kreativen und pathologischen Prozessen läßt sich auf zwei Ebenen finden: der gruppendynamisch-genetischen Ebene und mit Hilfe der ich-strukturellen Erklärungsweise.

Gehen wir aus von einer Positivdefinition des Unbewußten als Niederschlag gemachter Gruppenerfahrung und der Tatsache, daß jedes Sein und Verhalten eines Menschen unbewußte Determinanten besitzt, so heißt das, verfolgt man diesen Gedanken weiter, daß im kreativen Prozeß (vgl. Abb. 2) sich diese Gruppenerfahrung auf die jeweils vom Individuum gesuchte Gruppe auswirkt und im Erleben der Person die aktuelle Gruppe ein verändertes Abbild bereits gemachter Gruppenerfahrungen darstellt. Beim konstruktiv kreativen Menschen ist diese Gruppe gestattend und fördernd, während im pathologischen Reagieren der Menschen eben diese Pathologie in die Gruppe agiert und archaische Aggressionen und Ängste wiedererlebt werden. Der psychisch Kranke wiederholt daher die in seinem Leben erfahrene mangelnde Dynamik einerseits in der Übertragung auf die jeweilige Lebensgruppe, andererseits in seiner pathologischen Gruppenwahl, so daß sein unbewußtes Agieren in die Gruppe hinein wiederum zu keiner Integration führen kann, wiederum die Defizite erhalten bleiben und bestenfalls eine vorübergehende Pseudointegration zustandekommt, die ohne strukturelle Konsequenz für das Individuum bleibt und für die umgebende Gruppe keine Identitätserweiterung bedeuten kann.

Doch haben unsere Erfahrungen und Forschungen immer wieder gezeigt, daß Menschen mit schizophrener oder Borderline-Grundstruktur in besonderen Gruppensituationen und Gruppenkonstellationen durchaus in der Lage sind, ein erfülltes Leben zu führen. Bedeutsam in diesen Fällen erscheint mir zum einen die Strukturierung der Gruppe, besonders aber auch die Ausprägung der Ich-Funktion des Narzißmus des betreffenden Menschen.

Das Kunstwerk kann Ausdruck der Auseinandersetzung des Künstlers mit seiner Gruppe und sich selbst, also Identitätsauseinandersetzung sein. Beispiele für ein derartiges Geschehen sind FRIEDRICH NIETZSCHE (1967), der »Zarathustra« in genau dieser Auseinandersetzung schuf; GOETHE, der in »Werthers Leiden« die Frage nach seiner eigenen Existenz, nach Leben und Weiterleben stellt, und auch GUSTAV MAHLER, dessen Kompositionen mit Grenzsituationen, die er in seiner Lebensgruppe erfuhr, im Zusammenhang stehen (vgl. zu MAHLER besonders JUNGEBLODT 1982).

*Kreativität, Therapie und künstlerische Gestaltung am Beispiel des Behandlungsprozesses einer Malerin*

Verstehen wir Kreativität grundsätzlich als Persönlichkeitsveränderung, ist auch der therapeutische Prozeß, der Ich-Strukturen und damit die Persönlichkeit verändert, als kreativ zu bezeichnen. Diese Kreativität kann auf unterschiedliche Art ihren Ausdruck finden, in denen der Patient die Erweiterung seiner Möglichkeiten ausdrückt.

Juanita, eine als schizophren diagnostizierte Malerin und Graphikerin, kam mit 26 Jahren zu mir in meine psychotherapeutische Behandlung. Sie befand sich in einem Zustand hochgradiger Verwirrung und wies in ihrem Verhalten alle sogenannten »primären Zeichen« auf, die EUGEN BLEULER (1911) als charakteristisch für die Schizophrenie beschrieben hat: Sie hörte Stimmen, die sie auslachten und als »Hexe« beschimpften, und litt unter der Wahnvorstellung, daß aus den Heizungsrohren ihres Arbeitsplatzes — sie arbeitete als wissenschaftliche Zeichnerin in einem Forschungsinstitut — ungeheuerliche Tiere hervorkämen und sie bedrohten.

Die Tatsache, daß die Patientin Malerin war und so durch ihre im psychotischen Zustand gemalten Bilder die Dynamik, die ihr Unbewußtes beherrschte, ausdrücken konnte, gab mir die Möglichkeit, über ihre Kunstwerke Kontakt zu ihr herzustellen. Über diese Bilder sprachen wir wie über ihre Tagesprobleme; sie wurden nicht gedeutet, sondern als künstlerische Produktionen besprochen.

Die Patientin hatte seit früher Kindheit gemalt und gezeichnet. Dies war das einzige gewesen, was ihr ohne Kontrolle durch die Mutter gestattet worden war. So griff Juanita auch sofort zu, als sich die Möglichkeit eines Kunststudiums für sie eröffnete. Sie war begabt und hatte in der Gruppe ihrer nonkonformistischen Kommilitonen Gelegenheit, ein von bürgerlichen Zwängen weitgehend freies Leben zu führen, das ihr viel Raum für ihre Absonderlichkeiten ließ.

Die Bilder, die sie in dieser Zeit malte, sind technisch fein gezeichnet und gekonnt, tragen aber Züge von Zwanghaftigkeit und sind ohne besondere Ausdruckskraft. Sehr bald nach Beginn der Behandlung glitt die Patientin wieder in Verwirrtheitszustände ab, schwieg in den Sitzungen, malte sich aber außerhalb der Therapie, wie sie sagte, ihre Spannungen und Ängste von der Seele. Diese Bilder brachte sie mit in die Therapie und bot damit die Möglichkeit eines Bündnissses mit ihren konstruktiven Ich-Anteilen, als die ich das Malen betrachte, an.

Künstlerische Gestaltungen wie Bilder, Zeichnungen, Gedichte, Geschichten oder Skulpturen sind unter diesen Umständen zunächst grundsätzlich als Mitteilung des Patienten an den Analytiker zu verstehen, als Äußerungsformen seines Unbewußten, als Darstellung seines Leidens und Anliegens, als Zeichen für den Stand seiner Persönlichkeitsentwicklung und damit als Zeichen für den Stand des therapeutischen Prozesses und der zur Zeit im Vordergrund der Bearbeitung stehenden Problematik. Sie sind oft als ein Versuch der Veränderung, als eine Suche nach Kreativität zu sehen und stellen einen Ansatz zum kreativen Prozeß dar, dem zunächst der kreative Akt, das heißt die Integration fehlt. Diese Integration herzustellen, ist eine Aufgabe der Therapie. Der Therapeut übernimmt dabei zunächst die Hilfs-Ich-Funktion der Integration.

So spiegelt sich hier bei Juanita die Kreativität, die in ihrer ich-strukturellen Veränderung lag, an der zunehmenden Strukturierung ihrer Bilder wider (vgl. AMMON 1979g). In der Anfangsphase der Therapie stand die Auseinandersetzung mit der Mutter im Vordergrund, eine Auseinandersetzung, die gleichbedeutend mit einem Kampf um die therapeutische Beziehung und Beziehungen zu Menschen überhaupt war. Die Mutter erlebte sie als Moor, symbiotisch verschlingend, ihr die eigene Ich-Abgrenzung verbietend, dunkel und unheimlich. In einem Brief an den Therapeuten schrieb sie: »Das Leben kommt mir überhaupt wie ein Moor voller Irrlichter vor, die einen immer wieder locken, bis man aus diesem unseligen Gewirr keinen Ausweg und Rückweg mehr findet — keinen Weg nach oben.« Zwei ihrer Bilder, die sie im Zustande akut psychotisch schizophrener Reaktion malte, drücken diese Phantasie aus. Auf dem einen Bild ist eine sich ringelnde Form in einen schwarz zerfließenden Hintergrund gebettet, ohne daß Figuren hervortreten. Das andere Bild zeigt die Mutter als Moor. Lediglich die Augen blicken beherrschend und böse hervor. Die Patientin liegt als ein zerdrücktes und in Auflösung befindliches blaues Reh darin.

In einer ganzen Reihe von Bildern stellte die Patientin sich als ein bedrängtes Wesen dar, das von Ungeheuern bedroht und verfolgt wird. Sie erscheint als ein verängstigter kleiner Mensch, der sich die Ohren zuhält, um die Stimmen, der ihn umgebenden Wesen nicht hören zu müssen. Diese sind Reptilien und Vögel. Der Therapeut ist darunter als eine Art Magier, der die Patientin beschwört und nach ihr greift.

Auf einem ähnlichen Bild sitzen ihre Verfolger um die Patientin herum, die als blaues Reh, durch eine Art Kreis geschützt, bei einer Tanne liegt. Man erkennt darin ein kleines Gärtchen und

die Tanne wieder, die im Lebensbericht der Patientin als konstruktive Elemente eine sehr wichtige Rolle spielten.
Gestorben und begraben, also nicht länger existent, ist die Patientin auf dem nächsten Bild. Durch ihren Tod hat sie sich den verfolgenden Ungeheuern entzogen, die auf die Stelle blicken, wo sie begraben ist. Den Therapeuten erlebte die Patientin als einen Götzen und als Dämon. Sie nannte ihn ihren Dämon, Herr Dr. Dämon, Doktor — Vater. In ihren Träumen tauchte er als groß und stark, als riesig und unnahbar auf. In ihren Briefen redete sie ihn als »steinernen Tempelherrn« an, bezeichnete ihn als »steinerne, ungerührte Statue« und meinte, »bis jetzt sind Sie doch nur eine Sphinx für mich«.
Im Zuge der Therapie trat die direkte Auseinandersetzung mit dem Therapeuten in den Vordergrund. Auch dies geschah auf der Ebene der Bilder. Auf einem Bild erscheint der Therapeut als Tempelgötze auf einem Thron, umgeben von unheimlichen Wesen. Im Vordergrund liegt das blaue Reh, bedroht von einem mächtigen schwarzen Vogel mit einer gespaltenen Zunge. Ein anderes Bild zeigt den Therapeutengötzen umgeben von düsterem Stachelgestrüpp, worin das blaue Reh sich verfangen hat. Dieses Bild wurde, als die Patientin es in die Sitzung brachte, von mir zerrissen. Ich sagte ihr, das sei ich nicht; das Bild entspräche nicht der therapeutischen Situation. Die Patientin war erstaunt und betroffen, dann aber auch erleichtert. In dem Bild, das Juanita daraufhin mitbrachte, erscheint der Therapeut noch einmal als Götze, diesmal aber grau und groß, weniger puppenhaft und entfernt. Er sitzt auf einer Bank, rundherum Blumen. Das blaue Reh liegt im Dunkel davor. Auffällig die starren, weißen Augen der Figur. Dann wieder erscheint der Therapeut als ein gefährlicher Eisgötze, der die Patientin, das blaue Reh, zertrampelt.
Diese Bilder zeigten, mit welcher archaischen Angst das Wiedererleben der feindlichen Symbiose für die Patientin in der Übertragung verbunden war. Die Menge der sie verfolgenden Monstren und der dunkle Abgrund der figurenlosen Moorbilder sind hier zu einer in sich selbst widersprüchlichen Geste mit

dem Niederstampfen durch die Eisklotzmutter verdichtet. Hier erscheint der Kernkonflikt der schizophrenen Reaktion, das Zerrissenwerden und Zertrampeltwerden des Kindes durch die Mutter, wobei die umgebende Gruppe schweigend zusieht.

Gegen Ende des therapeutischen Prozesses malte sich die Patientin noch einmal als blaues Reh, das jetzt Augen bekommen hatte. Der niedertrampelnde Eisklotzgötze aber ist nun zu einem blauen Bogen geworden, der das Reh schützend überspannt und den Blick freigibt auf leuchtend farbige Blumen im Dämmer eines angedeuteten Waldes.

Da der Therapeut der Patientin gestattete — und dies drückt das letzte Bild aus —, sich aus der Symbiose gefahrlos und ohne Schuldgefühl zu lösen, konnte er als ein gutes Objekt vermenschlicht und verinnerlicht werden, und die Patientin konnte als menschliches Wesen aus der Symbiose hervortreten.

Die Patientin stellte nun den Therapeuten in einem naturalistischen Porträt dar und malte sich selbst in einem sehr gelungenen Selbstbildnis. Der Therapeut wirkt starr, seine Augen blicken irritierend hell und ungleichmäßig. Sich selbst aber porträtierte sie mit einer Blumenvase im Hintergrund. Auf dem Bild kaum mehr zu erkennen ist das Reh, das Zeichen ihrer stärksten Entfremdung von sich selbst, die Erinnerung an die Zeit, in der sie sich als Tier erlebte. Dieses Reh steht als eine geschnitzte Figur im Hintergrund.

Ich hatte Gelegenheit, noch fünfzehn Jahre nach Abschluß der Behandlung von dem Befinden der Patientin zu erfahren. Es ging ihr zufriedenstellend. In psychotische Reaktionen war sie nicht mehr geraten.

Künstlerische Gestaltung im therapeutischen Prozeß hat immer einen Mitteilungscharakter und ist als Teil des therapeutischen Geschehens als eine mögliche kreative Ausdrucksform zu betrachten. Auch Agieren und symptomatischer Ausdruck psychischer Krankheit kann so, isoliert gesehen, als kreative, neue Denk- und Ausdruckswege aufzeigende Verhaltensweise verstanden werden. Gleichzeitig ist diese Form der Kreativität oft gegen eine sich erweiternde, prozeßhaft verändernde Persönlichkeitsentwicklung insgesamt gerichtet, so daß wir in solchen Fällen ich-strukturell von destruktiver Kreativität sprechen. Ich-strukturelles Arbeiten (AMMON 1979e) als therapeutisches Handeln, das Auseinandersetzungen eingeht, Grenzsituationen schafft und damit Ich-Struktur verändert, ist damit auch immer als kreativer Prozeß zu verstehen, als sozialenergetischer Austausch, Strukturgewinn und Identitätserweiterung.

*Sich überlebende Kunst in der Therapie*

Künstlerische Gestaltung im therapeutischen Prozeß ist immer eine in sich aufgehende, sich selbst überlebende. Ganz deutlich zeigt sich dies in unserer Theatertherapiegruppe in der Dynamisch-Psychiatrischen Klinik Menterschwaige München. Dort wählt die Theatertherapiegruppe zunächst ein Stück aus, das sie spielen will. Von Patienten wird es entsprechend umgeschrieben und dann geprobt, später meist an verschiedenen Orten aufgeführt. In diesem Prozeß übernehmen einzelne Patienten die verschiedenen Rollen, die sie — oft geschieht das unbewußt — aufgrund ihrer spezifischen eigenen Problematik selbst auswählen. Verändern sie sich im therapeutischen Prozeß, sind sie oft nicht mehr in der Lage, diese ursprüngliche Rolle zu spielen. Häufig wollen sie es auch nicht mehr. Darum müssen die Rollen öfter umbesetzt werden, auch zwischen einzelnen Vorführungen.

Dabei zeigt sich auch der Unterschied zwischen diesen Patienten, die in einem ich-strukturellen Umwandlungsprozeß stehen, und Berufsschauspielern, die eine Rolle oft über lange Zeiträume hinweg spielen und für eine bestimmte Rolle eine besondere Begabung haben. Ein Beispiel dafür ist ein Künstler wie OTTO GEBÜHR, der so tief in seine Rolle als Friedrich der Große einstieg, daß er sie nicht mehr von seiner Lebenswirklichkeit unterscheiden konnte. Ein anderes Beispiel ist der große Tänzer WASLAW FOMITSCH NIJINSKI, der durch seinen beherrschenden Freund und Choreographen SERGEJ P.

DIAGHILEW an seiner zum Leben gewordenen Rolle des Fauns zerbrach.
Eine bestimmte Rolle einmal existent mit ganzem Einsatz gespielt zu haben — ähnliche Beobachtungen haben wir auch bei malenden Künstlern unserer Klinik gemacht — bedeutet für die Patienten, dieses verkörperte Wesen einmal gewesen zu sein, unter Umständen aber auch, sich im Prozeß der Identitätsentwicklung davon getrennt zu haben. Dem Kunstwerk selbst bleibt damit für den Künstler eine historische Qualität. Für andere Menschen kann die Aussage dieses Kunstwerkes trotzdem aktuellen Wert besitzen, da es sich bei einem Kunstwerk, wie MARTIN HEIDEGGER (1889-1976) sagt, »... nicht um die Wiedergabe des jeweils vorhandenen einzelnen Seienden, (sondern) um die Wiedergabe des allgemeinen Wesens der Dinge (handelt). (...) Der dichtende Entwurf der Wahrheit, der sich ins Werk stellt als Gestalt, wird auch nie ins Leere und Unbestimmte hinein vollzogen. Die Wahrheit wird im Werk vielmehr dem kommenden Bewahrenden, d.h. einem geschichtlichen Menschentum zugeworfen. Das Zugeworfene ist jedoch niemals ein willkürlich Zugemutetes. Der wahrhaft dichtende Entwurf ist die Eröffnung von jenem, worin das Dasein als geschichtliches schon geworfen ist.« (HEIDEGGER 1950)
Diese Wahrheit, bei HEIDEGGER als philosophische Kategorie gebraucht, können wir als Mitteilung aus dem Unbewußten des Menschen bezeichnen, die in ihrer Tiefe und Echtheit den Mitmenschen erreichen kann. Erst wenn dies geschieht, ist die Botschaft eines Kunstwerkes angekommen. HEIDEGGER spricht, um dies deutlich zu machen, von »Bewahrung«: »Die Weise der echten Bewahrung des Werkes wird erst und allein durch das Werk selbst mitgeschaffen und vorgezeichnet. Die Bewahrung geschieht in verschiedenen Stufen des Wissens mit verschiedener Reichweite, Beständigkeit und Helligkeit. Wenn Werke dem bloßen Kunstgenuß dargeboten werden, ist noch nicht erwiesen, daß sie als Werke in der Bewahrung stehen.«
An anderer Stelle sagt er: »Die eigenste Wirklichkeit des Werkes kommt dagegen nur zum Tragen, wo das Werk in der durch

es selbst geschehen Wahrheit bewahrt wird.« (HEIDEGGER 1950) Für viele Kunstwerke aus therapeutischen Prozessen (wie etwa Juanitas Schreckens- und Verzweifungsvisionen) gilt freilich, daß diese Form der »Bewahrung« gar nicht wünschenswert ist.

*Kreativität und Narzißmus*

Wie bei jeder Ich-Funktion lassen sich konstruktive, destruktive und defizitäre Aspekte des Narzißmus unterscheiden, die gleitende Übergänge aufweisen. Der narzißtisch gestörte Mensch lebt in der Welt seiner eigenen Wahrnehmung und erlebt die tägliche Realität als Kränkung seiner Person. Während der konstruktiv narzißtische Mensch die Einstellung zu sich selbst als Mensch mit einem Recht auf eigenes Denken, Empfinden und eigenen Lebensstil in sich trägt, schwankt der narzißtisch Kranke zwischen Minderwertigkeitsgefühl und Größenvorstellung. Die reale innerliche menschliche Leere und Verarmung dieser Krankheit korrespondiert mit maßloser Anspruchlichkeit an die Menschen der umgebenden Gruppen, die zur Kontaktabwehr aus unbewußter Angst vor Kränkung dient. Der narzißtisch gestörte Mensch kann nicht lernen, da er unbewußt denkt, alles besser zu wissen, er kann nicht zuhören, da er andere Menschen nicht wirklich konsequent ernst nehmen kann, und kann damit oft zunächst auch keine Hilfe annehmen. So sind schwer narzißtisch gestörte Personen auch oft nicht gruppenfähig, da sie jedem anderen aufgrund der an sich selbst erlebten Eifersuchts- und Neidgefühle mißtrauen. Im defizitär narzißtischen Sinne sind sie das ständige »Loch« in der Gruppe, das alle Aufmerksamkeit und Phantasie der anderen Gruppenmitglieder auf sich zieht und jegliche Entwicklung einzelner und der Gruppe als Ganzes verhindert. Im destruktiven Ausdruck sprengen diese Menschen aktiv durch ständiges Agieren den Gruppenprozeß.
Der gestörte Narzißmus verhindert damit ein Kreativwerden dieser Menschen, und zwar dadurch, daß jeder zwischen-

menschliche Kontakt zerstört und damit sozialenergetische Zufuhr verhindert wird, die zur Identitätserweiterung dienen könnte. Der gestörte Narzißmus ist es wohl und nicht der von SIGMUND FREUD beschriebene Todestrieb, der Menschen zu Destruktionen treibt, unter denen sie selbst und vor allem ihre Umwelt zu leiden haben. So sind es meist auch Persönlichkeiten mit gestörtem Narzißmus, die zu »verkannten Genies« werden, oft geniale Vorstellungen und Gedanken entwickeln, ohne diese aber gestalten oder in die Tat umsetzen zu können. Menschlich verarmt leben sie dahin, immer auf der Suche nach etwas, was sie nie finden werden.

*Kreativität als Synthese menschlicher Existenz*

Kreativität ist immer mit der Dialektik von Individualität und Gruppe verbunden und wird immer den ganzen Menschen in seiner gesamten Existenz betreffen. Der kreative Ich-Zustand stellt ein Zusammenspiel primärer und sekundärer Denkprozesse dar. Der primäre Denkprozeß (FREUD, s. oben) läuft als Phantasie, Traum, Vision und Konzeption in der flexiblen, nach innen und außen unbewußt-kreativen Welt des zentralen Ich (AMMON 1972c) 1982d) ab, das wir mit ZENKOV (1978), MOORE (1979), MARSEN (1982) und ROTENBERG (1982a) in der rechten Hirnhemisphäre lokalisiert annehmen. Der sekundäre Denkprozeß entspringt dem mehr im Bewußten angesiedelten Ich mit seinen vorwiegend konkreten, funktionalen Aspekten von Fähigkeiten und Fertigkeiten. In den kreativen Prozeß gehen also Unbewußtes und Bewußtes, Emotionales und Rationales ein.
Der Mensch wird oftmals über Jahrzehnte von einem kreativen Prozeß getragen, der durch Eindringlichkeit und Kontinuität eines besonderen Themas ausgezeichnet ist, das sich immer mehr ausweitet und vertieft und schließlich den ganzen Menschen mit einem Gefühl von Bedeutsamkeit ergreift. Damit wird er zum Mittelpunkt einer Gruppe, die sich und ihn mitträgt und ihm Hilfs-Ich-Funktionen anbietet, besonders was

linkshemisphärische Leistungen des sekundären Ich angeht. Dabei ist sein gesamtes menschliches Sein in einem kreativen Fluß. Er ist produktiv und kann seine Bewegtheit manifestieren, was letztlich die Probe für menschliche Kreativität ist. Die Öffnung seines Ich drückt sich in einem Zustand von leichter Euphorie, Bewegtheit und Zügen außergewöhnlicher Erotik aus.

In konkreten gruppendynamischen Situationen und durch besondere Einflüsse können auch trotz psychopathologischer Entwicklungen und oben beschriebener Störungen kreative Strömungen in der Persönlichkeit die Oberhand gewinnen, was die großartige Sammlung psychopathologischer Daten bedeutender Künstler und Schriftsteller von WILHELM LANGE-EICHBAUM und WOLFRAM KURTH (1967) und neuerdings auch die Forschungen an Dichtern von URSULA MAHLENDORF (1982) beweisen.

Oftmals enthalten kreative Prozesse entscheidende Impulse durch das Erkennen der Begrenztheit menschlichen Lebens. Sie können damit auch Leben erhalten in dem Sinne, daß der Mensch so lange lebt, wie er für andere Menschen wichtig ist. Denn kreativ sein heißt vor allem auch, anderen Menschen etwas geben.

# Der Traum im therapeutischen Prozeß

Die Arbeit untersucht auf der Grundlage des FEDERNschen Konzeptes der Ich-Grenze und der Theorie der Ich-Psychologie den schöpferischen Anteil des Ichs am Traum-Geschehen. Struktur und Dynamik des Traumverhaltens sind mit der Ich- und Identätsentwicklung verbunden, die sich in der Kommunikation mit der umgebenden Gruppe entfaltet. Jeder Traum ist daher Ausdruck der unbewußten Dynamik von Primär- und aktueller Lebensgruppe. Arretierungen der Ich- und Identitätsentwicklung manifestieren sich im Traumverhalten, das damit zu einem Kriterium für die differentialdiagnostische Bestimmung der Ich-Entwicklung wird. Ich belege dies durch Träume von Patienten mit verschiedenen Krankheitsbildern aus der analytischen Gruppentherapie. Die Bedeutung der therapeutischen Gruppe für das Traumgeschehen wird diskutiert.


Den Ausgangspunkt der folgenden Überlegungen bildet die immer wieder bestätigte Erfahrung, daß den verschiedenen Krankheitsbildern, wie sie uns in der klinischen Arbeit begegnen, jeweils spezifische Formen des Traumverhaltens entsprechen. Das Traumverhalten eines schizophren reagierenden Patienten ist z.B. deutlich anders als das eines neurotisch reagierenden Patienten (vgl. AMMON 1969a, 1974d, c; 1972b).
In dem folgenden Beitrag möchte ich die Ich-psychologischen und gruppendynamischen Aspekte dieses Zusammenhangs zwischen den verschiedenen Formen der psychischen Erkrankung und den entsprechenden Formen des Traumerlebens und -verhaltens untersuchen.
ERIKSON (1954) hat in einer interessanten Arbeit über das »Traummuster der Psychoanalyse« darauf aufmerksam ge-

macht, daß die Vernachlässigung der Traumforschung und der Traumanalyse in der psychoanalytischen Praxis zugunsten einer »... Konzentration auf die immerfort wechselnden Übertragungs- und Widerstandsphänomene ... oft mehr auf einer Armut als auf einem Reichtum beruht.« Er hat dies in der folgenden Bemerkung begründet: »In unserer Alltagsarbeit ... in klinischen Diskussionen und außerklinischen Anwendungen, ja selbst in der Handhabung der Träume ist es uns zur Selbstverständlichkeit geworden, daß jeder Einzelaspekt menschlichen Verhaltens ein Kontinuum dynamischer Bedeutung besitzt, das von der Oberfläche durch viele Schichten der Schale bis zum ›Kern‹ hinabreicht«. Und er stellt einen bedeutsamen Widerspruch fest: »Inoffiziell deuten wir oft genug Träume ganz oder in Teilen aufgrund ihres manifesten Inhaltes. Offiziell aber sind wir bei jedem Traum, vor den wir gestellt werden, sehr schnell damit bei der Hand, seine manifeste Gestalt aufzuknacken wie eine nutzlose Nußschale, die wir eilends wegwerfen, um zu dem scheinbar so viel wertvolleren Kern zu gelangen. Als diese Methode seinerzeit aus einer Neuorientierung heraus geübt wurde, war sie für die Forschung wie für die Therapie durchaus wertvoll; als obligate Gewohnheit jedoch hat sie seither eine wirkliche Gegenüberstellung von Ich-Psychologie und den Problemen des Traumlebens verhindert.« Schon FREUD (1900), den ERIKSON an dieser Stelle zitiert, hatte auf das hier angesprochene Problem aufmerksam gemacht: »Ich fand es früher einmal so außerordentlich schwierig, die Leser an die Unterscheidung von manifestem Trauminhalt und latenten Traumgedanken zu gewöhnen. Immer wieder wurden Argumente und Einwendungen aus dem ungedeuteten Traum, wie ihn die Erinnerung bewahrt hat, geschöpft und die Forderung der Traumdeutung überhört. Nun, da sich wenigstens die Analytiker damit befreundet haben, für den manifesten Traum seinen durch Deutung gefundenen Sinn einzusetzen, machen sich viele von ihnen einer anderen Verwechslung schuldig, an der sie ebenso hartnäckig festhalten. Sie suchen das Wesen des Traums in diesem latenten Inhalt und übersehen dabei den Unterschied zwischen latenten Traumgedanken und Traumarbeit. Der Traum ist im Grunde nichts anderes als eine besondere Form unseres Denkens, die durch die Bedingungen des Schlafzustandes ermöglicht wird. Die Traumarbeit ist es, die diese Form herstellt, und sie allein ist das Wesentliche am Traum, die Erklärung seiner Besonderheit«. Als »besondere Form des Denkens« aber ist der Traum bzw. die Traumarbeit eine Ich-Funktion. Und wir dürfen daher erwarten, daß die Analyse des Traumes uns Aufschluß geben wird über den Ich-Zustand und die Ich-Funktionen des Träumenden.

ERIKSON hat denn auch in seiner zitierten Arbeit den manifesten Trauminhalt als Schlüssel zur Ich-Struktur des Träumenden betrachtet, und FRENCH (1954) hat in diesem Sinne in einer außerordentlich anregenden Arbeit den Traum als einen kognitiven und integrativen Versuch des Ichs analysiert, einen im Hier und Jetzt der aktuellen Lebenssituation begründeten Konflikt (focal conflict) zu lösen.

Mir geht es in dieser Arbeit im wesentlichen um drei Fragenkomplexe:

1. die Frage nach dem Anteil des Ichs an der Traumgestaltung und am Traumerleben,
2. die Frage nach dem Zusammenhang des individuellen Traumes mit der Gruppensituation, auf die er sich m.E. immer bezieht,
3. die Frage nach der spezifischen Dynamik der Ich- und Identitätsentwicklung, die im Traum zum Ausdruck kommt.

Zunächst zur Frage des Ich-Anteils an der Traumgestaltung und am Traumerleben: FREUD (1900) begreift den Traum als die entstellte und verkleidete Erfüllung eines infantilen Wunsches. Sein Interesse an der Traumdeutung, die er als die »via regia zur Kenntnis des Unbewußten im Seelenleben« bezeichnete, galt vor allem der Triebpsychologie. Der ich-psychologische Aspekt des Traumverhaltens wird in der »Traumdeutung« nur rudimentär entwickelt.

Der Anteil des Ichs an der Traumbildung bleibt danach im wesentlichen beschränkt auf die Funktion einer abwehrenden Zensur, die verhindert, daß die unbewußten Triebwünsche zum Bewußtsein kommen. Die Zensur ist eine der Bedingungen, unter denen die Traumarbeit geleistet werden muß, das Ich selbst ist an dieser Arbeit nicht direkt beteiligt.

In diesem Sinne betont FREUD (1901), die Traumarbeit sei »nicht schöpferisch«. Andererseits setzt er selbst die Traumarbeit immer wieder in Analogie zu schöpferischer Tätigkeit und beschreibt z.B. den Traum als Werk eines Künstlers, der komponiert und ein zusammenhängendes Gebilde schafft, ohne jedoch theoretische Folgerungen daraus zu ziehen. Den Ich-Anteil an der Traumgestaltung betont FREUD dann später in der zitierten Fußnote, aber erst die Entfaltung der analytischen Ich-Psychologie hat es erlaubt, die Frage nach dem Ich-Anteil an der Traumbildung schließlich differenzierter zu beantworten.

Hier ist vor allem PAUL FEDERN (1952) zu nennen, der gezeigt hat, daß das Studium des Traumvorganges nicht allein einen Einblick in die Triebdynamik der unbewußt gewordenen infantilen Wünsche gestattet, sondern darüber hinaus die Möglichkeit eröffnet, das Ich-Potential des Träumenden zu untersuchen.

Sein aus der Traum- und Psychosenforschung entwickeltes Konzept einer entsprechend den verschiedenen Ich-Zuständen variierenden Besetzung der Ich-Grenze mit einer Ich-eigenen narzißtischen Libido (Ego Cathexis) hat sich dabei als außerordentlich fruchtbar erwiesen. FEDERN begreift die »Ich-Grenze«, welche die dynamische Einheit des Ichs nach innen und außen gegen das Nicht-Ich abgrenzt, als eine Art peripheres Wahrnehmungsorgan des Ichs, dem eine wesentliche Funktion für die Traumbildung zukommt.

Er nimmt an, daß während des Schlafes die narzißtischen Besetzungen der Ich-Grenze ebenso wie die Objektbesetzungen zurückgezogen werden. So verschwinde z.B. das Körper-Ich-Gefühl, und im traumlosen Schlaf bleibe auch die psychische Ich-Grenze unbesetzt, d.h. in diesem Falle schlafe auch das Ich. Traumbilder aber entstehen, wenn die mit unbewußten seeli-

schen Vorgängen verbundenen Vorstellungen auf die seelische Ich-Grenze, die FEDERN auch die Grenze des »Traum-Ichs« nennt, auftreffen und dort narzißtische Besetzungen provozieren.
In der Qualität des Traumerlebens und der Traumgestaltung kommen nun, wie FEDERN zeigt, die jeweiligen Ich-Zustände des Träumenden zum Ausdruck, und zwar in doppelter Hinsicht. Einerseits zeigt der Wechsel des Ich-Gefühls im Traum — es kann z.B. aktiv oder passiv sein, das Körper-Ich-Gefühl kann auftreten oder, wie in den meisten Träumen, fehlen — die Relationen von Ich und Über-Ich gegenüber dem erlebten Traumvorgang an. Andererseits ist die Farbigkeit, die Beweglichkeit, die Differenziertheit und die Geschwindigkeit der Traumhalluzinationen ein Indiz für den Entwicklungsstand der Ich-Funktionen, für den Betrag an Ich-eigener narzißtischer Energie, über den der Träumende verfügt, und für die Beschaffenheit und den Organisationsgrad seiner Ich-Grenzen.
Störungen im Aufbau dieser Ich-Grenzen finden daher auch im Traumverhalten ihren Ausdruck. Bevor ich jedoch darauf näher eingehe, möchte ich in einem kurzen Exkurs die Folgerungen erörtern, die sich aus dem FEDERNschen Konzept für die Theorie der Ich-Entwicklung ergeben und die für unsere Problemstellung bedeutsam sind.
M.E. ist das Konzept der Ich-Grenze geeignet, die Theorie einer »relativen Autonomie des Ichs«, wie RAPAPORT (1958) sie auf der Basis der Forschungen HARTMANNs (1939) formuliert hat, zu ergänzen. Diese relative Autonomie, welche das Ich vor der Überflutung durch die Vorstellungsinhalte der inneren und äußeren Realität bewahrt, ist m.E. an die Voraussetzung gebunden, daß eine Ich-Grenze im FEDERNschen Sinne aufgebaut werden konnte.
Ich selbst habe in einer Reihe von Arbeiten ausgeführt, daß der Aufbau dieser Ich-Grenzen und die damit verbundene Abgrenzung von Ich und Nicht-Ich die entscheidende Phase in der Ich- und Identitätsentwicklung markiert. Dabei habe ich versucht zu zeigen, daß die Fähigkeit, zwischen Ich und Nicht-Ich zu

differenzieren und das eigene Ich abzugrenzen, auf primär gegebenen Ich-Funktionen beruht, die zu ihrer Entfaltung allerdings gebunden sind an die Voraussetzung einer gelingenden Symbiose von Mutter und Kind in den ersten Lebensjahren (vgl. AMMON 1970a, 1971c, 1972b, 1973a).
Die Ich-Grenze möcht ich dabei prozeßhaft dynamisch als Ich-Abgrenzung verstehen, d.h. als das Herstellen flexibler Ich-Grenzen bzw. Ausdehnung des Bereichs der Ich-Autonomie.
Störungen dieser Fähigkeit zur Ich-Abgrenzung, wie sie uns insbesondere in den psychopathologischen Syndromen der psychotischen Reaktion, der Borderline-Symptomatik, der sexuellen Perversion und der psychosomatischen Erkrankungen begegnen, gehen m.E. zurück auf jeweils spezifische Störungen in der symbiotischen Phase, die allgemein unter dem Begriff einer pathologischen Arretierung der Ich- und Identitätsentwicklung zusammengefaßt werden können. Ich meine nun, daß die Dynamik des Prozesses der Ich-Abgrenzung eng verbunden ist mit der unbewußten Dynamik der Gruppe, in deren Rahmen dieser Prozeß stattfindet, d.h. daß die Dynamik der Primärgruppe für das Gelingen oder Mißlingen dieser grundlegenden Phase der Ich-Entwicklung entscheidende Bedeutung hat (vgl. AMMON 1970a, 1927b).
Im folgenden möchte ich deutlich machen, daß sowohl die pathologische Arretierung der Ich-Entwicklung als auch die unbewußte Dynamik der Gruppe, die diese Arretierung hervorgerufen hat, in den Träumen der Patienten erkannt werden kann, und daß es für den therapeutischen Prozeß außerordentlich wichtig ist, diese Ebene des Traumes, die den dominierenden Identitätskonflikt des Patienten formuliert, zu interpretieren.
Ich möchte dies an einem Beispiel aus meiner Praxis erläutern. Eine Patientin, die ich im folgenden Cathy nennen möchte, kam mit dem Syndrom einer tiefgreifenden Identitätsdiffusion, verbunden mit der Symptomatik einer archaischen Oralität und Homosexualität in die Analyse.

Nach einer ausgedehnten Anfangsphase, in der die Patientin in monotonen Reden über ihre Gefühle der Leere, des Hohlseins, der Unwirklichkeit und der Umnebelung klagte, konnte Cathy schließlich über die Angst sprechen, die sie in der Analyse erlebte. Sie brachte dann den folgenden Traum in die Analyse: In einem großen Gebäude lebte eine Frau, die der Patientin ähnlich schien; doch hatte die Frau die gleichen Augen wie der Analytiker. Die Frau wurde von einem fliegenden Ungeheuer beherrscht und kontrolliert, das sie nicht reden lassen wollte, das ihr befahl zu lächeln, das ihr vorschrieb, wie sie auszusehen, zu gehen und sich zu bewegen habe. Das Gebäude, das im Traum das Zuhause der Frau war, sah wie das Gebäude aus, in dem sich die Praxis des Analytikers befand. Das Ungeheuer, welches das Gesicht eines Mannes hatte, kam zur Erde herunter, legte sich nieder, spreizte seine Beine und verlangte von ihr, mit ihm Geschlechsverkehr auszuüben. In diesem Augenblick hörte die Patientin die Stimme der kleinen Tochter jener Frau. Daraufhin durfte die Frau sprechen. Sie fragte das Ungeheuer: »Wer bist du?« Das Ungeheuer antwortete: »Ich bin dein Sohn«. Sie sagte: »Das ist unmöglich«. Darauf sagte das Ungeheuer: »Doch, ich bin dein werdender Sohn«.

Eine orthodoxe, auf die Erhellung der unbewußten Triebwünsche hinzielende Interpretation hätte in dem Ungeheuer des Traumes den Ausdruck der als monströs und gefährlich erlebten sexuellen Wünsche der Patientin im Sinne der ödipalen Inzestproblematik gesehen und wäre darum bemüht gewesen, diese Deutung durch das Material der freien Assoziationen der Patientin zu unterbauen.

Auf der präödipal-symbiotischen Ebene der Ich- und Identitätsproblematik der Patientin aber erschien das Traumungeheuer als die Verkörperung ihrer entscheidenden Frage, die sie mit großer Angst in und außerhalb der Analyse erlebt hatte und die sie während der Bearbeitung des Traumes erneut stark empfand und dann zum ersten Mal auch verbalisieren konnte, der Frage nach ihrer Identität. Sie glaubte, sie selbst sei das Ungeheuer, das Wesen mit dem Gesicht eines Mannes, der Tochtersohn, der Junge, der sie hätte sein und werden wollen. Dann erlebt sie den Analytiker als Ungeheuer und sich selbst als Frau, die sich fürchtet und bedingungslos gehorchen muß. Dann wieder erkannte sie in dem Ungeheuer nacheinander ihre homosexuelle Partnerin, ihre Mutter usf. Sie sagte schließlich, sie möchte wissen, wer sie sei.

Das Ungeheuer verkörperte die Angst, die für sie mit dieser Frage verbunden war. Es verkörperte das unbewußte Identitätsverbot, das die symbiotisch-fordernde Mutter der Patientin verbal und averbal ständig ausgesprochen hatte; die Angst, daß die Abgrenzung von der Mutter ein monströses Verbrechen sei, und gleichzeitig die Angst vor dem Verlust der eigenen Identität und des eigenen Selbstes in der Unterwerfung unter die Mutter.

Die entscheidende Frage des Traumes in der Übertragungssituation der Analyse aber war an den Analytiker gerichtet und lautete: Darf ich mich abgrenzen, darf ich ich selbst sein? Insofern brachte der Traum die in der Übertragung wiedererlebte Abgrenzungsproblematik gegenüber den Forderungen der Mutter und der Primärgruppe zum Ausdruck.

Die »Traumszene« des Monstertraumes repräsentierte darüber hinaus jedoch die aktuelle Lebenssituation der Patientin und symbolisierte ihr Hörigkeitsverhältnis gegenüber ihren sexuellen Partnern und ihren Studienkollegen. Indem ich das Ungeheuer des Traumes nicht als Symbol für die Triebwünsche der Patientin, sondern als symbolische Verdichtung der Forderungen nach Unterwerfung und Abhängigkeit interpretierte, denen die Patientin in ihrer Primärgruppe ausgesetzt war und die sie in ihrer aktuellen Lebenssituation ebenso wie in der Therapie wiedererlebte, konnte ich ihr helfen, ihre Identitätsangst zu verstehen und zu bearbeiten.

Die Patientin hatte den Traum wie einen Realvorgang erlebt und hatte große Mühe, zwischen Traum und Realität zu differenzieren. Meiner Erfahrung nach ist dies ein besonderes Qualitätszeichen des Traumverhaltens von Ich-schwachen und psychosenahen Patienten. So werden z.B. die in den Träumen schizophren reagierender Patienten häufig dargestellten Weltuntergänge, die oft verbunden sind mit einer Auflösung des Körper-Ich-Gefühls, von den Patienten meist als reale Bedrohung erlebt (vgl. AMMON 1973a).

Darin kommt eine Schäche der Ich-Grenze zum Ausdruck. Ich folge hierin FEDERN (1952), der auch die psychotische Reaktion darauf zurückführt, daß die Ich-eigene narzißtische Energie zur Bildung kohärenter Ich-Grenzen nicht ausreicht, wobei ich hinzufügen möchte, daß diese Schwäche der Ich-Abgrenzung aus der pathogenen Dynamik einer Primärgruppe resultiert, welche versäumt hat, das Kind im Aufbau seiner Ich-Grenzen zu unterstützen.

Das Beispiel des zitierten Monstertraumes und seiner Interpretation macht deutlich, daß eine Ich-psychologisch und gruppendynamisch orientierte Traumdeutung zu einer Erweiterung des traditionellen Konzeptes führt, das den Traum vor allem als Ausdruck eines neurotischen Konfliktes zwischen Es-Ansprüchen und Ich-Abwehr versteht.

Bezogen auf die Ich- und Identitätsentwicklung des Träumenden steht das Traumverhalten in einem Spannungsfeld, dessen einer Pol durch die Dynamik der Primärgruppe (bzw. der Symbiose mit der Mutter) und dessen anderer Pol durch die unbewußte Dynamik der aktuellen Lebensgruppe bezeichnet wird. Die jeweils spezifische Dynamik dieser einander überlagernden Gruppensituationen bestimmt m.E. die Traumgestaltung und das Traumerleben. Schon FREUD (1900) deutet diesen gruppendynamischen Aspekt des Traumverhaltens an, wenn er den Traum als den »durch Übertragung auf Rezentes veränderten Ersatz der infantilen Szene« bezeichnet. Und wenn er auch diesen gruppendynamischen Aspekt nicht ausdrücklich zum Gegenstand seiner Untersuchungen macht, so enthält die Traumdeutung doch eine ganze Reihe wichtiger Hinweise.

In der Analyse seines berühmten Irma-Traumes, des Mustertraumes der Psychoanalyse, wie ERIKSON (1954) ihn genannt hat, bezeichnet er z.B. die Mischbildung Propylen-Propyläen als das gemeinsame Symbol feindlicher und freundlicher »Vorstellungsgruppen«, welche im latenten Traumgedanken den feindlichen bzw. freundlichen Aspekt der Gruppe seiner ärztlichen Standeskollegen repräsentieren.

Und in der Darstellung der Traumarbeit des Primärprozesses sind es immer wieder Gruppenvorgänge, die ihm zur analogischen Darstellung der Mechanismen der Entstellung, der Verdichtung und Verschiebung, der symbolischen Darstellung usw. dienen.

Die Entdeckung und Erforschung der unbewußten Gruppendynamik und der damit verbundenen Gruppenphantasien hat FREUDs metaphorische Sprache bestätigt.

Erst kürzlich hat ANZIEU (1971) an das Phänomen der unbewußten und bewußten Gruppenphantasien Überlegungen geknüpft, die in diesem Zusammenhang bedeutsam sind. Er meint, die psychoanalytische Erforschung von Gruppenprozessen nötige zu dem Schluß, daß die Phantasie nicht, wie dies vielfach geschehe, als ein »höchst individuelles Phänomen« verstanden werden dürfe, etwa in dem Sinne, daß das Kind von dem Augenblick an sich selbst als Person konstituiere, in dem die Phantasie bei ihm seine definitive Organisation erfährt. Die Phantasie sei vielmehr eine zwischenmenschliche bzw. interpersonelle Realität. Sie habe ihren Ursprung in dem Verlangen der Mutter nach dem Körper des Kindes und in den mit diesem Verlangen verbundenen auf das Kind gerichteten Vorstellungen. Als »zwischenmenschliche Realität« finde die Phantasie ihren Ausdruck einerseits in den unbewußten, von ANZIEU so genannten »Urphantasien«, welche »über den Ursprung des Individuums Aufschluß geben«, andererseits bilde sie den unbewußten Hintergrund aller Gruppenbildungen und im weitesten Sinne der Kultur und Gesellschaft.

Der Traum erscheint in diesem Zusammenhang einerseits als die individuelle Bearbeitung einer Urphantasie, insofern ist er mit der Dynamik von Symbiose und Primärgruppe verbunden, andererseits erscheint er als Versuch des Ichs, einen in der Dynamik der aktuellen Lebensgruppe begründeten Identitätskonflikt zu lösen.

Die Arbeit in der therapeutischen Gruppe macht beide Aspekte des Traumverhaltens deutlich. Die Erfahrung zeigt immer wieder, daß die therapeutische Gruppe als ganze von ihren Mitgliedern als Mutter erlebt wird. Sie stellt dabei nicht allein eine mütterliche Atmosphäre (WALTER SCHINDLER 1972) her oder dient der nur zeitweisen Übertragung des Mutter-Kind-Konfliktes auf die ganze Gruppe, sondern sie ist die Mutter auch insofern, als sie den Nährboden bildet für das gemeinsame Gruppenerlebnis und die Entwicklung gemeinsamer Gruppenphantasien.

Die Mutter-Übertragung auf die Gruppe als ganze ist verbunden mit einer Regression des Ichs, die bis zu den frühesten Entwicklungsstufen zurückgehen kann, auf denen die Wahrnehmung noch nicht zwischen Ich und Nicht-Ich differenziert und das Kind die Mutter als zum eigenen Körper gehörend erlebt. Eine ähnliche Regression des Ichs, verbunden mit einer Auflösung seiner Grenzen hat ISAKOWER (1938) für den Prozeß des Einschlafens geschrieben. Er berichtet von seiner klinischen Beobachtung, — ich folge hier der zusammenfassenden Beschreibung von SPITZ (1955) —, »... daß manche seiner Patienten, wenn sie liegend ruhen, besonders bei erhöhter Temperatur oder kurz vor dem Einschlafen, von gewissen Empfindungen berichten, die den Mund, die Hautoberfläche und das Tastgefühl der Hände betreffen. Die etwas vagen Empfindungen werden beschrieben als etwas Faltiges, oder etwas Körnig-Trockenes, etwas Weiches, das den Mund erfüllt; es wird zugleich an der Hautoberfläche des Körpers und in den Handflächen gefühlt. In der visuellen Vorstellung erscheint dieses Etwas als schattenhaft, unbestimmt, meist beim Herannahen immer größer werden und dann plötzlich zu einem Nichts zusammenschrumpfend.«

ISAKOWER vertritt die Auffassung, daß die von ihm berichteten Phänomene beim Übergang vom Wachzustand zum Schlafzustand auf die Erinnerung der vermutlich ersten visuellen Wahrnehmung des Kindes, nämlich der mütterlichen Brust, zurückgehen.

B. LEWIN (1946, 1948, 1953) stieß dann in seiner Traumforschung auf Phänomene, die ihn zu seinem spekulativen Konzept veranlaßten, wonach die mütterliche Brust das Vorbild des von ihm so genannten Traumhintergrundes (dream screen) sei, auf den die Traumbilder projiziert werden. Ich folge noch einmal der zusammenfassenden Beschreibung von SPITZ (1955): »LEWIN geht in seiner Hypothese von der Feststellung FREUDs aus, daß der Traum der Hüter des Schlafes sei. Der Traum in seiner Eigenschaft als Wunscherfüllung garantiert die Fortdauer des Schlafes. In dieser seiner Funktion offenbart der Traum sich als Regression in die Affektlage des Säuglings, der sich sattgetrunken hat und der an der Mutterbrust einschläft. Nach LEWIN erschienen nun manche Träume seiner Patienten wie auf einen Hintergrund projiziert, der seiner Meinung zufolge die visuelle Erinnerung an die Brust widerspiegelte. Er nimmt weiter an, daß dieser Brust-Hintergrund in jedem Traum vorhanden ist, und daß im ›Leer-Traum‹ die Brust tatsächlich den Trauminhalt bildet. Schließlich zieht LEWIN die Parallele von diesen seinen Beobachtungen zu einer früher von ihm aufgestellten Hypothese, nämlich der oralen Triade des Wunsches, ›essen, gegessen zu werden und zu schlafen (zu sterben)‹«.

SPITZ (1955) selbst hat nun in seiner hier zitierten Arbeit über »die Urhöhle« darauf aufmerksam gemacht, daß nach seinen außerordentlich detaillierten Beobachtungen des Säuglingsverhaltens das Kind während des Saugens nicht die Brust, sondern das Gesicht der Mutter ansieht, aber mit den Händen die Brust der Mutter berührt und festhält, und er verweist in diesem Zusammenhang auf seine experimentelle Untersuchung »The Smiling Response« (1946, 1948), in der er nachwies, daß die Fähigkeit zur Wahrnehmung des mütterlichen Gesichtes sich in den ersten drei Lebensmonaten fortschreitend entwickelt, und daß in dieser Zeit auch ». . . keinerlei sonstige visuelle Wahrnehmungen erkannt und beantwortet werden.«

SPITZ entwickelt nun die interessante Vorstellung, daß die verschiedenen Wahrnehmungen des Säuglings beim Saugakt, das

Ansehen der Mutter, das Betasten der Brust mit den Händen, der Hautkontakt mit dem mütterlichen Körper und das Gefühl der Füllung der Mundhöhle mit der Brustwarze und der mütterlichen Milch zunächst allein als Körperinnenwahrnehmungen registriert würden, daß die Saugerfahrung aber dann zu einer Brücke für die Objektwahrnehmung werde, die mit der Integration der verschiedenen Sensationen erfolgte, wenn etwa im dritten Lebensmonat das Lächeln des Kindes anzeigt, daß es das Gesicht der Mutter erkennt. »Dies ist«, sagt SPITZ, »ein entscheidender Wendepunkt in der Entwicklung der Psyche im ersten Lebensjahr. Passives Hinnehmen wird zu aktiver Wahrnehmung; der Verfasser hat diese Errungenschaft des Säuglings daher auch, in Analogie zu einem entlehnten Begriff der Embryologie, einen Organisator der psychischen Entwicklung genannt.«

Er weist darauf hin, daß vor diesem »Wendepunkt« der Säugling eine Differenzierung von Innen und Außen nicht wahrnehmen kann, eine Beobachtung, für die er experimentelle Nachweise zitiert: »Einerseits unterscheidet der Säugling noch nicht, was Ich und was Nicht-Ich, was Selbst und was Nicht-Selbst ist, geschweige denn die Bestandteile seiner Umwelt; andererseits sind auch seine eigenen Fähigkeiten, seien es Weisen des Fühlens, der Empfindung oder der Gestimmtheit, nicht voneinander differenziert. Schließlich kann auch keine Differenzierung innerhalb des psychischen Systems oder selbst zwischen Psyche und Soma nachgewiesen werden. Bezeichnend dafür ist das Phänomen des sogenanten ›Überfließens‹ (overflow) beim Neugeborenen; ein in einem sensorischen Bezirk gebotener Reiz wird durch eine Reaktion, die einem (oder mehreren) beliebig anderen Bezirk angehört, beantwortet.«

SPITZ beschreibt nun den Saugakt und die damit verbundenen Wahrnehmungen als »Wahrnehmungen nach dem Höhlenmodus«. Sie dient gleichzeitig der Wahrnehmung äußerer wie innerer Vorgänge.

»Man könnte hinzufügen, daß dieses frühe intraorale Erleben ja darin besteht, daß das Kind die Brust in sich hineinnimmt,

Im Amphitheater der Casa

während es zugleich in Arme und Brust der Mutter eingehüllt ist. Der Erwachsene betrachtet dies als getrennte Erlebnisse. Aber für das Kind sind sie nur eines, sind singulär und untrennbar, ohne Unterschiede zwischen den konstituierenden Teilen, so daß auch jeder dieser konstituierenden Teile für das ganze Erleben stehen kann:

»Diese Situation sei das Urbild für die Lewinsche Formel »essen und gegessen werden«. Ihre »coenästhetische Wahrnehmung« sei das »deutlichste Beispiel der Funktionsweise der primären Prozesse«. Die »Welt der Urhöhle«, wie sie auf dieser Ebene der Wahrnehmung erfahren werde, sei »eine seltsame Welt: undeutlich, unbestimmt, zugleich lustvoll und unlustvoll überbrückt sie den Abgrund zwischen Innen und Außen, zwischen Aktivität und Passivität«. Diese Situation bestimmt auch die Art und Weise der Tätigkeit der Ich-Funktionen, welche die Unterscheidung von Innen und Außen, von Ich und Nicht-Ich treffen.

»In ihrer Nichtdifferenzierung ist diese Welt die Matrix sowohl von Introjektion wie Projektion, die als ursprünglich normale Vorgänge erscheinen, obwohl wir uns ihrer Auswüchse erst in pathologischen Prozessen bewußt werden.«

SPITZ meint daher, daß der Mund »in seiner Eigenschaft als Urhöhle die Brücke zwischen dem inneren Hineinnehmen und dem äußeren Wahrnehmen ist; hier ist der Ursprung und die Grundvorstellung aller äußeren Wahrnehmung; es ist der Ort des Übergangs für die Entwicklung bewußter zielgerichteter Aktivität, für das erste aus der Passivität auftauchende wollen«.

Während des Einschlafens regrediere das Ich auf diese frühesten Stufen seiner Organisation. Das ISAKOWER-Phänomen begreift SPITZ dabei »gleichsam als Folge einer Schwächung der Kohäsionskräfte des Ichs im Zuge des Einschlafvorganges«, welche dazu führt, daß »die Kooperation der Ich-Bestandteile aufhört«. Er nimmt daher an, daß hier die Regression bis in die Zeit vor der ersten Ich-Integration reicht.

In dem von LEWIN beschriebenen Traumhintergrund des Leer-Traumes aber erkennt er »an sich schon eine Wunscherfüllung ... eine Bedürfnisbefriedigung, die symbolisch verwendete mnemische Spur satter Ruhe«. Hier ist also die Ich-Regression nicht hinter die erste Integrationsstufe zurückgegangen. Und der visuelle Traum zeige an, daß das Ich des Träumenden noch vor dieser Regressionsstufe haltmache.
Die zitierten Untersuchungen machen deutlich, daß Struktur und Dynamik des Traumverhaltens mit der Geschichte der frühesten Ich-Entwicklung eng verbunden sind. Sie zeigen insbesondere die grundlegende Bedeutung, welche die unbewußte Dynamik der Symbiose von Mutter und Kind für die Ich-Entwicklung und daher auch für das Traumverhalten hat.
M.E. ist es sinnvoll, das Lewinsche Konzept des Traumhintergrundes mit FEDERNs Konzept einer Ich-Grenze, an der die Traumbilder auftauchen und sichtbar werden, in Beziehung zu setzen.
Wir würden dann sagen, daß die mütterliche Brust zum Traumhintergrund des Kindes werden kann, wenn die Mutter es dem Kind in der Symbiose ermöglicht hat, die Brust als Bestandteil des eigenen Körpers zu erfahren und dann als eigene Ich-Grenze zu halluzinieren. Dies setzt m.E. voraus, daß die Mutter in der Lage ist, die Bedürfnisse des Säuglings adäquat wahrzunehmen und als ein Hilfs-Ich des Kindes die »spezifische Aktion« (FREUD 1985) der Bedürfnisbefriedigung im richtigen Zeitpunkt auszuführen, d.h. sich dem Kind weder übermäßig aufzudrängen, noch sich seinem Bedürfnis allzulange zu verweigern. Nur unter diesen Umständen kann das Kind die »Welt der Urhöhle« (SPITZ) als befriedigend erfahren und darin seine Ich-Funktionen üben.
Die Mutter-Übertragung auf die therapeutische Gruppe erfordert nun m.E., daß wir dieses Konzept der zunächst durch die Mutter dem Kind bereitgestellten Ich-Grenze auf die Situation der therapeutischen Gruppe übertragen. Wir können dann sagen, daß die Gruppe in dem Augenblick als Repräsentanz des archaischen Körper-Hilfs-Ichs der Mutter erlebt werden kann,

wenn die Gruppenmitglieder in der Lage sind, sich gegenseitig als Hilfs-Ich zu erleben.
Dies ist nach meiner Erfahrung dann der Fall, wenn die Gruppe im Prozeß der bewußten und unbewußten Phantasiebildungen ihrer Mitglieder einen »gemeinsamen Nenner« findet. Sie tritt dann in einen besonderen Zustand der »gemeinsamen Spannung« (ANZIEU 1971) und erkennt sich selbst als ein kohärentes Gebilde. Damit aber grenzt die Gruppe sich nach außen hin ab und kann dann die Funktion einer als Traumhintergrund dienenden Ich-Grenze übernehmen.
Das Auftauchen eines Traumes in der therapeutischen Gruppe hat daher sowohl in der Gruppen- als auch in der Einzeltherapie eine wichtige Signalfunktion. Es zeigt an, daß die Gruppe als ganze bzw. das Ich des Einzelpatienten sich abgrenzen konnte und sich daher gestattet, den Zugang zur unbewußten Dynamik, den der Traum eröffnet, zu benutzen.
Ich möchte dies an einem Traum erläutern, der die Abwehrmechanismen repräsentiert, mit denen eine therapeutische Gruppe sich gegen das Durcharbeiten der Aggressionen und der Haßgefühle gegenüber den Geschwistern wehrte.
Ein Gruppenmitglied hatte die Gefühlsunechtheit der Gruppe heftig beklagt und war vom Therapeuten darin unterstützt worden. Dieser hatte die Überbesorgtheit der Gruppenmitglieder für diesen Patienten als Reaktionsbildung auf starke Rivalitätsgefühle und Geschwisterneid interpretiert. In dieser Situation berichtete eine Patientin, die nach dem Tode ihrer Eltern zusammen mit drei Schwestern aufgewachsen war, folgenden Traum:
Sie befand sich mit ihren Schwestern in einem von diesen geleiteten Kinderheim. Es gab ein Fest auf einer grünen Wiese, an dem viele Leute, unter anderem auch die Schwestern teilnahmen. Die Patientin trank Milch, die in großen Kübeln bereitstand, bis eine Schwester sagte, mehr Milch dürfe sie nicht trinken, das sei ungesund. Aber die Patientin wollte nicht aufhören. Daraufhin machten die Schwestern ihr heftige Vorwürfe und wollten ihr keine Milch mehr geben. Um sich zu rächen,

wollte die Patientin die übrige Milch vergiften und ungenießbar machen. Sie benahm sich dabei aber so ungeschickt und zögernd, daß ihre Schwestern aufmerksam wurden und sie daran hinderten. Die Patientin lief wütend weg und wachte auf.

In der anschließenden Bearbeitung des Traumes durch die Gruppe wurde deutlich, daß der Traum die Angst der Patientin repräsentierte, sich ihre Geschwisterrivalität einzugestehen und zu bearbeiten, und dabei die analytische Nahrung als unvergiftete, d.h. neidlos zugestandene zu akzeptieren.

Die Gruppe akzeptierte den Traum als kreativen Beitrag zur Interpretation der Gruppensituation. Sie verstand ihn als Schlüssel für den Widerstandskonflikt der ganzen Gruppe und sah darin eine Bereicherung des Gruppenprozesses. Der Traum hatte der Gruppe gezeigt, was sie unbewußt beschäftigte, die Patientin war zum Sprecher der Gruppe geworden.

Sie übernahm damit die Funktion, welche FREUD in seiner Analyse der Traumarbeit den »Sammelpersonen« des manifesten Trauminhaltes zuspricht, d.h. den Traumbildern, welche genügend Besetzungen auf sich ziehen können, um die Wahrnehmungsgrenze zu erreichen.

Ebenso ist der Patient, der einen Traum berichtet, die Person, welche der Gruppe ihre unbewußte Dynamik sichtbar macht. Die Voraussetzung dafür ist m.E., daß die Gruppe sich abgrenzen und ein kohärentes Ganzes bilden kann. Meines Erachtens ist damit sozusagen die Nahtstelle bezeichnet, welche die nachholende und erweiternde Ich- und Identitätsentwicklung mit der Dynamik der Gruppensituation verbindet.

Indem die Gruppe als ganze sich abgrenzt und damit Kohärenz und Identität gewinnt, kann sie es erfahrungsgemäß dem einzelnen erst ermöglichen, seinen Identitätskonflikt im schützenden Rahmen der Gruppe zu artikulieren. Sie übernimmt dann die Funktion, die eine freundliche Primärgruppe dem Kinde gegenüber wahrnimmt, indem sie dieses bei der Erprobung seiner Ich-Funktionen und in seinen Versuchen, sich als eigene Person abzugrenzen, unterstützt.

In diesem Sinne können wir sagen, daß der Traum, der in die Gruppe gebracht wird, immer ein Gruppentraum ist, insofern nämlich, als er anzeigt, daß die Gruppe Träume zuläßt und ermöglicht. In einer zerfallenden Gruppe dagegen tauchen meiner Erfahrung nach keine Träume auf, bzw. können sie nicht akzeptiert und bearbeitet werden.

Die Betonung der Funktion, welche die Gruppe als ganze für die Träume ihrer einzelnen Mitglieder hat, bedeutet daher m.E. nicht, daß die jeweils spezifische Ich- und Identitätsproblematik des individuellen Träumers vernachlässigt wird.

Ich meine vielmehr, daß die Interpretation des gruppendynamischen Aspektes im Traumgeschehen geradezu eine Voraussetzung dafür ist, den im Traum inszenierten Identitätskonflikt als Konflikt in einer Gruppe zu verstehen, in der die Dynamik der Primärgruppe, der aktuellen Lebensgruppe und der therapeutischen Situation einander überlagern und durchdringen. Dies gilt m.E. für jeden Traum.

Für die Therapie ergeben sich hieraus insofern weitgehende Konsequenzen, als die Träume neurotisch reagierender Patienten im Rahmen der klassischen Analyse anders gewertet und behandelt werden müssen, als die Träume von schwerer gestörten Patienten (vgl. AMMON 1971a, c; 1972b).

BALINT (1968) hat darauf hingewiesen, daß die sogenannte Standardmethode der klassischen Analyse darauf angewiesen ist, daß der neurotische Patient sozusagen kohärente Ich-Grenzen mit in die therapeutische Situation bringt, so daß die Analyse sich darauf konzentrieren kann, bewußt zu machen, was an dieser Ich-Grenze geschieht, d.h. Verdrängungen werden aufgehoben. Sie können aufgehoben werden, weil kohärente Ich-Grenzen vorhanden sind und der neurotische Patient daher auch in der Lage ist, das interpersonelle Geschehen in der Analyse als Ausdruck seiner intrapsychischen Vorgänge und Konflikte zu begreifen.

Im Falle der archaischen Ich-Krankheiten, zu denen ich neben der psychotischen Reaktion die Borderline-Symptomatik, die sexuellen Perversionen und die psychosomatischen Erkrankungen zähle (AMMON 1973a), ist die Vorbedingung der kohärenten Ich-Grenzen aber gerade nicht gegeben. Hier geht es nicht um die Aufhebung von Verdrängungen und Bewußtwerden unbewußt gewordener neurotischer Konflikte, sondern darum, dem Patienten dabei zu helfen, die archaischen, selbst primärprozeßhaft bestimmten Abwehrmechanismen der Projektion, der Identifikation, der Abspaltung und der Verleugnung durch flexiblere Formen der Abwehr bzw. des Umgangs mit dem Unbewußten zu ersetzen.

Diese Patienten träumen sozusagen im Wachzustand, ihr tatsächliches Verhalten ist bestimmt von einer primärprozeßhaften Logik. Sie sind daher darauf angewiesen, daß ihnen die Therapie selbst zunächst einmal eine Situation herstellt, die der »Urhöhlen-Situation« des Säuglings nahekommt, d.h. eine Situation, in der das Verhalten des Patienten wie ein Traum und seine Träume als reales Verhalten sichtbar und erfahrbar werden können. Die psychoanalytische Gruppentherapie, die in der Mutterübertragung auf die Gesamtgruppe eine tiefgehende Regression erlaubt, hat hier eine besondere Bedeutung.

Das Traumverhalten dieser Patienten hat im Rahmen ihrer nachholenden Ich-Entwicklung eine wichtige Funktion. KNIGHT (1953) hat in einer grundlegenden Arbeit auf das spezifische Traumverhalten von Borderline-Patienten hingewiesen und darauf aufmerksam gemacht, daß bei diesen Patienten eine starke Diskrepanz zwischen der funktionierenden Fassade der angepaßten Als-ob-Persönlichkeit, die eine differenzierte Ausbildung der Ich-Organisation vermuten läßt, und den archaisch undifferenzierten Träumen dieser Patienten besteht, die deutlich machen, daß ihre emotionale Entwicklung auf einer vergleichsweise primitiven Stufe arretiert ist.

Ein Beispiel ist der folgende Traum eines Borderline-Patienten aus einer therapeutischen Gruppe: »Ich stehe vor meinem Haus, drinnen sind Leute, die ein Fest feiern, ich bin ausgeschlossen und traurig darüber. Ich sitze vor dem Haus, um mich sind 12 Papageien versammelt. Plötzlich erhebt sich ein Papagei und fliegt mit lahmen Flügeln nach oben. In dem Augenblick kommt ein herrlicher Raubvogel in gleitendem Segelflug über uns entlang geflogen. Ich bekomme Angst, doch der Papagei verfolgt den Raubvogel und fliegt krächzend und schreiend mit aufgerissenem Schnabel hinter ihm her. Ich locke den Papagei zurück und halte ihn in meiner Hand. Ich gehe in das Haus hinein, um meinen jüngeren Bruder zu suchen, um mit ihm über den Papagei zu sprechen, aber ich finde meinen Bruder nicht«.

Dieser Traum bringt die Isolation und die Hilflosigkeit des Patienten deutlich zum Ausdruck. Er symbolisiert das Scheitern seiner von ihm selbst als hoffnungslos erlebten Kommunikationsversuche. Das Traum-Ich erscheint gelähmt und aktionsunfähig.

Eine ähnlich hilflose Starrheit des Ichs finden wir häufig in den Träumen psychosomatisch reagierender Patienten und Menschen mit destruktiver Sexualität (vgl. AMMON 1973a). Die folgenden Beispiele können dies illustrieren.

Ein Patient mit sexueller Destruktivität, der hinter einer glänzenden intellektuellen Fassade eine archaische Symptomatik verbirgt — sein Fetischobjekt sind die eigenen Faeces, die er ißt, verschmiert, in die hinein er onaniert — bringt den folgenden Traum in die Analyse: »Ich werde in einem Ritual gefoltert. An den Händen gefesselt, mit einem schwarzen Kimono bekleidet, über einem mit Wasser gefüllten Bassin schwebend. Meine Frau und ein ehemaliger Freund schlagen mich mit Peitschen. Bei jedem Schlag werde ich untergetaucht. Gleichzeitig ein ohrenbetäubender Gongschlag. Der Szene wohnen mein Vater und der Vater meines Freundes bei. Ich protestiere, man bindet mich erstaunt los.«

Die hier ausgedrückte sado-masochistische Dynamik wird auch deutlich in einem zweiten Traum des Patienten: »Eine Kinderkommunion. Auf dem Nachhauseweg folgt mir im Mondschein mein Vater. Er ähnelt dem Vater meiner Kindheit: er ist schlank, drahtig, ein junger Rittmeister mit Sonnenbrille. Ich sage: Du bist ein Sadomasochist und möchtest von einem Mufti gearschfickt werden. In diesem Augenblick krümmt sich mein Vater zu einem Frankensteinschen Monster zusammen, kommt drohend auf mich zu. Eine furchtbare Musik. Ich imitiere mit meiner Hand eine Pistole und sage: ›Paff‹.«

Die drei zitierten Träume können in ihrer Struktur und Dynamik meines Erachtens repräsentativ für das Traumverhalten schwer gestörter Patienten gelten.

Die Ohnmacht des Traum-Ichs verweist auf eine grundlegende Armut und Leere des Ichs, das in seinen Funktionen gelähmt und undifferenziert ist. Das Ich dieser Patienten hat differenzierte Funktionen sozusagen nur in Form einer abgespaltenen intellektuellen Fassade entwickeln können, die der Abwehr eines archaischen Defizits in der Ich-Struktur selbst dient.

Das strukturelle Ich-Defizit äußert sich dann einerseits in der traumhaft ausagierten psychopathologischen Symptomatik, andererseits manifestiert es sich im Traum in Form eines hilflos ausgelieferten, gelähmten Traum-Ichs.

Diese Träume müssen daher, wie ich am Beispiel des zitierten Monstertraumes der Patientin Cathy zu zeigen versucht habe, weniger hinsichtlich ihrer Triebdynamik interpretiert und bearbeitet werden. Im Mittelpunkt sollte vielmehr die Bearbeitung des strukturellen Ich-Defizits stehen, das in ihnen zum Ausdruck kommt. Im Rahmen einer nachholenden Ich-Entwicklung, die dem Patienten bei der Ausbildung flexibler Ich-Grenzen, d.h. bei der Abgrenzung und Erweiterung seiner eigenen Ich-Identität behilflich ist, wird sich dann allmählich auch das Traumerleben und -verhalten des Patienten erweitern und differenzieren. Das jeweilige Traumverhalten selbst, bzw. seine Veränderung im Laufe des therapeutischen Prozesses, bietet daher ein wichtiges Kriterium für die differentialdiagnostische Bestimmung der Ich-Entwicklung des Patienten.

Zusammenfassend möchte ich sagen: Meine Hypothese ist, daß im Traum die Dynamik der Ich- und Identitätsentwicklung des Träumenden sich in der spezifischen Qualität des Traumerlebens und der Traumgestaltung manifestiert. Die Aspekte der Ich-Funktion des Traumes, die »Ich-Grenze« (FEDERN) bzw. »Ich-Autonomie« (RAPAPORT) sind dabei mit der Dynamik der umgebenden Gruppe unmittelbar verbunden. Der einzelne kann seine Ich-Identität nur in der Abgrenzung von der umgebenden Gruppe gewinnen. Die Gruppe selbst ermöglicht diese Abgrenzung erst, wenn sie sich selbst als Gruppe abgrenzen und Kohärenz gewinnen kann.

Der Initialtraum in der Therapie zeigt an, daß der Prozeß der Ich-Abgrenzung und der Prozeß des Aufbaus von Gruppengrenzen ein Mindestmaß an Synchronizität erreicht haben. Insofern als der Traum diese Gleichzeitigkeit zum Ausdruck bringt, kann er als Ich- und Gruppenfunktion begriffen werden. In der Traumdeutung dient das Hervorheben dieser beiden Aspekte dem Finden und der Erweiterung der Ich-Identität von Patient und Gruppe.

Die Gruppe selbst in ihren einander überlagernden Aspekten als Primärgruppe, als aktuelle Lebensgruppe und als therapeutische Gruppe — die Zweiergruppe der Einzeltherapie mit einbezogen — dient als Traumhintergrund, den wir vergleichen können mit der zunächst noch nicht entwickelten, einfarbigen Fläche eines fortlaufenden Films, auf dem im Laufe des therapeutischen Prozesses allmählich die Gestalten und Gruppensituationen der Ich- und Identitätsentwicklung hervortreten, bis sie schließlich mit zunehmender Deutlichkeit und Differenziertheit sich abheben und, indem sie eine plastische Identität gewinnen, sich von dem gemeinsamen Hintergrund ablösen.

# Erfahrung bei der Peyote-Zeremonie

Ich berichte hier in Zusammenarbeit mit meinem kanadischen Kollegen PAUL PATTERSON über eine gemeinsame Erfahrung mit Peyote, während einer Zeremonie der »Native American Church«, zu der wir als Mitglieder der Menninger Foundation eingeladen waren. Umgebung und Phasen der Zeremonie werden kurz beschrieben. Die gruppendynamische Seite wird charakterisiert durch das Gefühl der Einheit bei den Teilnehmern. Besonders Reden und Gebete drücken den »Gruppengeist« aus. Uns wurde die gleiche Dosis von Peyote verabreicht. Unsere persönliche Lebensgeschichte und Erfahrung war aufgrund des Unterschieds im Alter, Interesse und in der Ausbildung andersartig. Vor der Zeremonie zeigte ich mehr Bereitschaft und Interesse für die Peyote-Erfahrung, während mein Mitautor skeptisch und ängstlich war. Daher erlebten wir die Zeremonie grundverschieden. Bei mir bewirkte das Peyote-Erlebnis einen traum-ähnlichen Zustand in Verbindung mit einer glücklichen, einsichtsfähigen Stimmung. Ich stellte auch eine Erweiterung der Wahrnehmung fest, die ich als Indikator für Ich-Potentialitäten bewerte. PATTERSON dagegen verlor die Ich-Kontrolle und erlebte eine Spaltung zwischen Körper und Bewußtsein. Im Unterschied zu meinem Erleben trat er mit ängstlicher Gespanntheit in die Zeremonie ein. Einerseits konnte er sich nicht auf die Gruppe verlassen, da ihm seine artifizielle Als-ob-Identität als Indianer keine Basis gab, andererseits aber konnte er kein Vertrauen in die integrative Kraft seiner wissenschaftlichen Objektivität setzen. Die bewußtseinserweiternde Wirkung der Drogen ist also weniger auf die Erfahrungsinhalte, als vielmehr auf die Flexibilität im Umgang mit diesen Erfahrungen zurückzuführen.

Wir nennen fünf Faktoren, die das Erleben von halluzinogenen Drogen beeinflussen: die physikalische Umgebung, die Gruppendynamik der Situation, die Dosierung der Drogen, die persönliche Lebensgeschichte und die persönliche Einstellung vor der Situation. Die beiden letzten Faktoren bestimmten die Verschiedenheit unserer jeweiligen Erfahrung, da die ersten drei Faktoren bei uns die gleichen waren. Bei der Anwendung von Drogen in der Psychotherapie und Psychiatrie empfehlen wir die Berücksichtigung der fünf genannten Faktoren. Außerdem können die Ergebnisse dieser Erfahrung zum Verständnis des menschlichen Bewußtseins, seiner Grenzen und Möglichkeiten beitragen.


Heute nach nunmehr über 20 Jahren würde ich meinen, daß Meditation und der sozialenergetische Fluß in der Gruppe von weit stärkerer Wirkung sein können als das Peyote-Ritual. Ich meine, daß eine Droge eine ärmliche Krücke zur Erlangung höherer und tieferer Bewußtseinszustände ist. Im Hinblick auf die Native Church of America und ihrem Peyote-Kult muß ich allerdings sagen, daß hierbei Peyote religiöse Bedeutung hat, Vater und Mutter zugleich ist, und wie eine Oblate bei der christlichen Messe rituell eingenommen, d.h. durch den Feuerhüter den Gläubigen gereicht wird. Außerdem hat die Peyote-Bewegung eine große einigende Bedeutung für die dort vereinigten ca. 400 Indianerstämme, die sich teilweise nicht einmal in ihrer Stammessprachen verstehen könne, sondern das Englische als verbindende Sprache benutzen müssen. Die Peyote-Bewegung stellt die stärkste Kraft der Bürgerrechtsbewegung des Roten Mannes der USA dar.
Darüber hinaus dient die Peyote-Zeremonie der Heilung Kranker, die mit ihrem Anliegen der Heilung zur Zeremonie kommen. Andere kommen mit persönlichen Wünschen und Anliegen, andere kommen ohne besondere persönliche Anliegen, son-

dern aufgrund von Zugehörigkeitsgefühlen und religiösen Bedürfnissen.
Nach der Teilnahme an dieser Zeremonie wurde ich zu weiteren Zeremonien in das Potawotomie-Reservat, das nur 30 Kilometer von Topeka entfernt war, eingeladen. Die letzte Zeremonie, an der ich teilnahm, war meiner glücklichen Rückkehr nach Deutschland gewidmet.


»Aus dem Geleise gewöhnlicher Wahrnehmung geworfen zu werden, während einiger zeitloser Stunden die äußere und innere Welt nicht so zu sehen bekommen, wie sie einem vom Trieb zum Überleben besessenen Tier oder einem von Wörtern und Begriffen besessenen Menschen erscheinen, sondern wie sie, unmittelbar und unbedingt, vom Geist als Ganzem aufgefaßt werden können, — das ist ein Erlebnis von unschätzbarem Wert für jeden Menschen, und besonders für den Intellektuellen.« (A. HUXLEY, 1954).


I. Mit seiner Entdeckung der Dynamik des Unbewußten hat FREUD der Wissenschaft einen Schlüssel zu den Geheimnissen der menschlichen Psyche gegeben und ihr den Zugang zum inneren Universum des Menschen eröffnet.
Auf der Basis dieser grundlegenden Entdeckung hat die psychoanalytische Ich-Psychologie begonnen, uns einen Einblick in die funktionellen Aspekte der psychischen Instanzen und Prozesse und in ihre Pathologie zu verschaffen. Die Forschung in diesen Bereichen befindet sich nach wie vor in ihren Anfängen, und in den letzten Jahren ist vielfach nach neuen und anderen Ansätzen zur methodischen Erhellung der Struktur und Dynamik psychischer Vorgänge gesucht worden.
FREUD selbst war der Meinung, daß die psychologische Forschung in die Bereiche der Biologie und Physiologie vorange-

trieben werden müsse. Es ist daher nicht so abwegig, wenn eine Reihe von Forschern in ihrer Suche nach einem Schlüssel zum Verständnis der psychischen Prozesse sich den halluzinogenen Drogen wie Meskalin, LSD und Psilocybin zugewandt haben. Diese Drogen haben sicherlich, wie ALDOUS HUXLEY (1954) ausführte, das Vermögen, den Bereich der menschlichen Wahrnehmung und Erfahrung über die kulturell verengten Erwartungshorizonte hinaus zu erweitern. Sie eröffnen jedoch auch noch andere Möglichkeiten. Gibt es zum Beispiel — wie GARDNER MURPHY (1958) vorschlägt — unbegrenzte menschliche Potentialitäten, welche unter dem Einfluß dieser Drogen freigesetzt und dadurch der Beobachtung zugänglich werden? Können nicht die erweiterte Ich-Erfahrung und die enthüllenden traumähnlichen Bilder, welche etwa der Peyote-Rausch hervorruft, zu Einsichten führen, die auf andere Weise nicht oder zumindest nicht so leicht zu erlangen sind?

Eine Antwort auf diese und andere damit verknüpfte Fragen würde den Rahmen der vorliegenden Arbeit sprengen. Ich hoffe jedoch, daß dieser Bericht wenigstens die Beschäftigung mit diesen Fragen stimulieren wird.

Die Hauptwirkungen der genannten halluzinogen Drogen sind relativ konstant. So bemerkt zum Beispiel MUMEY (1951) über die Wirkung von Peyote, daß »die Farbvisionen, die während der Intoxikation erscheinen, durch das Alkaloid Meskalin hervorgerufen werden. Die Intoxikation bewirkt eine Bewußtseinsveränderung, bringt Visionen der Schönheit von Farbe und Form hervor, oft gefolgt von der Erscheinung verschiedener grotesker Figuren. Die Pupillen werden erweitert, der Puls verlangsamt sich, die Herztätigkeit ist geschwächt. Das Zeitgefühl geht verloren, partielle Anästhesie und Muskelrelaxation treten auf, verbunden mit dem Gefühl, in einer anderen Welt zu sein. Die Aufmerksamkeit ist verringert, aber die intellektuelle Urteilsfähigkeit bleibt unbeeinträchtigt«.

Trotz dieser Ähnlichkeit in den Grundzügen der Drogenerfahrung gibt es jedoch deutliche, individuelle Unterschiede in den Rauscherlebnissen, wie sie in der Literatur berichtet werden,

selbst bei denen, welche die gleiche Droge benutzen. Bei diesen Unterschieden muß die Forschung einsetzen, und hier liegt ihre therapeutische Bedeutung. Es ist daher das Anliegen der Arbeit, einige der Faktoren, welche diese Unterschiede in der Erfahrung beeinflussen, näher zu untersuchen, um eine bessere Kontrolle und Interpretation der individuellen Erfahrung zu ermöglichen und damit der wissenschaftlichen Erhellung und der therapeutischen Arbeit zu dienen.
Im folgenden soll versucht werden, die Umstände zu analysieren, welche zu den weitgehend verschiedenen Ich-Erfahrungen beitragen, die wir beide als Teilnehmer an einer Peyotezeremonie nordamerikanischer Indianer unter dem Einfluß von Peyote machten.

## *II. Der Hintergrund*

Der Gebrauch halluzinogener Drogen, um die Selbstwahrnehmung zu steigern und Meditation zu erzeugen, ist keineswegs neu. Die mexikanischen Indianer haben Peyote seit Jahrhunderten gebraucht.
Durch Vermittlung der im Grenzgebiet lebenden Mescalero-Apachen gelangte die Droge seit etwa 1870 zu den nordamerikanischen Stämmen, unter denen der Peyote-Gebrauch sich dann relativ schnell ausbreitete. Die Indianer verwandten die Droge als Sakrament einer in verschiedenen Ansätzen sich ausbildenden Peyote-Religion. Peyote wurde zum Allheilmittel für körperliche und seelische Gebrechen. Die Droge wurde darüber hinaus zu einer einigenden Kraft, welche die vielfach gestörten Stammeskulturen der Indianer untereinander verband, so daß SLOTKIN (1956) die Peyote-Religion als eine »Verteidigung der Indianer gegen die Folgen der weißen Herrschaft« beschreiben konnte. Peyote hat daher für die Indianer eine dreifache Bedeutung, eine soziale, eine religiöse und eine persönliche Bedeutung für den einzelnen. Angesichts der bevorstehenden Prohibitionsgesetzgebung organisierten sich die Peyote-Indianer 1918 in der Native American Church, zunächst in

Oklahoma und später auch in achtzehn weiteren Bundesstaaten und einer der kanadischen Provinzen. 1964 hatte die Native American Church 225 000 Mitglieder. Sie umfaßt viele verschiedene Stämme und ist in der Tat eine panindianische Bewegung.

Im Bewußtsein der historischen Bedeutung, welche der Gebrauch von Peyote für die Indianer hat, waren PATTERSON und ich nur zu gern bereit, die Gelegenheit zu ergreifen, die Wirkung einer halluzinogenen Droge in ihrer »natürlichen Umgebung« zu erfahren.

Diese Gelegenheit bot sich, als KARL MENNINGER und seine Mitarbeiter eingeladen wurden, an der 16. Jahreskonferenz der Native American Church teilzunehmen, die vom 25.—27. Juni 1965 in der Potawotomie-Reservation in der Nähe von Mayetta, Kansas, stattfinden sollte.

Am Nachmittag des 26. Juni wurden wir den Indianern in einer Rede von KARL MENNINGER vorgestellt und erhielten die Erlaubnis, in der gleichen Nacht an einer Peyotezeremonie teilzunehmen.*

III. These

In dieser Arbeit sollen die überraschenden Unterschiede in den Drogenerfahrungen von P. PATTERSON und mir beschrieben werden, und es soll versucht werden einige der Faktoren herauszuarbeiten, welche diese Diskrepanz haben entstehen lassen.

Diese Faktoren gliedern sich in fünf Punkte:
1. Die Beschaffenheit der Situation und der Umgebung.

---

* Die Autoren möchten an dieser Stelle den Herren Emerson Decorah (President of the Native American Church), Walter Wabaunsee (Vice President), Harley Green, William Wahzow-Kouck, Willard Lonetree, Leonhard McKinney und vielen anderen danken, sowohl für die Erlaubnis an der Zeremonie teilzunehmen, als auch für die liebenswürdige Freundlichkeit, mit der sie empfangen und über die Native American Church unterrichtet wurden. Sie danken ebenfalls Karl Menninger, sie zu dieser Konferenz eingeladen und bei den Indianern eingeführt zu haben.

2. Die Dynamik der Gruppe.
3. Art und Dosierung der Droge.
4. Die persönliche Lebensgeschichte und die daraus resultierende Persönlichkeitsdynamik.
5. Die aktuelle persönliche Einstellung vor der Teilnahme an der Zeremonie.

Die in den ersten drei Punkten genannten Bedingungen waren für uns annähernd gleich. Sie werden daher zuerst geschildert. Die Peyote-Zeremonie selbst ist in der Literatur mehrfach beschrieben worden (vgl. LA BARRE 1938; BEE 1965; LANTERNARI 1963; MARIOTT 1954, MUMEY 1951; SLOTKIN 1956) ebenso Erfahrungen mit hallzionogenen Drogen (vgl. BERINGER 1922; ELLIS 1897; A. HUXLEY 1954; LEARY, METZNER und ALPERT 1964; SMITH 1959) und ihre chemische Basis und therapeutische Bedeutung (vgl. CROTCHET, SANDISON und WALK 1963).

*IV. Die Situation und die Umgebung*

Die Zeremonie fand wegen des unbeständigen Wetters in einer großen, nüchternen Steinhalle statt. Die Teilnehmer saßen rundherum an den Wänden und bildeten einen großen Kreis. Der Führer der Zeremonie saß auf der Westseite gegenüber der offenen Tür an der Ostseite. Vor ihm lag ein Altartuch. Während des Eröffnungsgesanges hielt er einen geschnitzten Stab und eine Rassel in seinen Händen, später benutzte er einen Wedel oder Fächer aus Adlerfedern, ein symbolisches Medium für die Kommunikation zwischen Mensch und Schöpfer (Abb. 4). Der Stab war handgeschnitzt und zeigte am oberen Ende das kosmische Kreuz indianischer Kulte und am Stiel das Symbol des einschlagenden Blitzes, das, wie der Leiter der Zeremonie erklärt hatte, das Aufschlagen verhärteter Herzen durch Peyote versinnbildlicht (siehe auch das Blitzsymbol auf dem Schrein, Abb. 8). Rechts neben ihm saß der Trommler, dessen Instrument aus einem dreibeinigen Eisenkessel bestand, der zu zwei Dritteln mit Wasser gefüllt und mit starker Büffelhaut

Abb. 1: Der Peyote-Kaktus.

Abb. 2: Ein Peyote-Indianer aus dem Stamm der Sioux mit Peyote-Abzeichen.

Abb. 3: Die Wassertrommel der Peyote-Zeremonie.

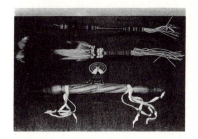

Abb. 4: Rituelle Geräte des Peyote-Kultus, a) Rassel, b) Fächer aus Adlerfedern, c) Peyote-Abzeichen, d) Sioux-Friedenspfeife.

Abb. 5: Dr. Patterson, am Morgen nach der Peyote-Zeremonie.

Abb. 6: Dr. Ammon im Gespräch mit einem Peyote-Indianer nach der Zeremonie.

Abb. 7 und 8: Peyote-Schrein, links vor dem Schrein zwei Peyote-Scheiben; Symbolik des Schreins mit geöffnetem Peyote-Wigwam; mit weißen Adlern, die die Gebete zum Großen Geist bringen; der Morgenstern über dem Zelt; rechts Symbolik des Peyote-Altars mit Peyote-Scheiben an beiden Seiten.

überspannt war (Abb. 3). Anstelle des üblichen Feuers stand eine große Pfanne mit glühenden Kohlen in der Mitte des Raumes.

Die Versammlung wurde mit einer Reihe von Gebeten eröffnet. Den weiteren Verlauf der Zeremonie bestimmten die vier Hauptgesänge. Zunächst wurde der Eröffnungsgesang gesungen, dann folgte um Mitternacht der Gesang vom Ruf nach dem Mitternachtswasser, der den Höhepunkt der ganzen, die Schöpfung selbst darstellenden Zeremonie, bildet. Bei Anbruch des Morgens folgte dann das Frauenlied vom Ruf nach Wasser und schließlich die Abschiedsgesänge. Jeder dieser Gesänge, die offensichtlich mit starker Emotion und großem Ernst gesungen wurden, kreiste um die beiden Sakramente Wasser und Peyote und wurde erlebt als eine Kommunikation mit dem Schöpfer.

1 Leiter der Zeremonie
2 Altartuch
3 Peyote-Stab
4 Rassel
5 Fächer aus Adlerfedern
6 Wassertrommel
7 Trommler
8 Feuerstelle
9 Wasserträgerin
10 Feuermann

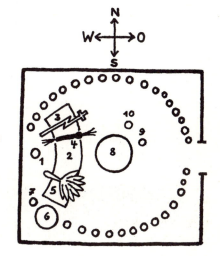

In der Zeit zwischen den Hauptgesängen wanderten der Zeremonienstab und die Trommel im Uhrzeigersinn von Hand zu Hand. Jeder männliche Teilnehmer sang ein Lied in der Sprache seines Stammes, wenn ihm der Stab gereicht wurde. Es war üblich, daß sein rechter Nachbar ihn dazu auf der Trommel begleitete, wenn nicht der Sänger einen anderen Teilnehmer darum bat.

Nach dem Eröffnungsgesang wurden in formeller Zeremonie die Peyote-Scheiben verteilt. Jeder Teilnehmer bekam vier oder fünf dieser Scheiben, die coupierten und getrockneten Spitzen des Peyote-Kaktus (Abb. 1) hatten die Form und Größe halber Nußschalen, in deren Höhlung kleine Samenkörner eingebettet lagen. In der Mitte der Schale war eine baumwollähnliche Masse, die dann herausgezupft werden mußte. Die Scheiben wurden dann in den Mund genommen und nach gründlichem Kauen heruntergeschluckt. Sie waren sehr bitter im Geschmack.*

*V. Die Gruppendynamik der Zeremonie*

Die Zeremonie dauerte von Sonnenuntergang bis kurz nach Sonnenaufgang. Dabei wurde betont, daß im Unterschied zum weißen Mann, der für seine religiösen Zeremonien artifizielle Zeitspannen einhalte, hier die indianische Zeit, d.h. ein natürliches Zeitmaß verwendet werde.

Die Einheit der Gruppe wurde durch den Kreis der Teilnehmer verkörpert, dies wurde verstärkt durch die kreisförmige Austeilung der Sakramente und des Essens und dadurch, daß das Liedersingen der Reihe des Kreises folgte. Wenn ein Mitglied des Kreises die Gruppe aus irgendeinem Grund verließ und der Stab und die Trommel den leeren Platz erreichten, dann wurde die Zeremonie solange angehalten, bis dieses Mitglied zurück-

---

* Während zwei anderer Peyote-Zeremonien, an denen A. dann später teilnahm, wurde das Peyote als Teeaufguß in einer Schale gereicht, aus der alle gemeinsam tranken. Die Indianer erzählten bei dieser Gelegenheit, daß Peyote auch zerrieben in der Pfeife geraucht wird.

kehrte und seinen Platz wieder einnahm, denn man fühlte, daß die Einheit der Gruppe zerbrechen würde, wenn es nicht selbst diese Gegenstände weiterreichte. Diese starke Betonung der Einheit in der Gruppe gab uns ein Gefühl des Angenommenseins und half sehr, unsere Drogenerfahrung zu erweitern.
Deutlichen Ausdruck findet diese Einheit der Gruppe auch in den gemeinsamen Gebeten, die sie für einzelne Mitglieder spricht. Häufig wird eine besondere Zeremonie abgehalten, um dem Bedürfnis einer einzelnen Person zu entsprechen.
In ihren Ansprachen am Ende der Zeremonie brachten die Indianer mehrmals ihre Gefühle von der indianischen Einheit, der Einheit durch Peyote, Gefühle des Friedens, der Brüderlichkeit und der gegenseitigen Dankbarkeit zum Ausdruck. Dann wurde eine Kollekte für die Kirche gesammelt und außerdem eine besondere Kollekte für einen armen Bruder, der über eine große Entfernung zu dem Treffen gekommen war.
Diese Dynamik der Gruppe, verbunden mit Peyote, war außerordentlich stark, und trotz der nüchternen Umgebung war es beinahe unmöglich, nicht vom Geist dieser Gruppe angezogen und davongetragen zu werden.

*VI. Art und Dosierung der Droge*

Jeder von uns aß im Laufe von zwei Stunden etwa sieben Peyote-Scheiben. Dann stellten sich Widerwillen gegen den Geschmack und Unwohlsein im Magen ein. Die Peyote-Scheiben selbst, die abgeschnittene und getrocknete Spitze des Kaktus »Anhalonium Lewinii« enthält eine Reihe von Alkaloiden. Neun davon konnten bisher isoliert werden, das wichtigste Alkaloid ist das Meskalin. Nach einer Mitteilung von GODFREY (1965) enthalten die üblichen Peyote-Scheiben etwa 50 Milligramm Meskalin. Die Gesamtdosis betrug daher für uns beide etwa 350 Milligramm Meskalin.

## VII. Zusammenfassung der persönlichen Lebensgeschichte

Ich werde im folgenden als A. (Abb. 6), PATTERSON als P. (Abb. 5), bezeichnet werden.

A. ist praktizierender Psychiater und Psychoanalytiker in der Mitte der Vierziger. Er ist in Deutschland geboren und ausgebildet und lebt seit neun Jahren in den USA. Er hat seit langem ein starkes Interesse für die anthropologische Forschung. Ausgedehnte Studienreisen zu mexikanischen und guatemaltekischen Indianern, insbesondere eine Feldstudie bei den Lacandon-Mayas (AMMON 1966), haben seine Erfahrungsfähigkeit unter veränderten kulturellen und gesellschaftlichen Bedingungen geschärft.

P. ist ein Medizinstudent in klinischer Ausbildung. Er ist in der Mitte der Zwanziger und studiert an der Universität von Toronto in Kanada. Er hat experimental-psychologische Erfahrungen. Trotz ausgedehnter Reisen in der nördlichen Hemisphäre hat er bisher keine Begegnung mit gänzlich verschiedenen Kulturen und Lebensstilen gehabt. Als Sommer-Praktikant an der Menninger-Foundation hat er gerade begonnen, erste Erfahrungen in der Psychiatrie zu sammeln. Seine weiteren Lebensentscheidungen sind zu diesem Zeitpunkt noch nicht im Stadium der Entschlußreife.

## VIII. Die aktuelle persönliche Einstellung vor der Teilnahme an der Zeremonie

A: Ich hatte vor mehr als zehn Jahren ein starkes Interesse an Peyote und Meskalin entwickelt und die in Deutschland damals erhältliche Literatur studiert. In der Zwischenzeit verlor ich dann dieses Interesse und war in den letzten Jahren sehr kritisch gegenüber der Anwendung halluzinogener Drogen in der Einzel- und Gruppentherapie gewesen.

Ich freute mich aber über die Einladung KARL MENNINGERs, an der Jahreskonferenz der Native American Church teilzunehmen, weil sie die Gelegenheit bot, verschiedene indianische Stämme kennenzulernen, mit denen ich bis dahin wenig Kontakt gehabt hatte.

MENNINGER versicherte mir, daß Peyote eine meditative und kontemplative Stimmung hervorrufe, und daß die Berichte über seine Wirkung meist übertrieben seien. Ich hatte daher keine Angst vor der Droge, sondern war entspannt und war mehr mit den kulturellen Eigenarten der Indianer beschäftigt, als mit der Droge.

Vor Beginn der Zeremonie sprach ich ausführlich mit EMERSON DECORAH und WALTER WABAUNSEE, zwei erfahrenen Führern von Peyote-Zeremonien. WABAUNSEE sagte mir, es gäbe keine Geheimnisse um Peyote, aber seine Wirkungen seien nur im Zusammenhang der gemeinsamen Zeremonie verständlich. Ein Siouxindianer, mit dem ich sprach, betonte, daß Peyote zwar ein Sakrament sei, daß aber weder die Pflanze selbst noch die natürlichen Elemente angebetet würden, das seien vielmehr Symbole, Medien für eine Kommunikation mit dem Schöpfer.

Gespräche, die ich vorher mit GODFREY über seine therapeutische Arbeit mit LSD geführt hatte und Erinnerungen an HUXLEY, der uns in Topeka besucht hatte, begünstigten meine entspannte Stimmung. Mit einem Wort, ich fühlte keine Angst vor den kommenden Ereignissen.

P.: Seit einigen Jahren hatte ich ein intensives Interesse für halluzinogene Drogen und ihre soziale, politische, religiöse und philosophische Bedeutung entwickelt. Ich hatte einige Male von verschiedenen Drogenerfahrungen gehört und war schließlich zu dem Schluß gekommen, daß ich nur dann die Wirkungen der Droge verstehen könne, wenn ich selbst eine von ihnen erprobte. Ich war daher sehr gern bereit, an der Peyote-Zeremonie teilzunehmen.

Als ich in der Potawotomie-Reservation ankam, war ich aufgeregt, verbunden mit einer gewissen wissenschaftlichen Distanz. Tatsächlich merkte ich wenig später, daß ich Angst vor dem Einnehmen der Droge hatte.

Kurz vor meiner Ankunft in Topeka hatte ein Freund mir von zwei Leuten berichtet, denen es gelungen war mit Hilfe von Yoga »Körper und Bewußtsein voneinander zu trennen«. Einem der beiden sei es unter beträchtlichen Schwierigkeiten gelungen, zurückzukehren, dem anderen aber sei dies nicht gelungen. Sein Körper habe einen Monat lang im Zustand »schwebender Animation« verharrt, dann sei er gestorben. Außerdem hatte ich sehr beunruhigende Berichte über Ich-Rupturen und schizophrene Zusammenbrüche gehört, die unter dem Einfluß halluzinogener Drogen, insbesondere von LSD aufgetreten seien. Mit einem Wort, ich spürte eine beträchtliche Beklemmung.

Als ich dann AMMON und GODFREY traf, meinten beide, daß es wichtiger sei, das Intellektualisieren zu lassen, und daß ich mich bemühen solle, ein Gefühl für die Situation zu entwickeln. Vor allem wurde betont, daß ich versuchen solle, mich selbst in die Situation eines Indianers hineinzuversetzen und daß ich mich meinen subjektiven Empfindungen überlassen solle, um gute visuelle Halluzinationen zu erleben und eine wirkliche Drogenerfahrung zu haben. Auf keine Fall aber dürfe ich versuchen, eine wissenschaftlich distanzierte Haltung zu bewahren.

Um möglichst viel von der Atmosphäre in mich aufzunehmen, ging ich daraufhin zu einem Holzfeuer, das etwas entfernt unter einem wigwamähnlichen Zeltdach vor sich hin brannte. Ich starrte lange in die Flammen und hatte bald keine Schwierigkeit mehr bei der Vorstellung, seit vielen Jahren in einem Indianerlager zu sein. Als wir aufgefordert wurden, die Halle zu betreten und mit der Zeremonie zu beginnen, hatte ich jeden Anspruch, eine distanzierte wissenschaftliche Persönlichkeit zu sein, aufgegeben und war bereit, mich der Atmosphäre der Zeremonie rückhaltlos hinzugeben.

*IX. Die Beschreibung der Drogenerfahrung*

A.: Zunächst fühlte ich ein intensives körperliches Unbehagen, denn ich hatte nur eine sehr dünne Decke, um darauf zu sitzen. Ich dachte daran, daß ich die ganze Nacht in dieser Haltung würde verbringen müssen. Die ersten zwei Stunden vergingen sehr langsam. Während dieser Zeit aß ich fünf Peyote-Scheiben. Dann verschwand das Gefühl der Unbequemlichkeit und ich verlor mein Zeitgefühl.

Ich aß dann noch zwei Peyote-Scheiben und wurde gleich darauf von Brechreiz und Magenschmerzen überfallen. Ich hatte das Gefühl, als ob die Trommel auf meinen Magen schlüge und das Blut durch mein Herz pumpte. Dann nahm die Musik vor meinen Augen materielle Gestalt an. Ich hatte die Vision eines länglichen Rechtecks, das sich in eine graphische Konstruktion verwandelte. Die Linien bewegten sich in einander überschneidenden Kurven und griffen in den Raum hinein, so daß sich ein dreidimensionaler Effekt ergab. Schließlich entwickelte sich daraus ein langer Tunnel, und ich hatte das Gefühl, mitten darin und von allen Seiten her eingeschlossen zu sein. Diese Empfindung provozierte zunächst ein leichtes Angstgefühl, das aber verschwand, als ich mir sagte, daß diese Angst unbegründet sei. Ich war nun in einer Art Halb-Traum, maß aber der Tatsache, daß ich unter Peyote-Einfluß stand, merkwürdigerweise keine besondere Bedeutung bei.

Dann erschienen andere visuelle Halluzinationen. Sexuelle Bilder von graphischem Charakter erschienen vor meinen Augen und trieben langsam in den Raum davon. Ich erlebte ein durchdringendes und anhaltendes Gefühl der Güte, begleitet von einer friedlichen und heiteren Grundstimmung. Mir erschien das lächelnde Gesicht eines Mannes, der mir sehr nahe gestanden hatte. Es war mein zweiter Lehranalytiker. Sein Gesicht bettete sich allmählich in einen Felsen ein, worin mein Gefühl der Güte sich zu materialisieren schien. Dann erschien aus dem Raum die postkartengroße Fotografie eines verstorbenen Mannes, der vor vielen Jahren für mich sehr wichtig gewesen war. Das Bild stürzte vor meinen Augen plötzlich abwärts und für einen Moment konnte ich das Gesicht sehen, das mich anblickte. Es war mir jedoch die ganze Zeit bewußt, daß der Mann, den das Foto zeigte — er war mein erster Lehranalytiker — schon lange verstorben war.

Ich fühlte nun einen starken Widerwillen gegen das Einnehmen weiterer Peyote-Scheiben, war aber dennoch in einer reflexiven und meditativen Stimmung. Wesentliche Züge meiner Lebensorganisation wurden mir überraschend deutlich und ich gewann in diesen Augenblicken klare und wichtige Einsichten in mein Verhalten. In diesem glücklichen und nachdenklichen Zustand ruhend, bemerkte ich plötzlich, daß der Gehilfe des Zeremonienführers, der Feuer-Chef, auf P. zuging und ihm sagte, er ginge zu weit. Kurz danach sah ich ihn zur Tür taumeln, unterstützt von einem weißen Methodisten-Missionar, der rechts neben ihm gesessen hatte.

Trotz meines tranceähnlichen Zustandes war es mir möglich, aufzustehen und nach ihm zu sehen. Er wurde von heftigen Magenbeschwerden geschüttelt. Mit Hilfe des Missionars half ich ihm auf und ließ ihn auf- und abgehen. Plötzlich kündigte er mit großer Dringlichkeit an, er sei im Begriff, seinen Körper zu verlassen. Im Augenblick erschlaffte er völlig und brach auf dem nassen Fußboden zusammen. Meine Aufforderung, aufzustehen und zu gehen, beantwortete er damit, daß er jede Kontrolle über seinen Körper verloren habe.

Ich wurde sehr besorgt über diesen Verlust der Ich-Grenzen und forderte ihn mit Nachdruck auf, »in seinen Körper zurückzukehren«. Er stand augenblicklich auf und fuhr fort, mit unserer Hilfe auf und ab zu gehen.

Aber nach wenigen Minuten wiederholte sich der Zusammenbruch. Mit eindringlicher Stimme machte ich ihm klar, daß er als Wissenschaftler in der Lage sein müsse, diese interessanten Sensationen zu erfahren, aber dazu doch eine gewisse Distanz einzuhalten. Er erwiderte, daß er das auch wünsche, aber unglücklicherweise seine intellektuellen Kräfte nicht länger kontrollieren könne.

Daraufhin ergriff ich ihn bei seinen Ohren und an der Nase und drehte sie mit solcher Kraft, daß er gezwungen war, zu reagieren. Er antwortete zunächst mit langsamen, schleppenden Bewegungen, aber dann lachte er und sagte, daß er das Gefühl habe, zu den eigenen Sinnen zurückzukehren. Sein Puls und seine Atmung waren beträchtlich verlangsamt gewesen, und für einige Minuten nach seiner »Rückkehr« begann er keuchend zu atmen. Ich sagte ihm, daß er damit aufhören und langsam und tief die kühle Nachluft einatmen solle. Wir gaben ihm dann etwas Kaffee zu trinken und ließen ihn sich im Auto ausruhen. Schließlich war er fähig, eine Zigarette zu rauchen.

Kurz danach kam eine kleine Gruppe von Indianern, angeführt vom Gehilfen des Zeremonien-Führers. Sie brachte uns die Botschaft, daß unsere Rückkehr in die Halle erwartet wurde und daß einige besondere Gebete und Segenswünsche für P. gesprochen werden sollten.

Nachdem wir alle unsere Plätze in der Zeremonie wieder eingenommen hatten, begann P., sich über bedrohliche Angstgefühle zu beklagen und sagte immer wieder, daß er »seinen Körper verlassen müsse«. Ich versuchte ihm eindrücklich klar zu machen, daß seine Angst unbegründet und irrational sei und forderte ihn wiederholt auf, er solle seine Erfahrungen distanziert erleben. Als P. schließlich sich weniger unwohl zu fühlen schien, glaubte ich, mich meinen eigenen Erlebnissen wieder zuwenden zu dürfen.

Ich hatte zu dieser Zeit das Gefühl, daß die Gesänge und die Musik von allen Seiten auf mich einströmten und sah alle Indianer in ihren farbigen Stammestrachten auf einer weiten Prärie. Ich sagte mir selbst, daß dies irreal sei und beschloß, meine Augen zu öffnen, um mich zu vergewissern, daß die Indianer in Wahrheit recht dürftig gekleidet waren und wir uns nicht in der Prärie, sondern in einer prosaischen und nüchternen Halle befanden. Der Anblick ihres tatsächlich bescheidenen Aussehens aber beeinträchtigte meine Peyote-Visionen nicht im geringsten.

Als der Zeremonien-Führer bei Anbruch des Morgens fragte, ob jemand etwas zu sagen wünsche, hob ich meinen Arm, wurde aber ignoriert. Erst nachdem einige Indianerführer Ansprachen gehalten hatten — die sich zum Teil auch auf P. und mich bezogen — erhielt ich die Erlaubnis, zu sprechen. Ich trat in die Mitte des Kreises und brachte in einer Rede die Dankbarkeit und die Freundschaft zum Ausdruck, die ich für die Indianer empfand.

Ich war dabei getragen von starken und spontanen Gefühlen des Friedens, der Demut und der Freundschaft und ich spürte, daß jede Feindseligkeit oder Anmaßung zu dieser Zeit mich sehr geschmerzt hätte. Aus diesem Gefühl heraus äußerte ich meine Empfindung, daß sie alle aufrichtig und aus vollem Herzen gesprochen hätten.

Wir teilten dann miteinander die abschließende Peyote-Mahlzeit und verließen die Halle durch die große Tür an der Ostwand.

Draußen sprach ich mit einigen der Indianerführer. Sie waren alle in einer sehr friedlichen und freundschaftlichen Stimmung und sprachen mit großer Aufrichtigkeit von ihren Gefühlen der Liebe und Brüderlichkeit untereinander. Mit EMERSON DECORAH, dem Führer der Zeremonie, setzte ich mich unter einen Baum. Er begann spontan, mir die Symbolik der Zeremonie zu erklären und erzählte mir von einer Lungenentzündung, die ihn vor vielen Jahren befallen hatte, gerade zu einer Zeit, als er einige Todesfälle in seiner Familie beklagte. Peyote hätte ihn geheilt und seinem Leben einen Sinn gegeben. Gott habe ihn aufgefordert, die Native Church zu leiten. Er wisse, sagte er, daß er in diesem Augenblick »die Wahrheit sage«, denn er stünde noch immer im Licht der Peyote.

Ich selbst war in der gleichen Stimmung wie die Indianer. Es war das Gefühl, der Natur sehr nahe zu sein, ein Gefühl der Freude über Bäume und Pfanzen. Die Indianer baten uns eindringlich, mit ihnen ein Frühstück einzunehmen, das nach den Gesetzen der Peyote zubereitet worden war. Das Essen wurde von den Indianern mit Gebeten in ihren Stammessprachen eröffnet und erwies sich als eine vorzügliche und schmackhafte Mahlzeit mit vielen verschiedenen Speisen.

Erst am frühen Nachmittag brachen wir auf. Die Indianer betonten noch einmal, daß wir nicht schlafen gehen, sondern lieber den restlichen Tag »im Licht des Peyote« verbringen sollten. Ich erinnere mich, daß ich mich während der Autofahrt zurück nach Topeka fragte, wie ich die 25 Meilen bewältigen sollte.

Zu Hause angekommen, setzte ich mich für zwei Stunden in meinen Garten und überließ mich der Meditation. Dann fiel ich für drei Stunden in einen tiefen Schlaf. Ich hatte erwartet, besonders lebhafte Träume zu haben. Das geschah jedoch nicht. Ich erwachte mit dem starken Wunsch, eine schriftliche Arbeit fertigzustellen, die mich zu dieser Zeit beschäftigte. Ich beendete die Arbeit, für deren Fertigstellung ich normalerweise wenigstens zwei Tage gebraucht hätte, in weniger als drei Stunden und fühlte einen außerordentlichen Zuwachs an Konzentrationsfähigkeit und schöpferischer Phantasie. Einige Tage später überprüfte ich das Geschriebene und fand es ausgezeichnet. Die relevante Fachliteratur war gut verarbeitet und ich hatte meine eigene Position zu meiner vollen Zufriedenheit darstellen können.

Einige Wochen später nahm ich an einer anderen Peyote-Zeremonie teil. Es ist bemerkenswert, daß ich dabei, trotz einer sehr viel stimulierenderen Umgebung — die Zeremonie wurde bei offenem Feuer in einem indianischen Zelt abgehalten — keine Halluzinationen erlebte, sondern mich im Gegenteil einige Male heftig übergeben mußte.

P.: Als ich in die Zeremonien-Halle ging, war ich sehr damit beschäftigt, die Indianer von meiner Aufrichtigkeit zu überzeugen. Ich setzte mich auf den harten Fußboden und senkte den Kopf so devot, wie ich konnte. Jedesmal wenn ich mich dabei ertappte, daß ich die Umgebung objektiv beobachtete, riß ich mich zusammen und erinnerte mich daran, so subjektiv wie möglich erleben und »eintreten« zu wollen. Ich nahm die Peyote wie eine Kommunionsoblate entgegen und steckte es vorsichtig in den Mund, nachdem ich erfahren hatte, wie man damit umzugehen habe. Ich kaute unendlich lange und brauchte länger als eine Stunde, um fünf Peyote-Scheiben zu essen. Dann wurde mir so unwohl, daß ich aufhören mußte.

Die Zeit verging zu Anfang sehr langsam. Der harte Fußboden begann mich zu schmerzen, und ich fragte mich dauernd, wie in aller Welt ich es eine ganze Nacht lang in dieser Lage aushalten sollte. Ich fand dann aber, daß ich bei geschlossenen Augen eine sehr abwechslungsreiche Folge von Lichtern und Mustern sehen konnte, die mich von den körperlichen Unbequemlichkeiten ablenkten. Diese Erscheinungen nahmen die Form roter, gelber, blauer oder grüner Neonlichter vor einem scharzen samtenen Vorhang an. Sie schienen auf einer Nachtclubbühne aufzuleuchten.

Aus irgendeinem Grunde hatte ich nicht die Vorstellung, daß diese visuellen Phänomene mit dem Peyote zusammenhingen. Ich war im Gegenteil verzweifelt bemüht, endlich »hineinzukommen« und nahm deshalb, als mehr Peyote angeboten wurde, noch einmal zwei Scheiben. Dann, als ich mich im Raum umsah, den ich noch immer sehr realistisch wahrnahm, obwohl er mir nun farbiger und stimmungsvoller erschien, bemerkte ich, daß die Indianer den Takt der Trommel mit rhythmischen Armbewegungen begleiteten. Um nicht ausgeschlossen zu sein, begann ich meinen ganzen Körper im Rhythmus der Musik zu schütteln. Dies geschah eine Weile noch auf einer bewußten Ebene, dann aber stellte ich fest, daß ich nicht mehr aufhören konnte. Außerdem bekam ich jetzt unkontrollierbare Lachanfälle. Ich versuchte verzweifelt, mich zu beherrschen, denn ich fand, daß dies ein sehr unpassendes Verhalten sei. Ich war aber außerstande, das zu tun.

In diesem Zustand verbrachte ich zweieinhalb Stunden, die mir wie fünf Minuten erschienen. Dann fühlte ich, wie ich geschüttelt wurde. Ich blickte auf und sah einen Indianer vor mir. Er sah sehr besorgt aus und schlug mir vor, für eine Weile nach draußen zu gehen. Das verwirrte und ärgerte mich und ich versuchte ihm klar zu machen, daß mit mir alles in Ordnung sei, aber ich war unfähig, artikuliert zu sprechen. Bis dahin hatte ich keinen Brechreiz verspürt, aber jetzt überflutete mich ein plötzliches Gefühl der Übelkeit, das mich einhüllte wie ein Londoner Nebel. Ich versuchte aufzustehen, hatte aber keinen

Erfolg. Ich fragte einen neben mir sitzenden Methodistenpfarrer (E.C. BROWN aus New York), ob er mir helfen könne, und zusammen stolperten wir zur Tür. Danach erinnere ich mich an nichts mehr.

Die nächste Erinnerung ist, daß A. und BROWN mich zu beiden Seiten stützten. Sie versuchten mich zum Gehen zu bewegen. Ich entnahm ihren Worten, daß ich gerade sehr krank gewesen war. A. schien besonders darüber besorgt zu sein, daß ich »meinen Körper verlassen« wolle. Ich wußte nicht, was er meinte, bis ich plötzlich aus großer Höhe auf meinen zusammengeschrumpften Körper zu blicken glaubte. Es war eine faszinierende und aufregende Erfahrung. Angst war damit nicht verbunden, sondern im Gegenteil ein eher angenehmes Gefühl. Ich erinnere mich jedoch, daß ich allmählich sehr wütend auf mich wurde, weil ich nicht die nötige Kontrolle über meinen Körper hatte, und ich fühlte, daß A. mich deshalb verspottete. Diese Wut, verbunden mit A.s Ermahnungen und der kühlen Nachtluft halfen mir, allmählich die Selbstkontrolle wiederzugewinnen und zu gehen, und schrittweise begann ich meine Umgebung wahrzunehmen. Ich war nun geistesgegenwärtig genug, zwei Schokoladenriegel hervorzuholen und fortzuwerfen, die in meiner Jackentasche zu schmelzen begonnen hatten. Mein Sehvermögen klärte sich auf, und ich fühlte mich sehr viel besser.

Als dann jedoch die Indianer kamen, um mich in die Zeremonie zurückzuholen, folgte ich ihnen nur widerstrebend. Ich hatte eine unerklärliche Angst vor den Trommeln und davor, was sie mit mir tun würden.

Und richtig, sobald ich wieder in der Halle saß, hatte ich das Gefühl, als ob die Trommeln und die Musik mich auseinanderreißen würden. Eine mächtige Hand schien mich aufwärts zu ziehen. Ich erhob mich schwebend, zunächst für etwa 10 cm und begann dann, dem Zug zu widerstehen.

Dann redete ich mir zu, mich zu entspannen und das Gefühl zu genießen. Plötzlich schwang ich mich empor wie ein Adler. Ich stieg höher und höher und sah hinunter auf meinen Körper und

die übrigen Leute im Raum, die allmählich immer kleiner wurden.
Aus der Ferne hörte ich, daß A. mir befahl, in meinen Körper zurückzukehren. Der dringliche Ton seiner Stimme, verbunden mit meiner Unfähigkeit seinem Wunsch zu entsprechen, erhöhten die unbestimmte Angst, die ich jetzt fühlte. Mir fiel nun ein, was ich über die Person gehört hatte, die Körper und Bewußtsein getrennt hatte und anschließend nicht mehr in der Lage gewesen war, sich zu reintegrieren, und panische Angst ergriff mich.
Glücklicherweise ebbte in diesem Augenblick die Musik ab, und ich floß zurück in eine schwebende Position kurz über dem Fußboden. Ein Teil meiner wissenschaftlichen Objektivität kehrte zurück. Ich fühlte nach meinem Puls und kniff mich, um mein Schmerzempfinden zu testen. Ich spürte keinerlei Empfindung.
Dann brach die Musik ab, und ich stürzte die letzten zehn Zentimeter hinunter in meinen Körper.
Ich spürte eine unerträgliche Spannung in der Muskulatur, insbesonder in den Beinen, aber ich spürte dies als ein Zeichen, daß ich wieder in meinem Körper war. Ich starrte auf meine Hände, die vielfarbig aussahen, um mich ihrer Realität zu versichern. Dann drehte ich mich um und starrte auf die Steinmauer in meinem Rücken und war dankbar für ihre rohe und realistische Struktur. Ich hatte jetzt ein mikroskopisches Sehvermögen und erinnere mich an einen Augenblick, in dem meine ganze Welt sich auf eine kleine Nahtstelle im Gewebe meines Anzuges konzentrierte.
Die Musik begann erneut, und wieder fühlte ich mich emporsteigen. Ich hatte gerade genug Geistesgegenwart, mich von A. zu verabschieden. Ich muß ihm auch von meiner Angst berichtet haben, denn ich erinnere mich, daß er mir sagte, dies sei irrational und ich solle mich wissenschaftlicher verhalten. Das erschreckte mich, denn auch dieses Mal war es mir unmöglich, seiner Aufforderung zu entsprechen.

A. nahm nun mein Handgelenk und drückte es mit seinen Fingern sehr fest zusammen. Dies schien die Angst ein wenig zu erleichtern, aber ich stieg trotzdem weiter empor. Ich versuchte, mit A. zu sprechen, brachte aber keinen zusammenhängenden Satz hervor.

Mir selbst erschien aber logisch, was ich sagte, und ich erinnere mich, daß ich mir vornahm, daran bei meinen zukünftigen Gesprächen mit schizophrenen Patienten zu denken.

Um meine Angst zu verringern, versuchte ich mir klar zu machen, daß ich in eine lächerliche Zwangslage geraten sei, und darüber lachen sollte. Ich versuchte das auch zu tun, aber die Erfahrung war so lebendig und real, daß ich Schwierigkeiten hatte, mich zu überzeugen, daß es sich um ein gänzlich intrapsychisches Problem handelte. Ich habe dieses Problem auch jetzt noch nicht lösen können. Mein Verstand sagte mir das eine, meine Empfindungen das andere. Schließlich sagte ich mir, ich sei wie ein Drachen an einer Schnur und könne zur Erde zurückgezogen werden, wenn ich wollte. Diese Vorstellung half mir beträchtlich, obwohl mir bewußt war, daß sie der Wahrheit nicht entsprach.

Das beschriebene Erfahrungsmuster wiederholte sich noch mehre Male im weiteren Verlauf der Nacht. Meine Flüge wuchsen mit der Musik an und gingen mit ihr zurück. Ich erinnere mich vage an die morgendlichen Ansprachen. Dabei konnte ich mich jeweils nur auf ein oder zwei Worte konzentrieren, die Reden ergaben für mich keinen Sinn, und ich war sehr frustriert.

Als ich an die Reihe kam, um den Indianern zu danken, hatte ich zwar genügend Selbstkontrolle zurückgewonnen, um aufstehen und sprechen zu können, aber an das, was ich sagte, habe ich keine Erinnerung.

Nach Beendigung der Zeremonie draußen in der frischen Luft fühlte ich mich völlig verloren. Ich wußte nicht mehr, warum oder was ich sei, und ein Gefühl der Verzweiflung überwältigte mich. Ich sah mich selbst in einem vollständigen Zusammenbruch, so als hätte ich meine Persönlichkeit gänzlich verloren,

und stellte mir vor, wie ich den Rest meines Lebens in einer psychiatrischen Klinik verbringen würde. Mein ganzes Selbst erschien völlig desintegriert zu sein. Ich versuchte zu schlafen, was mir aber zunächst nicht gelang. Schließlich trieb ich davon und schlief ein. Als A. mich fünf Minuten später weckte, fand ich mich wieder ganz beisammen und reintegriert. Freude und Erleichterung durchströmten mich. Ich war wieder ich selbst. Nach der langen Nachtwache war ich sehr schwach und wackelig, aber ich ging doch zurück zu den Indianern und verbrachte den Morgen im Gespräch mit ihnen. Ich hatte ein großes Gefühl der Demut, des Staunens und des Einsseins mit der Natur. Ich erinnere mich an ein Kornfeld, das vom Wind bewegt wurde und meinte, daß ich nie seit meiner Kindheit ein Feld in so wundervollem und klarem Licht gesehen hatte. Die leichte Brise auf meinem Gesicht erschien mir als der Atem des Himmels und ich hatte ein starkes Gefühl der Brüderlichkeit mit der übrigen Menschheit.
Dieses wunderbare Gefühl — die sogenannte psychedelische Erfahrung — dauerte drei Tage lang an. Die Angst und die Unannehmlichkeiten der Nacht waren wie weggewaschen, und es ist eigentlich nur diese angenehme Erinnerung, die ich mit der Peyote-Episode verbinde.

*Das Verhalten der Indianer*

Die Indianer verließen die Zeremonie mit dem Gefühl, daß sie ein Erlebnis gehabt hatten, welches ihren Geist reinigt und sie in die Lage versetzt hatte mit frischen Kräften sich ihrem Leben zuzuwenden.
Ich erfuhr bei einem späteren Besuch einer Peyote-Zeremonie, daß die Indianer nur dann an einer Zeremonie teilnehmen, wenn sie dafür gewichtige Gründe haben. Sie fühlen, daß, wenn sie Peyote um etwas bitten, sie alles bekommen werden, was sinnvoll ist, daß aber Peyote sie »bestrafen« wird, wenn sie ihm gegenüber eine falsche Haltung haben.

LEONARD McKINNEY, ein Potawotomie-Indianer, sagte: »Man kann mit Peyote nicht nur so herumspielen. Wenn du an einer Peyote-Zeremonie teilnimmst, mußt du zeigen, was in dir ist; ein Versteckspiel gibt es nicht«.

Das Gefühl der Einheit und Brüderlichkeit, welches die Indianer erfuhren, war ohne jeden Zweifel aufrichtig und ehrlich oder, um die »Kurze Geschichte der Native American Church«, eine Publikation der Kirche selbst zu zitieren: »Die Lehre (von Peyote) besteht aus dem Glauben an Gott, an brüderliche Liebe, Freundschaft, Sorge um die Familie und andere wertvolle Überzeugungen. Peyote wird verstanden als ein Sakrament, ein Medium der Kommunikation mit dem Allmächtigen, ein selbst auch heiliger Gegenstand, mit dem der Allmächtige die Indianer bedacht hat«.

In diesem Geist der brüderlichen Liebe sprachen die Indianer mit uns über ihre religiöse Überzeugung und über unsere Teilnahme an der Zeremonie. Es gab ein unleugbares Gefühl, daß die rote und die weiße Rasse durch die Vertragsbrüche des weißen Mannes für immer getrennt worden seien. Es gab Ressentiments gegenüber den Weißen, die versuchten, in die indianische Kultur einzudringen und die Indianer durch ihr bloßes zahlenmäßiges Übergewicht zu erdrücken.

Aber wenn sie auch nicht bereit waren zu vergessen, erschienen sie doch sehr bereit zu vergeben und fordern nur, ihre Distanz aufrecht erhalten zu dürfen.

Immer wieder sprachen sie davon, daß Peyote ein Segen für sie und ihre Familie sei und erläuterten, wie es ihnen dazu verhelfe, menschlicher zu werden. Große Besorgnis verursachten ihnen Leute, die Peyote nur deshalb benutzen, um einmal ›high‹ zu sein, und besonders betroffen machte sie die Tatsache, daß College-Studenten begonnen hätten, ihr Sakrament zu mißbrauchen — dieses Problem war auch eines der Hauptprobleme der Konferenz.

Es gibt keinen Zweifel, daß der Peyote-Kult den Indianern geholfen hat, ihre individuelle und ihre Gruppenidentität zu stärken. Peyote dient ihrem Bedürfnis nach Unabhängigkeit,

Selbstbestimmung und Selbsttranszendenz, und mit der Sakramentalisierung seines Gebrauchs hat die Native American Church ihren Mitgliedern die Möglichkeit einer vertieften Erfahrung ihrer selbst und ihrer Gruppe eröffnet.
Ich wende mich daher mit Nachdruck gegen die gerade jetzt wieder auflebenden Versuche, den Peyote-Kult der Native American Church durch ein generelles Peyote-Verbot zu kriminalisieren. Ein solches Verbot stünde in offenem Gegensatz zu dem Recht der Indianer auf Selbstbestimmung und Religionsfreiheit und würde unter dem Vorwand, die Gesellschaft zu schützen, eine Minorität ihres Lebensnervs berauben.

*Diskussion und Schlußfolgerungen*

Die beiden Berichte von PATTERSON und mir lassen den Einfluß der Situationsbedingungen auf den Charakter und den Verlauf der durch Peyote provozierten Halluzinationen deutlich erkennen. In meinen Visionen erscheinen die Indianer in ihren Stammestrachten auf der Prärie. PATTERSONs Flüge stehen in direkter Relation zum An- und Abschwellen der Musik und des Trommelschlags. Der Charakter der Situation und die Dynamik der umgebenden Gruppe werden jedoch, obwohl sie für uns objektiv dieselben sind, von uns beiden sehr verschieden erfahren. Dies deutet darauf hin, daß es die jeweils verschiedene Ich-Struktur ist, und die jeweils verschiedene Geschichte dieser Ich-Struktur, welche verantwortlich gemacht werden müsse für die auffallende Diskrepanz der Erfahrungen, die wir beide in der gleichen Situation unter dem Einfluß einer gleichen Menge von Peyote machten.
Was meine Erlebnisse anbetrifft, so ist es erwähnenswert, daß ich im Gegensatz zu den Berichten, die ich in der Literatur gefunden hatte — so vor allem bei BERINGER (1927) — keine Farbvisionen erlebte, keine Euphorie spürte und auch nicht die von BERINGER beschriebene Als-ob-Erfahrung hatte. Ich machte dagegen die auffallende Beobachtung, daß in meiner Peyote-Erfahrung der Mechanismus der Isolation von rationa-

len Operationen, Gedanken und affektiven Erfahrungen, Gefühlen völlig eliminiert war. Ich erlebte eine überraschende Verbindung eines affektiven traumähnlichen Zustandes mit einer reflexiven, der rationalen Einsicht fähigen Stimmung. Dies steht im Gegensatz zu der üblichen Traumerfahrung, die erinnert wird und erst dann der bewußten Reflexion und Analyse zugänglich ist, ein Punkt, der erhebliche therapeutische Bedeutung gewinnen könnte.

Ich machte außerdem die Erfahrung, daß ästhetisch-moralische Empfindungen, wie das Gefühl der Güte, in meinen Visionen sich materialisierten und daß ein abstraktes Konzept wie das der Zeit, eine konkrete Gestalt annahm, nämlich die einer Postkarte, welche die Vergangenheit darstellend aus weiter Entfernung aus dem Raum auftauchte.

Insofern als hier primärprozeßhaftes Denken sich mit Vorstellungsinhalten des Sekundärprozesses verbindet und beide sich wechselseitig darstellen und artikulieren, kann von einer Erweiterung der Selbstwahrnehmung gesprochen werden, welche die durch Erziehung, Erwartung und vorgeformte Vorstellungen kanalisierten Erfahrungsweisen transzendiert. Diese durch Peyote hervorgerufene Erweiterung des Erfahrungsbereiches macht die Droge zu einem wertvollen Hilfsmittel der Erforschung verschiedener Ich-Zustände, ihrer Geschichte und ihres wechselseitigen Zusammenhangs.

Zusammengefaßt kann gesagt werden, daß es mir möglich war, meine rationale Selbstkontrolle während der ganzen Peyote-Zeremonie aufrechtzuerhalten. Ich konnte einige für mich sehr bedeutsame Selbsteinsichten gewinnen, die ich im Lichte meiner psychoanalytischen Erfahrung interpretieren konnte, und war fähig, P. PATTERSON zu helfen, als dies erforderlich wurde.

P. PATTERSON dagegen hatte nur wenige visuelle Halluzinationen, die noch dazu für ihn unbedeutend blieben. Er gewann keine relevanten Einblicke in seine Charakterstruktur und seine Ich-Funktionen. Seine rationale Distanz und seine Fähigkeit zur wissenschaftlichen Objektivierung seiner Erfahrung war stark eingeschränkt. Zwar konnte er wahrnehmen, was geschah, er war aber unfähig, die Prozesse zu kontrollieren, denen er sich ausgesetzt fand. Es ist sicher wichtig, daß die Angst vor dem Verlust der Ich-Kontrolle und einer möglichen permanenten Spaltung von Körper und Bewußtsein, die er vor Beginn der Zeremonie verspürte, seine Peyote-Erfahrung stark beeinflußt hat. Ein Umstand, der unterstreicht, wie nötig die angemessene Vorbereitung auf halluzinatorische Erfahrungen ist, insbesondere in der therapeutischen Anwendung halluzinogener Drogen.

Bemerkenswert ist, daß PATTERSON als ein Neuling in der psychotherapeutischen Arbeit und im Umgang mit schizophren reagierenden Patienten, nach seiner Peyote-Erfahrung erstmalig die Kommunikationsschranke überwinden konnte, die ihn von einem seit langem schizophren reagierenden Patienten getrennt hatte, und daß er nun einen neuen, therapeutisch außerordentlich günstigen Kontakt zu diesem Patienten gewinnen konnte. Ebenso war er nach dem Peyote-Erlebnis in der Lage, mit einem katatonisch starren, nicht verbalisierenden Patienten zu kommunizieren.

P. PATTERSON führte dies zurück auf seine Erfahrung, die ihm gezeigt hatte, wie es ist, »außer sich« zu sein, und auf das Erlebnis dessen, was wir für ihn taten, als er sich in diesem Zustand der Kontaktlosigkeit befunden hatte. Was ihm, wie er meinte, am meisten geholfen hatte, war der physische Kontakt mit mir und die nachdrückliche Forderung des »Ich werde keinen Unsinn zulassen«, mit dem ich mich ihm genähert hatte.

Die Tatsache, daß PATTERSON, nachdem er unter dem Einfluß der halluzinogenen Droge einen schizophrenieähnlichen Zusammenbruch seiner Kommunikations- und Kontrollfähigkeiten erfahren hatte, in der Lage war, mit schizophren reagierenden Patienten Kontakt aufzunehmen und zu kommunizieren, wirft einiges Licht auf die Lehre der Schulpsychiatrie, welche die »Uneinfühlbarkeit« als Kriterium für die differentialdiagnostische Bestimmung der Schizophrenie noch immer verwendet. Die konstatierte »Uneinfühlbarkeit« oder das »Schi-

zophreniegefühl« sagen eher etwas aus über den Ich-Zustand des Schulpsychiaters, als daß es Aufschluß gibt über die Dynamik der Psychose.
Auf der anderen Seite mag die langjährige Erfahrung, die ich in der Psychotherapie mit schizophren reagierenden Patienten vor meiner Peyote-Erfahrung hatte sammeln können, dazu beigetragen haben, daß ich mich angstfrei den unbekannten Erfahrungen aussetzen und mit ihnen umgehen konnte.

*Zusammenfassung*

PARSONS (1936) berichtet eine Erzählung der Taos-Indianer, welche die Entdeckung des Peyote-Kaktus beschreibt: »Ein Indianer auf dem ›Kriegspfad‹ hört ein Singen und entdeckte, als er ihm folgte, die Peyote-Pflanze, die sich rhythmisch öffnete und schloß. Die Pflanze sagte dem Krieger, er solle zu ihr hineinkommen. Aber die Öffnung war zu klein. Dann wurde sie größer und größer, ein großes Loch im Boden. Der Indianer ging hinunter in dieses Loch, es war der Eingang zu einer großen Höhle, die rund war wie ein Kiva*«.
In dieser indianischen Legende erscheint Peyote mit schöner Deutlichkeit als der Schlüssel und Eingang zur Mutter, einer Pflanze, die den Zugang zu archaischen Daseins- und Empfindungsweisen eröffnet.
Wir erkennen die große unterirdische Höhle der Tao-Indianer wieder in dem Steinbau der Potawotomie-Reservation, der Halle des Peyote-Kultes. In der Gruppe der im Kreis sitzenden Indianer finden wir die »Mutter Gruppe« als eine menschliche und soziale Realität. Die Gruppe repräsentiert den Raum des mütterlichen Schutzes, sie begleitet ihre einzelnen Mitglieder in die Rauscherfahrung, nimmt daran teil, und hilft den Einzelnen, die wie P. PATTERSON einen *bad trip* erleben. Auf diese Weise wird die Situation der ersten Anfänge der Ich-Entwicklung lebendig reproduziert.

---
* Kiva: ein großer unterirdischer Zeremonien- und Kultraum der Pueblo-Indianer.

Während ich auf Grund meiner ausgedehnten und intensiven psychoanalytischen Selbsterfahrung mich dieser Situation angstfrei und beobachtend hingeben konnte und auch im Zustand der Intoxikation in der Lage blieb, bewußt zu handeln — ich setzte meine ganze Ich-Kraft ein, um P. aus seiner psychotischen Reaktion herauszuholen — trat P. mit ängstlicher Angespanntheit in die Situation der Peyote-Zeremonie ein. Aus der Angst vor einer Spaltung seiner Persönlichkeit heraus, verstand er die Hinweise von GODFREY und mir als Aufforderung, seine eigene Identität auszulöschen und ein Indianer zu sein. Daraus wiederum entstand die Angst, von den richtigen Indianern als falscher Indianer entdeckt zu werden, die Angst, die Zeremoniensituation verobjektivierend zu betrachten und die Angst, sowohl von der Gruppe der Indianer, als auch von mir isoliert zu sein. Das bedeutet, daß P. PATTERSON sich einerseits nicht auf die Gruppe verlassen mochte, denn dafür gab ihm seine artifizielle Als-ob-Identität als Indianer keine Basis, daß er andererseits aber auch kein Vertrauen in die integrative Kraft seiner wissenschaftlichen Objektivität setzte. Gerade diese Freisetzung verschiedener und archaischer Ich-Zustände erschien ihm als eine Bedrohung, vor der er sich auf jeden Fall schützen wollte. Erst als er in dem Bild des an einer Leine schwebenden Drachens seine Erfahrung zu artikulieren vermochte, verringerte sich seine Angst. Sein eigentliches Peyote-Erlebnis aber hatte er in der Reintegration seines Ichs, das er schon für immer zerfallen glaubte.

Der Bericht von P. PATTERSON macht deutlich, daß es weniger die Erfahrungsinhalte sind, welche es erlauben, von einer bewußtseinserweiternden Wirkung der halluzinogenen Drogen zu sprechen, als vielmehr der Umgang mit diesen Erfahrungen, die Flexibilität, mit der verschiedene Ich-Zustände erlebt und miteinander verbunden werden können. Dies geht besonders deutlich hervor aus meinem Bericht, der die Verbindung affektiver Zustände und rationaler Reflexion betont. Der enge Zusammenhang der Rauscherfahrung mit der schizophrenen Reaktion, den P. PATTERSONs Bericht und seine nachfolgenden

Erfahrungen beschreiben, aber bestätigt ein weiteres Mal die Konzeption, welche in der schizophrenen Reaktion eine Regression zu archaischen Abwehrformationen auf der Flucht vor traumatischen Konfliktsituationen aus der allerfrühesten Kindheit sieht. P. PATTERSONs Erfahrung zeigt darüber hinaus, daß es durchaus möglich ist, einen Patienten aus der schizophrenen Reaktion herauszuholen, wenn nur der Therapeut — in diesem Falle war ich es — das Verhalten des Patienten nicht einfach als uneinfühlbar abwehrt, sondern bereit ist, verständnisvoll und nachdrücklich für den Patienten als ein Hilfs-Ich tätig zu werden (AMMON 1971c).

Die halluzinogenen Drogen bieten sicher eine Möglichkeit, die therapeutische Einsicht und die therapeutischen Möglichkeiten entscheidend zu vergrößern. Die rituelle Sorgfalt, mit der die Peyote-Indianer den Ort und die Teilnehmer für die Zeremonie vorbereiten, macht dabei deutlich, wie wichtig es gerade auch für die therapeutische Anwendung halluzinogener Drogen ist, daß sowohl der Therapeut über Drogenerfahrung verfügt, als auch der oder die Patienten angemessen auf den Drogenrausch vorbereitet werden, und daß die Möglichkeit bereitgestellt wird, die Drogenerfahrung aufzufangen und zu integrieren.

Im weiten Sinne eröffnen die halluzinogenen Drogen die Möglichkeiten zu einem experimentellen Beitrag zur psychoanalytischen Ich-Psychologie insbesondere in der Erforschung der Regressionsprozesse. Sie können hier zur Entwicklung differentialdiagnostischer Kriterien für die Unterscheidung der pathologischen von der schöpferischen Regression im Dienste des Ichs führen und uns Aufschluß geben über die Dynamik der präverbalen Prozesse. Therapeutisch könnte dies von großem Nutzen sein in den Fällen, wo die traumatischen Erfahrungen eines Patienten aus der Zeit vor der Entwicklung der Ich-Funktion der Sprache stammen. Besonders im Fall der Zwangsneurose, wo die archaischen Gefühle und Phantasien nie mit Worten oder Gedanken verbunden wurden, sondern durch den Abwehrmechanismus der Isolation von Gefühlen und Gedanken getrennt blieben — wie bei der intellektualisierenden Abwehr — kann die therapeutische Verwendung halluzinogener Drogen hilfreich sein und uns darüber hinaus zu einem vertieften Verständnis der psychischen Funktionen führen.

# Zeit und Zeiterleben

Mein Anliegen ist es zu zeigen, daß die Qualität des Zeiterlebens — ich spreche hier von konstruktivem, destruktivem und defizitärem Zeiterleben — über ein erfülltes, lebendiges Leben oder aber ein totes, entfremdetes, segmentiertes Leben entscheidet. Den Hintergrund bildet dabei das Konzept der Sozialenergie, sowie das Verständnis von Identität als einem Geschehen an der Grenze von Raum und Zeit.
Ausgehend von der Darstellung verschiedener Dimensionen des Zeiterlebens, wie der gesellschaftlichen Zeit, der linear gemessenen Zeit, der psychologischen sowie der biologischen Zeit spannt sich in dieser Arbeit der Bogen von der ganzheitlichen Sichtweise des Menschen hin zu den neuesten Erkenntnissen der Astrophysik, um sich schließlich dem Zeiterleben in verschiedenen Krankheitsbildern zuzuwenden. Ergebnis ist, daß erst eine Integration der verschiedenen Zeitdimensionen ein Leben in Identität ermöglicht. Die rhythmische Zeit spielt im Leben des Menschen eine große Rolle mit ihren Intensivzeiten, die jenseits von Meßbarkeit gekennzeichnet sind durch Grenzsituationen bedeutsamer Begegnungen, Erotik und Kreativität und ihren toten Phasen, in denen der Mensch nicht lebt, sondern vielmehr gelebt wird.
Von zentraler Bedeutung hierbei ist die soziale Energie der umgebenden Gruppe, der Gesellschaft sowie das Eingebettetsein in die Natur und das gesamte Universum. Gerade das Wissen um die Begrenztheit der Lebenszeit ist notwendig, um ein erfülltes Leben führen zu können und damit *wesentlich* zu werden, d.h. Mut zu eigener Identität zu haben. Dies ist auch die Aufgabe jeder Therapie innerhalb der humanstrukturologischen Schule, die im wesentlichen ein Geben von Zeit ist — von lebendiger Zeit, die den Menschen frei macht von toter Zeit.

»Alles echte Leben ist Begegnung. Begegnung liegt nicht in Raum und Zeit, sondern Raum und Zeit liegen in der Begegnung.« (MARTIN BUBER 1966)

*Persönlichkeitsstruktur und Zeit*

Unsere Konzeption von Zeit ist eine multidimensionale. Jeder Mensch hat seine eigene Zeit. Die Zeit ruht in ihm und er bewegt sich mit Geist und Psyche um die in ihm ruhende Zeit, wie er andererseits sich um die ruhende Zeit der Ewigkeit in der kurzen Spanne seines Lebens bewegt.
Die Zeit ist relativ. Erleben und Umgehen mit Zeit ist von zentraler Bedeutung in Lehre und Behandlungsmethodik der von uns vertretenen Dynamischen Psychiatrie (AMMON 1973a, 1979a, 1979c, 1982a), die neuerdings auch Humanstrukturologie genannt wird.
Die verschiedenen relativen Zeiten eines Menschen wie die biologische Zeit, die linear gemessene Zeit, die psychologische Zeit und die gesellschaftliche Zeit stehen in prozeßhafter Korrelation zueinander und sind abhängig von den gewachsenen Ich-Strukturen der Persönlichkeit, wie dem biologischen, primären Ich, dem nichtbewußten zentralen psychischen Ich mit seinen Bereichen wie den Regulations- und Integrationsprozessen, mit spektralen Äußerungen von konstruktiv, destruktiv und defizitär, von Abgrenzung, Aggression, Kreativität, Angst, Sexualität, Körper-Ich, Narzißmus, konzeptionellem Denken, Traum- und Phantasiefähigkeit und dem bewußten Verhaltens-Ich mit seinen Fertigkeiten (AMMON 1976c, 1979d).
Bedeutsam hierbei ist ein fließender Synergismus in Abhängigkeit von der umgebenden Gesellschaft und Natur. Alle diese Bereiche münden ein in den zentralen funktionalen Bereich der Identität und bilden das Persönlichkeitsprofil jedes Menschen und in seine oben angeführten korrelierenden Funktionen von Zeit, die eine Ganzheit für ihn prozeßhaft bilden.
Mensch und Zeit bilden daher ein offenes System mit der Möglichkeit von prozeßhafter Entwicklung, Veränderung und Ab-

hängigkeit von Sozialenergie (AMMON 1979d, 1982b; GRIEPENSTROH, v. WALLENBERG PACHALY 1979). Die Konzeption der Sozialenergie, die ich entwickelt habe, möchte ich als einen wesentlichen Punkt bezeichnen, wobei es sich nicht um nach heutigen Methoden physikalisch meßbare Energie handelt, sondern um ein zwischenmenschliches und gruppendynamisches, Ich-Strukturen bildendes und veränderndes Geschehen, das im heutigen Wissenschaftsverständnis metaphorisch aufzufassen ist.

Die Idee der psychischen Energie kann nicht mehr auf der Grundlage eines mechanistischen Verständnisses als »Quantum von Hirnenergie« diskutiert werden, wie mein wissenschaftlicher Freund FILIP V. BASSIN (1981), der sich ganz besonders mit meiner sozialenergetischen Theorie beschäftigt hat, mir schrieb, sondern muß bezogen werden auf den Charakter interpersoneller Beziehungen (vgl. auch BASSIN, ROTENBERG, SMIRNOV 1983).

HANS BÖTTCHER (1981) spricht von einer interpersonellen energetischen Ebene, der er die motivationale einschließlich der informellen zuordnet. Ich werde weiter unten auf den therapeutischen Aspekt der Sozialenergie eingehen.

Aus obigen Ausführungen mag verständlich werden, daß unser Herangehen an Menschen und Zeit multidimensional sein muß, d.h. daß wir Mensch und Zeit, Gesundheit und Krankheit dimensional zu erfassen suchen und nicht im Sinne linearer Abläufe.

Ein Kernpunkt unserer Arbeit und Lehre ist die Zeit, weil im Zentrum unserer Konzeption die Identität des Menschen steht. Identität, wie ich den Begriff verstehe, ist ein Geschehen an der Grenze von Raum und Zeit, wie ich bereits in meinem Text »Identität — ein Geschehen an der Grenze von Raum und Zeit« ausgeführt habe.

Identität ist nur gegeben innerhalb einer bestimmten Zeit und des Bewußtseins, daß man nur eine bestimmten Lebenszeit hat und nicht ozeanisch in den Tag hineinleben kann mit der utopischen Vorstellung: einmal wird es kommen, daß man ein erfülltes und wesenhaftes Leben führen kann, sondern gerade das Bewußtsein des Todes und der Begrenztheit des Lebens ist wichtig.

*Gesellschaftsstruktur und Zeit*

Was wir aus unserem Leben machen, ist unsere eigene Verantwortung. Die Zeit des Lebens ist jedem Menschen gegeben als seine eigene, ihm gehörende Lebenszeit. Ich finde, die größte Ausbeutung des Menschen ist, ihm seine Lebenszeit wegzunehmen. Dies geschieht durch eine oft entfremdete und damit identitätslose Arbeitszeit.
Nach der entfremdeten Arbeits-Zeit muß auch dynamisch gesehen eine entfremdete, identitätslose Frei-Zeit folgen. Auf den notwendigen Synergismus zwischen Arbeits- und Freizeit habe ich an anderer Stelle hingewiesen (AMMON 1971a).
Durch gesellschaftliche Strukturierung kann Arbeitszeit und freie Zeit segmentiert werden, ebenso wie Jugend und Alter, Privatheit und Öffentlichkeit, Leben und Tod. Damit wird dem Menschen Identität und lebendige Lebenszeit verweigert; er wird in gesellschaftliche Funktionen gepreßt. Es kommt darauf an, oben beschriebene Segmentierung aufzuheben durch Integration und fließenden Synergismus, der sowohl dem Einzelnen wie der Gesellschaft zur Integration, Identität und zu ganzheitlichem d.h. lebendigem Zeiterleben verhilft.
Mein früherer Schüler und Mitarbeiter MANFRED DEUTSCHMANN weist in dem Handbuch der Dynamischen Psychiatrie auf das quantifizierte Erleben der Zeit mit der strukturellen Grundlage von Gleichgültigkeit, Immoralismus und schlechter Abstraktheit hin. Er meint, daß die Entqualifizierung des raum-zeitlichen Daseins des Menschen der Kern von Verdinglichung und Entfremdung im Kapitalismus sei: »Verdinglichung ist erstarrte Zeit, verräumlichte Zeit, ungelebte Zeit. Im Geld wird dies sinnfällig. Jedes Symptom, jede Fassade ist ein Ausdruck verräumlichter Zeit, zum Ding erstarrter Lebenszeit. So können wir in der Verdinglichung einen zentra-

len Schnittpunkt zwischen Gesellschaftlichem und Individuellem sehen« (DEUTSCHMANN 1979). DEUTSCHMANN weist darauf hin, daß die klinische Konkretisierung der Verdinglichung in meinem Begriff des Symbiosekomplexes (AMMON 1973d, 1975b, 1979c) gefunden sei, da die schwersten Formen defizitären Zeiterlebens in der Symbiose geprägt werden.

An diesem Punkte möchte ich sagen, daß wir ähnlich wie bei anderen zentralen unbewußten Ich-Funktionen auch beim psychologischen Zeiterleben von defizitär, d.h. leer, destruktiv, d.h. zerstörend und feindlich, und konstruktiv, d.h. lebendig, sprechen müssen.

Konstruktive, d.h. gelebte Zeit ist im Gegensatz zum Raum bedeutsam, einmalig und irreversibel. Identitätsprozesse entstehen durch die Ausgrenzung und Ablösung von der Symbiose mit wachsender Enträumlichung als qualitative Strukturierung von Lebenszeit. Das Wesen von Identitätslosigkeit ist das Verharren in der Symbiose und damit im Raum, d.h. in ungelebter Zeit, und ist Kern jeglicher Art psychischer Erkrankung. Dieser Raum kann sich im Wiederholungszwang linear über ein ganzes Leben erweitern, d.h. der Mensch verharrt im toten Leben der Symbiose. So wird den Kindern in einer defizitären Symbiose schon früh Lebenszeit geraubt, womit auch immer defizitäre soziale Energie und damit auch defizitäre Lebenszeit einhergeht.

Hierbei wird deutlich die Bedeutsamkeit meines Theorems des »Loch im Ich« (AMMON 1974a) in seinem eklatanten gesellschaftlichen Bezug; »Loch im Ich« bedeutet das Loch der leeren Zeit und der entleerten Identität des Menschen. Es ist auch das Loch in der Arbeits- und Lebenszeit vieler Gruppen (vgl. AMMON 1983b).

DEUTSCHMANN weist darauf hin, daß die Zeitdimensionen Vergangenheit, Gegenwart und Zukunft schrumpfen und keine Identitätsentwicklung mehr stattfindet. Er zitiert MINKOWSKI (1933) mit seiner Formulierung vom »Verlust des Kontakts mit der Zeitdauer«, die mit obigem Prozeß korrespondiert. GABEL (1967) spricht vom »Verfall der Temporalisierung«

und vom »Überwältigtwerden durch den Raum«. LAING (1974) formuliert die gleiche Situation, nämlich den Endpunkt abstrakten Zeiterlebens als »die alles umschließende Erfahrung, daß alles zu einem Stillstand gekommen ist; nichts bewegt sich, nichts ist lebendig; alles ist tot«.
DEUTSCHMANN zitiert hier AMMON (1970a), daß ». . . je nach Art der Einschränkung kindlicher Form des Realitätserwerbs, etwa des neugierigen Herangehens an die Umwelt im Sinne von konstruktiver Aggression, die Form der Zeiterfahrung präformiert wird.« Eine eigene, von innen kommende, qualitative Zeiterfahrung ist Bedingung subjektiven, autonomen und authentischen Handels, ebenso umgekehrt. Wo kindliches Handeln abrupt begrenzt wird, kann kein qualitatives Zeiterleben aufkommen. Wo Erleben und Handeln in Raum und Zeit extrem begrenzt und fremdbestimmt werden, da entstrukturiert sich die Innenwelt. Sie wird in weiten Bereichen phantastisch und dadurch zeitlos und statisch. Zudem ist für das Subjekt eben jener Identitätsersatz nun identitätsstiftend, d.h. es muß eine bizarre, zeitlose und erfahrungsunfähige fassadäre Ersatzidentität erhalten und bestärkt werden.
GABEL (1967) spricht hier von einem Zustand unerträglicher Angst, die bei der Unmöglichkeit zum Synchronisieren verschiedener Zeiten entsteht. Anderseits spricht GABEL von der leeren entstrukturierten Zeit des Autisten.
DEUTSCHMANN zitiert in diesem Zusammenhang AMMON, daß bei »archaisch Ich-Kranken« (AMMON 1973d) generell kein Bewußtsein von der Verdinglichung der Zeiterfahrung existiert, sondern daß für sie vielmehr charakteristisch ist, daß sie ». . . ihre Symptomatik im Hier und Jetzt des Ausagierens nicht als ich-fremd und pathologisch erleben, obwohl ihr Symptomverhalten zumeist im krassen Gegensatz zur überangepaßten Fassade ihrer Pseudoidentität steht; sie leben ihren unbewußten Konflikt vielmehr traumatisch in die Realität hinein aus.« Diese Dynamik ist besonders charakteristisch für die Borderline-Erkrankten (AMMON 1976c, 1979h).

Anstelle eines eigenen Beispiels möchte ich hier den Bericht eines Patienten MINKOWSKIs wiedergeben, der in klarster Weise das Gefühl einer bedrohlich erlebten Zeit beschreibt:

»Mir wurde alles unsagbar gleichgültig. Eine fremde Zeit dämmerte herauf. Ich wünschte mir, es möge diese falsche Zeit wieder verschwinden. Die anderen gehen durch den Saal auf und ab, aber für mich vergeht die Zeit nicht. Die Uhr geht genau wie früher. Ich mag sie aber nicht mehr ansehen, das macht mich traurig. Daß die Zeit vergeht und die Uhr sich dreht, kann ich mir so nicht mehr recht vorstellen. Manchmal wenn sie draußen im Garten schnell auf und ab laufen, die Blätter tüchtig hin- und herfliegen im Wind, möchte ich auch wieder so leben wie früher und innerlich trennen können, damit auch die Zeit wieder vergeht. Aber dann bleibe ich stehen, und es ist mir alles eins, Räume, Wolken oder Menschen. Da kriege ich nur die Nase auf die Zeit gestoßen! Die Zeit steht still, man schwankt sogar zwischen Vergangenheit und Zukunft. Es ist alles so eingesessen. Alles ist wie eine Uhr. Die Zeit läuft wie eine Uhr ab; das Lebensspiel ist wie eine Uhr. Gibt es denn eine Zukunft? Früher hatte es für mich eine Zukunft gegeben, jetzt schrumpft sie immer mehr zusammen. Ich bin wie eine Maschine, die auf der Stelle steht und arbeitet. Es wird gearbeitet, daß beinahe alles zerreißt, aber es bleibt stehen. (Bei der Betrachtung des Uhrzeigers einer Wanduhr.) Ich bin ganz erstaunt. Ich habe noch nie etwas Ähnliches erlebt. Der Zeiger ist immer wieder anders, jetzt ist er da, dann springt er gewissermaßen fort und dreht sich so. Ist es immer wieder ein anderer Zeiger? Vielleicht steht jemand hinter der Wand und steckt immer einen neuen Zeiger hinein, jedesmal an einer anderen Stelle.«

Konstruktive, d.h. lebendige Zeit, Entwicklung und Veränderung werden arretiert durch die Dynamik ». . . die Zeit bis an ihre Ränder wie ein Gefäß, mit vorgefaßten Ideen oder vorher festgelegten Handlungen zu füllen«. (MINKOWSKI 1933 zit. nach DEUTSCHMANN 1979).

Gesellschaftskritisch gesehen spricht MANFRED DEUTSCHMANN (1979): ». . . daß es sicherlich ein Aspekt psychischen Krankseins ist, an einem Zuviel an Realität zu leiden. Dieses Zuviel kann eindringen durch zu schwache und brüchige Ich-Grenzen. Denn die Verwandlung von Lebenszeit in Uhrzeit, das äußerliche Aufzwingen dieses neuen Zeitrhythmus, der Betrug um die Zeit in der frühen Industrialisierung, die sozial strukturelle Vergleichgültigung des Menschen, die systemverbürgte Zukunftslosigkeit des Einzelnen, all dies sind strukturelle Merkmale der bürgerlichen Gesellschaft . . . Ein Aspekt der ungelebten Lebenszeit ist die fassadäre Ersatzidentität, der psychische Ausdruck der kulturell verlangten Charaktermaske.«

Und er zitiert in diesem Zusammenhang AMMON (1969c) mit der Akzentuierung der sozialpsychologischen und gesellschaftskritischen Bedeutung des Mechanismus »Identifizierung mit dem Angreifer« (ANNA FREUD 1936), den seine Kenntnis erhellt, ». . . daß eine autoritäre Obrigkeit durchaus Angreiferfunktion gegenüber dem Bürger haben kann«. Auch dieser Abwehrmechanismus entqualifiziert das Zeiterleben und er impliziert Überanpassung und Konkretismus (DEUTSCHMANN 1979).

Meiner Erfahrung nach darf man das fragmentierte Zeiterleben nicht nur auf gesellschaftliche Strukturierung anwenden. Fragmentierung von Zeit kann auch mit Kontakt- und Beziehungsangst dynamisch gesehen werden. Wie z.B. einer meiner Patienten mit seiner Frau lebendige Zeit nur erleben konnte bei sachbezogener Zusammenarbeit oder aber im sexuellen Geschehen, außerhalb dieser beiden Zeiten war Zeit und Beziehung unlebendig. D.h. Kontakt- und Beziehungsangst tötet und nichtet die Zeit.

*Zeiterleben und Zeitdimensionen*

Unsere Lebenszeit hängt m.E. von uns selbst ab. Sie ist etwas sehr Relatives und nicht meßbar. Die echte Lebenszeit liegt in der Begegnung und im Tätigsein, im erfüllten Tätigsein und auch in erfüllter Sexualität. Bei beziehungsreicher sexueller Begegnung ist das Zeiterleben voll und reich mit einer Art Ewigkeitsgefühl; im Sinne des NIETZSCHE-Wortes (1967): »Und alle Lust will Ewigkeit, will tiefe, tiefe Ewigkeit.« In dieser Zeit kann neues Leben entstehen, können sich Menschen große Sozialenergie schenken; es können neue Gedanken geboren werden. Während die tote Lebenszeit von SIGMUND FREUD (1920), einem Zeitgenossen von FRIEDRICH NIETZSCHE, so trefflich als »jenseits des Lustprinzips unter Herrschaft des Wiederholungszwanges und des Weges zur Erstarrung« beschrieben wurde.

Unsere humanstrukturologische Schule versucht, den Menschen Zeit zu geben, d.h. erlebte, gelebte Zeit und ihnen zu helfen, sich zu befreien so weit wie möglich von der toten Zeit, die keine gelebte Zeit ist. Das versuchen wir auf den verschiedensten Ebenen. Auf unseren Klausurtagungen haben wir immer wieder die Erfahrung gemacht, besonders in Paestum, daß die Menschen sagten, in diesen zehn Tagen hätten sie sich und andere mehr gespürt als sonst in zehn Jahren, und sie hätten das Gefühl gehabt, daß es eine unendlich volle und reiche Zeit war, wo sie mehr Zeit erlebt haben, indem sie sich existent gefühlt haben. Diese Menschen haben, wenn sie von den Klausurtagungen zurückkamen, ihre Umwelt ganz anders erlebt und auch sich selber in ihrer alten Umgebung.

Das was ich sage ist unabhängig von Klassenbezügen und Berufsschichten.

Ein Mensch kann eine bedeutsame Lebenszeit haben, indem er einem ihm wichtigen Menschen begegnet oder indem er eine bedeutsame Sexualität erlebt, in der die Zeit unerhört stark ist und unerhört lang und groß und lebendig und ihm Leben gibt, während er sonst manchmal drei, vier, zehn Jahre dahinträumt und seine Lebenszeit nicht wahrgenommen hat. Wieviele Menschen vergeuden die schönsten Möglichkeiten von Zeit in ihrem Leben!

Zeiterleben ist relativ. Die erlebte Zeit läuft nicht linear, sondern bewegt sich in vielen Dimensionen. Wir können auch sagen, daß die Zeiträume von Vergangenheit, Gegenwart und Zukunft ineinander übergehen, eins sind; d.h. daß in der Gegenwart eine Vergangenheit und eine Zukunft enthalten sind; Man hat Beziehung zur Vergangenheit, zu Erfahrungen und Erinnerungen und diese haben Bedeutung in der Gegenwart. Die Vergangenheit ist also nicht etwas, was passiert und abgeschlossen ist, sondern sie hat heute und jetzt Bedeutung. Und die Zukunft genauso, weil man überlegt, welche Wünsche habe ich, welche Möglichkeiten oder welche Verantwortung, welche Aufgaben habe ich, was plane ich.

Die Zeit ist immer eins, ähnlich wie Energie. Energie ist auch eins, sie ist immer da, nimmt Formen an, nimmt Struktur an, wird Materie oder Licht. Physikalisch gesehen gibt es außer den Dimensionen von Vergangenheit, Gegenwart und Zukunft noch viele andere Dimensionen im Raum-Zeit-Gefüge, die wir mit unserem Denken augenblicklich gar nicht erfassen können. Besonders können mit Hilfe von Meditation, Hypnose oder bewußtseinserweiternden Trancezuständen parapsychologisch zu verstehende und erforschbare visionäre Erfahrungen von vergangener und zukünftiger Zeit gemacht werden. GARDNER MURPHY (1963b), mit dem ich in den 60er Jahren an einem Projekt über Kreativität und Psi-Phänomene arbeitete, sagte mir, daß sowohl die Vergangenheit als auch die Zukunft immer vorhanden wären; es käme nur darauf an, aus welcher Dimension man von der Gegenwart dort hinschaue. Astrophysiker könnten in diesem Zusammenhang von Experimenten mit der Zeit sprechen.

In alten keltischen Mythen werden Menschen geschildert, die zwischen den Welten der verschiedenen Zeiten wandern. In diesen Welten finden bedeutsame Begegnungen statt, in denen auch Erotik und Sexualität eine große Rolle spielen. In dem Moment, in dem diese Menschen aus ihren Begegnungen heraustreten und in ihre alten Lebensformen zurückkehren, erkennen sie diesen Lebensraum nicht wieder, weil die übrigen Menschen in der Zeit, in der sie weg waren in der anderen Welt, gealtert sind. Die Menschen, die in ihrem alten Rhythmus weiterleben, altern schneller, während der Mensch, der in der intensiven Begegnung lebt, etwas ganz anderes erlebt.

Die Geschichte wird in Wissenschaft und Schule häufig als lineares Geschehen betrachtet. Es wird oft die Chronologie der Ereignisse abgehandelt, während gerade die Umbruchzeiten in unsere Gegenwart hineinwirken. Was sich in solchen Umbruchsituationen ändert, ist die Fließgeschwindigkeit der Entwicklung. Wenn man die Zeit als Prozeß betrachtet und nicht als Abschnitte, die man einteilen kann, sondern als etwas Fließendes, dann ist entscheidend bei diesem Fluß, die unterschiedlichen Geschwindigkeiten zu betrachten, die das Zeiterleben intensiver machen. Geschichte erhält so einen unterschiedlichen

Rhythmus, je nachdem, ob es geschichtliche Bewegungen gibt, die eine Veränderung bewirken oder nicht.

Fließende Zeit bei Menschen hat rhythmischen Charakter mit außerordentlich dichter und voller Intensivzeit, die bei Messungen der fließenden Zeit kurz oder lang sein kann, aber, was die Dimension des Erlebens angeht, jenseits dieser Meßbarkeit von hoher lebensspendender Fülle für den Menschen sein kann und manchmal in einer relativ kurzen Zeitspanne Sinn und Zweck seines ganzen Lebens ausmachen kann. Eine Zeit mit weniger rhythmischen Phasen stellt eine tote und leere Zeit dar ohne Bedeutung für das Leben des Menschen. Es sind auch Zeiten, wo man sagen kann, er wird gelebt statt daß er selber lebt. Man könnte natürlich auch meinen, daß diese toten Phasen des Lebens Vorläufer oder Nachläufer der Intensivphasen menschlichen Lebens sind. Bei genauerer Untersuchung kann man in jedem menschlichen Leben Intensivphasen finden, die immer gekennzeichnet sind durch Grenzsituationen bedeutsamer Begegnungen, Erotik und Kreativität.

Die biologische Lebenszeit des Menschen wird durch diese Phasen mitbestimmt. Folgerichtig können wir hier von einer Dynamik der Zeit sprechen, die synergistisch verwoben ist mit den Persönlichkeitsstrukturen und der Dynamik des Denkens. Bedeutsam für meine ganzheitliche Sichtweise sind die neuesten Erkenntnisse der Astrophysik. Sie betrachtet das Geschehen im Universum als ein offenes System, wo sich die Dinge in Selbstorganisation immer neu entwickeln. Die Zeit ist dabei unendlich. Wir können sagen, wenn wir an ERICH JANTSCH (1982) und die Astrophysiker denken, daß alles, was einmal da ist, zum gesamten Universum gehört wie wir auch, wir sind kleine Teilchen von Sand im Vergleich zum Universum oder noch weniger, und wir können nicht aus dem Universum herausfallen, weil es die Ewigkeit ist. In welcher Form, in welcher Substanz wir nach unserem biologischen Tod sein werden, das wissen wir nicht. Und was wir dort erleben werden, das wissen wir auch nicht. Vielleicht ganz andere Lebensmöglichkeiten, aber uns wird das Bewußtsein unseres vorherigen Lebens weitgehend verloren sein.

Die Angst vor der Endlichkeit von Lebenszeit, die zu unterscheiden ist von dem Bewußtsein von Endlichkeit, von bewußtem Leben ist das Zentrum aller Religionen, z.B. von dem allgegenwärtigen altägyptischen Totenreich des Osiris bis hin zu den Wiedergeburts- und Auferstehungsmysterien, dem Jenseitsglauben des Christentums und der Wiedergeburtslehre des Buddhismus.

Die Bewegung des New Age (vgl. GEISLER 1984) versucht mit dem Gedanken des Kosmischen und Vergänglichen allen Seins in immerwährender, sich verändernder Erscheinungs- und Bewußtseinsform eine Antwort zu finden und kommt dabei erstaunlicherweise alten Mysterien nahe.

Auf die ganzheitliche Schau des Universums und das dynamische Prinzip geistig-seelicher Kräfte, sowie das weiblich-männliche Prinzip in jedem Körper in ewigem Wechselspiel und endlos rhythmischem Kreislauf als Ausdruck der Sinnhaftigkeit des Lebens habe ich bei einer Betrachtung der uralten chinesischen Symbolik von »Yang und Yin« (aus dem »Buch der Wandlung« aus dem 5. Jh. vor der Zeitrechnung) bereits 1950 hingewiesen (AMMON 1950a).

In anderen Kulturen drückt sich das sinnhafte, bedeutsame Leben im Zeiterleben des Menschen aus. Ich habe das festgestellt bei meiner Arbeit mit den Lacandon-Mayas in Mexiko (AMMON 1966) und Peyote-Kult-Indianern Nordamerikas. Sie ruhen in der Zeit, ob es nun die Peyote-Indianer sind, oder die südamerikanischen Indianer oder die Lacandon-Indianer, mit denen ich ein Vierteljahr zusammengelebt habe. Sie erzählen das, was bedeutsam ist, und wenn es vor 200 Jahren passiert ist, und erleben es so, als ob es gestern passiert sei. Und wenn gestern ein langweiliger Routinetag war, dann erzählen sie so, als ob es sich vor 300 Jahren ereignet hätte. Dieses Zeiterleben identitätshabender Völker, wozu auch die Naturvölker und viele andere Völker in der Antike gehört haben, haben wir, wie bereits weiter oben ausgeführt, in unseren Industriegesellschaften oft verloren und es steht die linear gemessene Zeit im Vordergrund.

## Identität und Zeit

Es geht darum — um es mit den Worten von ANGELUS SILESIUS (1974) auszudrücken, »wesentlich zu werden«. Ich meine, der Ausspruch dieses großen schlesischen Mystikers: »Mensch werde wesentlich« drückt hier aus: Mensch, nehme dir deine eigene Zeit. Habe den Mut zur eigenen Identität, habe den Mut zu deiner eigenen Sexualstruktur und zu deinen eigenen Bedürfnissen, habe den Mut, du selbst zu sein.

Ob der Mensch seine Identität leben kann, hängt immer ab von der Sozialenergie, die ihm gegeben wird. Erst die Sozialenergie ermöglicht ein Überschreiten von Raum zu sich selbst und zur eigenen Identität, d.h. die soziale Energie, die sich Menschen untereinander geben können oder die umgebende Gruppe dem Menschen geben kann. Man kann sagen, der Mensch, der eine tote Zeit lebt, ist entleert von Sozialenergie. Er ist umgeben von einer Gruppe, die nur defizitäre Sozialenergie zur Verfügung hat, während destruktive Sozialenergie sich noch konstruktiv auswirken kann, denn sie bedeutet Auseinandersetzung und damit Beziehung, genau wie Wut, wie Haß. Es ist wenigstens kein totes Leben. So, wie soziale Energie gegeben wird und der Mensch soziale Energie erhält, ist er lebendig und ist seine Zeit lebendig. Denn Sozialenergie und Zeit ist Lebenszeit. Ich würde sagen, für uns bedeutet Zeit erfüllte, identitätsträchtige, voll erlebte Lebenszeit.

Wir versuchen, dem Menschen die Lebenszeit zu erweitern und ihm die Möglichkeit zu geben, die Vorstellungen, wie er eigentlich sein will, zu verwirklichen. Das ist oft nur durch Grenzsituationen möglich, vor allem durch das Wissen, daß das Leben durch den Tod eine Grenze findet. Ich werde nie vergessen, wie auf der Tagung »Ars Moriendi« 1974 in Columbia City, USA ein krebskranker junger Kaufmann, dem die Ärzte nur noch ein halbes Jahr Lebenszeit gegeben hatten, der sportlich gekleidet war — man merkte nicht, daß ihm ein Bein wegen eines Sarkoms amputiert worden war und er schon mehrere Sarkom-Lungenoperationen hinter sich hatte — sagte: »Sie wissen gar nicht, was ein halbes Jahr Lebenszeit für mich bedeutet. Ich lebe — augenblicklich ist ein Tag für mich mehr als sonst ein Jahr. Ich tue jetzt und kann das tun, was ich wirklich will. Ich habe mit meiner Frau eine sehr erotisch erfüllte Zeit.« Seine Frau und seine Tochter waren auch anwesend. Eine junge Frau mit gütigem Gesicht und ein sieben Jahre altes Mädchen, das lieb und zärtlich mit seinem Vater umging.

Ich möchte sagen, daß alle Grenzsituationen wie schwere Krankheiten und Angst, Arbeitslosigkeit und politische Unterdrückung den Menschen in seinem tiefsten Inneren erschüttern können und sein Leben verändern können. Das gleiche gilt für bedeutsame Begegnungen mit anderen Menschen und Gruppen, die den Menschen aus einem bisherigen Routineleben »herauswerfen« können hin zu sich selbst. Ergreifende und bedeutsame Begegnungen sind für die Erweiterung des Lebensraumes und der Zeit wesentlich. Ein Mensch, der viele Begegnungen in seinem Leben hat, in denen man einander Zeit gibt, gewinnt lebendige Lebenszeit und Sozialenergie. Dies sollte auch in der Therapie der Fall sein.


*Psychotherapie und Zeit*

Wer lernfähig ist und fähig ist, sich neuen Wegen zu öffnen mit Neugierde und Interesse, kann sich entwickeln. In diesem Sinne verstehe ich Therapie, die eine Kette von bedeutsamen Begegnungen sein sollte, wobei die allerwichtigste Begegnung die erste Begegnung zwischen Therapeut und Patient ist. Wenn das keine bedeutsame Begegnung war, sollte man keine Therapie machen — nicht der Therapeut mit dem Patienten und umgekehrt.

In der Psychotherapie spielt die Zeit eine zentrale Rolle, da in der Therapiezeit die Leidenden immer wieder ihre leere, tote und alte Zeit mit sich bringen und die Erfahrung machen müssen, mit einer neuen, lebendigen Zeit umzugehen. Durch sozialenergetische Auseinandersetzung mit der umgebenden Gruppe

oder dem Einzeltherapeuten oder dem therapeutischen Milieu einer Dynamisch-Psychiatrischen Klinik mit ihrer ganz besonderen Zeit, erleben die Leidenden oft eine für sie erstaunende Herausforderung an Tätigsein, Kontakt und Leistung. Aus der Sicht unserer Behandlungsmethodik spreche ich hier von einem sozialenergetischen Kreis. Stationen dieser sozialenergetischen Kreise sind zunächst: Sozialenergieaustausch, Ich-Struktur im Unbewußten, Identität und Gruppenbezüge, in denen sich der Kreis zum Sozialenergieaustausch wieder schließt.
Sozialenergetische Austauschprozesse, zunächst in der Primärgruppe, bestimmen die Ausprägung der Ich-Struktur des Menschen. Seine ich-strukturelle Beschaffenheit wiederum gibt den Stand seiner Identität an. Mittels dieser Identität setzt der Mensch sich selbst wieder in Gruppenbezüge, die neuen sozialenergetischen Austausch bewirken und damit den sozialenergetischen Kreis wieder eröffnen im Sinne einer Identitätserweiterung. Die Vorstellung eines sozialenergetischen Kreises macht aber noch ein weiteres Moment deutlich, nämlich den Teufelskreis, der in einer pathologischen Entwicklung steckt, die Zwangsläufigkeit, mit der psychisch kranke Menschen sich immer wieder Menschen und Gruppen suchen, die ihnen nur passager Sozialenergie geben, die ihre Krankheit stabilisieren und destruktiv narzißtische Bestätigung als Bestätigung der kranken Ich-Anteile geben. Diese Form von Beziehung habe ich auch als narzißtische Komplizenschaft bezeichnet (AMMON 1982e). Deutlich wird an dieser Stelle aber auch, wo eine psychotherapeutische Behandlung einsetzen kann. Die Gruppenbezüge, die der sich in die Therapie begebende Kranke sucht, die seine Krankheit erhalten, werden passager ersetzt durch eine therapeutische Gruppe oder Einzelbeziehung, in der sozialenergetische und damit strukturbildende und persönlichkeitsverändernde Prozesse ablaufen können. Therapeutische Aufgabe ist also die Strukturierung eines sozialenergetischen Feldes, das in seiner konkreten Ausformung angepaßt werden muß an den Stand der Identitätsentwicklung im Hier und Jetzt des Patienten, d.h. auch an das Bild seiner Krankheit (AMMON 1982b).

Die obige Beschreibung des sozialenergetischen Kreises ist gleichzeitig auch eine Beschreibung von Kreisen der Zeit, in der der Mensch lebt oder gelebt hat, und eine Beschreibung von dem Zeitkreis der Therapie.

Jede therapeutische Schule ist daran zu messen, wie sie mit der Lebenszeit und der therapeutischen Zeit eines Patienten umgeht. Jede Therapiesitzung sollte eine erfüllte, interessante Begegnung sein, und auch eine gelebte Zeit im eigentlichen Sinne, wie ich sie verstehe, heißt dem Menschen Zeit geben. Das ist identisch mit Liebe geben, denn Liebe ist ja weiter nichts als Verstehen des Anderen und als ihm Zeit geben, volle Zeit, sozialenergetische Zeit.

Diese Zeit der Therapie kann der Therapeut nicht grenzenlos geben und der Patient nicht grenzenlos nehmen — Therapie heißt auch immer lernen, sich trennen zu können. Die Beendigung der Therapiezeit (AMMON 1973c), ist häufig die Phase des wichtigsten therapeutischen Prozesses, oft ein Wendepunkt der Therapie. Therapie ist kein Lebensersatz, sondern ich verstehe sie als Zeit der Veränderung und des Lernens.

Das Schwierige für die Menschen ist, einzusehen, daß sie die Vergangenheit nicht mehr verändern können. Die Veränderung findet in der Gegenwart statt und die Zukunft können wir nicht kontrollieren. Wir können auch nicht kontrollieren, was der andere denkt oder wie er sich verhalten wird. Es ist ein Zeichen von Omnipotenzvorstellung, wenn ein Mensch glaubt, daß er als Einzelwesen über Zukunft und Vergangenheit befinden kann. Ein Mensch hat nur so viel Zeiterleben und Möglichkeiten, wie die äußeren Bedingungen der Umgebung, der Gesellschaft und Natur es zulassen.

Wenn wir uns in diesem Zusammenhang der biologischen Zeit zuwenden, so wundern wir uns, daß manchmal Menschen mit zwanzig Jahren wie Greise wirken, d.h. wie sie sprechen, sich bewegen und was sie tun, während oftmals Menschen mit achtzig Jahren und mehr außerordentlich jugendlich, vital und aktiv wirken, so daß die biologische und die gemessene Zeit in beiden Fällen aufgehoben zu sein scheint. Die Zeit des Menschen ist in seinem Gesicht zu lesen; bei stehengebliebener Zeit wird der Ausdruck seines Gesichtes auch stehengeblieben sein, wie man dies bei Kindergesichtern von älteren Menschen erleben kann, die Erstarrtheit ausstrahlen, während durch Tätigkeit und Erleben gezeichnete Gesichter durchaus Lebendigkeit und auch Kindheit ausstrahlen können und bedeutend jünger sind als die Träger erstarrter Kindergesichter. Ich habe andererseits in meiner Arbeit in der studentischen Beratungsstelle des ASTA der FU Berlin viele junge Menschen kennengelernt, die alt wirkten, langweilig, steif und starr waren. Andere Menschen dagegen sind Jünglinge in hohem Alter. Sie sind verspielt, kreativ, haben eine erfüllte Sexualität und leisten große Dinge in Beruf, Politik, Kunst und Musik.

*Psychopathologische Reaktionsformen und Zeiterleben*

Ich möchte nun auf das Zeiterleben bei verschiedenen Krankheitsbildern kurz eingehen. Ich fasse Krankheitsbilder keineswegs als Kategorien im Sinne von Endgültigkeit auf, sondern als ich-strukturelle Zustände mit an anderer Stelle im Flusse befindlichen Interdependenzen und Prozessen, die ein offenes, beeinflußbares und damit veränderbares System darstellen. Sie sind somit eine Momentaufnahme der Persönlichkeit. Diese Momentaufnahme ist jedoch von Bedeutsamkeit für zu ergreifende therapeutische Maßnahmen und für die Verständigung im therapeutischen Team, aber auch für wissenschaftliche Überlegungen und Forschung.
Die Relativität der biologischen Zeit führt uns hin zur Frage psychischer und körperlicher Gesundheit oder Krankheit; beides sind Möglichkeiten des Menschen und sie bestimmen seine Zeit mit. Menschen mit reicher und lebendiger Zeit im Alter sind diejenigen, die mit Identität und vollen Händen und für sie wichtigen Aufgaben in das biologische Alter eingetreten sind, wo sozusagen der lebende Fluß von Identität biologische Prozesse mit bestimmt, im Gegensatz zu den Menschen, die mit

leeren Händen, identitätslos und sozialenergetisch verarmt in das biologische Alter eingetreten sind. Sie schauen in der einen Zeitdimension auf tote Zeit zurück und sehen in der Zukunftsdimension den Tod im Zustand der Trostlosigkeit. In der Regel leben sie vereinsamt und leiden an depressiven Zuständen, der sog. Altersdepression. Bei diesen Menschen ist die Angst vor der Realität des Aufhebens der Zeit durch den nahenden Tod zentral. Selbst in einer derartigen Situation ist therapeutische Hilfe möglich.

Ich erinnere hierbei eine Reihe derartiger Menschen in unserer Klinik Menterschwaige, wo es möglich war, durch viel Kontakt, Zeit und Verständnis ihrer Möglichkeiten sie wieder zu Tätigsein, Aktivität und Interesse zu gewinnen, zusammen mit ärztlicher Hilfe und therapeutischen Gruppen und Milieubezügen. Einigen konnten wir helfen, noch wenige Jahre erfüllter Lebenszeit zu gewinnen und in ihren früheren Lebensbereich zurückzukehren, anderen konnten wir noch eine reichere Zeit, als sie in ihrem Leben gehabt hatten, zur Verfügung stellen und ihnen ein Sterben in umgebender lieber Gruppe ermöglichen. (AMMON 1971b, 1972a, 1975c, 1982b).

Der depressiv reagierende jüngere Mensch lebt in toter Zeit, für ihn steht die Zeit still und er sieht keine Zukunft. Er kann nicht planen, ist ohne Interessen, steht unter schweren Schuldgefühlen, klagt sich an, erlebt eine quälende Leere in seinem Denken und schaut nur in die Vergangenheit; er kann weder Kontakt aufnehmen noch Aggression äußern (AMMON 1979b). Bei ihm kommt es darauf an, ihn wieder aus seiner toten Zeit in die lebendige Zeit des Lebens hineinzuholen. Hier setzt die Sozialenergetische Auseinandersetzung an; falsches Mitleid und gutes Zureden würden diesen Menschen noch mehr zur Verzweiflung bringen. Diese Leidenden sind so verzweifelt, daß bei Wiedererlangen von Entschlußfähigkeit die Gefahr besteht, daß sie ihrer Lebenszeit biologisch ein Ende setzen. Daher muß bei der Depression die therapeutische Zeit aktiv und umsichtig gehandhabt werden.

Bei der manischen Reaktion, die bekanntermaßen in inniger Beziehung zur Depression steht, gewissermaßen einen geglückten Befreiungsversuch von der Depression darstellt, hat der Mensch mit seinen hilflosen, offenen Ich-Grenzen ein ozeanisches Zeitgefühl mit utopisch-grandiosen Ausblicken in die Zukunft und einer rosa verfärbten Vergangenheit. Das manische Zeitgefühl hat Verwandschaft zu dem Zeitgefühl von Suchtkranken. Man kann die manische Reaktion auch als die »positive« Umkehrung der Depression bezeichnen. Auf die Phasen und rhythmushafte Verwandtschaft von Depression und Zwang hat bereits KARL ABRAHAM (1924) hingewiesen, während ich und meine Schüler auf die Verwandtschaft zwischen Zwang und schizophrener Reaktion hingewiesen haben (POHL und ROCK 1979), desgleichen haben wir vor Jahren die innige Beziehung zwischen Psychosomatik, Psychose und Depression erarbeitet (AMMON 1973c, 1978, 1979b).

Die Besonderheit des Zeiterlebens verändert sich entsprechend den ich-strukturellen Zustandsbildern. Unsere ganzheitliche Sicht psychopathologischer Reaktionsformen findet hier eine ich-strukturelle Bestätigung, zu der auch die Relativität des Zeiterlebens zu zählen ist. Die ganzheitliche Sicht in Psychiatrie und Medizin hat ihre Geschichte und geht auf Jahrhunderte bzw. Jahrtausende zurück. Die Fragwürdigkeit der Artefakte von Kategorien wird hierbei deutlich.

Das Zeiterleben des schizophren Reagierenden (AMMON 1975b, 1979g, 1980) ist grenzenlos und ozeanisch, ohne Vergangenheit und Zukunft. Der Verlust der Zukunftsperspektive spiegelt einen Mangel an Hoffnungen und Erwartungen wider. Der schizophren Reagierende verliert sein Zeitgefühl, d.h. er zieht sich von der Welt in eine geschützte Welt autistischer Seligkeit zurück. Wenn die Zeit stillsteht, wird sie zur Ewigkeit, dann ist es unmöglich, sie zu ändern. Der schizophren Reagierende zieht es vor, die unbekannten Gefahren, die die Zukunft für ihn bereithalten könnte, zu ignorieren und lebt vollständig in seiner subjektiven Gegenwart. Er klammert sich an seine arretierte Zeit in dem Versuch, die Spannung zu mindern zwischen Möglichem und Realem. Während der Wahnzeit schizophrenen Zeiterlebens erlebt sich der schizophren Reagierende in vergangenen und zukünftigen Welten. Er erlebt sich als eine vergangene oder zukünftige Persönlichkeit oder kann, wenn seine Wahnzeit die Form eines geschlossenen Systems annimmt wie bei der Paranoia, sich ständig begleitet fühlen von zwei als feindselig erlebten Osterhasen, die zu einer Weltverschwörung der Osterhasen gehören, die nur gegen ihn gerichtet ist, wie dies ein Mathematikprofessor, der vor langer Zeit bei mir in Behandlung war, erlebte, der aus seiner Wahn-Zeit aussteigen konnte, sowie er in seine berufliche Arbeits-Zeit eintrat. Diese Wanderungen in der Wahn-Zeit sind der Ausdruck von Desintegration, Hilflosigkeit des Menschen gegen seine innere Welt, sie stellen eine Überflutung unbewußter Inhalte dar und sind letzten Endes entfremdet vom Menschen, nur ganz anders als entfremdete, mechanische Arbeits-Zeit, gegen die letztendlich die Wahn-Zeit ein mißglückter Protest und Fluchtversuch ist und bleibt. Aber es ist dies nicht nur vom Gesellschaftlichen her zu verstehen. Bei manchen schizophren reagierenden Menschen habe ich auch ein materialisiertes Zeiterleben festgestellt, wo die Zeit bedrohlich auf den Menschen einstürzte, wo die Zeit den Charakter geronnener Angst annahm. Hier kommt es darauf an, in das schizophrene Zeiterleben einzusteigen und den schizophren kranken Menschen Schritt für Schritt in die lebendige Zeit der Realität dieser Welt hineinzubegleiten.

Bei destruktiver Sexualität (AMMON 1973a, c) wird die Zeit nur lebendig erlebt während der sexuellen Aktion, in der Zwischenzeit stagniert sozusagen die Zeit und gewinnt erst wieder ihre Dynamik während des erneuten sexuellen Agierens. Die sexuell destruktive Aktion kann man auch als eine sozial-psychotische Reaktion bezeichnen, und sie kann sowohl die schizophrene Reaktion vorübergehend ersetzen, wie auch eine vorübergehende Befreiung bei Depression, Psychosomatik und Zwang erbringen. Ich-strukturell gesehen sind dies mißglückte Befreiungsversuche, ähnlich wie durch Sucht und Manie. Der

Mensch bleibt schließlich dabei ausgeklammert, allein und verlassen.

Ziel aller Therapie muß sein, durch integrativ therapeutische Maßnahmen diese Fluchtmechanismen zu durchbrechen und dahinter den Menschn in seiner ungeheuren Einsamkeit, leeren Zeit und Todesangst zu erreichen. In den zeitlichen Zwischenräumen, wo nicht nur die Zeit, sondern auch das Denken abgeblockt sind, ergreifen diese Menschen oftmals die Flucht zu Alkohol oder Drogen. Nach meiner Erfahrung kann ich sagen, daß eines der schlimmsten Erlebnisse für den Menschen ist, die Leere von Zeit und Denken durchzustehen.

Der Zwangsneurotiker jagt immer hinter der Zeit her, wird aber nie fertig, weil er ohne konzeptionelles Denken keinen zentralen Integrationspunkt von Zeit kennt, er wird immer ein Sklave der Zeit sein, immer ein Überlastungssyndrom haben, immer klagen und jammern, aber nicht begreifen, daß es an ihm selber liegt. Er versucht abgespalten alle möglichen Tätigkeiten, die er ohne Sinnzusammenhang erlebt und nicht integrieren kann. Ihm ist oft sehr wenig zu helfen und eine Behandlung erfordert viel Lebenszeit vom Therapeuten. Eine große Hilfe in der Therapie ist es, den unter Zwang Leidenden zu unterstützen, anliegende Aufgaben sofort im Hier und Jetzt zu erfüllen und seine gewissermaßen erstarrten Ich-Strukturen durch sozialenergetische Zuwendung und Auseinandersetzung in Fluß zu bringen.

Die Lebenszeit des psychosomatisch Erkrankten ist seine kranke Zeit, seine Identität die Identität eines Kranken. Er gehört zu den Verweigerern von Kontakt und sozialenergetischem Austausch. Er lebt jenseits von erlebter Zeit. Seine Gefühle sind weit weg von der Gegenwart — ein Zustand, den viele Forscher als Alexithymie (SIFNEOS 1975) bezeichnen. Beim psychosomatisch erkrankten Menschen kommt es von Anfang an darauf an, sein Symptom als Kontaktbrücke zu benutzen, um den Menschen dahinter zu erreichen mit seinen großen Ängsten um Trennung und Verlassenheit (AMMON 1974c, 1975a, 1978, 1979a, 1982f).

Der Drogenkranke flüchtet aus der gesellschaftlichen Zeit heraus in eine utopische, unabgegrenzte Welt eines künstlich induzierten wahnhaften Ich-Zustandes, in eine besondere Zeit, die Drogen-Zeit. Hierbei kommt es darauf an, mit viel Verständnis und Liebe ihm etwas Besseres anzubieten als die Droge und damit auch eine echte Lebenszeit. (VOLBEHR 1979, RÖHLING 1979)

Der Borderline-Patient hat ein desintegriertes und ständig wechselndes Zeit- und Identitätserleben, was sich chamäleonartig der jeweiligen Situation anpaßt (AMMON 1976c, 1979h, 1984d, 1985a). In der Therapie kommt es darauf an, dem Borderline-Patienten durch bildhafte Sprache einen Spiegel vorzuhalten, daß er sich verändern kann mit dem Ziel, Integration und Identität zu gewinnen.

Den psychisch kranken Menschen fehlt ein Synergismus von Vergangenheit, Gegenwart und Zukunft, wie auch ein Synergismus zwischen dem biologischen, psychischen und bewußten Sein, wie aber auch ein Synergismus zwischen den verschiedenen Zeiten, der biologischen, der psychischen, der gesellschaftlichen und der bewußten gemessenen Zeit.

Wir können einen geglückten Synergismus bei Menschen mit Identität und in der Regel auch bei Kindern finden, sie gehen frei und unbefangen mit ihrer Zeit um, nur die Bedeutsamkeit der Ereignisse prägt ihr Zeiterleben. Geht man z.B. mit Kindern zum Spielplatz, dann ist der Weg dorthin genauso wichtig wie das Ziel, der Spielplatz selbst — der Weg ist das Ziel. Sie sind bei der Handlung selbst in ihrer Zeit.

Alles ich-strukturelle Arbeiten innerhalb unserer Dynamischen Psychiatrie ist ein Kampf um die Zeit, Kampf um die Wiedergewinnung oder Neugewinnung qualitativer Zeit, d.h. lebendiger und konstruktiver Lebenszeit. Unsere ich-strukturelle Identitätstherapie im Sinne bedeutsamer Begegnung muß daher ein offenes System in die Zukunft weisen, denn es geht um die Offenheit, dem noch Ungekannten in lebendiger Zeit zu begegnen. Die dynamische und lebendige Zeit ist auch die Zeit lebendiger Gruppen, die dem Individuum Lebensraum und Identität schaffen. Identität und Zeit sind immer auch eine Gruppenzeit und eine Gruppenidentität.

*Ausblick*

Die Relativität der Zeit wird für den Menschen deutlich durch sein Erleben. Bereits ARISTOTELES hatte erkannt, daß die Zeit an sich in ewiger Ruhe steht und nur durch die Bewegung von außen meßbar ist. Durch unsere Untersuchung mit dem Autokinetischen Lichttest konnten wir die innere Bewegung im Menschen messen und so intensive bewegte Zeit von stehendem, starrem Zeiterleben unterscheiden. Hier findet sich die Versuchsperson in einem dunklen Raum zusammen mit einem fixierten Lichtpunkt wieder. Sie erlebt den Punkt in verschiedensten Formen von Bewegung oder Stillstand. Viele Menschen haben dabei das Erleben, mit einem Stern im Kosmos in Verbindung zu stehen; sie stehen aber in Verbindung mit sich selbst und ihrer ganz eigenen Wahrnehmung, die ihre innere Situation ausdrückt. Dabei ist das Zeiterleben außerordentlich verschieden und unabhängig von der festgesetzten und gemessenen Zeit von 10 Minuten (AMMON, BURBIEL, FINKE, WAGNER 1982; AMMON, BURBIEL, STUCK 1983).
Die verschiedenen Zeiten des Menschen wie die reiche und lebendige Zeit, die biologische Zeit, die physikalisch meßbare Zeit stehen in Beziehung zueinander und bilden in sich jeweils ein individuell verschiedenes Ganzes.

Ich stelle mir für die Zukunft eine neue Meßbarkeit von Zeit in den Dimensionen konstruktiv, destruktiv und defizitär vor mit der Anwendung der Methodik meines Ich-Struktur-Testes (ISTA) (AMMON 1976c; AMMON, BURBIEL, FINKE, WAGNER 1982; BURBIEL, FINKE, WAGNER 1983). Dies wird umsomehr notwendig werden, da die Besonderheit von Zeit und Zeiterleben zusammen mit Identität und Arbeitswelt für den Menschen in Gesundheit und Krankheit von zentraler

Bedeutung ist und hierbei die lineare Zeitmessung relativiert wird.

Bedeutsam ist es, den Menschen zu befreien zu einer ihm eigenen Zeit in Beziehung zu anderen Menschen, Gruppen, zur Gesellschaft und zu höheren Zielen, die über ihn selbst hinausgehen und sich schließt zu einem Gefühl der unteilbaren Ganzheit unserer Erde und der Ewigkeit des Kosmos, in der wir alle ruhen.

# Arbeit und menschliche Existenz

Zwei konträre Ansätze bestimmen die Grundauffassung von Arbeit: 1. Arbeit ist eine Notwendigkeit, sie wird unter dem Druck der äußeren Lebensumstände verrichtet; 2. Arbeit dient der Selbstverwirklichung des Menschen.

Ich bin aufgrund meiner gruppendynamischen, sozialenergetischen und ich-strukturellen sowie psychiatrischen Forschung zu einer Theorie der Arbeit gelangt, die sie ins Zentrum der psychologischen Persönlichkeits- bzw. Identitätsentwicklung und sozialenergetischen Ich-Strukturbildung stellt. Identität und Arbeitsbedürfnis, Arbeitsstörungen und Identitätsdefizite sowie der milieutherapeutische Einsatz der Arbeit zur nachholenden Identitätsentwicklung psychisch Kranker werden innerhalb der holistischen Konzeption der Ich-Strukturologie gesehen und reichen in alle ich-funktionalen Aspekte der Persönlichkeit hinein. Sie können aus allgemeinpsychologischer Perspektive eine fundierte Kritik der pathogenen Organisation von Arbeit in unserer identitätslosen Industriegesellschaft leisten. Arbeit als Ausdruck der Grundbedürfnisse des Menschen als eines Gruppenwesens wäre dabei die Orientierung dieser Kritik.

Wenn wir uns fragen, was bedeutet die Arbeit für den Menschen in seiner psychischen Existenz, in seinem Gewordensein und für seine Identität in Gesundheit und Kranksein, so können wir feststellen, daß diese Fragen weder in der Entwicklungspsychologie noch in der Persönlichkeitspsychologie und — mit

Ausnahme der sowjetischen Psychologie — auch nicht in der Allgemeinpsychologie Beachtung gefunden haben.
Wir können in den Auffassungen zur Arbeit zwei konträre Standpunkte finden, die im Laufe der Menschheitsgeschichte in verschiedener Weise in Philosophie und Mythologie, in Dichtung und Kultursoziologie, aber auch in alltäglichen Einstellungen zur Arbeit ihren Niederschlag gefunden haben:
1. Arbeit ist notwendig und wird nur unter Zwang der äußeren Lebensumstände verrichtet.
2. Arbeit dient der Selbstverwirklichung des Menschen.
Ein Beispiel für die erste Auffassung ist der Freudianismus. FREUD (1900, 1916/17, 1926, 1927, 1930) selbst hat eine der Triebpsychologie entsprechende Auffassung der Arbeit entwickelt, nach welcher Arbeit dem Realitätsprinzip zuzurechnen ist, das dem trieborientierten Lustprinzip entgegensteht. Arbeit ist dem Menschen möglich, weil er sich den Forderungen einer triebfeindlichen Umwelt anpaßt und das unangepaßte Lustprinzip beherrschen lernt. Lustprinzip und Arbeit stellen daher nach FREUD Antagonismen dar. FREUD (1927) sagt dazu: »Es scheint vielmehr, daß sich jede Kultur auf Zwang und Triebverzicht aufbauen muß; es scheint nicht einmal gesichert, daß beim Aufhören des Zwanges die Mehrzahl der menschlichen Individuen bereit sein wird, die Arbeitsleistung auf sich zu nehmen, deren es zur Gewinnung neuer Lebensgüter bedarf«.
FREUD grenzt die Arbeit von Liebe, Freude und Spiel scharf ab und gibt damit der Möglichkeit einer genuinen Bedürfnisbefriedigung durch Arbeit keinen Raum. Nur für verhältnismäßig wenige Menschen hat demnach die Arbeit eine besondere Qualität, nämlich in der Freude des Künstlers am Schaffen, in der Verkörperung eigener Phantasiegebilde und im Erforschen der Lösung von Problemen und Erkennen der Wahrheit.
Das folgende Zitat zeigt den in dieser theoretischen Sichtweise eingeschlossenen Pessimismus, der als zerstörerisch angenommenen Energie, durch die die energetische Motivation der Arbeit ebenfalls einen zerstörerischen Charakter gewinnt: »Unterdrückte Menschen, die am Rande des Existenzminimums le-

ben, werden eine intensive Feindseligkeit gegenüber einer Kultur entwickeln, deren Existenz sie zuvor durch ihre Arbeit mit aufgebaut haben, aber an deren Reichtum oder Wohlstand sie einen zu geringen Anteil haben. Unter solchen Bedingungen kann eine Internalisierung gesellschaftlicher Verbote und Vorschriften bei den unterdrückten Gruppen nicht erwartet werden und von daher auch keine Motivation zu weiterer Aufbauarbeit. Das Potential des Menschen, die Kultur zu zerstören, ist mindestens genauso groß wie das Potential, sie aufzubauen« (FREUD 1927).

Die pessimistische Einstellung FREUDs und ebenso seine individualistische Einstellung, die im Mitmenschen nur das intrapsychische Libido-Objekt oder den Mit-Arbeiter sieht, führen bei ihm zu der grundsätzlich negativen Einstellung gegenüber der Arbeit (vgl. AMMON 1982e).

FREUDs Nachfolger haben die Bedeutung einzelner Triebe und ihre Zuordnung zu bestimmten Tätigkeiten weiter differenziert und ausgeführt (vgl. BARTEMEIER 1950; FELDMANN 1955).

Von Autoren, die der Ich-Psychologie von HARTMANN (1950, 1964a, 1964b) nahestehen, wird die den Trieben abgerungene, neutralisierte Ich-Energie als Motiv und Quelle der Arbeit betrachtet.

In der theoretischen Konzeption über die Arbeit von BARBARA LANTOS (1952) heißt es, daß Triebenergie und genuine Ich-Aktivitäten zusammenfließen und zu beiden Aspekten der Arbeit hinführen: der Selbsterhaltung und der Befriedigung durch die Arbeit. Damit führt B. LANTOS hin zu einem positiven Verständnis der Arbeit, ohne dabei allerdings die Grenzen einer individuellen Betrachtungsweise zu überschreiten.

Viele Autoren, wie FERENCZI (1919), ALEXANDER REID MARTIN (1969), DOUGLAS HOLMES (1965), HALPERN (1964), FAST (1975), HATTERER (1966), auch Vertreter der Neoanalyse wie u.a. KARIN HORNEY (1949), ZANDER (1967) und SCHWIDDER (1967) beschäftigen sich mit dem

Komplex der Arbeitsstörung, woraus ihr Standpunkt zum Thema Arbeit deutlich wird.

In diesem Zusammenhang möchte ich nicht weiter darauf eingehen, ich habe dies an anderer Stelle getan (vgl. AMMON 1982e). Diese Diskussion zusammenfassend meine ich, daß alle erwähnten Autoren unterschiedlicher Richtungen, die sich mit dem Thema der Arbeit befassen, von den Fragen ausgehen: Warum arbeitet der Mensch, was sind seine Motive, woher kommt die Energie? Im Zentrum des Interesses der beschriebenen Schulen steht der individuelle Mensch mit einer bestimmten Triebstruktur, die als gegeben vorausgesetzt wird. Um zu einer umfassenden Theorie der Arbeit zu gelangen, scheint es mir wichtig zu untersuchen, welchen Einfluß die Arbeit bzw. Tätigkeit im weitesten Sinne auf den Menschen und seine psychische Sturktur hat und dabei auch den kommunikativen Aspekt, den Arbeit immer hat, mit einzubeziehen. In diesem Sinne am weitesten geht von den Genannten KARIN HORNEY, wenn sie sagt, daß es keine Erfüllung unserer selbst ohne aufbauende Arbeit gäbe.

Die Rolle der Arbeit als zentrales Thema behandelt die sowjetische Psychologie. Sie vertritt grundsätzlich den eingangs an zweiter Stelle genannten Grundsatz, daß Arbeit der Selbstverwirklichung des Menschen diene.

Es ist hier der Begriff der Tätigkeit bzw. des Tätigseins hervorzuheben, der als psychologisches Korrelat des Begriffes Arbeit verwendet wird.

RUBINSTEIN (1971) definiert Arbeit als »die grundlegende historisch ursprüngliche Form menschlicher Tätigkeit« und sagt weiter, »daß in den höchsten Formen der schöpferischen Arbeit, die das ganze vielseitige Wesen des Menschen widerspiegeln, alle seelischen Kräfte, Absichten und Gefühle der Persönlichkeit ihren aktiven Ausdruck und ihre Entwicklung finden« (RUBINSTEIN 1971). Ziel der Tätigkeit sei zunächst das Produkt, das Motiv für die Tätigkeit sei das Tätigsein mit anderen Menschen. Darum, so meint RUBINSTEIN, ». . . ist die Arbeit die für den Menschen charakteristische Fähigkeit, mit weiter Zielsetzung zu handeln«.

LEONTJEV (1977) betont, daß in der sowjetischen Psychologie die gegenständliche Tätigkeit nicht nur die erste Kategorie ist, sondern die Basis der Persönlichkeit. Für LEONTJEV sind die Motive für die Tätigkeit zwar nicht vom Bewußtsein getrennt, aber sie bleiben oftmals weitgehend unbewußt. Nichtbewußte Motive sind ebenso determiniert wie jede andere psychische Widerspiegelung: durch das reale Sein, die Tätigkeit des Menschen in der objektiven Welt. Nichterkennbares (Unbewußtes) und Erkennbares (Bewußtes) stehen nicht einander gegenüber; es sind nur die verschiedenen Ebenen der psychischen Widerspiegelung, abhängig von der jeweiligen Stellung des Widerzuspiegelnden in der Struktur der Tätigkeit.

Eine wichtige Rolle für das Bewußtwerden unbewußter Motive kommt nach LEONTJEV den Emotionen zu. Was mich in meiner Konzeption der Arbeit grundsätzlich mit den genannten Vertretern der sowjetischen Wissenschaft verbindet ist, daß Arbeit im Unterschied zum Freudianismus positiv und nicht durch eine Negativ-Definition erfaßt wird. Dazu gehört, daß Arbeit und Tätigsein in ihrer Funktion, eine Beziehung des Menschen zu seiner Umwelt herzustellen, gesehen werden. Arbeit und Tätigsein gelten auch in der sowjetischen Psychologie als für den Menschen wesentliche und ihn allgemeinpsychologisch kennzeichnende Strukturen.

Die Umwelt allerdings wird in der sowjetischen Psychologie als naturhafte oder kulturelle gesellschaftliche Umwelt verstanden, es fehlt m.E. ein Begriff von Umwelt, der interpersonelle, psycho- und gruppendynamische Prozesse in die Betrachtungen einbezieht, was eine Grundlage meiner Konzeption von Arbeit darstellt.

In den steinzeiflichen Kulturen, wie wir sie bis vor kurzem noch bei den Lacandon-Maya-Indianern in Mexiko beobachten konnten, dient die Arbeit der Befriedigung der Bedürfnisse der Gruppe (Nahrung, Kleidung etc.). Diese Gruppe konnte durch eigene Arbeit alle Bedürfnisforderungen in allen Lebensbereichen abdecken. Bei den Lacandon-Indianern können heute noch alle Mitglieder der Gruppe Arbeitsvorgänge übersehen und auch selber handhaben, was ihnen Selbstwertgefühl, Autonomie, Stolz und Sicherheit gibt (vgl. AMMON 1966).

In unserer heutigen Industriegesellschaft hingegen ist es durch Technisierung, Automation und einem enorm angewachsenen Dienstleistungsbereich dem Individuum kaum noch möglich, eine konkrete Übersicht über das gesamtgesellschaftliche Geschehen zu erlangen. Dem Einzelnen ist seine Bedeutung im Gesamtprozeß unklar, oft selbst in dem Bereich, in dem er tätig ist. Hinzu kommt eine Unzahl von Spezialisten in unübersehbar vielen Spezialgebieten, die weder übersehen noch verstanden werden, was allgemein das Gefühl von Angst und Ausgeliefertsein entstehen läßt.

Während in den archaischen Kulturen die Lebensgruppe alle für sie notwendigen Produkte selbst herstellen konnte, ist dies heutzutage aufgrund der Komplexität unserer gesellschaftlichen, wirtschaftlichen und politischen Strukturen nicht mehr möglich. Menschliche Arbeit steht damit in differenziertem gesellschaftlichem Zusammenhang, sie greift über konkrete Arbeitsprojekte einzelner Menschen und Gruppen hinaus. Die Arbeitsprojekte stehen in mittelbarer oder unmittelbarer Beziehung zueinander und bilden ein von den Gruppen unabhängig erscheinendes Gewebe mit einer hierarchischen Struktur, d.h. daß einzelnen Arbeitsprojekten zusammenfassende, koordinierende Projekte übergeordnet sind, welche zusammen mit anderen Arbeitsbereichen übergreifenden Zielen dienen. Dementsprechend ist die Rollenverteilung der Arbeitsplätze und -funktionsbereiche strukturiert, den Arbeitsabläufen untergeordnet und durch sie festgelegt.

Die hochgradige Differenzierung und die damit einhergehende Spezialisierung des Arbeitsprozesses haben zu der Unüberschaubarkeit des Ganzen für den Einzelnen geführt. Erfüllung und Selbstverwirklichung durch die Arbeit, wie wir es in den archaischen Kulturen finden, sind zur Seltenheit geworden. Die Arbeit in der Gruppe ist in Frage gestellt und damit auch die sozialenergetischen Austauschprozesse in der arbeitenden Gruppe. Dies wiederum berührt die Entwicklungsmöglichkeiten und die Identität des Menschen in seiner Ganzheitlichkeit. Hier möchte ich den Entfremdungscharakter der Arbeit in seiner psychologischen Bedeutung ansiedeln.

Diente die Arbeit in den archaischen Kulturen der direkten Befriedigung materieller Bedürfnisse, so hatte sie gleichzeitig den Aspekt der Selbstverwirklichung sowie der Selbstdarstellung durch das Arbeitsprodukt. Arbeit setzte Kommunikation über Bedürfnisse in Gang; über ein konkretes Projekt in der Planung aller Einzelheiten, über das zu erreichende Ziel und über die daraus entstehenden zwischenmenschlichen und gruppendynamischen Bezüge (AMMON 1970b). Es entwickelten sich Kontakte und Auseinandersetzung, die sich in einer spezifischen Gruppendynamik abspielten. Die zur Befriedigung der Bedürfnisse erforderliche Arbeit schuf damit zugleich Gruppen, setzte Gruppenprozesse in Gang und damit Ich-Struktur-Wachstum, Identitätserweiterung und dies m.E. auch auf der Ebene der neurophysiologischen Funktionen des Menschen.

Paläontologen entdeckten Abdrücke an den inneren Schädeldecken von Menschen aus früher Zeit, die darauf schließen lassen, daß sich das menschliche Gehirn von ca. 500 Gramm auf heute maximal 1 550 Gramm vergrößert hat. M.E. ist die phylogenetische Entwicklung des Menschen auch in dieser Hinsicht durch sozialenergetische Austauschprozesse in Gruppen zustandegekommen, die aufgrund von Anforderungen und Leistungsanforderungen durch die natürliche Umgebung und damit aus Gruppenprozessen heraus entstanden sind.

Durch die Auseinandersetzung um die gemeinsame Aufgabe können Mitglieder einer Gruppe einander Sozialenergie geben. Sozialenergie entsteht zwischen Menschen, wenn sie sich in ihren Bedürfnissen gegenseitig ernstnehmen, sich durch Forderungen weiter entwickeln.

Sozialenergie bedeutet Entwicklung von Kontakt und Beziehung bei gleichzeitigem Geben und Nehmen von lebensnotwendiger Energie (AMMON 1982b, AMMON et. al. 1981). Sozialenergie ist die Energie, die als psychische Energie psychische und m.E. auch physische Wachstumsprozesse des Menschen speist. Arbeit steht so im Mittelpunkt bzw. im Umschlagspunkt der sozialenergetischen Austauschprozesse. Sie ist wie der interpersonelle gruppendynamische Raum ein Feld für die Entstehung von Sozialenergie.

Ich möchte darum sagen, daß es die Arbeit ist, die eine Gruppe zur Gruppe macht. Gruppen entstehen, wenn diese sich um ein Arbeitsprojekt herum bilden. Das Projekt ist zunächst überschaubar, das Ziel greifbar. Dies bedeutet allerdings nicht, daß diese Projekte ausschließlich für die jeweilige Gruppe selbst von Bedeutung sind.

Eine Gruppe, die materielle Werte produziert, tut dies für eine größere Gemeinschaft, und eine geistig kreativ arbeitende Gruppe wird auch über sie selbst hinausgehende Ziele verfolgen, Ziele mit veränderndem, aufbauendem oder revolutionierendem Charakter. Dabei kann es sich um religiöse, kulturelle, künstlerische, architektonische, wissenschaftliche und pädagogische Aufgaben oder Lehren handeln. Es wird dabei immer um Tätigkeiten und gemeinsame Ziele gehen, die von den einzelnen Gruppenmitgliedern als unabdingbar ernst und wichtig angesehen werden und die gesellschaftlich über das Private und die unmittelbaren Interessen der Gruppen und ihrer einzelnen Mitglieder hinausgehen. Hierdurch öffnet Arbeit Gruppen zu anderen Gruppen hin und auch zur umgebenden Gesellschaft. Gruppe und Gesellschaft verbinden sich durch die Arbeit, die gesellschaftliche Bedeutung von Gruppen und ihre dynamische Beziehung zur Gesellschaft liegt in der gesellschaftlichen Bedeutung der Arbeit.

Es ist also bei der essentiellen Zusammengehörigkeit von Gruppe und Arbeit einerseits der gruppendynamische und sozialenergetische Gesichtspunkt innerhalb der Gruppe zu erkennen, andererseits der über die Gruppe selbst hinausweisende gesellschaftliche Gesichtspunkt. Insoweit Gruppen geistige und menschliche Werte schaffen, alte Strukturen und Fakten in Frage stellen, geht es um die Beziehung von arbeitender Gruppe und Gesellschaft, insoweit es um den kreativen Prozeß der Schaffung dieser Werte, die Einigung über das Arbeitsziel und den konkreten Weg zur Verwirklichung des Zieles geht, rückt der gruppendynamische und sozialenergetische Raum der Gruppe selbst in unser Blickfeld.

Einerseits ist es die Arbeit, die, wie ich sagte, die Gruppe zu einer Gruppe werden läßt, andererseits ist aber auch der umgekehrte Prozeß zu beobachten. Wenn die Mitglieder einer Gruppe sich über ihre Bedürfnisse und Ziele verständigen, Vorstellungen und Ideen entwickeln, sich auf das ihnen Bedeutsame und ihrer Selbstverwirklichung Dienende einlassen, so entstehen wiederum konkrete Arbeitsaufgaben und -ziele. Ich möchte von einer interdependenten Beziehung zwischen Arbeit und Gruppe sprechen.

Im Prozeß des Schaffens neuer Werte durch Arbeit entwickelt und erweitert sich die Identität des Menschen. Arbeit ist dabei nicht nur Medium der Differenzierung von Fertigkeiten, sondern ein Faktor, der das zentrale Ich des Menschen berührt und ihn verändert.

Wenn ich oben sagte, daß es die Arbeit ist, die eine Gruppe zur Gruppe macht, so heißt dies bezüglich der Gruppengrenzen, daß diese sich in der Auseinandersetzung der einzelnen Menschen um ein Arbeitsprojekt bilden.

Es ist daher sowohl für das konstruktive Gedeihen der Arbeit wie für die lebendige und kreative Existenz der Gruppe von entscheidender Bedeutung, daß sie immer wieder Auseinandersetzungen um das gemeinsame Tätigsein und das Ziel ermöglicht und austrägt.

Arbeit, Gruppenstrukturen und -bedürfnisse sowie die Identitätsbedürfnisse jedes einzelnen Gruppenmitgliedes sind in einer wechselseitigen und dialektischen Beziehung zueinander zu verstehen. Die Gruppe ist abhängig von ihrem Arbeitsprojekt, dieses wiederum von den Gruppenprozessen, beides von der kreativen Gestimmtheit der einzelnen Mitglieder. Die Kreativität ist dabei ihrerseits von den Arbeitsprojekten und Gruppenprozessen in ihrer Entfaltungsmöglichkeit abhängig. Eine Gruppe ohne Arbeitsprojekt kann keine Gruppe werden, so wenig ein Mensch ohne bedeutsame Aufgabe Persönlichkeit und Identität entwickeln kann. Hierzu gehört auch, daß jedes Mitglied der Gruppe über das gesamte Arbeitsprojekt, seine Bedeutsamkeit und seine Funktionen, über die spezifischen Erwartungen an seine Person und über seine Rolle innerhalb des Projekts informiert sein muß.

Entsprechend dieser Auffassung von Arbeit, Gruppe und Identität des Menschen ist es von Bedeutung, darauf zu achten, daß Menschen mit Spezialkenntnissen und spezifischen Fertigkeiten nicht ohne Bezug zur Gruppe und zum Arbeitsprojekt eingesetzt und ihre Fähigkeiten und Fertigkeiten einseitig und ohne Beziehung zum ganzen Menschen benützt werden. So ist m.E. eine Kritik an unserer Arbeitswelt mit dem Argument, daß sie eine Arbeitswelt von Spezialisten sei, nicht angebracht. Es kommt vielmehr darauf an, daß nicht ausschließlich die Spezialkenntnisse eines Menschen benutzt und bezahlt werden, ohne daß der Mensch ein Arbeits- und Lebensfeld vorfindet, in dem er auch jenseits seiner Spezialkenntnis Anerkennung und Kontakt finden kann.

Das Arbeitsprojekt einer Gruppe, ihr Ziel und ihre Identität sind nicht voneinander zu trennen und stellen die existentiellen Grundzüge einer Gruppe dar. Der zweite gruppendynamisch wichtige Gesichtspunkt für das Entstehen einer Gruppe ist die zentrale Person (vgl. REDL 1971, AMMON 1973b). Der Gruppenleiter vertritt das Ziel seiner Gruppe und dessen Bedeutsamkeit und wird dadurch zur gruppenbildenden Kraft.

Die Gruppenmitglieder werden in Bezug auf ihre Arbeit Erfahrungen und Lernschritte machen, ebenso untereinander und in der Auseinandersetzung mit der zentralen Person. Das Wachstum, d.h. das schrittweise Realisieren des Arbeitsprojektes geht dabei mit dem Identitätswachstum jedes Einzelnen und der Gruppe Hand in Hand. In diesem Prozeß trägt die zentrale Person die Sorge dafür, daß Kreativität, Arbeits- und Lernfähigkeit in der Gruppe gewährleistet sind. Konstruktivität und Kreativität der Arbeit zu schützen, bedeutet umgekehrt auch, die Gruppe zu schützen, die Gruppengrenzen nach innen und außen flexibel, abgegrenzt, aber nicht starr oder zu offen werden zu lassen. Hierbei spielen unbewußte Prozesse in der Gruppe eine große Rolle. Besonders z.B. Omnipotenzvorstellungen der einzelnen Gruppenmitglieder in Bezug auf die Arbeit und die Gruppe werden, läßt die Gruppe sich nicht auf sie ein, bei Frustrationen, die jede Arbeit mit sich bringt, durch Gefühle der Hilflosigkeit und Ohnmacht abgelöst, die jede Arbeit zum Erliegen bringen und die die Gruppe zerstören können. Die den einzelnen Menschen fordernde Arbeit muß vielmehr ihrerseits eine Grenze darstellen, an der er sich auseinandersetzen, seine Identität sichtbar werden und wachsen kann. Die zentrale Person vertritt dieses Ziel.

Eine Gruppe ist nur dann kreativ, arbeits- und lernfähig, wenn sie sich über unbewußte Projektionen von Ängsten, Phantasien u.a. auseinandersetzt und gegen diese abgrenzt. Die Auseinandersetzung um unbewußte Projektionen, unbewußte Erwartungen, Übertragungen und Gefühle ist immer wieder neu zu leisten, soll die Gruppe lebendig und kreativ bleiben. Gelingt dies nicht, entstehen Arbeitsstörungen, die Gruppe gleitet ab in eine tote Symbiose, in der das gemeinsame Ziel, das Arbeitsprojekt, untergeht in destruktiven und rechthaberischen Dauerdiskussionen rationaler oder affektiver Art.

Zu den unbewußten Prozessen in Gruppen gehören auch immer die unbewußten Rollenerwartungen und -phantasien der Gruppenmitglieder, die mit den konkreten Erwartungen und bewußt getroffenen Verabredungen koordiniert werden müssen. Am Fortschritt der Realisierung von Arbeitsprojekten sowie am Arbeitsverhalten der einzelnen Gruppenmitglieder können wir häufig ablesen, ob diese unbewußten Anteile der Beziehungen erkannt und verstanden oder übersehen und beiseite geschoben werden.

Zu Gruppen und Arbeitsprozessen werden immer auch Krisen und Grenzsituationen gehören. Es liegt m.E. in der Natur der Arbeit und in der Zusammenarbeit von Gruppen, daß sie ohne aggressive Auseinandersetzung, ohne Leistungsforderungen, ohne Enttäuschungen und Versagungen nicht möglich ist. Wichtig ist aber, daß die gegenseitigen Erwartungen und Bedürfnisse verbalisiert werden und die Gruppe sich freundlich darüber einigt.

In diesem Prozeß bildet die Gruppe ihre Grenzen nach innen, die einzelnen Gruppenmitglieder differenzieren sich voneinander, geben sich zu erkennen und können so zusammenkommen. Erst an diesen Grenzen können Lernfähigkeit und Kreativität der Gruppenmitglieder sich entfalten.

Dazu gehört auch das Entwickeln eines realen Gefühls für die Zeit, die Abgrenzung der omnipotenten Vorstellung einer grenzen- und endlosen Zeit. Arbeitsprojekte können bei fehlenden inneren Grenzen nie verwirklicht oder vollendet werden. Aber auch hier ist zu sagen, daß die Arbeitsprojekte ihrerseits, einbezogen in den gruppendynamischen Wechselprozeß, die entsprechenden ich-strukturellen Grenzen bilden helfen.

Für die konstruktive Zusammenarbeit der Gruppe ist es von großer Wichtigkeit, daß die einzelnen Mitglieder Hilfs-Ich-Funktionen füreinander übernehmen. Hierdurch kann die Gruppe Arbeitsprojekte realisieren, zu denen die einzelnen Mitglieder der Gruppe allein nicht fähig wären, die sie überfordern würden und die ihren Begabungen nur partiell entsprächen, obwohl sie die Wichtigkeit und Bedeutung des Projektes teilen.

Einerseits ist die Übernahme von Hilfs-Ich-Funktionen ein Prozeß, der durch die Anforderung und Leistungsforderung von der zentralen Person ausgeht. Dadurch werden für die einzelnen Gruppenmitglieder immer wieder Identitätsanforderungen geschaffen, sie werden mit neuen Arbeitsforderungen und Erfahrungen konfrontiert. Dieser Prozeß geht im allgemeinen mit dem Entstehen von Angst einher. Diese Angst bildet sich durch die Arbeit und mit der Kommunikation über die Arbeit. In der beharrlichen Auseinandersetzung um die Realisierung des Arbeitsprojektes geht es daher ebenso um das Standhalten in der Angst und um deren Bewältigung mit anderen Menschen und durch die Arbeit.

In der Auseinandersetzung um die Hilfs-Ich-Funktionen geht es auch um eine gruppendynamische Auseinandersetzung um die Gruppenpositionen. Neben der Position der zentralen Figur kann man von den spezialisierten Fachleuten sprechen, den nach RAOUL SCHINDLER (1968) sog. »Betas«, den Schutzsuchenden in der Gruppe, (den »Gammas« nach SCHINDLER) und auch den Sündenböcken (bzw. »Omegas«).

Im Gegensatz zu RAOUL SCHINDLER ist die Auffassung unserer Schule, die sogenannten Sündenböcke oder Omegas in der Gruppe zu halten, ihnen die Möglichkeit zu geben, auch andere Rollen im Gruppenprozeß zu übernehmen. Durch an Personen fixierte Gruppenpositionen verliert die Gruppe an kreativer Kraft, wehrt konstruktive Auseinandersetzungen ab und agiert stattdessen, ohne konstruktive neue und den Arbeitsprojekten dienende Lösungen zu schaffen, vor allem nur dasjenige Konfliktpotential, das in diesen Gruppenpositionen enthalten ist. So gehen vom Vertreten bedeutsamer Arbeit Gruppenbildungsprozesse aus und Auseinandersetzungen um Gruppenprozesse in die Arbeit hinein. Diese wiederum erfordern bedeutsame Arbeit. Auch die Position der zentralen Figur wird in lebendigen und konstruktiven Gruppen immer wieder von anderen Gruppenmitgliedern eingenommen. Geschieht dies nicht und grenzt die zentrale Person symbiotische Abhängigkeitsbedürfnisse und Omnipotenzerwartungen der einzelnen Gruppenmitglieder nicht ab, so wird sie durch die Gruppenmitglieder zu einer irrealen Phantasiegestalt gemacht, die nichts fordern und geben kann, der Gruppenprozeß stagniert.

Zu einer Gruppe gehören m.E. auch immer die Gegnerpositionen von außen und diejenige Position, die ich mit dem Begriff der »Grenzperson« benennen möchte. Als Grenzperson bezeichne ich das Gruppenmitglied, das die Grenze der Gruppe nach außen repräsentiert. Das Verhalten der Grenzperson und der Umgang der Gruppe mit der Grenzperson ist ein Aspekt der unbewußten Auseinandersetzung der Gruppe um ihre Grenzen, um die Flexibilität der Grenzen bzw. deren Erstarrung oder Diffusität. Die Flexibilität von Gruppengrenzen ist erforderlich für Gruppen, damit sie sich weiterentwickeln können, für neue Menschen zugänglich sind; und sie ist ein Erfordernis für Bündnisse und Auseinandersetzungen mit anderen gesellschaftlichen Gruppen.

Der »Gegner« außerhalb der Gruppe ist unbewußt oft intensiv mit der Gruppe verbunden. Eine kreativ zusammenarbeitende Gruppe kann in der Auseinandersetzung mit ihren »Gegnern« herausfinden, welche Verhaltensweisen und Äußerungen sie als feindselig und zerstörerisch abweist und welche Aspekte sie konstruktiv verwenden kann. Insgesamt sollten Gruppen, die tiefgreifend verändernde Arbeit leisten, wissen und tolerieren, daß sie durch ihre Arbeit auch Feinde haben, ebenso wie sie Freunde gewinnen. Verfolgt man die Geschichte verschiedener kreativer Gruppen und Schulen von der Antike bis in unsere Zeit, so läßt sich feststellen, daß dies die Regel ist. Wir erkennen hier, daß Gruppen und bedeutsame Arbeit Standpunkte und Identität herausfordern — sei es innerhalb der Gruppe selbst, sei es außerhalb ihrer Grenzen (vgl. AMMON 1982b).

Konkrete konstruktiv arbeitende und zusammenlebende Gruppen haben die Eigenschaft, die dargelegten Dimensionen und Strukturen konstruktiven Arbeitens niemals vollständig zu erfüllen, sie bewegen sich vielmehr auf dem Wege hierzu und werden immer erneut um Kreativität und Lebendigkeit zu ringen haben.

Im Arbeitsprozeß sind folgende zentrale Ich-Funktionen von besonderer Bedeutung: die Aggression, die Ich-Abgrenzungsfunktionen, die Kreativität, die Körper-Ich-Identität, die Ich-Integration, die Frustrationsregulation, der Narzißmus, das Selbstwertgefühl, die Emotionsfähigkeit, die Angst, die Phantasie, konzeptionelles Denken und nicht zuletzt die Identität. All diese Ich-Funktionen können durch die Verstärkerwirkung der Gruppe (AMMON 1982e) im konstruktiven wie im destruktiven Sinne potenziert werden.

In Arbeitssituationen, wo nur noch Leistungsanforderungen im Mittelpunkt stehen, die durch die sekundären Ich-Funktionen bewältigt werden — wie wir es oft in unserer heutigen Arbeitswelt beobachten können — wird der Mensch gleichsam zu einer Art Produktionsmaschine gemacht. Die Zusammenarbeit von Menschen, die ausschließlich auf dieser Leistungsebene funktionieren, entwickelt nur eine Pseudogruppenidentität und ermöglicht es auch dem einzelnen nicht, seine Identität zu erweitern.

Die nur als Fachleute mit spezifischen Ich-Funktionen eingesetzten Menschen können dahin gelangen, daß diese Ich-Funktionen destruktiven Charakter annehmen, weil sie sich verselbständigen und weil sie den Gruppen- und Arbeitsbezug verloren haben. Freunde und Mitarbeiter haben sich — was m.E. sehr wichtig anzusehen ist — durch diese Spezialisten entmündigen lassen, anstatt sich mit ihnen auseinanderzusetzen. Nur so ist es möglich, daß Heerscharen von Menschen sich mit ihren Fähigkeiten von den Wahnvorstellungen eines Hitler haben ausbeuten lassen und diese Fähigkeiten zu einer grausamen Maschinerie des Todes für Millionen von Menschen werden konnte.

Andererseits haben unsere Gruppenforschungen ergeben, daß der einzelne Mensch seine lebensgeschichtlich bedingten individuellen Arbeitsstörungen und nicht entwickelten bzw. destruktiv ausgeformten Ich-Funktionen zu konstruktiven Zielen führen kann. Die Auswirkungen lebensgeschichtlicher Defizite und ich-struktureller pathologischer Verformungen hängen immer davon ab, ob es eine Gruppe gibt, die sich über ihre Mitglieder auseinanderzusetzen bereit ist. Ob sich einzelne Störfaktoren destruktiv für die umgebende Gesellschaft auswirken können, hängt davon ab, wie weit die Gruppe bereit und in der Lage ist, sie durch Auseinandersetzung zu überwinden.

Damit wird auch deutlich, daß Arbeitsstörungen nicht ausschließlich als das Problem eines einzelnen Menschen verstanden werden können, sondern in Beziehung zur gesamten Arbeitsgruppe zu sehen sind. Deswegen können wir ein individualistisches Verständnis von Arbeitsstörungen — wie es in der orthodoxen und neoanalytischen Psychoanalyse dargelegt wird — nicht aufrechterhalten.

Oft wird heute in der Arbeitswelt Erotik als Störfaktor angesehen. M.E. ist Erotik in Gruppen ebenso wie konstruktive Aggression und Sozialenergie mit kreativer Arbeit verbunden bzw. entsteht durch sie. Menschen mit einer antierotischen Ausstrahlung, die als körperlich abstoßend erlebt werden, erschweren oder verhindern Zusammenarbeit und letzten Endes damit auch Kontakt. Von meinem ich-strukturellen Verständnis her ist Sexualität bzw. Erotik durchaus förderlich für alles gemeinsame Arbeiten und Zusammenleben, vorausgesetzt, daß die Ich-Funktionen der Abgrenzung und der Regulation intakt sind.
Die Rolle, die das Körper-Ich innerhalb der Arbeit spielt, drückt sich auch im Widerstand gegen ein Arbeitsprojekt aus, sei es identitätsfördernd, sei es, daß es real keine Befriedigung erlaubt. Bei körperlicher Arbeit sowohl als auch bei geistiger Arbeit kommt es in Situationen, in denen die mangelnde Kontaktfähigkeit zu einem Projekt nicht ausgedrückt werden kann, sehr häufig zu körperlichen Erkrankungen oder körperlichen Erscheinungen wie Kopfschmerzen, Rückenschmerzen, Magenkrämpfen und Übelkeitsgefühlen oder Erkältungen, häufig auch zu behindernden Unfällen, durch die man wichtige Arbeitsfunktionen nicht ausführen kann.
Eine die Identität erweiternde Arbeit kann ohne die integrativen und regulativen Funktionen des Ich nicht zum Tragen kommen. Die Identität ist die Summe der lebensgeschichtlich erfahrenen Identifikationsprozesse, auch der Identifikationsprozesse, die durch Arbeitsprojekte ausgelöst werden. Diese Identifikationsprozesse müssen jedoch, sollen sie dem Wachstum der Persönlichkeit dienen, integrativ und regulativ in die Ich-Struktur eingefügt werden. Identifikationsprozesse, die keine Spuren hinterlassen, sondern als Pseudoidentitäten dienen, in die man sich flüchten kann, wenn die Auseinandersetzung um Identitätsanforderungen vermieden werden soll, erlauben keine echte Identifizierung mit Arbeitsprojekten.
Eine sehr entscheidende Rolle für eine konstruktive Auseinandersetzung mit der Arbeit als auch mit der eigenen Identität spielen die Ich-Grenzen. Wiederholte und die Persönlichkeit be-

herrschende Arbeitsstörungen, die auch immer als Störungen der Identität verstanden werden müssen, werden oft durch mangelnde Ich-Grenzen verursacht. Die Arbeit wird dabei als übermäßige Belastung empfunden, gerät als kaum mehr zu realisierende Forderung zu einem derart hohen Leistungsanspruch, daß das Hier und Jetzt des realisierbaren und realisierenden Tuns völlig verschwindet. Es kommen durch den Perfektheitsanspruch Schuldgefühle zustande, die jegliche Grenzen zwischen Arbeitsabschnitten, Freizeit und Arbeitszeit, Kontakten zu den Familienangehörigen und Freunden und Arbeitskollegen verwischen. Aufgrund defizitärer und starrer Ich-Grenzen zeigen Arbeitsstörungen die folgenden vier charakteristischen Momente:

1. ein ozeanisches Gefühl von Zeit,
2. eine ebenso ozeanisch ausufernde Projektplanung,
3. das Hinausschieben des Beginns der Arbeit,
4. das Aufgeben des Projektes nach völliger Erschöpfung durch die vergeblichen Arbeitsversuche und Schuldgefühle.

Dort, wo Ich-Grenzen defizitär oder starr sind, kann auch die Angst, die das Arbeitsprojekt macht, nicht erfahrbar gemacht werden. In der Auseinandersetzung mit der Arbeit können die konstruktiven Aspekte der Angst sich entwickeln, Arbeitslosigkeit dagegen erzeugt destruktive Angst, die gepaart ist mit destruktiver Aggression durch die ständige Frustration der Identitätsbedürfnisse.

Um den schon mehrfach verwendeten Begriff der Sozialenergie im Zusammenhang mit der Gruppe und der Arbeit noch einmal zu veranschaulichen, soll die folgende Graphik zeigen, wie die Entstehung von Sozialenergie zwischen den Dimensionen Arbeit, Gruppe und Persönlichkeit des einzelnen Menschen anzusiedeln ist und wie zugleich Persönlichkeits- und Identitätsstruktur aus dem sozialenergetischen Feld erwachsen können. Das Sichüberschneiden der Kreise der Graphik bezeichnet idealtypisch Kontakt und Auseinandersetzung um das Arbeitsprojekt. Gruppe, Arbeitsprojekt und die einzelnen Gruppenmitglieder haben in diesem synergistischen Zusammenhang jeweils

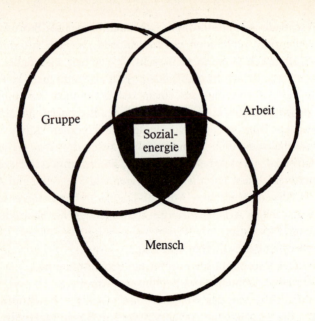

Idealtypische Beziehung von Arbeit, Gruppe und Mensch und deren sozialenergetischer Niederschlag

die Funktion der Vermittlung des sozialenergetischen Austausches.
Die Sozialenergie bildet neben den Dimensionen Identität und Gruppe in ihren strukturellen und prozessualen Merkmalen die dritte Dimension, die im Zusammenhang mit der Arbeit von außerordentlicher Bedeutung ist. Gruppendynamik ist erst dann konstruktiv, wenn sie konstruktive Sozialenergie unter den Mitgliedern einer Gruppe hervorbringt. Die Entwicklung bzw. die Erweiterung der Identität eines Menschen, seine Selbstverwirklichung und die Befriedigung seiner Bedürfnisse, wie auch das Realisieren konstruktiver Arbeitsziele, ist an das Entstehen und Fließen von Sozialenergie gebunden. Ihr Vorhandensein ist Maßstab und entscheidendes Kriterium für Konstruktivität und Kreativität der anderen drei genannten Dimensionen.

Sozialenergie bewirkt und zeigt sich an der Verstärkerkraft von Gruppen für Verhalten, Arbeit und Persönlichkeitsstruktur des einzelnen Menschen. Sowohl die konstruktiven wie auch die destruktiven Dynamiken potenzieren sich in Gruppen durch Sozialenergie, wodurch das einzelne Gruppenmitglied in seinem gesamten Sein wie auch in seinen unterschiedlichen Ich-Zuständen sichtbarer, greifbarer und deutlicher erlebbar wird.
Arbeit, so haben wir bisher gesehen, bewegt sich zwischen den Dimensionen Gruppe, Ich-Struktur und Sozialenergie. Arbeit ist in diesen Dimensionen Zentrum konkreter Tätigkeit in doppelter Hinsicht: Sie ist bedeutsamer Inhalt und damit einer der auslösenden Faktoren für gruppendynamische Prozesse, für die Strukturierung der Identität und für das Entstehen von Sozialenergie einerseits — und sie ist andererseits Resultat und Manifestation ich-struktureller Äußerung, gruppendynamischer und sozialenergetischer Prozesse.
An dieser Stelle möchte ich noch einmal auf die Beziehung von Arbeit und Gesellschaft zurückkommen. Aus diesem Grunde gehe ich auf den allgemeineren Begriff der Tätigkeit zurück, um Arbeit, Sozialenergie und Gesellschaft mit der Dimension der Ich-Struktur und der Dimension der Gruppe in Beziehung setzen zu können.
Menschliche Tätigkeit können wir uns nach zwei Hinsichten konkretisiert bzw. auf dem Wege zu schöpferischer Produktion denken: Einerseits entsteht durch Tätigkeit Arbeit, andererseits Sozialenergie. Arbeit und Sozialenergie haben Bedeutsamkeit und Wert für den Menschen und für seine Gemeinschaften, weil sie die Dynamik der Identität — Erweiterung bzw. Differenzierung und Verstärkung bzw. Intensivierung — ermöglichen und realisieren. Sie können so beide auch verstanden werden als Mittel der Befriedigung des Bedürfnisses nach Identität.
Der Befriedigung dieses Bedürfnisses dient alle Tätigkeit des Menschen. Die Identität, über die ein Mensch im Hier und Jetzt verfügt, geht dabei jeweils vollständig in die Tätigkeit ein,

um das Bedürfnis nach Identitätszuwachs ständig neu zu artikulieren und nach Befriedigung zu suchen.

In der Arbeit und in den Produkten der Arbeit erlangt das Tätigsein des Menschen gesellschaftlichen Wert. In der Sozialenergie bekommt das Tätigsein des Menschen psychischen Wert. Arbeit hat jedoch — vermittelt über die Sozialenergie — auch einen Wert für die Identität. Sozialenergie hat — vermittelt über die Arbeit — auch einen Wert für die Gesellschaft.

Die Gesellschaft ist eine Dimension, mit der der einzelne Mensch nicht unmittelbar kommunizieren kann, vielmehr ist das konkrete Kommunikationsmittel die Arbeit. Der Mensch kommuniziert durch Übersetzung seines Tätigseins in Arbeit und Arbeitsprodukte mit der Gesellschaft. Aus diesen Gründen kann auch Sozialenergie zwischen dem einzelnen Menschen und der Gesellschaft nicht unvermittelt, sondern nur vermittelt über die Arbeit und durch die Arbeit von Gruppen entstehen. Wir können sagen, Sozialenergie besitzt primär psychischen, d.h. ich-strukturellen und gruppendynamischen Wert, Arbeit primär gesellschaftlichen Wert. Denn Arbeit schlägt sich erst vermittelt über Sozialenergie und Gruppendynamik in der Ich-Struktur nieder, auch vermittelt über die gesellschaftlichen Prozesse und deren Einfluß auf Sozialenergie und Gruppendynamik.

Gesellschaftliche Strukturen und Prozesse wiederum haben keinen unmittelbaren Einfluß auf die Ich-Struktur, wie dies für die Gruppe gilt — die Gesellschaft kann nicht unmittelbar psychische Strukturen beim einzelnen Menschen schaffen. Dazu bedarf es der Vermittlungsfunktion gruppendynamischer und sozialenergetischer Prozesse. Wir können also sagen, Arbeit, Sozialenergie und Gruppendynamik haben Transmitterfunktion für die Austauschprozesse zwischen Ich-Struktur und gesellschaftlichen Strukturen.

Wie sehr die gesamte Persönlichkeit und besonders auch das zentrale Ich mit der Arbeit in Beziehung steht, können wir an den »arbeitslosen« Menschen im Renten- bzw. Pensionsalter feststellen. Menschen, die ihr Leben lang nur in den Bereichen ihres sekundären Ich gefordert waren und ihre Leistungskraft der Fähigkeiten und Fertigkeiten zur Verfügung gestellt haben, erleiden häufig schwerste Depressionen, tiefe Identitätskrisen, Schocks und apathische Dauerzustände, die sie bis zum plötzlichen oder allmählichen psychosomatischen Tod oder zum Suizid führen können (vgl. AMMON 1971a, 1972b).

Wie sich Arbeitshemmungen und Arbeitsstörungen und die ich-strukturellen Träger und Ursachen dieser Störungen sowie aber auch arbeitsfördernde und ich-strukturelle Gegebenheiten besonders anschaulich und spürbar in der Gruppe erkennen lassen, so ist die Gruppe auch ein Instrument zur Erforschung der Arbeit und der Bedeutung der Arbeit für den Menschen.

Anliegen meiner Ausführungen war es, deutlich zu machen, daß der Mensch durch Arbeit zum Menschen wird, ferner, daß die Gruppe es ist, die Arbeit ermöglicht und daß die Arbeit es ist, die die Gruppe zur Gruppe macht.

# Eifersucht

Eifersucht ist als ein Beziehungsgeschehen, an dem immer zwei Menschen, oft auch ganze Gruppen beteiligt sind, zu verstehen. Die Eifersuchtsdynamik hat eine Funktion für den Eifersüchtigen und den Eifersuchtsmacher, beide sind Menschen, die unter Verlassenheitsangst leiden. Anlaß für Eifersucht ist der Abzug von Sozialenergie; betont sei hierbei daß Eifersucht nicht auf Erotik und Sexualität beschränkt werden darf, alle menschlichen Fähigkeiten, Tätigkeiten und jede Form von Kontakt können Objekt von Eifersucht sein.

Die Eifersucht kann sich in psychoseähnliche Zustände steigern, auch leidet jeder psychisch Kranke unter Eifersucht. Anhand von Beispielen sei gezeigt, daß Eifersucht zum menschlichen Leben dazugehört und, ähnlich wie die Angst, durchgestanden und als eigenes Problem ertragen werden muß. Gelingt dies, kann ein Mensch an seiner Eifersucht wachsen und anderen Menschen Freiheit zum Wachstum geben.

An den Beginn meiner Ausführungen möchte ich ein bekanntes Sprichwort stellen: »Eifersucht ist eine Leidenschaft, die mit Eifer sucht, was Leiden schafft.« Dieses Sprichwort verdeutlicht den suchtartigen Charakter des Eifersuchtsleidens, in dem der Eifersüchtige immer wieder Situationen, die Leiden schaffen, sucht und geradezu wie ein Süchtiger herstellt. Von Sucht spreche ich deswegen, weil der eifersüchtige Mensch sich oft nur voll existent fühlt, sich selber spürt im Akt der Eifersucht; und auch umgekehrt fühlt sich der Eifersucht machende

Mensch oft erst existent im Eifersuchtsgeschehen, was oft übersehen wird. Meist wird einer der Beteiligten, sei es der unter Eifersucht Leidende, sei es der Auslöser, einseitig zum Schuldigen gemacht, ohne daß die Beziehungsdynamik der Eifersucht gesehen wird, zu der mindestens zwei, sehr oft aber eine ganze Gruppe gehören. Selbstverständlich können auch Männer und Frauen gleichermaßen Eifersucht auslösen, und die Eifersucht bezieht sich nicht immer auf Erotik und Sexualität, sondern alle menschlichen Handlungen, Kontakte und Beziehungen können Anlaß von Eifersucht sein.
Eifersucht und Rivalität gibt es in Arbeitsgruppen, Betrieben, Institutionen, in Familiengruppen, in jeder Freundschaft, in jeder Therapiegruppe. Eltern sind eifersüchtig auf ihre Kinder, Lehrer auf ihre Schüler, wenn diese z.B. intelligenter scheinen oder das Kind mehr Entwicklungsmöglichkeiten hat als die Eltern selbst. In der antiken Götterwelt waren die Götter untereinander eifersüchtig, z.B. Hera und Zeus, Poseidon und Amphitrite; in der Literatur sind große Eifersuchtsdramen entstanden, Dreiecksverhältnisse und die Frage ihrer Möglichkeit oder Unmöglichkeit sind Gegenstand filmischer Werke.

Eifersucht scheint also seit jeher ein menschliches Phänomen zu sein, welches jeder Mensch kennt und spürt. Eifersucht ist immer an ein Beziehungsgeschehen gebunden, d.h. es geht um Kontakt und Sozialenergie als die zwischenmenschliche psychische Kraft, die für die Entwicklung und den Bestand der psychischen Struktur notwendig und grundlegend ist (AMMON 1982b). Die Angst vom Partner verlassen zu werden, in einer Gruppe zu kurz zu kommen, etwas schlechter zu können, weniger gut auszusehen als andere, ist letztlich die Angst vor dem Verlust von Sozialenergie, von Zuwendung, Förderung und Ernstgenommenwerden durch andere Menschen. Menschen, die in ihrer Kindheit keine Liebe und Aufmerksamkeit von ihren Eltern bekommen haben, oftmals ganz real verlassen waren, sind für Eifersucht in stärkerem Maße anfällig. Ihre Verlassenheitsangst, damit verbundene Wut oder destruktive Ag-

gression und ein infolge der Kränkung destruktiver und/oder defizitärer Narzißmus beeinträchtigen generell die Kontaktfähigkeit. Der Mensch klammert sich an einen einzigen Partner, zu dem er überhaupt Kontakt hat, der nun alle Sozialenergie geben soll; die Vorstellung, von diesem einen verlassen zu werden, löst panische Angst und abgrundtiefe Wut aus.
Bei psychisch kranken Menschen spielt Eifersucht immer eine Rolle und ist ein wichtiger Punkt in der therapeutischen Arbeit. Aber Eifersucht ist nicht den psychisch kranken Menschen vorbehalten, das Erleiden von Eifersucht gehört zu den Grundzügen des menschlichen Daseins. Wer tiefe menschliche Beziehungen eingeht, wird oftmals unter Eifersucht leiden. Es kommt aber darauf an, wie ein Mensch mit seiner Eifersucht umgehen kann, wie er sie als sein eigenes Problem tragen kann, ohne den Partner oder die Gruppe zu tyrannisieren und alle Lebensäußerungen zu kontrollieren. Die Eifersucht entwickelt sich schnell zu einer destruktiven Kraft, die beziehungs- und gruppenzerstörerisch ist und das Ereignis, vor dem sich der Eifersüchtige oder die Eifersüchtige am meisten fürchtet, nämlich verlassen zu werden, selbst herstellt.
In der Beziehungsdynamik von Paaren findet sich oft ein Wechselspiel, wo die Eifersucht letztlich die Beziehung stabilisieren muß oder auch die einzige Beziehungsebene ist. Erst, wenn der andere sehr verzweifelt ist, wenn er seine Wut, seine Enttäuschung, seine Rachegefühle oder auch seine Hilflosigkeit demonstriert, fühlt sich sein Partner existent, wichtig und auch geliebt. Der eifersuchtsmachende Partner hat oft das Gefühl, daß gemeinsame Aktivitäten mit dem Partner, wie Gespräche über interessante Themen, Kinobesuche, das gemeinsame Lesen eines Buches doch für den anderen langweilig seien, er nicht geistvoll und Persönlichkeit genug wäre, um den Partner zu beeindrucken. Er glaubt, einzig und allein durch aufregendes erotisches und sexuell flamboyantes Auftreten und das große Interesse, das angeblich so viele andere Menschen erotisch an ihm oder an ihr hätten, dem Partner etwas bieten zu können. Aufgrund eines abgrundtiefen Minderwer-

tigkeitsgefühls und aus Angst, den Partner zu verlieren, setzt er derartiges in Szene, so daß der andere sich aufregt und unruhig wird. Dadurch beweist dieser wiederum, wie stark die Liebe und Zuwendung ist, wie sehr er seinen Partner braucht, welch große Sorge er hat, ihn zu verlieren.

Wir sehen also, daß diese große Angst vor Verlassenheit entsprechend der Eifersuchtsdynamik auf beiden Seiten vorhanden ist. Wir stellen oft fest, daß beim Eifersuchtsgeschehen beide Partner sensible Menschen sind, die eifersuchtsanfällig sind und daß es daher keinen Eifersuchtsmacher gibt, der nicht selber empfindlich ist und viel unter Eifersucht gelitten hat. Oft wird Eifersucht delegiert an den anderen Partner, weil er unbewußt oder halbbewußt meint, es sei besser, wenn der andere unter Eifersucht leide, als wenn er selbst darunter leiden müsse. Beide sind in das Eifersuchtsgeschehen so involviert, daß sie stundenlang und nächtelang über nichts anderes reden.

Andererseits können diese Eifersuchtsgespräche auch zu einer Art Liebesvorspiel dienen, wobei die Partner in der sexuellen Vereinigung sich dann ihrer gegenseitig versichern. Grundsätzlich aber führen endlose und quälende Aussprachen zwischen den Partnern nie zu einer Klärung des Eifersuchtsproblems. Im extremen Fall wird einer der Partner als erster aufgeben, da er es einfach nicht mehr ertragen kann, und sich vor dem anderen in Sicherheit bringen durch Abbruch der Beziehung.

FREUD (1911, 1922) hat in seiner klassischen Arbeit über die Eifersuchtsparanoia die wahnhafte Eifersucht des Mannes auf einen anderen Mann als Abwehr einer starken homosexuellen Regung beschrieben und sie auf die Formel gebracht, die der Mann zu sich selbst sagt: »Ich liebe ihn ja nicht, sie liebt ihn«. Wenn er sich gestatten könnte, diesem Mann genausoviel erotische, sexuelle Aufmerksamkeit zu geben und anzunehmen, müßte sich seine Eifersucht nicht bis zur Paranoia, bis zum Verfolgungswahn steigern.

Eifersucht kann sich bis hin zu psychotischen Phasen auswirken. Dann kann es vorkommen, daß einer nächtelang durch eine Stadt irrt, nächtelang das Haus des geliebten Partners oder

der Partnerin umkreist und die Fenster beobachtet, ob jemand ihn oder sie besuchen kommt, wann er das Haus verläßt. Die ausschließliche Beschäftigung mit dieser Sorge, die große Angst, verlassen zu werden, beherrscht dann das ganze Leben eines eifersuchtskranken Menschen, so daß er praktisch völlig gelähmt ist, kaum noch beruflich tätig sein kann, kaum noch lesen kann, wie in einem psychotischen Zustand.

Die andere Seite dieser großen Verlassenheitsangst ist eine enorme Bereitschaft zu Wut und Destruktion, die bis hin zu Mord und Selbstmord führen kann. Die Statistiker belegen, daß Eifersucht häufig ein auslösendes Moment sowohl für Selbstmord als auch für Mord ist. Viele Autounfälle und andere Unfälle müssen als verkappter Mord oder Selbstmord — oder als Versuch dazu — in diesem Zusammenhang gesehen werden. Dies zeigt, wie weit hier das völlige Fehlen von Kontrolle und Ratio in einen psychoseähnlichen Zustand führen kann.

Ich hatte selber Gelegenheit, ein Jahr mit einer Gruppe von Mördern im Strafvollzug in Berlin Tegel Gruppentherapie zu machen. Und dort habe ich erfahren können, daß es an sich sehr nette, liebe Menschen waren, die nicht dem volkstümlichen Klischee von Mördern entsprachen. Diese hatten z.B. in einem Ausnahmezustand ihren Partner in voller Verzweiflung und Wut gewürgt und plötzlich war der Kehlkopfknorpel gebrochen und der Partner fiel ihnen tot in die Arme.

Diese Beispiele habe ich deswegen erwähnt, um die ganze Ernsthaftigkeit des Eifersuchtsgeschehens aufzuzeigen; genauso ernsthaft ist aber das unglaubliche seelische Leid, die große Verzweiflung, die die Eifersuchtsleidenden haben, wobei es immer, wie ich schon ausführte, um eine enorme Verlassenheitsangst geht. Dabei ist das Entscheidende der Kontakt zu einem lieben Menschen, den man ganz versteht und von dem man ganz verstanden wird, mit dem man eine echte Beziehung hat, so daß es einem sehr viel bedeutet, ihn zu verlieren. Das sexuelle Moment steht dabei keineswegs so im Vordergrund wie gerade die Angst vor dem Verlust einer Beziehung.

In diesem Zusammenhang ist es erstaunlich, daß der Eifersuchtsleidende häufig an der falschen Stelle immer wieder zwanghaft Verdacht äußert, wo der Partner mit Recht sagen kann, daß die Verdächtigungen unbegründet sind. Gleichzeitig übersieht er aber einen wirklichen Kontakt an ganz anderer Stelle. Die eifersüchtigen Unterstellungen sind Ausdruck eines Wiederholungszwanges, indem der Eifersüchtige immer wieder Hinweise dafür suchen muß, daß der Partner ihn doch nicht liebt, ihn doch verläßt, wie es ihm aus seiner Kindheitsgeschichte vertraut ist.

Der existentiell an Eifersucht leidende Mensch hat in seiner Kindheit eine psychische Mangelsituation erlitten und hat ein fast unstillbares Bedürfnis nach Liebe und Kontakt. Aufgrund des erlebten sozialenergetischen Defizits fällt es ihm schwer, lebendige Beziehungen zu mehreren Menschen zu haben, Befriedigung aus einer Tätigkeit zu ziehen, sich zu interessieren z.B. für Bücher, Hobbies oder gesellschaftliche und kulturelle Fragen.

In der Analyse der Beziehungsdynamik zeigt sich schnell, daß gar nicht zu entscheiden ist, ob jemand — etwa im Falle der »Untreue« — eifersüchtig ist auf den Rivalen, der die ihm vorenthaltene Zuwendung bekommt, oder auf die Zuwendung bzw. die Sozialenergie, die der Partner vom Rivalen bekommt. Die Kränkung und eigentliche Wurzel der Eifersucht besteht darin, daß der andere etwas kann, was der Eifersüchtige nicht kann: Er kann lebendig sein, Kontakt aufnehmen, Bücher lesen, sich interessieren — das lateinische ›inter esse‹ heißt ja ›teilnehmen‹. Im extremen Fall bezieht sich die Eifersucht sogar auf ein Buch, das der Partner liest und auf das er interessiert seine Aufmerksamkeit richtet. Oder jemand ist eifersüchtig auf den Beruf seines Partners, der ihn ganz erfüllt, wo er sich vollkommen einläßt und glücklich ist. Seine Eifersucht kann so unerträglich für seinen Partner werden, daß dieser ihn schließlich wirklich verläßt. Auch wird deutlich, daß es sich bei der Eifersuchtsdynamik oft um eine unbewußte Wiederherstellung einer frühkindlichen Verlassenheitssituation handelt.

In unserer Arbeit mit psychisch kranken Patienten, gerade in unserer Dynamisch-Psychiatrischen Klinik Menterschwaige/München, finden wir immer wieder Eifersucht im tiefsten Kern einer jeglichen psychischen Erkrankung vor — und die damit verbundene Angst: die Angst, weniger geliebt zu werden, weniger Zuwendung zu bekommen als andere mitleidende Patienten. Auch die gesamte Lebensgeschichte und Gruppendynamik bis zum Ausbruch der Krankheit war geprägt von der irrsinnigen Angst vor Verlassenheit, von dem Leiden an Eifersucht.
In der Therapie stellt die Bearbeitung von Eifersucht einen zentralen Punkt dar. Eine Gruppe kann in gegenseitiger Eifersucht und Rivalität um die Zuwendung des Therapeuten verharren. Dies ist als eine Form des Widerstandes zu bewerten (vgl. AMMON 1982f), ein lebendiger Kontakt der Gruppenmitglieder untereinander wie auch zum Therapeuten wird so verhindert.
Auch die Dynamik der Großgruppe der Klinik wird immer wieder stark von Eifersucht geprägt. So weigert sich manchmal die ganze Großgruppe, einen neuen Patienten freundlich aufzunehmen, zu klären mit wem er in einem Zimmer wohnen soll, ihm zuzuhören, wenn er von sich erzählt. Die gesamte Großgruppe reagiert wie eine Schar eifersüchtiger Kinder, wenn ein neues Geschwister kommt, dem nun die Hauptaufmerksamkeit und Hauptzuwendung der Eltern gilt, während die älteren Kinder mehr Pflichten übernehmen und sich darauf vorbereiten müssen, ohne die Eltern auszukommen. Auch das Mitarbeiterteam ist nicht frei von dieser Dynamik, indem es sich verhält wie die geplagten Eltern, die eigentlich schon viel zu viele Kinder haben.
Zusammenfassend möchte ich sagen, daß der Mensch, der unter Eifersucht leidet, einen Abzug von Sozialenergie erlebt, nämlich von Zuwendung, von Wärme, von Anerkennung seiner Persönlichkeit, von Gewähren von Lebenszeit, wobei die Erotik nur ein Aspekt von vielen ist. Diesen Verlust erlebt er als eine Art Negierung seiner Persönlichkeit, unter der er furchtbar leider. Hierbei ist immer destruktive Aggression beteiligt sowie die Angst, verlassen zu werden, die dann zu Verweigerung

von Kontakt und Liebesbereitschaft überhaupt führen kann, was man wiederum als Ausdruck einer narzißtischen Schädigung, eines pathologischen Narzißmus verstehen kann. Wir sprechen hier von dem Dreieck von paranoischer Angst, destruktiver Aggression und pathologischem Narzißmus.

Der Mensch wird jedoch weniger unter Eifersucht leiden, wenn er in einer Gruppe lebt, in der er von anderen Mitgliedern dieser Gruppe Sozialenergie, gleich in welchem Bereich, erhält, während er gleichzeitig von seinem Liebespartner oder anderen ihm wichtigen Menschen momentanen Zuwendungsentzug erfährt.

Wenn man das Phänomen der Eifersucht verstehen will, dann muß man es im Rahmen unseres neuen multidimensionalen Denkens in verschiedenen Dimensionen betrachten. Eine der Dimensionen ist eine kulturelle. Als ich z.B. in der Gruppe der Lacandones, den letzten freien Nachkommen der Mayas, lebte, erfuhr ich, daß innerhalb der Gruppe keine Eifersucht bekannt war und auch nicht in der Familiengruppe, die eine große clanartige Gruppe bildete. Polygamie gehörte zur Gesellschaftsstruktur. Sie war notwendig für das wirtschaftliche System, die wirtschaftliche Stärke der Gruppe. Man hat mich furchtbar bedauert, als ich sagte, daß ich nur eine Frau hätte — diese müßte ja dann alles tun, Haushalt führen, für die Kinder sorgen, auf dem Acker mithelfen und arbeiten, sie müßte bei der Jagd mit dabei sein usw.

Die Lacandonen-Frauen teilten sich ihre Arbeit untereinander und hatten wechselnd sexuelle Beziehungen zu dem gleichen Mann. Insofern war dort in der Gruppe keine Eifersucht, aber außerhalb der Gruppe sah es anders aus. Eines Tages raubte ein Lacandone eines anderen Stammes einem Lacandonen die Frau. Der Lacandone nahm sein Messer und erstach diesen Rivalen. Es gehört zum ethnologischen Standardwissen, daß das Phänomen Eifersucht innerhalb anderer Kulturen, insbesondere in matriarchalischen Kulturen, weniger zu beobachten ist (vgl. MEAD 1965, MALINOWSKI 1962, ELWIN 1947). Dies verweist darauf, daß exzessive Eifersucht nicht dem Menschen naturgegeben ist, sondern abhängt von der Struktur, den Normen und Wertvorstellungen der umgebenden Gruppen, in denen der Mensch lebt.

Es ist allerdings kurzschlüssig, Eifersucht ausschließlich als Folge des »Privateigentums« zu erklären, wie dies z.B. BORNEMANN (1979) tut. Ein solcher Erklärungsansatz ist eindimensional und hilft den Menschen, die nun einmal in der heutigen Gesellschaft leben, wenig, im Gegenteil: Die Ursachen der Eifersucht werden nicht bei sich selbst gesucht, sondern rationalisiert. Das tut auch KÖRNER (1979), der schreibt, die Gesellschaft sei schuld. Vielmehr gestaltet der Mensch auch die Gesellschaft und kann sich die Gruppen suchen, in denen er lebt, zumindest als Erwachsener. Die Schwierigkeit, die Gesellschaft umfassend zu verändern, wird oft vorgeschoben, sich selbst nicht verändern zu müssen.

Unsere Akademie verfügt über viele Erfahrungen mit therapeutischen und gruppendynamischen Wohngemeinschaften, die einen Teil unserer Behandlungskette darstellen. Eifersucht und Rivalität können hier, wie in jeder Gruppe, eine wichtige Rolle spielen. Wichtig ist hier die Strukturierung der Gruppe. Der Boden für destruktive, zerstörerische Eifersucht kann beispielsweise bei ungünstig strukturierten promiskuitiven Gruppen und Wohngemeinschaften gegeben sein. Wichtig ist, daß man gemeinsame Ziele hat, gemeinsame Interessen bei durchaus verschiedenen Berufen und Einstellungen. Ein weiteres Grundprinzip eines derartigen Gruppenlebens ist, daß jeder seinen eigenen Freiraum hat, seinen eigenen Lebensraum, wohin er sich auch zurückziehen kann.

Ich denke hier auch an freie und oft auch politisch engagierte Kommunen wie die Kommune 1 und 2, die während der Zeit der Studentenbewegung in Berlin gebildet wurden. Dort entzündete sich das Phänomen Eifersucht beispielsweise besonders an einer Frau, auf die alle ihre Eifersucht richten und es vor allem der Partner, mit dem sie am engsten befreundet war, tat. Diese Frau wurde zu einer Art Grenzperson der Gruppe, gegen die sich alle wandten, und die schließlich aus der Gruppe herausgedrängt wurde. Wenn dies eintritt, fällt in der Regel die ganze Gruppe auseinander.

Die Grenzperson in einer Gruppe ist ein Mensch, der viel Interesse von der Gruppe und dadurch auch Eifersucht auf sich zieht und der die Auseinandersetzung innerhalb und um die Gruppe in Gang hält; sie ist die umstrittenste Person in einer Gruppe und gleichzeitig mit die wichtigste für das Weiterexistieren und das lebendige Weitergehen der Gruppe. Mit dieser Person sollt die Gruppe sich auseinandersetzen und sie in ihrer Mitte halten, sonst besteht die Gefahr, daß die Gruppe zerfällt und zu einer toten Gruppe wird.

Die Bedeutsamkeit der Grenzperson habe ich an anderer Stelle beschrieben (AMMON 1982e). Sie beinhaltet eine Erweiterung der »Rangordnung« innerhalb einer Gruppe nach ROUL SCHINDLER (1968), der die Leiterfunktion des »Alphas«, die Fachleute in der Gruppe als »Betas«, die Mitläufer als »Gammas« und die »Omegas«, die sog. Prügelknaben oder Außenseiter, unterscheidet. Die Grenzperson, wie ich sie verstehe, ist dabei nicht gleichzusetzen mit dem Omega.

Oft wird bei der Eifersucht vergessen, daß auch Eltern, wie eingangs erwähnt, eifersüchtig sind auf ihre Kinder, die sich weiterentwickeln, häufig viel weiter als die Eltern zur gleichen Zeit ihres Lebens. Ebenso können Lehrer, auch akademische Lehrer, sehr eifersüchtig sein, wenn ihre Schüler bedeutend intelligenter sind, interessanter sind, besser denken können, besser texten und lesen können, mehr Sprachen beherrschen als sie selbst. Dabei wurde es interessanterweise in der patriarchalischen freudianischen Analyse als selbstverständlich angesehen, daß die Kinder eifersüchtig sind auf die Eltern.

Die Konstruktion des Ödipuskomplexes und der Eifersucht des kleinen Jungen auf den Vater oder des kleinen Mädchen auf die Mutter wurde bekanntlich zum Kern einer ganzen psychologischen Lehre gemacht und auch zum Kern einer psychoanalytisch orientierten Therapie. Vom heutigen Standpunkt aus erscheint uns das als außerordentlich dürftig, weswegen wir diesen sehr engen Rahmen auch schon lange verlassen haben.

Ich hatte in Jerusalem Gelegenheit, mich mit dem chassidischen Rabbi SHAPIRA auch über das Thema Eifersucht zu unterhalten. »Sie wissen ja«, sagte er »daß bei uns im Chassidismus die Wiedergeburt gelehrt wird. Ein Eifersuchtskranker kann nach unseren Vorstellungen nie wiedergeboren werden, weil er menschlich durch die Eifersuchtskrankheit, durch den Eifersuchtswahn so entleert worden ist, daß er keine Wiedergeburt mehr erleben kann.« Andererseits teilte er mir aber auch mit, daß im Chassidismus der Mann bei der Eheschließung seiner Frau versprechen muß, daß die Frau immer schön gekleidet und geschmückt ist. Wenn er dann eine Frau hat, die schön ist, interessiert ist und attraktiv gekleidet ist, erweckt sie natürlich das Interesse anderer Männer und dann kommt auch Eifersucht ins Spiel.

Wir kommen hier wieder zu dem wichtigen Punkt, den ich bereits erwähnt habe, daß der Eifersüchtige immer wieder die Situation mit herstellt, in der er es geradezu genießt, daß beispielsweise seine Partnerin von andern Männern begehrt wird. Er will anderen zeigen, welch schöne, liebenswerte und interessante Partnerin er hat. Solche Menschen können nur dann ihren Partner interessant finden und grenzüberschreitend und voller Lust lieben, wenn sie immer wieder Situationen herstellen, in denen der Partner von anderen begehrt wird. Wenn sie diese Situation aber dann selber herbeigeführt haben, leiden sie Höllenqualen, beschimpfen ihren Partner, verhören ihn und quälen ihn mit Eifersucht. Häufig reagiert dann der eifersuchtsauslösende Partner so, daß er sich vornimmt, nicht mehr zu flirten, sich mit niemandem mehr einzulassen. Dann kann die Beziehung zu einer toten Symbiose werden, in der nichts mehr passiert, was wir in sehr vielen Ehen und auch in Freundschaften antreffen.

Die Kunst in einer glücklichen Partnerschaft besteht gerade darin, daß beide ihre Ich-Grenzen nach außen und innen flexibel öffnen und schließen können. Gerade ein kreativer Mensch kann seine Ich-Grenzen weit öffnen (vgl. AMMON 1972c). In einem solchen Zustand ist er sehr einladend für andere Men-

Eifersucht
Lithographie von Edvard Munch, 1986

schen. Dieser besondere Zustand der Ich-Öffnung kann z.B. auftreten, wenn jemand mit seinem Partner eine außergewöhnliche Liebes- und erotische Zeit verbracht hat. Noch ganz ergriffen von der gemeinsam erlebten intensiven Erotik, bedarf es dann nur des geringen Anstoßes einer flüchtigen Begegnung, damit es auch dort zu einem sexuellen Kontakt kommen kann. Dieser geschieht noch in Beziehung zum eigentlichen Partner, auch als Vorspiel für künftiges erotisches Zusammensein mit ihm. Möglicherweise bedauert derjenige Partner, der fast somnambul diese kurzfristigen sexuellen Beziehungen eingegangen ist, sie nachträglich, weil er seinen Partner mit Eifersucht reagieren sieht.

Im künstlerischen Geschehen und in kreativen Gruppen finden wir ebenfalls eine weite Öffnung der Ich-Grenzen. Ein gottbegnadeter Tänzer z.B. kann sich während seines Tanzes allen gegenüber öffnen. Gerade schöpferische Menschen leiden häufig unter Eifersucht, weil sie ihre Ich-Grenzen unbewußt besonders weit öffnen, um etwas Neues entstehen zu lassen, um frei denken, phantasieren, reden, komponieren, malen oder schreiben zu können. Dabei denke ich z.B. an den Maler EDVARD MUNCH, der sich auf einem bekannten Bild selber als Eifersüchtigen dargestellt hat mit einem schmerzerfüllten Gesichtsausdruck; im Hintergrund des Bildes sieht man eine schöne Frau, die sich einem anderen Mann zuwendet.

NIJINSKI dagegen wurde durch die Eifersucht zwischen seiner Frau und seinem Herrn und Meister DIAGHILEW geradezu zerrissen und in die Schizophrenie getrieben. Diese Eifersucht fand sogar über seinen Tod hinaus in einem mörderischen Streit um seinen Leichnam ihren Ausdruck.

Das Wesentliche aber ist, daß die Eifersucht etwas ist, was zum Menschen gehört. Sie ist ebenfalls eine Dimension des Erlebens genauso wie die Angst, verlassen zu werden, oder die Angst vor Aggression. Diese Verlassenheitsangst, diese Eifersucht muß erlitten, ertragen und durchgestanden werden, wie eigentlich jede Form von Angst. Wer diese Ich-Stärke aufbringen kann, die immer mit Identität zu tun hat, der wird allmählich sich sel-

ber stärker spüren können, auch den Partner und wird ihn echt für sich gewinnen können.
Eine andere Möglichkeit, mit Eifersucht umzugehen, ist es, ein Gespräch zu suchen; wobei besonders zu beachten ist, daß es nicht zu endlosen Gesprächen führt, in denen dem Partner Schuldgefühle und Vorwürfe gemacht werden, sondern zu einem Austausch über das Tragende ihrer Beziehung. Es sollte ein Gespräch darüber sein, wie man etwas erlebt hat, auch wie man selber leidet und wo der eigene Anteil mehr in den Vordergrund gestellt wird, anstatt dem anderen Vorwürfe und Schuldgefühle zu machen. Schuldgefühle sind das Schlimmste in einer menschlichen Beziehung und in einer Gruppe von Menschen, weil sie Liebe abtöten.
Bevor ich zum Schluß komme, möchte ich noch erwähnen, daß Eifersucht immer sehr viel mit Rivalität zu tun hat, sei es die Rivalität am Arbeitsplatz, in der Familie, in der Partnerschaft, in den Gruppen überhaupt. Im allgemeinen wird nur der Konkurrenzkampf unter Menschen gesehen, jedoch häufig vergessen, daß dahinter sich eine große Sehnsucht nach Bestätigung verbirgt sowie eine große Angst, das Interesse des Lehrers oder genereller den Boden im Arbeitsfeld oder in der Familie oder Freundesgruppe zu verlieren.
Ich will schließen mit einem Märchen von HEINZ KÖRNER, das die Einengung durch Eifersucht und das Abtöten jeglichen Lebens in einem Menschen beschreibt:
Ein Gärtnerehepaar hat einen kleinen Baum gepflanzt und freut sich, wie dieser Baum zu wachsen beginnt. Der Baum wächst aber nach seinen Bedürfnissen und streckt seine Zweige schräg dem Sonnenlicht entgegen. Das Gärtnerehepaar will aber einen geraden Baum und schneidet ihm die ausladenden Äste weg. Da wächst der Baum kräftig in die Höhe, bis er eines Tages dem Ehepaar zu hoch wird und sie ihn wieder beschneiden. Der Baum wird ganz traurig und versteht nicht, warum die Menschen, die doch sagten, sie liebten ihn, ihn so einengen müssen und ihn nicht wachsen lassen. Als letzter Versuch wächst er statt in die Höhe in die Breite, doch nun wird er zu

breit und die Äste werden abermals gekappt. Da hört der Baum zu wachsen auf und verliert seine Freude am Leben. Immerhin schien er nun dem Gärtnerehepaar zu gefallen und wurde lieb gehabt. Da kam eines Tages ein Vater mit seiner kleinen Tochter vorbei und das Kind sagte: »Vater, der Baum schaut ganz traurig aus. Schau mal, wie ordentlich der gewachsen ist. Ich glaube, der wollte mal ganz anders wachsen, durfte aber nicht, und deshalb ist er jetzt traurig«. Der Vater war erstaunt und schließlich erschrocken. Dann sagte er: »Keiner darf so wachsen wie er will, weil sonst die anderen merken würden, daß auch sie nicht so gewachsen sind, wie sie eigentlich mal wollten«.

In diesem Märchen wird deutlich, was der Eifersüchtige seinem Partner oft antut: ihn zu beschneiden, ihn einzuengen, auf all seine Lebensäußerungen gleich welcher Art eifersüchtig zu sein, ihm das alles wegzunehmen, bis schließlich ein ganz trauriger ich-eingeengter Mensch übrig bleibt. Es ist eine bedeutende Frage, wenn man mit einem Menschen zusammenlebt, inwieweit man ihm auch die Möglichkeit gibt zu wachsen. Eine Beziehung sollte man eigentlich daran bewerten können, inwieweit beide Menschen, die glauben sich zu lieben, in dieser Beziehung wachsen, sich entwickeln und glücklich sein können, sich unterhalten können und sich erotisch verstehen. Dann braucht keiner mehr eifersüchtig zu sein, oder, wenn die Eifersucht kommt, kann sie ausgehalten werden.

# Tod und Identität

Immer wieder, in allen Kulturen, müssen der einzelne und die Gruppe dem Problem des Todes ins Auge sehen, konfrontiert sie der Tod mit der Begrenzung des Ichs und mit der Begrenzung des Lebens. Die Angst vor dem Tode ist eine Hauptangst des Menschen, sie kann ganze Lebensstrukturen prägen, starke andauernde Verdrängungen im Bewußtsein auslösen und oft ein Leben zum ungelebten Leben machen. Weil die Haltung zum Tode eine zentrale Bedeutung im Dasein eines Menschen einnimmt, möchte ich in der vorliegenden Arbeit darstellen, wie die permanente pathologische Todesangst und die Flucht und Verdrängungsmechanismen in bezug auf den Tod ihre Ursache in gestörter, unvollkommener Identitätsentwicklung im Rahmen der Familiengruppe haben können. Ich werde aufzeigen, daß Menschen mit nicht erreichter Identität in ständiger Angst vor dem Selbstverlust — in Form des Todes — leben, weil das eigene Selbst nicht vollendet wurde. Es wird deutlich werden, wie jene Angst vor der Nichtexistenz das Leben zu einem ungelebten Leben macht.

Das ungelebte Leben, die Flucht vor der eigenen Identität in die verschiedensten Formen der Nichtexistenz ist jedoch auch mit der Fassade einer erfüllten Lebendigkeit sehr wohl vereinbar. Die Flucht vor der eigenen Identität findet dann etwa ihren Ausdruck darin, daß ein Mensch eine Identität nach der anderen annimmt, ohne jedoch darin eine Möglichkeit zur Selbstverwirklichung zu finden. Im Gegenteil, er schlüpft in die jeweilige Identität wie in eine Verkleidung, nicht um sich zu zeigen, sondern um sich zu verbergen; und er wechselt die Identitäten wie schmutzig gewordene Kleider, sobald sie verbraucht und abgetragen sind und nicht länger als Verkleidung dienen können.

Eine besonders prägnante und einsichtsvolle Darstellung dieser Dynamik hat IBSEN in Peer Gynt gegeben. Am Beispiel des Peer Gynt macht IBSEN deutlich, daß die unausgesetzte Suche seines Helden nach einer Möglichkeit der Selbstverwirklichung, die ihn in seiner Lebensreise um die ganze Welt und durch die unterschiedlichsten Lebenssituationen führt, im Grunde eine Flucht vor dem in Worten und Träumen immer wieder beschworenen Ziel darstellt. IBSEN zeigt aber darüber hinaus auch die psychologischen und sozialen Bedingungen, welche das Streben nach Selbstverwirklichung in sein Gegenteil verkehren.

Einerseits finden wir Peer in symbiotischer Verklammerung mit seiner Mutter, die ihn zwar idolisiert, aber zugleich seine phantastischen Wünsche fürchtet. Auf der anderen Seite führt IBSEN im Reich der Trolle die Gesellschaft des Kleinbürgertums vor, die nach der Devise ›Troll sei dir selbst genug‹ von ihren Mitgliedern den endgültigen Verzicht auf das Streben nach einer eigenen Identität und völlige Anpassung und Unterwerfung verlangt.

Peer, der gerade vor dieser Forderung in seine aufeinander folgenden Scheinidentitäten flüchtet, muß am Ende seines Lebens dem Repräsentanten der Troll-Gesellschaft gestehen, daß er im Grunde doch immer dieser Devise gefolgt und daher unfähig gewesen ist, Erfahrungen zu machen. Als identitätsloser Alkoholiker kehrt er verbittert und verarmt in seine Heimat zurück, die inzwischen selbst eine Totenlandschaft geworden ist.

In der Sterbeszene Peers aber zeigt IBSEN, daß Peer in all seinen identitätslosen Wandlungen und Verkleidungen im Grunde immer nur an der Brust seiner Mutter gelegen hat bzw. seiner Mutter-Frau-Geliebten Solveig, zu der er nun am Ende seines Lebens zurückkehrt und die ihn, selbst erblindet, in ihren Armen in den Tod wiegt.

Wie stellt sich nun der Zusammenhang zwischen mangelhaft entwickelter Identität und der Angst vor dem Selbstverlust dar? PAUL TILLICH schreibt dazu (1969):

»Im neurotischen Zustand fehlt die Selbstbejahung nicht, sie kann sogar sehr stark und betont sein, aber das Selbst, das bejaht wird, ist ein reduziertes Selbst. Einigen oder vielen seiner Potentialitäten wird keine Gelegenheit zur Verwirklichung gegeben, weil die Verwirklichung des Seins die Annahme des Nichtseins und die Angst vor dem Nichtsein einschließt. (...) Die Neurose ist der Weg, dem Nichtsein auszuweichen, indem man dem Sein ausweicht.«

Ungelebtes Leben entsteht also aus der Angst vor dem Selbstverlust eines schwachen Ichs. Ich habe mich im Rahmen meiner Arbeiten über den Symbiosekomplex mit kranken Gruppen befaßt, die ihren Mitgliedern die Entwicklung einer Identität nicht gestatten und die Kinder in einem Klima der Identitätsfurcht aufwachsen lassen.

Für die Fehlentwicklung der Identitätsprozesse des Menschen ist auch verantwortlich zu machen, daß den Kindern die kollektive Identität des Sterbens aller Menschen und die zeitliche Begrenzung des Lebens verhüllt wird und diese Grenzfindung durch die Verdrängungshaltung von Erwachsenen (besonders von Erziehern) bis über die Pubertätszeit hinaus keine Unterstützung findet. Damit wird schon im frühen Alter die Phantasievorstellung eines ewigen Lebens und zeitlich unbegrenzter Möglichkeiten gesetzt, eine Phantasie, die Identitätsprozesse hemmen muß.

ELISABETH KÜBLER-ROSS wies erst kürzlich darauf hin, daß in manchen ländlichen Kulturen die Kinder im Bewußtsein aufwuchsen, daß Tod, Geburt und Ehe Aspekte des Lebens sind. Heute jedoch erzählt man z.B. Kindern, daß die Großmutter auf eine ›lange Reise‹ gegangen sei. Die Gefühle, die Kinder anläßlich des Todes von Verwandten haben, werden ihnen nicht erklärt. Sie wachsen auf und fühlen sich in irrationaler Weise für den Tod anderer verantwortlich und leben in dem Gefühl, daß der Tod nur andere Menschen, nicht sie selbst betreffen könne.

In den symbiosekranken Gruppen herrschen bezeichnenderweise auch starke Todesängste. Es besteht hier eine allgemeine

Verdrängung des Todes aus der Kommunikation der Gruppe und aus den Selbstverständigungsprozessen ihrer einzelnen Mitglieder. Jene Verdrängung des Todes erscheint als der Kristallisationspunkt der Psychopathologie der Gruppe. Die Gruppenstruktur ist gekennzeichnet durch eine symbiotische Verengung der Kommunikationsfelder: Eine Gruppe dieser Art ist lern- und erfahrungsunfähig gegenüber ihren Mitgliedern. An die Stelle der fortschreitenden Differenzierung von Bedürfnissen und Rollen tritt ein starres Rollenschema, an die Stelle von Entfaltung der Persönlichkeiten deren Unterdrückung, an die Stelle von Realitätsfähigkeiten die mystifizierende Realitätsverstümmelung. Jeder Schritt zur eigenen Identität wird in der symbiotischen Gruppe mit großer Angst erfahren und abgewehrt. Alle halten sich gegenseitig fest, um sich vor solchen Schritten zu bewahren.

Am Problem des Todes gewinnen diese Züge der Identitätsfurcht, unter ängstlicher Vermeidung des Lebens, um nicht sterben zu müssen, besondere Deutlichkeit. Tod wird als Abbruch erfahren, und zwar als endgültiger Abbruch der Kommunikation. Er wird verstanden als Akt der Aggression. Einerseits wird er begriffen als eine Aktion des Sterbenden, als ein Hinübergehen, Eintreten in die Ewigkeit, als Heimgehen. Andererseits wird er als etwas erfahren, was mit dem Sterbenden geschieht, der erstarrt, erlöst, abberufen wird. In Stellungnahmen zum Todesfall wird die Situation der Hinterbliebenen häufig so formuliert: Der Tote wurde ihnen genommen, entrissen, bzw. er hat sie verlassen. Häufig bleibt der Ausdruck unentschieden: Der Tote ist entschlafen. In jedem Fall aber wird der Tod als ein Geschehen begriffen, welches eine Bindung zerreißt. Der Tote geht davon, er wird dem Leben entrissen, ein Naturprozeß läßt ihn einschlafen, wobei einschlafen heißt: sich entziehen.

Auch intakte Gruppen erfahren den Tod als einen endgültigen Abbruch der Kommunikation. Sie verstehen ihn nicht wie die kranken Gruppen als aggressiven Akt des Sterbenden, aber auch sie spüren das Aufhören einer Verbindung. Darum müssen sich die Hinterbliebenen in ihren kulturellen Ritualen ge-

genseitig der Verbundenheit in der Gruppe versichern, wie es in den Totenfeiern geschieht, jedoch unter bewußter Einbeziehung des Gestorbenen und des Todes.
Wir können dies beobachten in den Totenritualen der russisch-orthodoxen Kirche oder aber bei mexikanischen Begräbnissen, wo der Tote am Leichenschmaus der Hinterbliebenen teilnimmt und mit am Tisch sitzt. Erinnern wir uns auch an die heute noch üblichen Verhaltensweisen der Eskimos beim Sterben eines ihrer Stammesmitglieder. Der sich dem Sterben nahe fühlende Eskimo zieht sich in das letzte Iglu, das er sich gebaut hat, zum Sterben zurück, während seine Gruppe sich von ihm verabschiedet und weiterzieht.\*
TOLSTOI schildert in seinem Werk »Krieg und Frieden«, wie der sterbende Graf Besuchow im Lehnstuhl aufgebahrt ist und diejenigen heranrufen läßt, von denen er sich zu verabschieden wünscht. Er selbst hält eine brennende Kerze zwischen den Fingern, ebenso die ihn umgebenden Priester, die die Zeremonie mit liturgischen Gesängen begleiten. Die Wände sind mit Heiligenbildern geschmückt, die Geistlichen tragen prachtvolle, glänzende Gewänder, Adjutanten, Ärzte und Dienerschaft umgeben den Sterbenden, Männer und Frauen stehen getrennt voneinander. Ein naher Anverwandter führt dann die älteste Tochter in das angrenzende Schlafzimmer, um im Liebesakt das Weiterbestehen und die Erneuerung des Lebens rituell zu vollziehen. Getrennt kehren sie an den Sterbeort zurück. Beim Herannahen des Todes wird der Graf in sein Bett getragen, wo er, in friedlicher Gewißheit, von den Seinen Abschied nimmt.
In der Tatsache, daß manche Menschen sich Gedanken über die Gestaltung ihrer Beerdigung machen, ja in seltenen Fällen sie sogar als letzten Willen in allen Details ausarbeiten (z.B. das Begräbnis von WINSTON CHURCHILL) wird deutlich, daß ein Bedürfnis besteht, wenigstens noch einmal im Akt des Ster-

---

\* An dieser Stelle möchte ich hinweisen auf die Veröffentlichung meiner Schülerin und Mitarbeiterin MARGIT SCHMOLKE (1985) über die Mysterien und Rituale von Sterben und Tod im Tibetanischen Buddhismus, bei der klassischen Mayakultur und der pharaonischen Hochkultur Altägyptens.

bens in einzelnen Lebensäußerungen biographisch und als ganze Persönlichkeit gewertet zu werden. Hierbei erinnere ich auch an das Begräbnis des Malers und Kunsthistorikers HERMANN KONNERT, der seine Biographie sehr sorgfältig ausgearbeitet hatte, damit sie zu seinem Begräbnis vom Pfarrer verlesen werden könne. Diesem letzten Wunsch wurde auch entsprochen. Für die meisten Menschen sind jedoch Geburt und Hochzeit die einzigen Momente ihres Lebens, für die ihnen die Öffentlichkeit zur Verfügung steht.

Dem Bedürfnis nach Identität stehen die Forderungen der Industriegesellschaft entgegen, die den Menschen in verschiedene soziale Rollen aufzulösen versuchen, die sich zum Teil in ihren Intentionen widersprechen, z.B.: der Berufsmensch von 8 Uhr morgens bis 5 Uhr abends muß sich nach seinem bloßen Erfolg messen und darf erst nach 5 Uhr bis Mitternacht als Privatmensch ›menschlich‹ sein — eine in der Tat verhängnisvolle Zweiteilung von Leistung und Menschlichkeit, die eine Identitätsfindung unmöglich macht. Nach den soziologischen Untersuchungen von FERBER (1970), BERGER und LIEBAN (1969), SCHAEFER, PFLANZ, STROTZKA und LÖWITH (1969) ist unsere nachchristliche Gesellschaftsordnung aus den oben beschriebenen Gründen nicht in der Lage, dem Sterbenden die Gestaltung des Todes als einen letzten Wunsch der Selbstdarstellung zu erfüllen, und selbst die Kleingruppe der Familie versagt bei dieser Aufgabe des Abschiednehmens völlig, was besonders dadurch deutlich wird, daß der Tote keinen Platz mehr im Heim der Familie hat. Bräuche, wie das Aufbahren mit Blumen und Kerzen, Totenwache, das Ruhen des Toten im eigenen Haus, das Aufbahren im Garten der Familie und das Beten beim Leichnam gehören nicht mehr zur Gruppendynamik des Todes, sondern die Sorge um einen möglichst reibungslosen Abtransport des Toten durch eine eigens dafür bezahlte Institution ist vorherrschend.

Die Haltung dem Toten gegenüber ist durch das Gefühl des Ekels gekennzeichnet, das psychoanalytisch gesehen die Reaktion auf die Verdrängung der Todesangst ist. Dies ist ein krasser Kontrast zu häufig beobachteten Situationen des Sterbens in unseren Krankenhäusern, wo nicht nur die bewußte Tatsache des Sterbens von den Angehörigen und Ärzten wie in einem geheimen Bündnis verdrängt wird, sondern wo auch dem Sterbenden gegenüber diese Tatsache verschleiert wird und man ihn oft abgeschoben findet auf einem Korridor oder in einem Abstellraum.\*

Wir können in unserer Gesellschaft eine zunehmende Entleerung der Totenfeiern beobachten. Das Problem des Todes ist in unserer Gesellschaft, die in den beiden Weltkriegen in der ersten Hälfte dieses Jahrhunderts mehr Menschen dem Tode übergeben hat als andere Gesellschaften jemals zuvor, mit einer umfassenden, fast absoluten Kommunikationshemmung belastet, die der englische Anthropologe und Sozialpsychologe GEOFFREY GORER (1956) mit dem Sexualtabu der viktorianischen Gesellschaft verglich: »Das Faktum des Todes wird verdrängt, seine Erwähnung gilt als abszön.« Es scheint, als ob damit das Problem der Verbindung und der Kommunikation selbst tabuisiert wird. Der einzelne schmiegt sich mechanisch den gesellschaftlichen Forderungen an, aus Angst, er selbst zu sein, was immer ein Anderssein als andere und die Duldung des Anderssein durch die Gruppe voraussetzt. Aus dieser Angst, die im tiefsten Sinne immer eine Todesangst ist, verzichtet er auf seine eigene Existenz und vollzieht seinen existentiellen Selbstmord. Dies ist um so merkwürdiger, als die Furcht vor dem Tode, wie sich immer wieder feststellen läßt, keineswegs die Furcht vor der Qual des Schmerzes beim Sterben ist, sondern in der Furcht von Nichtexistenz wurzelt.

Betrachtet man den Tod als katastrophale Kraft und nicht als zum Leben gehörig, verleugnet man, daß der Tod uns selbst be-

---

\* In der Industriegesellschaft ist auch der Tote noch ein Produktionsmittel, der etwa wie Müll beseitigt werden muß. Unter der Überschrift ›Müllbeseitigung und Bestattungsdienste werden wieder aufgenommen‹ meldete die Tagespresse aus Italien: Nach Beendigung der Streiks der städtischen Bediensteten in Rom begannen die Müllkutscher in den römischen Straßen sofort mit der Beseitigung der Abfallberge ... Auch den Totengräbern steht eine schwere Arbeit bevor‹ (zitiert nach DER TAGESSPIEGEL vom 13.5.1971, Nr. 7801/S. 5).

trifft, und versuchen wir, unsere Kinder vor der Erkenntnis der Unausweichlichkeit des Todes zu bewahren, so tragen wir zu dem Gesamtkonzept einer Tod-verneinenden Gesellschaft bei. In einer solchen Gesellschaft ist der Sterbende einsam, isoliert und wird vergessen. Er stirbt in einer sterilen Atmosphäre, erschreckt und verwirrt (JEAN LANGE 1971).

Der einzelne, der sein Leben ständig als unvollendet und als unter Zeitdruck gelebt empfindet, flüchtet sich in die Verdrängung seiner Angst; am häufigsten wählt er die Flucht in die Arbeit, in eine ruhelose, unbefriedigende, hektische Tätigkeit. Viele leiden daher besonders während des arbeitsfreien Wochenendes. Sie sind während dieser Zeit gereizt und reagieren depressiv und aggressiv auf ihre Umgebung. Ein Beispiel für diese Flucht in die Arbeit bietet folgender Fall:

Ein amerikanischer Universitätsprofessor hatte sich durch das Schreiben vieler Bücher einen Namen gemacht. Er schrieb, ohne Zeit für sich und seine Frau zu haben, wie am Fließband ein Buch nach dem anderen. Seine Frau hatte an seiner Flucht in die Arbeit partizipiert in der Hoffnung, daß sie, »wenn einmal alles geschafft sei«, etwas voneinander haben würden. Nach etwa dreißig Jahren hatte sie dann die Hoffnung auf die Zeit nach der Pensionierung gesetzt. Nachdem diese jedoch erfolgt war, wußten Mann und Frau buchstäblich nichts miteinander anzufangen. Der Professor verfiel in eine tiefe Depression, die ihn in meine klinische Behandlung brachte.

Selbst die geschäftsmäßige, systematische Vorbereitung auf den Tod kann im Dienst seiner Verdrängung stehen: Ein amerikanischer Geschäftsmann, der für sich und seine Familie im Laufe lebenslanger Arbeit ein großes Vermögen erworben hatte, lebte ›hard-driving‹, nur für sein Geschäft. In dieser Gefühlsverarmung verdrängte er seine eigenen Ängste und lebte sozusagen auf der Flucht in seine Arbeit. In seiner Ehe trieb er seine infantil abhängige Frau in eine depressive Psychose, mit der sie zu mir in die klinische Behandlung kam. Dieser Geschäftsmann erfuhr von seinen Ärzten anläßlich seiner jährlichen Routineuntersuchung, daß er Lungenkrebs habe und nur noch ein halbes Jahr leben werde. Er begegnete dieser Situation geschäftsmäßig und begann in der ihm eigenen Art, sich in die Arbeit zu stürzen und seinen Tod derart vorzubereiten, daß er innerhalb dieses halben Jahres seine sämtlichen Geschäfte abwickelte und die Erbschaftsangelegenheiten regelte. Auf diese Weise flüchtete er sich vor dem Lebensereignis seines eigenen Todes in die Arbeit. Als sein Tod — wie vorausgesagt — eingetreten war — der Patient starb bewußtlos —, trat eine wesentliche Besserung in der depressiven Erkrankung seine Frau ein. Sie konnte aus der Klinik entlassen werden und war in der Lage, ihr eigenes Leben aufzubauen, was ihr Mann die ganze Ehe hindurch verhindert hatte, ebenso wie er von sich selbst das Bewußtsein seiner Lebenssituation ferngehalten hatte.

Die Flucht in die Arbeit ist eine Form der Nichtexistenz. Der erwähnte Geschäftsmann hatte mit seinem Tod auch sein Leben verdrängt und natürlich auch seine Sexualität. Seine Frau reagierte auf sein Verhalten depressiv, weil sie in seinem Leben ohne Selbstbejahung und Kommunikation keinen Platz hatte. Die angeführten Beispiele stehen für viele Menschen, die ein mechanisches, nichtexistentes Leben führen, als lebende Maschinen, wie WILHELM REICH es nannte (1933). Sie gewinnen vielleicht eine soziale Existenz, leben aber in einem toten Zustand, in einem Zustand der Nicht-Existenz hinsichtlich ihrer Identität als rein biologische Apparate. Diese Menschen werden mit ihren zwanghaften Abwehrmechanismen auch ihre Todesangst zu bewältigen suchen. Beim Tode ihrer Angehörigen flüchten sie sich in die ›notwendigen Besorgungen‹, die Tod und Bestattung mit sich bringen. Sie meinen bezeichnenderweise, daß niemand ihnen das abnehmen könne und würde. Die Fähigkeit des einzelnen, richtig leben und ruhig sterben zu können, wie auch deren Gegenteil, das Nichtlebenkönnen und das Nichtsterbenkönnen, sind zutiefst abhängig von der Lebensweise der Gruppe, die ihn umgibt. Wer, gestützt durch eine funktionierende Gruppenkommunikation, in einer erfahrungs- und lernfähigen Gruppe ein schöpferisches Leben mit entwickelter Ich-Identität gelebt hat, der kann auch sterben. Wer aber sein Leben in geistiger bzw. psychischer Nichtexistenz — geprägt durch eine erfahrungsfeindliche, repressive Familiengruppe — geführt hat, der hat es schwer, zu sterben.

Ein Patient, der sich über vier Jahre bei mir in psychoanalytischer Behandlung befand, hatte in frühester Kindheit seine Mutter durch den plötzlichen Tod verloren. Ihretwegen trauerte er, ohne es zu wissen, sein ganzes Leben und gestattete es sich selbst nicht, lebendige Dinge zu tun, für die er begabt und an denen er interessiert war. Er sagte einmal während einer psychoanalytischen Sitzung: ›Ich warte eigentlich mein ganzes Leben lang auf den Tod. Ich kann mich aber nicht selbst töten, dazu bin ich zu schwach. Ich kann aber auch nicht leben. Ich bin die ganze Zeit nie richtig da und träume, ohne zu wissen wovon.‹

Ein anderes Beispiel für ein nichtexistentes Leben ist die aufgeschobene Existenz, die oftmals zu einer Nichtexistenz führt. So zehrte zum Beispiel einer meiner Patienten, ein kleiner Bankangestellter, sein ganzes Leben von dem Plan, einmal einen großen Roman zu schreiben. Er raffte sich schließlich mit 70 Jahren dazu auf. Das Resultat war mittelmäßig, und wenig später machten einige kurz aufeinander folgende Schlaganfälle seinem Leben ein Ende.

Das Leben der Spätentwickler, an denen die Geschichte besonders schöpferischer Personen reich ist, zeigt, daß aufgeschobene Existenz nicht unbedingt zur Nichtexistenz führen muß. Bei der Untersuchung der Dynamik dieser Persönlichkeiten finden wir häufig Aspekte von Vater und Mutter, welche die Existenz buchstäblich verbieten. Nach deren Tod erfolgt dann meistens die Wende. FREUD sagt, daß der Tod des Vaters das einschneidendste Ereignis im Leben eines Mannes sei. Ist jenes, durch die Eltern ausgesprochene Lebensverbot übermächtig stark und nicht therapeutisch durchgearbeitet, so kann das Kind noch zu Lebzeiten der Eltern zu einem verzweifelten Fluchtversuch aus dem unerträglich gewordenen Zustand der nicht gelingenden Identität getrieben werden, nämlich zum Selbstmord. Jener Zustand der Nichtexistenz wird besonders stark bei der soge-

nannten schizophrenen Depression (AMMON 1969a) empfunden.
Bei dem folgenden Beispiel konnte die Flucht in den Selbstmord auf das Verbot des Lebens durch die Mutter zurückgeführt werden:
Ein 26 Jahre alter Medizinstudent tötete sich in dem Augenblick, als seine unter schwerstem Asthma leidende Mutter, die ihn das ganze Leben lang in symbiotischer Abhängigkeit gehalten hatte, indem sie ihm mit dem eigenen Tod drohte, gestorben war. Er befand sich überdies im medizinischen Staatsexamen, das er mit großer Angst als ein Verlassen der Alma Mater, der Mutter Universität, erlebte, und das ihn noch einmal das Entwickeln der eigenen Identität als einen Muttermord erleben ließ.
Eine 35 Jahre alte, unverheiratete Kunsthändlerin berichtete während ihrer Gruppenanalyse immer wieder von periodisch auftretenden Verliebtheiten in jüngere Mädchen, denen sie völlig hörig war, für die sie alles tat, an die sie ständig dachte; alle sexuellen Wünsche dieser Mädchen erfüllte sie, ohne dabei aber das Gefühl zu empfinden, selbst ein sexuelles Interesse zu haben. Für sie war entscheidend, die Mädchen bei sich zu halten. Wenn sie eine derartige Beziehung aufnahm, hatte sie das Gefühl, erst durch diese Mädchen zu leben und existent zu sein. Durch ihre ständigen Forderungen, diese Mädchen ganz bei sich zu haben, mit ihnen zu wohnen und sie sozusagen aufzufressen, verlor sie jedesmal ihre Partner und lebte dann in einem Zustand von Verlassenheit und Nichtexistenz. Beim letzten dieser Fälle wollte sie sich töten, da sie eine irrsinnige Angst vor dem Verlassensein empfand, und zwar kurz bevor die Beziehung in die Brüche ging. Sie sagte in einer Einzelsitzung zum Therapeuten, daß sie es nur deshalb nicht getan habe, um ihn nicht zu kränken — analytisch gesehen, um ihn nicht zu zerstören, da sie inzwischen zu differenzieren gelernt habe. Sie verstand, daß sie hier in einem Wiederholungszwang wiederholte, was sich einstmals zwischen der Mutter und ihr abgespielt hatte, aber gleichzeitig noch mehr, daß sie dadurch hoffte, die früh

verstorbene Mutter, deren Tod sie als schwerste destruktive Aggression und als Verlassen erlebt hatte, wieder lebendig zu machen (in dem anderen Mädchen). Außerdem versuchte sie, eine sexuell glückliche Beziehung zur Mutter herzustellen, deren strenges Sexualtabu sie als schwerste Frustration in der Übertragung der gruppenanalytischen Situation dem Therapeuten gegenüber wiedererlebt hatte. Sie erkannte auch die destruktiven Aspekte in ihren homosexuellen Beziehungen und ihrem Alkoholabusus.

Die Beispiele lassen erkennen, wie stark die Rolle der identitätshemmenden bzw. -verbietenden Mutter von dem Patienten verdrängt worden war. Je mehr nun diese Begrenzung des eigenen Ichs als die nur partielle Existenz verdrängt wird, um so stärker ist auch die Neigung, die größte Bedrohung der schwachen Existenz, den Tod, zu verdrängen, und zwar gerade den Tod der wichtigen Beziehungspersonen in der Gruppe, die die Ich-Entwicklung beeinflußt haben und noch beeinflussen. So bedarf es häufig erst starker, auslösender Reize von außen, um die Rückerinnerung zu ermöglichen, indem der Patient den Tod fernstehender Persönlichkeiten des öffentlichen Lebens (also große Vaterfiguren) psychodynamisch mit dem Tod des eigenen Vaters in Beziehung setzt. Ich erinnere mich an die Reaktion einer amerikanischen Patientin, mit der ich zur Zeit der Ermordung des amerikanischen Präsidenten Kennedy in einer Klinik arbeitete. Als die Nachricht über seine schwere Verletzung und sein Sterben über den Rundfunk kam, erfuhren die Patienten davon in meinem Wartezimmer durch den Lautsprecher. Die Patientin, die zu dieser Stunde in die Therapie kam, erlebte in dieser Sitzung den bis dahin verdrängten Tod ihres geliebten Vaters in allen Einzelheiten wieder.

Gelingt es, diese Verdrängung des Todes der Bezugspersonen — vor allem der Eltern — aufzuheben, so kann zur Bewältigung der Todesangst die Trauerarbeit einsetzen, die ein intensives, von starken Affekten begleitetes Durcharbeiten des Verlustes bedeutet, zugleich aber auch das Akzeptieren des Todes.

Auch die Ärzte und Priester agieren bei jener Verdrängung mit, indem sie Sterbenden auch dann noch Hoffnung machen, wenn der Augenblick des Todes schon abzusehen ist. Dies geschieht, wie gesagt wird, aus humanitären Gründen, stellt aber im Grunde ein existentielles Vergehen am Patienten dar. Niemand gibt dem Arzt das Recht, dem Patienten seinen eigenen bevorstehenden Tod zu verheimlichen und ihn zum Komplizen seiner eigenen Todesverdrängung zu machen, weil er die Tatsache des Todes seines Patienten als einen Einbruch in seine Machtbefugnisse erlebt, so daß er den Tod also vor allem als eine narzißtische Kränkung erfährt.

Als junger Arzt hatte ich für einen Sterbenden, einen erst siebzehn Jahre alten Soldaten zu sorgen, den die Chirurgen wegen der Zerreißung seiner Harnblase als inoperabel aufgegeben hatten. Sie gaben ihm nur noch wenige Stunden zu leben. Er war bei vollem Bewußtsein, und ich sagte ihm, daß wir ihm leider nicht mehr helfen könnten und daß er in wenigen Stunden sterben müsse. Ich bot ihm an, Briefe für ihn zu schreiben, die er mir diktieren möge. Der junge Soldat empörte sich und fing an, in ordinären Ausdrücken darüber zu fluchen, daß er sterben müsse. Er war katholisch, und ich bat einen katholischen Priester, der als Obergefreiter auf dem Verbandsplatz diente, ihm die Sterbesakramente zu geben und bei ihm zu bleiben, bis er gestorben sei. Am nächsten Morgen stellte der Priester mich zur Rede, wie ich so inhuman hätte sein können, dem Sterbenden die Grenze seines Lebens mitzuteilen.

Wie wir gesehen haben, ist die Triebfeder jener gemeinschaftlichen Verdrängung des Todes durch das Individuum und die Gruppe in der Furcht vor der Nichtexistenz begründet. In dieser Tatsache liegt meines Erachtens die Basis der Religionen, die ein Leben nach dem Tode versprechen.

Die Anerkennung der letzten Grenze und der Endlichkeit des Lebens können diejenigen vollziehen, denen die Abgrenzung des eigenen Ichs als Identitäts- und Aggressionszentrum gelungen ist und die in dieser erfahrenen Begrenzung erst die Basis für schöpferisches Tun finden. Menschen, die leben konnten, d.h. die sich geistig, physisch, psychisch und sexuell verwirklichen konnten, können auch sterben. Sie sind frei von dem Gefühl, noch etwas erledigen zu müssen, noch etwas zu tun zu haben, ihr Leben nachholen zu müssen und noch viel in Bewegung setzen zu müssen, um ein gutes Andenken bei Angehörigen und Nachwelt zu erreichen. Menschen, die nicht gelebt haben, können auch nicht aufhören zu leben, stehen immer in der Angst, noch etwas tun zu müssen.

Nicht unbekannt ist die Bezeichnung ›Fließband des Todes‹ für die Altersheime unserer Gesellschaft. Unseres Erachtens sind davon Menschen betroffen, die, entsprechend der These dieses Artikels, ein ungelebtes Leben gelebt haben und die in das Altersheim kommen, wenn sie im Alter völlig isoliert dastehen, um dort auf ihren Tod zu warten. Existentiell gesehen sind es eigentlich schon tote Menschen, die hier in der großen Halle psychisch Toter des Altersheims auf ihren biologischen Tod warten. Er läßt gerade deshalb so lange auf sich warten, weil das Gefühl, ein ungelebtes Leben gehabt zu haben, noch etwas vom Leben erhoffen läßt, so als könnte man hier die nicht getane ›Schularbeit des Lebens‹ nachholen. Die Sterbenden in diesen ›Totenhäusern‹ sind jeglicher konstruktiver Gruppendynamik entzogen. Oft haben sie die Freunde und Gruppen, in denen sie sich vormals bewegten, überlebt oder sie wurden von ihren Verwandten und Freunden verlassen. Die geriatrischen Kliniken sind nicht in der Lage, diese Isolation aufzufangen und Ärzte, Pfleger und Mitpatienten einzusetzen, um die Aufgabe des Sterbens als gelingende Ablösung zu ermöglichen.*

Mit dem Sterbenden in Heil- und Pflegeanstalten beschäftigt sich die neuere soziologische Forschung (siehe ACKER-

---

* In der FRANKFURTER RUNDSCHAU vom 10. Juni 1971, S. 18 findet sich ein kleiner Artikel mit der Überschrift »Hilfe für Sterbende«. Er berichtet über das St. Christopher Hospiz, eine Sterbeklinik in London. Hier warten todkranke Patienten bewußt auf ihren Tod. Meines Erachtens ist dieser Weg zwar humaner, geht aber an dem eigentlichen existentiellen und gesellschaftlichen Problem vorbei. Es ist zu spät, wenn erst der Sterbende sich die Tatsache des Todes wieder bewußt macht. Wichtig allein ist es nicht, daß der Sterbende in Frieden stirbt, sondern daß er sein Leben erfüllt innerhalb seiner Begrenzung lebt.

Feilschen
Der Patient feilscht mit Gott, fragt ihn, warum es ausgerechnet ihn treffe und ob ihm nicht Aufschub gewährt werden könne.
Depression
Die erste Reaktion des Arztes sei es, den Patienten in dieser Situation aufzuheitern. KÜBLER-ROSS meint, dem Sterbenden solle gestattet werden, depressiv und traurig zu sein, da der Sterbende mehr verliert als der nahe Anverwandte, bei dem wir Trauer erwarten.
Akzeptieren der Realität des Todes
Die Akzeptierung drückt sich ungefähr in dem aus: ›Nicht daß ich glücklich wäre, aber eigentlich ist es in Ordnung.‹
Meines Erachtens handelt es sich hierbei weniger um ein systematisches Verstehen des Sterbeprozesses an sich, als vielmehr um eine behandlungsbedürftige Pathologie des Sterbens mit verschiedenen Abwehrformen, die KÜBLER-ROSS behandelt, indem sie den Patienten hilft.
Eine humanistische Psychiatrie muß es sich zur Aufgabe setzen, jenes wirkliche Leben ihren Patienten wieder zu ermöglichen, indem sie ihnen ein Nachholen ihrer Identitätsentwicklung möglich macht, ihnen zu einem konflikt- und schuldfreien Verhältnis zur Sexualität verhilft, sie zur Ausnutzung ihrer produktiven und schöpferischen Potentialitäten ermuntert und die Verdrängung der Todesangst aufhebt. Häufig genug arbeitet sie damit allein gegen Einflüsse der Gesellschaft, die in die entgegengesetzte Richtung zielen. Das Hier und Jetzt der Sterbesituation spiegelt die Lebenssituation des Sterbenden oftmals bis ins Detail wider. Die Psychodynamik von Familiengruppen und anderen Gruppen, in denen der Sterbende gelebt hat, tritt hier zum letzten Mal deutlich zutage.

KNECHT, 1968; und FERBER, 1970). Sie fanden heraus, daß die Handhabung des Sterbens im Zuge der Sozialisation des Anstaltspersonals nicht eingeplant ist, obwohl das Sterben durch die Altersstruktur der Anstalten zum alltäglichen Ablauf gehört. Das Sterben widerspricht dem Selbstverständnis der Institution — nämlich psychische und biologische Hilfeleistung zu geben. Die Hilfeleistung für den Sterbenden gehört nicht in den Katalog der vom Personal erwarteten Dienstleistungen, und das Personal ist ebensowenig fachlich darauf vorbereitet. Der Sterbende wird isoliert als jemand, der keine Dienstleistungen mehr zu erwarten hat. Tritt diese Anforderung an das Personal dann doch heran und fordert eine eigene Entscheidung jenseits von Routineabläufen, so ist die herkömmliche Reaktion Hilflosigkeit und Bagatellisierung, oder man versucht, die ›unangenehme Sache‹ einem Kollegen zuzuschieben.

Für diesen Sachverhalt sind die Untersuchungsergebnisse von FERBER (1970) besonders interessant, in denen er die soziale Distanz der Personalkultur von der Patientenkultur beschreibt. Er kommt zu dem Schluß, daß das Anstaltspersonal sich Kommunikation mit den Kranken nur auf der Ebene physischer und biologisch-technischer Hilfeleistung gestattet, die dann beim Akt des Sterbens abbricht.

In ihrem Werk »On Death and Dying« (1969) bietet ELISABETH KÜBLER-ROSS ein Behandlungsprogramm an für den Sterbenden wie für die ihm Nahestehenden. Nach Studium der Abwehrmechanismen werden von KÜBLER-ROSS fünf Entwicklungsphasen des Sterbenden beschrieben:

Verneinung
Der Patient nimmt an, daß der Arzt sich irrt, nicht er, sondern jemand anders müsse sterben. In dieser Situation komme es darauf an, daß der Arzt dem Sterbenden versichert, daß er bei ihm bleiben werde.

Ärger
Der Patient rebelliert, verhält sich verschreckt und ist für ein Gespräch nicht zugänglich.

# Tod und Sterben —
# Identitätsprozeß und Gruppendynamik*

Ausgehend von der inhumanen Situation der Sterbenden in unserer Gesellschaft beschreibt diese Arbeit die Verleugnung der Realität des Todes und die pathologische Todesangst des Individuums und der umgebenden Gruppe als Ausdruck einer defizitären Ich-Struktur, die zurückgeht auf eine gestörte Ich- und Identitätsentwicklung innerhalb einer erstarrten oder zerfallenen Familiengruppe. Eine Gruppe, die aufgrund unbewußter Existenz- und Todesängste ihren Mitgliedern eine Abgrenzung und Identitätsfindung verweigert, ist auch nicht in der Lage, sich von einem sterbenden Mitglied zu trennen und ihre Gruppengrenzen und Gruppenidentität neu zu bestimmen.
Der einzelne mit nicht erreichter Identität lebt in ständiger Angst vor dem Selbstverlust, weil das eigene Selbst nicht vollendet wurde.
Die Auseinandersetzung mit dem Tod und mit dem Sterben sehen wir als letzte Situation der Abgrenzung in einer Entwicklung der Identität des Individuums und der Gruppe, in der jeder Schritt der Identitätserweiterung eine mit Identitätsangst verbundene Trennung bedeutet.
Tod und Sterben galten in allen Zeiten und in allen Kulturen als existentielle Grenzsituationen, welche den einzelnen und die Gruppe — im weitesten Sinne die Gesellschaft — mit der Frage nach ihrem Selbstverständnis, d.h. mit der Frage nach ihrer Identität, konfrontieren. Wenn auch die Antworten, welche diese Frage in den verschiedenen Kulturen und den verschiedenen historischen Epochen gefunden hat, so vielfältig sind, wie das Spektrum der menschlichen Möglichkeiten überhaupt, so

---

* veröffentlicht zusammen mit HANS-JOACHIM HAMEISTER

kann doch gesagt werden, daß die Auseinandersetzung mit dem Tod, mit der Tatsache der Sterblichkeit und der Begrenzung des Lebens für alle Identitätsbestimmungen des Menschen von zentraler Bedeutung ist.
Die Verdrängung des Todes aus dem Bewußtsein der Öffentlichkeit, wie sie unsere Gesellschaft charakterisiert, die »Verschwörung des Schweigens«, welche das Geschehen von Tod und Sterben umgibt, und die Tatsache, daß die Erwähnung von Tod und Sterben heute zumeist als »Obszönität« erlebt und entsprechend tabuisiert wird (GORER 1956), erscheinen vor diesem Hintergrund als Ausdruck einer tiefen Identitätskrise der industriellen Gesellschaften, denen es einerseits gelungen ist, mit Hilfe der modernen Medizin die allgemeine Lebenserwartung weit über das historisch bekannte Maß hinaus zu steigern, die andererseits aber auch, wie bekannt, mehr Menschen gewaltsam zu Tode gebracht haben und bringen, als dies von irgendeiner der historischen Gesellschaften gesagt werden kann.
Sinnfällig deutlich wird die destruktive Dynamik der Abwehrmechanismen, mit denen unsere Gesellschaft die Konfrontation und die Auseinandersetzung mit Tod und Sterben zu vermeiden sucht, unter anderem in der zunehmenden Entmenschlichung der Sterbesituation in unseren Kliniken, wie SUDNOW (1973) sie als »organisiertes Sterben« exemplarisch dargestellt hat. SUDNOW zeigt, was alle Ärzte wissen und was für viele von ihnen zum Problem geworden ist, daß die Organisation dieses »organisierten Sterbens« zumeist allein darin besteht, den Sterbenden zu isolieren, sobald er als solcher erkannt ist, und damit auch das Problem zu umgehen, mit dem der Tod ihn selbst und die umgebende Gruppe konfrontiert. Gerade die Ausgrenzung und Isolation des Sterbenden und die Ausklammerung des Todes aus dem Bewußtsein der Öffentlichkeit aber haben dazu geführt, daß der Identitätsaspekt des Geschehens von Tod und Sterben wieder zum Problem geworden ist.
Und zwar zuerst für die betroffenen Ärzte, Schwestern, Pfleger und Sozialarbeiter, deren professionelle Identität, nämlich Leben zu erhalten, wiederherzustellen oder auch um jeden Preis

zu verlängern, durch die Konfrontation mit dem Sterbenden erschüttert und in Frage gestellt wird. Das hat dazu geführt, daß in den letzten Jahren immer häufiger versucht wurde, die ärztliche Haltung gegenüber dem Tod und das Verhalten gegenüber dem Sterbenden zu überprüfen und neu zu bestimmen. Die folgenden Überlegungen zu den Ich-psychologischen und gruppendynamischen Aspekten der Auseinandersetzung mit dem Identitätsproblem von Tod und Sterben sind ein Versuch, zu dieser Diskussion einen psychoanalytischen Beitrag zu liefern.
Ich möchte zeigen, daß die pathologische Todesangst und die Entmenschlichung der Sterbesituation, die sie hervorruft, als Spiegel und gewissermaßen als Konzentrat jener selbstzerstörerischen Abwehrmechanismen verstanden werden können, die bereits den Lebensprozeß des Sterbenden beschädigt und verstümmelt haben. Dabei möchte ich deutlich machen, daß eine derartige Pathologie immer verbunden ist mit einer eingeschränkten, zumeist defizitären Ich-Struktur, die zurückgeht auf eine bereits in frühester Kindheit gestörte Ich-Entwicklung im Medium einer erstarrten oder zerfallenden Familiengruppe. Lassen Sie mich zunächst eingehen auf den Ich-psychologischen Aspekt der Todesangst. Wie wir in der psychoanalytischen Arbeit immer wieder feststellen können, beinhaltet die Angst vor dem Tode nicht so sehr eine Angst vor dem Schmerz und der Qual des Sterbens. Die Todesangst ist vielmehr eine Angst vor dem Zustand der Nicht-Existenz, vor dem Verlust des Selbsterlebens und des Selbstgefühls. Ihr Kern ist mit anderen Worten eine Angst vor dem Verlust der erlebten und gestalteten Ich-Identität. Menschen, denen im Rahmen ihrer frühen Ich-Entwicklung der Aufbau eigener Ich-Grenzen und die Abgrenzung einer eigenen Identität nicht oder nur partiell gestattet wurde, leiden daher häufig unter einer extremen, unbewußt gewordenen Todesangst im Sinne einer ständigen Angst vor dem Verlust ihrer schwachen und defizitären Ich-Identität.
Verantwortlich für eine derartige Dynamik sind nach meinen Erfahrungen pathologisch erstarrte und erfahrungsunfähige

Familiengruppen, die aufgrund unbewußter Konflikte und Ängste, insbesondere der Mutter, nicht in der Lage sind, das Kind beim Aufbau seiner Ich-Grenzen und bei der Entfaltung seiner Ich-Funktionen adäquat zu unterstützen. Vor allem wird das Kind in der Auseinandersetzung mit den archaischen Trennungs- und Vernichtungsängsten allein gelassen, die mit dem Schritt zu Abgrenzung und Bestimmung einer eigenen Identität immer verbunden sind. Die Folge sind unbewußte Identitätskonflikte, deren pathogene Dynamik darin zum Ausdruck kommt, daß sowohl das Bedürfnis nach Ich-Autonomie und nach Abgrenzung der eigenen Identität, als auch jeder konkrete Schritt in dieser Richtung mit unbewußten Todes-und Vernichtungsängsten verbunden wird, die dann mit Hilfe selbstzerstörerischer Abwehrmechanismen dem Bewußtsein ferngehalten werden müssen. Das Kind ist dann unfähig, sich von den undifferenzierten Objekten der frühen Lebenszeit zu trennen, und verharrt ganz oder partiell in einer symbiotischen Abhängigkeit von Mutter und Gruppe. Die schließlich erzwungene Trennung durch Schule, Universität, Beruf usw. macht dann in Form des hervortretenden Symptomverhaltens die Ich-Verletzung manifest, die als »Loch im Ich« im Sinne eines lebensgeschichtlich erworbenen und verinnerlichten narzißtischen Defektes jede weitere Ich- und Identitätsentwicklung beeinträchtigt und häufig gänzlich arretiert. An die Stelle einer von irrationalen Ängsten und Schuldgefühlen freien Entfaltung der zentralen Ich-Funktionen der konstruktiven Aggression und der Kreativität tritt ein stereotypes, jeweils spezifisches Symptomverhalten, das ebenso als Ausdruck der fortbestehenden symbiotischen Abhängigkeitsbedürfnisse erscheint, wie es auch als Versuch einer destruktiv deformierten Abgrenzung gegenüber den als bedrohlich erlebten inneren Objekten verstanden werden kann.

Dieses Symptomverhalten, wie ich es in einer Reihe von Arbeiten als Spektrum der archaischen Ich-Krankheiten beschrieben habe (AMMON 1973a, 1974c), ist immer mit extremer, unbewußt gewordener Todesangst verbunden. Es dient gewissermaßen zugleich der Abwehr und als psychodramatische Darstellung dieser Angst.

Ich möchte dies anhand eines kurzen Fallbeispiels verdeutlichen. Ein 25jähriger Student, der wegen schwerer Depressionen und einer quälenden Intentionslähmung die Behandlung aufsuchte, erlebte im Zuge der Übertragungsdynamik immer wieder Zustände äußerster Bedrückung, verbunden mit lähmender Todesangst. Er hatte in seiner Kindheit und Jugend unter schweren psychosomatischen Erkrankungen in Form von Hauterkrankungen und von Asthma bronchiale gelitten. Die schweren Depressionen waren aufgetreten, nachdem er sich im Zuge eines Lehrganges für Autogenes Training von den Asthmaanfällen befreien konnte. Seine in der Analyse mit Todesangst erlebten Zustände bezeichnete er als »Asthma ohne Asthma«. Die analytische Arbeit konnte den psychodynamischen Hintergrund dieser Zustände allmählich erhellen. Sein Totstellreflex war die Antwort auf eine in der Übertragung wiedererlebte symbiotische Abhängigkeit von der Mutter, die den Patienten an sich gefesselt und ihm keinerlei Recht auf ein eigenes Leben zugestanden hatte. Sie hatte das Kind auf Anraten des Hausarztes bekommen, als das beste Mittel zur Abwehr ihrer eigenen Todes- und Existenzangst. Jeden Schritt des Patienten in Richtung Abgrenzung und Autonomie hatte sie mit der Drohung beantwortet, sie müsse sterben oder sie werde sich umbringen. In unbewußter Identifikation mit der Mutter war daher auch der Patient aus Angst vor dem Tod — hier: vor dem Verlassenwerden durch die Mutter — in ein ungelebtes Leben geflüchtet, zunächst mit psychosomatisch ausagierter Symptomatik, später mit psychosenahen Depressionen und einer Intentionslähmung, die im Totstellreflex des »Asthma ohne Asthma« kulminierte. Erst als es gelang, im Rahmen der Analyse die archaische Vernichtungs- und Todesangst zu bearbeiten, welche der Patient mit der Trennung von der Mutter unbewußt verband, wurde es ihm möglich, das »ungelebte Leben« schrittweise aufzugeben und aktiv Schritte zur Abgrenzung und Gestaltung seiner eigenen Identität zu tun. Seine analytische Arbeit bestand in diesem Sinne in einer intensiven Auseinandersetzung mit der Todesangst, mit der ihn die Übertragung konfrontierte, und die er allmählich als ausagierte Existenzangst der verinnerlichten Mutter erkennen konnte.

Das zitierte Beispiel kann m.E. den Ich-psychologischen Aspekt der pathologischen Todesangst in einigen wichtigen Punkten verdeutlichen.

1. Diese Angst wurzelt in der Angst vor der Trennung und Abgrenzung gegenüber der Mutter bzw. den verinnerlichten frühen Objekten.

2. Sie ist um so stärker und entfaltet eine um so destruktivere Dynamik, je ausgeprägter die unbewußte Existenz- und Todesangst der Mutter bzw. der Primärgruppe insgesamt war. D.h. der einzelne agiert in seiner pathologischen Todesangst die Angst der Gruppe aus, die ihm die Abgrenzung der eigenen Identität verweigert hat bzw. ihm die adäquate Unterstützung in der Auseinandersetzung mit den damit verbundenen Ängsten versagte.

3. Bedingung für die Fähigkeit zur Abgrenzung der Identität und für ihre aktive und kreative Erweiterung ist daher die gelingende Auseinandersetzung mit der Todes- und Trennungsangst, die mit der Ich-Abgrenzung verbunden ist. Das sich entwickelnde Ich ist dazu — wie wir immer wieder feststellen können — auf die Hilfe und die Unterstützung einer erfahrungsfähigen Mutter und Gruppe angewiesen. Versagt die Primärgruppe aufgrund eigener ungelöster Ängste in dieser Funktion, ist sie nicht in der Lage, Trennung und Abgrenzung zu ermöglichen oder wenigstens zu tolerieren, dann ist die Folge auf seiten des einzelnen zumeist eine Flucht in das stereotype und destruktive Symptomverhalten eines ungelebten Lebens, das ERICH FROMM (1939) einmal treffend als »Quelle und Folge aller Zerstörung« bezeichnet hat. Auf seiten der Gruppe aber führt dies dazu, daß Probleme der Trennung und Abgrenzung überhaupt tabuisiert und aus dem Selbstverständigungsprozeß der Gruppe und ihrer Mitglieder ausgeschlossen werden müssen.

4. Das bedeutet aber, daß die Gruppe als ganze unfähig wird, sich der Auseinandersetzung mit dem Geschehen von Tod und Sterben zu stellen und in dieser Auseinandersetzung ihre eigenen Grenzen zu bestimmen.

Ich möchte im folgenden diesen gruppendynamischen Aspekt der pathologischen Todesangst näher untersuchen. In der Erforschung der Familiengruppen Ich-kranker Patienten mit pathologischer Todesangst stoßen wir immer wieder auf den Umstand, daß Tod und Sterben so gut wie völlig aus der Gruppenkommunikation ausgeschlossen werden. Insbesondere den Kindern wird die Einsicht in die kollektive Identität der Sterblichkeit und der irreversiblen zeitlichen Begrenzung allen Lebens verwehrt. Damit wird bereits im frühen Alter die Omnipotenzvorstellung eines ewigen Lebens und unbegrenzter Möglichkeiten gesetzt; eine Phantasie, die einerseits die Konfrontation mit Trennung, Sterben und Tod per definitionem zu einer unerträglichen und unverständlichen Katastrophe machen muß.

Zur Mystifizierung von Tod und Sterben trägt auch der Umstand bei, daß die Konfrontation mit Tod und Sterben heute nicht mehr — mit Ausnahme vielleicht von ländlichen Kulturen — zu den selbstverständlichen frühen Erfahrungen des Lebens zählt. Tod und Sterben bezeichnen vielmehr Vorgänge, die auch real zumeist außerhalb der Gruppengrenze stattfinden und von denen in vielen Fällen auch die engeren Angehörigen ausgeschlossen bleiben. Das bedeutet aber, daß der exemplarische Trennungsprozeß des Sterbens im Rahmen der Gruppe weder real erlebt noch kreativ bearbeitet und gestaltet werden kann. Die Gruppe verliert ihre Funktion gegenüber dem Sterbenden; gleichzeitig wird sie der Möglichkeit beraubt, in der Auseinandersetzung mit dem Sterbenden ihre eigene Grenze zu bestimmen. Wie wichtig dies ist, zeigt die folgende Schilderung einer Gruppensituation, die durch die Trauer um den Verlust einer zentralen Figur bestimmt wird. Der Bericht stammt von RAOUL SCHMIEDECK (1968) und betrifft die Reaktion von

Patienten einer psychiatrischen Klinik, anläßlich des Todes der Chefpflegerin, einer 38jährigen Negerin:

»Wir riefen eine Versammlung aller Patienten und des Personals ein, wie wir das zu tun gewohnt waren für alle wichtigen Ereignisse, und in dieser Versammlung gab ich die Nachricht von ihrem Tod bekannt. Die Reaktion der Patienten — und auch mancher der Pfleger — kam in drei Stufen: zuerst ärgerliche Kritik, daß man sie hatte sterben lassen, dann ein Ausdruck der Gefühle von Verlust, Verlorensein und Trauer und schließlich der Beschluß, zu ihrem Begräbnis zu gehen. Es mag bezeichnend sein, daß ich mich nicht erinnern kann, von wem dieser Vorschlag gemacht wurde, jedenfalls wurde er gemacht, von der Familie der Toten akzeptiert, und zwei Tage später gingen die Patienten, alle Ärzte, Schwestern und Pfleger zu ihrem Begräbnis. Vier Pfleger trugen den Sarg. Das Begräbnis fand in einer Negerkirche statt; für die meisten von uns war es das erstemal, daß wir an einem Negerbegräbnis teilnahmen. In der Kirche wurde vom Chor und später von der Kongregation gesungen. Der Gesang wurde punktuiert mit rhythmischen »Amen«, die Angehörigen weinten und lamentierten laut und begannen die Tote zu rufen. Als Gesang und Schreien lauter wurden, wurde ich besorgt, daß der eine oder andere der Patienten dem Druck nicht würde standhalten können, der sich zunehmend bemerkbar machte. Ich befürchtete einen unkontrollierten Ausbruch vielleicht psychotischer Natur, der den Rahmen der Zeremonie sprengen würde. Gerade das Gegenteil geschah. Als der Rhythmus des Singens zunahm und mehr und mehr Leute zu weinen begannen, fielen auch die Patienten ein, und plötzlich fanden wir uns alle schluchzend und schüttelnd. Soweit ich sehen konnte, blieb niemand davon unberührt. Später, als der Sarg geöffnet wurde und einer nach dem anderen von uns an ihm vorbeiging, hatte ich einen anderen ängstlichen Moment. Aber wieder ging alles gut. Wir verließen die Kirche in völliger Stille und fuhren mit dem Autobus zurück zum Spital. Weder auf dieser Fahrt noch in den nächsten Wochen wurde diese Stille wesentlich gebrochen. Es war, als hätten die Patienten den Tod unserer Pflegerin akzeptiert und als gäbe es nicht mehr viel über ihn zu sagen. Wir hatten befürchtet, daß ihr Tod zu ernsten Regressionen führen könnte, besonders auch, weil nicht lange vorher ein Patient auf der Station gestorben war, und wir in der Folge eine ganze Reihe von Rückschlägen hatten. Nichts dergleichen geschah. Wir sahen kein verstärktes Zurückziehen, keine Depression und auch kein verwahrlostes Benehmen. Ich möchte sagen, daß wir mehr durch Intuition als Überlegung den richtigen Weg gegangen sind. Wir haben getan, was kulturell üblich ist, und sind durch eine intensive Form der Trauer gegangen, durch ein konzentriertes und anscheinend erfolgreiches Durcharbeiten des Verlustes.«

Die hier geschilderte Situation macht meines Erachtens beispielhaft deutlich, worum es in der Auseinandersetzung der

Gruppe mit dem Tode eines ihrer Mitglieder geht. Einerseits dient die Trauerfeier der Vergegenwärtigung des Verstorbenen. Sein Name wird gerufen, sein Leben wird erinnert; die Gruppe nimmt ihn sozusagen in sich hinein, indem sie noch einmal beschwört, welche Identität er als Lebender hatte und was er für sie bedeutete. Indem sie dies tut, bestimmt sie auch ihre eigene Identität als Gruppe, deren Mitglied der Verstorbene war. Der Tod ihres Mitgliedes wird als zentrales Gruppengeschehen, als gemeinsames Problem ihrer Mitglieder akzeptiert, und die Gruppe bringt dies in ihrem Erleben und Verhalten zum Ausdruck. Auf diese Weise schließt sie zugleich auch erneut ihre Gruppengrenzen. Sie akzeptiert die durchgearbeitete Trennung durch den Tod als Realität.

Unseres Erachtens folgt die Auseinandersetzung einer Gruppe mit einem sterbenden Mitglied einer ähnlichen Dynamik. Mit dem Unterschied, daß hier nicht ein Toter, sondern ein Sterbender im Mittelpunkt steht und daß die Aufgabe der Gruppe nicht darin besteht, sich die Identität eines Toten zu vergegenwärtigen, sondern einem Sterbenden bei der endgültigen Abgrenzung seiner Identität behilflich zu sein. Dies setzt voraus, daß sie als Gruppe auch in der Lage ist, dem Sterbenden seine Identität als Sterbender zu gestatten, d.h. als eines Gruppenmitgliedes, das sich endgültig von der Gruppe trennt und sie verläßt.

Gerade hierzu aber ist die pathologisch erstarrte Gruppe nicht in der Lage. Exemplarisch deutlich wird dies in der bereits zu Beginn angesprochenen Situation des »organisierten Sterbens«. SUDNOW (1973) macht z.B. darauf aufmerksam, wie abrupt der Wechsel in der Einstellung der umgebenden Gruppe — in diesem Fall das Personal der Klinik — gegenüber dem Sterbenden ist, sobald er als Sterbender erkannt wird. Bis zu dem Zeitpunkt, an dem diese Diagnose gestellt wird, gilt der Sterbende als jemand, dessen Identität darin besteht, daß seine Lebensfunktionen aufrechterhalten und wiederhergestellt werden müssen. Sobald er ein Sterbender ist, verliert das Personal ihm gegenüber seine Funktion und damit häufig das Interesse.

Wichtig ist er nun nur noch hinsichtlich der Probleme, welche Leichenherrichtung, Transport usw. mit sich bringen. Dem entspricht eine Haltung des Arztes und auch der Angehörigen, welche den Sterbenden bis zuletzt als jemanden behandeln, der nicht sterben darf. Er wird häufig über seinen Zustand so lange wie möglich hinweggetäuscht und seine Todesangst angesichts der bevorstehenden endgültigen Trennung wird abgewehrt und bagatellisiert, sie wird nicht zugelassen. Gerade das, was sowohl für den Sterbenden selbst als auch für die umgebende Gruppe — seien dies nun die Angehörigen oder das Klinikpersonal — das zentrale Problem ist, nämlich die bevorstehende unausweichliche Trennung und die damit verbundenen Gefühle der Angst und des Schmerzes, wird aus der Kommunikation ausgeklammert. Der Sterbende steht nicht im Mittelpunkt einer an seinem Sterben teilnehmenden Gruppe, er findet sich vielmehr als Sterbender ausgeschlossen, isoliert und allein gelassen.

Die heute weithin üblich gewordene Praxis einer medizinisch-technischen Lebensverlängerung um jeden Preis gehört in diesen Zusammenhang. Sie bezeichnet die radikale Konsequenz einer Haltung, welche Sterben und Tod nicht als existentielle Gegebenheiten des menschlichen Lebens akzeptiert, die als Identitätsproblem von der Gruppe und dem einzelnen erlebt und gestaltet werden wollen. Statt dessen werden Tod und Sterben auf ihre biochemisch-physiologische Dimension reduziert. Eine Reduktion, die in der Behandlung des Sterbenden dann auch praktisch realisiert wird. Als bewußtloser Organismus wird er durch medizinisch-technische Maßnahmen so lange in Funktion erhalten, bis alle Hilfsmittel und alle Lebenskräfte erschöpft sind. Die individuelle Lebensgrenze wird mit anderen Worten so weit hinausgeschoben, daß sie weder für den Sterbenden selbst noch für die umgebende Gruppe im Bereich des bewußten Erlebens und Gestaltens liegen kann. Ein Sterbegeschehen im Sinne der erlebten und gestalteten Trennung kann daher auch gar nicht mehr stattfinden. Tod und Sterben erscheinen dann als bloße Naturvorgänge, die eine distanzierte

Beobachtung erfordern und die daher menschliche Teilnahme auch nicht verlangen können. Meines Erachtens stellt eine derartige Flucht vor der Konfrontation mit dem Tod, die dem Sterbenden das Wissen um das bevorstehende Ende vorenthält, ein existentielles Vergehen dar. Niemand gibt dem Arzt, dem Geistlichen oder den Angehörigen das Recht, den Sterbenden um die Auseinandersetzung mit seinem Tod zu betrügen und ihn damit zum Komplizen der eigenen Todesverdrängung zu machen. Psychodynamisch erscheint eine solche Haltung als Ausdruck unbewußter Omnipotenzphantasien, die den Tod als Einbruch in den eigenen Machtbereich und damit als narzißtische Kränkung erlebt. Der Tod wird dann als ein aggressiver Akt des Sterbens erlebt, als Bedrohung eines realitätsfernen Selbstverständnisses der Gruppe bzw. — im Falle des »organisierten Sterbens« — der Institution und ihrer Angestellten. Er wird gefürchtet als ein letzter Akt der Nichtanpassung und der Rücksichtslosigkeit, mit dem der Sterbende die unbewußten Normen des Selbstverständnisses der Gruppe oder der Institution relativiert.

Auch für psychodynamisch intakte Gruppen, die ihren Mitgliedern die Entwicklung und die kreative Erweiterung einer eigenen Identität zu gestatten vermögen, bedeutet der Tod eine Konfrontation mit einer endgültigen Trennung und einem irreversiblen Abbruch der Kommunikation. Sie sehen darin jedoch nicht einen aggressiven Akt des Sterbenden im Sinne eines abzuwehrenden Angriffs gegen das Selbstverständnis der Gruppe, vielmehr sind sie in der Lage, die Auseinandersetzung mit dem Sterbenden in den Gruppenprozeß zu integrieren und als Erfahrung aufzubewahren. Der Sterbende wird hier zum Mittelpunkt der Gruppe, von der er sich trennt und die ihn bis an die Grenze seines Lebens begleitet. Derartige Sterbesituationen in Form von kreativen Sterbe- und Trauerfeiern, in denen die Gruppe sich selbst und den Sterbenden mit der bevorstehenden Trennung konfrontiert, finden wir in allen bekannt gewordenen Kulturen. Sie zeigen, daß die Auseinandersetzung mit dem Sterbenden von diesen Gruppen als Bereicherung der

Gruppenidentität erfahren und bewahrt werden kann. Sterben und Tod bezeichnen dann Vorgänge, die sich nicht außerhalb einer als pathologisch eingeengten und erstarrten Gruppengrenze abspielen, sondern die im Gegenteil einen bewußten Mittelpunkt des Gruppengeschehens bilden. In diesen Fällen wird dann auch deutlich, daß nicht allein die Gruppe dem Sterbenden gegenüber eine Funktion erfüllt, indem sie ihm beisteht und ihm den eigenen Tod auch gestattet. Es zeigt sich vielmehr, daß auch der Sterbende der Gruppe gegenüber eine Funktion wahrnimmt. Durch seine spezifische Auseinandersetzung mit dem Tode, durch die Art und Weise, wie er stirbt, stellt er gewissermaßen die Lebensgrenze als Identitätsgrenze dar und gibt in diesem Sinne einen Beitrag zur Gestaltung der Gruppengrenze und der Gruppenidentität.
In diesem Zusammenhang erinnere ich mich an die Sterbesituation eines bekannten Malers und Kunsthistorikers. Er hatte zu seinem 85. Geburtstag eine Gesamtausstellung seines Lebenswerks erlebt. Ein Jahr später versammelte er die Gruppe seiner Freunde und Angehörigen um sein Krankenbett. In vollem Bewußtsein des unmittelbar bevorstehenden Todes besprach er mit ihnen die Gestaltung seines Begräbnisses — er hatte eine autobiographische Darstellung seines Lebens verfaßt, von der er wünschte, daß sie an seinem Grabe verlesen werden sollte —, dankte ihnen für die Freundlichkeiten, die sie ihm erwiesen hatten und verabschiedete sich schließlich von ihnen mit einem Glas Sekt. Unmittelbar darauf starb er.
Dieses kurze Beispiel eines bewußt erlebten und durch den Sterbenden selbst gestalteten Tod kann deutlich machen, daß ein gelingendes Sterben immer an die Voraussetzung eines erfüllten Lebens gebunden ist. Nur wer die Begrenzung seines Lebens akzeptieren kann, wer sein Leben frei von irrationalen Ängsten und Schuldgefühlen verwirklicht, wer sich selbst existent machen und sich als existent erleben kann, nur der kann auch sterben. Der zitierte Maler hinterließ der Gruppe, von der er sich verabschiedete, keine Schuldgefühle, er konnte sterben und die Gruppe konnte ihn auch sterben lassen.

Die durch unbewußte Existenzangst und durch irrationale Schuldgefühle geprägte kranke Gruppe ist dagegen auch häufig unfähig, sich von ihren Toten zu trennen. Der Tod eines Gruppenmitgliedes wird dann nicht akzeptiert. Die Realität der durch den Tod erfolgten Trennung wird verleugnet. Der Tote darf gewissermaßen nicht sterben. Die Folge ist, daß die Gruppe sozusagen ständig mit einem toten Mitglied lebt, das in den unbewußten Gruppenphantasien als nach wie vor lebendes Gruppenmitglied gilt. Die Realität des Todes wird zu einer ständigen narzißtischen Kränkung, die unbewußt als eine immer neue Verletzung der Gruppengrenze erlebt und abgewehrt wird.

Eine derartige Gruppenpathologie bildet nach meiner Erfahrung den psychodynamischen Hintergrund besonders tiefgreifender Identitätsstörungen, die sich häufig auch bei jahrelanger intensiver Therapie als therapieresistent erweisen. So habe ich in meiner Praxis wiederholt erlebt, daß Patienten sich unbewußt mit einem frühverstorbenen Elternteil identifizieren, zumeist mit dem im Krieg gefallenen Vater. In der therapeutischen Situation erscheinen diese Patienten zumeist starr und schweigend. In Gruppensituationen reagierten sie unvermittelt aggressiv. Zumeist aber entzogen sie sich dem Gruppengeschehen, das sie andererseits mit gespannter Aufmerksamkeit kontrollierten. Ihre Wirkung auf die Gruppe war lähmend, sie riefen eine diffuse Angst hervor, die nicht bearbeitet werden konnte, denn sie selbst waren sozusagen nicht anwesend. Ihr eigener Gruppenplatz blieb gewissermaßen tot und leer. Trotz ihrer Identifikation mit dem toten Vater, den sie ausagierend als ein alles kontrollierendes Gruppenmitglied darstellten, waren diese Patienten in der Regel unfähig, in der Therapie eine Vaterübertragung zu entwickeln und zu bearbeiten. Es zeigte sich vielmehr, daß die Identifikation mit einem Toten, den sie real zumeist gar nicht erlebt hatten, Teil einer extremen symbiotischen Mutterbindung war. Die Patienten identifizierten sich mit einem Toten, dessen Tod die Mutter nicht akzeptieren konnte und von dem sie sich nicht zu trennen vermochte. Ihre

Identifikation mit dem Toten war ein Versuch, dem unbewußten Wunsch der Mutter zu entsprechen, nämlich den Toten, und dadurch auch die Mutter selbst, wieder lebendig zu machen. Dieses unbewußte Bedürfnis der Mutter, welche den Tod des Ehemannes als narzißtische Kränkung erlebt und verleugnet hatte, kam aber für die Patienten einem Identitätsverbot gleich. Mutter und Primärgruppe hatten ihnen sozusagen nur den Platz eines Totenstellvertreters eingeräumt, sie jedoch als eigenständige Persönlichkeiten stets negiert und im Stich gelassen. Einer dieser Patienten sagte einmal, die Mutter habe immer dann, wenn er schwer erarbeitete Erfolge vorzuweisen hatte, bedauert, daß der tote Vater, den er nie gesehen hatte, dies alles nicht mehr erleben könne. Dadurch, so meinte er, habe sie das Erreichte immer wieder völlig entwertet und zunichte gemacht. Dieser Patient, der aus sehr beengten Verhältnissen heraus ein erfolgreicher und anerkannter Wissenschaftler geworden war, hatte sein Leben lang vergeblich versucht, von der infantilen Mutter als Person im eigenen Recht anerkannt zu werden. Die Mutter aber war dazu nicht im Stande. Sie hatte den Tod des Vaters nie akzeptiert. Sie fand, daß er ganz sinnloserweise noch in den letzten Kriegstagen gefallen sei. Als besonders kränkend empfand sie, daß der Vater Soldat geworden war, um seine Eltern zu rächen, die bei einem Bombenangriff ums Leben gekommen waren.

Dieses kurze Beispiel kann m.E. die pathogene Dynamik einer Familiengruppe verdeutlichen, die unfähig ist, die mit dem Tod erfolgte Trennung als Realität zu akzeptieren und zu bearbeiten. Der als narzißtische Kränkung erlebte Tod wird abgewehrt und verleugnet. Der Tote gilt als jemand, der »eigentlich noch da sein müßte«. Er gilt als aggressiv, weil er gestorben ist und ein Loch in die Gruppengrenze gerissen hat. Unbewußt wird vom Toten erwartet, daß er selbst diese Lücke wieder schließt, um der Gruppe bzw. der Mutter die Auseinandersetzung mit der Trennung zu ersparen. Mit der Realität dieser durch den Tod unwiderruflich gegebenen Trennung aber wird auch die lebendige Wirklichkeit der Gruppe selbst abgewehrt. Sie ist unfähig, diese Wirklichkeit gegenüber dem Toten abzugrenzen. Ihr Selbstverständnis wird dann von unbewußten Omnipotenzphantasien bestimmt, die in der Regel vom Krankheitsträger der Gruppe dargestellt werden müssen. Der zitierte Patient, der darunter litt, daß er in der therapeutischen Gruppe nicht über seine Gefühle und Probleme sprechen konnte, erlebte z.B. sich selbst unbewußt als eigentlichen Therapeuten der Gruppe. Er hatte das Gefühl, daß er die Probleme aller Patienten durchschaute und betrachtete es als seinen persönlichen Erfolg, wenn Mitpatienten in der Lage waren, ihr Leben konstruktiv zu verändern. Seinen eigenen Problemen gegenüber aber fühlte er sich ohnmächtig, hilflos und minderwertig. Die Analyse ergab, daß er den toten Vater ähnlich erlebt hatte, nämlich als gleichzeitig allmächtig und ohnmächtig, als jemanden, »der alles sieht, alles weiß und beobachtet, der aber nichts tun und erleben kann«. Schließlich konnte er erkennen, daß er in seiner Phantasie und in seinem Verhalten die unbewußte Trennungsangst der Mutter ausagierte, die den Tod des Vaters nicht akzeptieren konnte und den Toten immer zugleich als anwesend und abwesend behandelt hatte, ähnlich wie in ihrem Verhalten gegenüber dem Patienten.

Der psychodynamische Zusammenhang einer konfliktuös gestörten Abgrenzung der Primärgruppe gegenüber einem Toten mit der Ich-Störung eines Gruppenmitgliedes, das zum Krankheitsträger wird, tritt in diesem Beispiel deutlich hervor. Es zeigt sich, daß eine Gruppe, die aufgrund unbewußter Trennungs- und Todesängste unfähig ist, sich den Toten gegenüber abzugrenzen und einem verstorbenen Gruppenmitglied die Identität eines Toten, d.h. eines unwiderruflich von ihr Getrennten, zuzugestehen, auch nicht in der Lage ist, ihren lebenden Mitgliedern Raum und Unterstützung für eine aktive Bestimmung und Erweiterung ihrer eigenen Identität zu geben. Wir stoßen hier auf einen Zusammenhang, der meines Erachtens für das Verständnis der Psychodynamik von Tod und Sterben entscheidende Bedeutung hat. Die Art und Weise, wie eine Gruppe sich ihren Sterbenden und den Toten gegenüber verhält, bringt unmittelbar zum Ausdruck, welchen Lebensradius sie ihren Mitgliedern ermöglicht und dem Sterbenden ermöglicht hat. Eine Gruppe, die nicht in der Lage ist, mit dem Sterbenden auf der Basis der Realität, d.h. der Sterblichkeit aller Menschen zu kommunizieren und sich mit ihm gemeinsam der existentiellen Angst zu stellen, die mit der irreversiblen Trennung vom Leben und von den Lebenden notwendig verbunden ist, kann auch nicht über die Trennungs- und Identitätsängste kommunizieren, die ein notwendiger Bestandteil jeder aktiven und kreativen Abgrenzung und Erweiterung der eigenen Identität sind. Denn die Trennungssituation des Sterbens ist psychodynamisch betrachtet nur die letzte einer langen Kette von Trennungssituationen. Die Ängste, welche sie mobilisiert, unterscheiden sich qualitativ nicht von den Gefühlen jeder anderen Trennungssituation. Sie werden allerdings um so undifferenzierter sein, je weniger der Sterbende in seinem Leben Gelegenheit zu einer aktiven Bestimmung und Neubestimmung seiner Identität gehabt hat.

In den sogenannten primitiven Kulturen findet dieser psychodynamische Zusammenhang seinen Ausdruck in der Institution der Initiationsriten, die als eine Art gemeinsamer psychodramatischer Gestaltung der mit Todesangst verbundenen Identitätsschritte der heranwachsenden Gruppenmitglieder verstanden werden können. Die zunehmende Entmenschlichung der Sterbesituation in unserer Gesellschaft und die pathologische Todesangst, die sie hervorruft, erscheint vor diesem Hintergrund nur als Indiz für die destruktive Dynamik kommunikationsunfähiger Gruppen, die nicht erst den Sterbenden seiner Identität berauben, indem sie ihn ausgrenzen und isolieren, sondern die bereits dem Lebenden eine von irrationalen Ängsten und Schuldgefühlen freie Abgrenzung und Entfaltung seiner Identität verweigert haben. So begrüßenswert daher die Bemühungen um eine Humanisierung der Sterbesituation sind, wie z.B. die von SAUNDERS beschriebene Arbeit des Londoner St. Christopher's Hospiz, so meine ich doch, daß diese Bemühungen sich nicht auf eine Reform des »organisierten Sterbens« beschränken dürfen. Es ist zu spät, wenn erst dem Sterbenden geholfen wird, sich mit der Tatsache seines bevorstehenden Todes auseinanderzusetzen, und unsere Aufgabe kann nicht allein darin bestehen, den Sterbenden in Frieden sterben zu lassen. Wichtiger ist, daß wir bereits den Lebenden darin unterstützen, den Tod als Teil seines Lebens zu akzeptieren und dieses Leben im Medium einer erfahrungsfähigen Gruppe zu gestalten.

# Religiosität und Gottesbegriff als ganzheitliches Geschehen

In der politischen, ökologischen, sozialen und kulturellen Übergangsphase, in der wir uns seit mehreren Jahrzehnten befinden und die uns gerade die Grenzen und Risiken unseres Handelns und Wissens verdeutlicht hat, ist vor allem in der Jugend eine Hinwendung zu fernöstlichen meditativen Kulten zu beobachten. Vor diesem Hintergrund diskutieren wir in Verbindung mit dem wissenschaftlichen Konzept der Humanstrukturologie die Frage, welche Bedeutung die Religion für die Persönlichkeitsentwicklung des Einzelnen, wie auch für das Leben in der Gemeinschaft hat. In enger Verbindung mit dem humanstrukturologischen Menschenbild, das den Menschen als prinzipiell entwicklungsfähig, lernfähig und friedensfähig ansieht, dessen unendliche Potentiale entsprechend seinen Lebenserfahrungen in den ihn umgebenden Gruppen konstruktiv oder mehr destruktiv genutzt werden können, eingebettet in vielfältige Beziehungen zu Natur und Kosmos, sehe ich Gott im gesamten Kosmos. Es tritt uns in jedem Menschen das Göttliche entgegen und macht die Würde des Menschen aus.
Mythos, Kult und Religion ermöglichen jenseits des logisch-analytischen wissenschaftlichen Denkens und Erkennens durch das geregelte und geschützte gruppendynamische Geschehen im Ritual und die Begegnung mit dem Göttlichen eine tiefe Begegnung mit sich selbst — ein Erkennen —, ein sinnstiftendes Gemeinschaftserleben in der Gruppe und Orientierung für den Lebensentwurf der persönlichen Identität. Daher ist die Bedeutung der Religion daran zu messen, inwieweit sie dem Menschen in seinen tiefen Bedürfnissen dient, seine körperliche, geistige und kulturelle Entwicklung fördert und ihm zur krea-

tiven und freien Begegnung mit seinen Mitmenschen ermutigt, im Bewußtsein der Begrenztheit seiner Lebenszeit.


»Eines wissen wir, was der weiße Mann vielleicht eines Tages erst entdeckt — unser Gott ist derselbe Gott. Ihr denkt vielleicht, daß Ihr ihn besitzt — so wie Ihr unser Land zu besitzen trachtet — aber das könnt Ihr nicht. Er ist der Gott der Menschen — gleichermaßen der Roten und Weißen. Dieses Land ist ihm wertvoll — und die Erde verletzen, heißt ihren Schöpfer verachten.« (aus der Rede des Häuptlings SEATTLE vor dem Präsidenten der USA 1855)


In meiner ganzheitlichen Sicht von Mensch, Natur und Kosmos, zu der ich durch jahrelanges Ringen um den Menschen in Gesundheit und Krankheit, Gruppe, Gesellschaft und ihren politischen und religiösen Systemen gekommen bin, ist Gott der ganze Kosmos, die Welten und Planetarsysteme, unsere Erde mit ihrer Stratosphäre, ihren Menschen, Tieren, Wäldern, Meeren, Feldern und Wiesen. Jede Verletzung von Land, Wasser, Luft, Menschen und Tieren ist daher eine Verletzung des Göttlichen.
In jedem Menschen tritt uns das Göttliche entgegen und wir verneigen uns deshalb vor der Würde jedes menschlichen Wesens.
In unserem ganzheitlichen Verständnis ist der Mensch ausgestattet mit unendlichen Möglichkeiten und Bedürfnissen. Er ist von Grund auf dem Leben, der Güte und Liebe zugewandt und nur zur Bösartigkeit entartet durch schädliche Einflüsse seiner Umgebung, besonders seiner Familie und ihrer oft sehr feindseligen Gruppendynamik, die auch ihre verstehbare Entstehungsgeschichte hat (AMMON 1970a). Dem Menschen ist es gegeben, sich gesund, krank, kreativ, erotisch, konstruktiv ag-

gressiv wie destruktiv, sich abgrenzend oder öffnend, visionär und prophetisch, religiös und gläubig zu entwerfen.

In diesem Zusammenhang ist von besonderer Bedeutung die Hirnhemisphärenforschung. Aufgrund moderner Hirnforschung, wie an anderer Stelle erwähnt, nehmen wir in der rechten Hirnhemisphäre die nichtbewußte Persönlichkeit des Menschen an (vgl. ROTENBERG 1982a und ZENKOV 1978).

Sie ist der Ort der Visionen, Träume und Phantasien, des konzeptionellen, ganzheitlichen und bildhaften Denkens, der kreativen, religiösen und erotischen Kräfte des Menschen. Die bewußten, verbalen Ich-Funktionen des Menschen, sowie sein Verhaltens-Ich der Fertigkeiten werden dagegen in der linken Gehirnhemisphäre angenommen. Der stetige psychische Synergismus zwischen beiden Hemisphären ist dabei von wesentlicher Bedeutung (AMMON 1982d). Erst gesellschaftlich gefordertes Leistungsdenken und -handeln, sowie antrainiertes Lernen im Dienste von Anpassung beraubt den Menschen seiner großen Möglichkeiten, die ihm rechtshemisphärisch gegeben sind (AMMON 1982c).

Humanstrukturologisch setzen wir die rechte Hirnhemisphäre dem sogenannten zentralen Ich des Menschen gleich, d.h. dem Unbewußten, die linke Hirnhemisphäre dem sogenannten sekundären, bewußten Ich, d.h. dem Verhaltens-Ich der Fertigkeiten, während das primäre Ich dem biologisch-physiologischen Urgrund des Menschen entspricht. Im Zustand der Gesundheit sind diese drei Schichten synergistisch fließend verbunden und werden gespeist durch die soziale Energie der umgebenden Gruppe, Kultur und Natur. Nach unserer Auffassung ist die Gruppe jedes Menschen die Quelle seiner lebensenergetischen Kraft, nämlich der von mir so bezeichneten Sozialenergie (AMMON 1982b). Die Gruppe ist entscheidend für Liebesfähigkeit und für die Entwicklung des Menschen zum Frieden mit sich selbst und anderen, von wo aus der Weg hin zum Einssein mit der Natur und Kosmos führt, was den Menschen über seine tägliche Begrenztheit erhebt. Seine Identität erlangt dadurch einen höheren Bezug in Bewußtwerdung der ihm gegebenen begrenzten Lebenszeit, die erfüllt sein kann, aber auch leer und tot. Leben und Tod sind daher nicht abhängig von biologischen Gegebenheiten. Wir haben mit diesem Konzept das Menschenbild befreit von der animalischen Triebvorstellung des Freudianismus und sehen den Menschen als ein geistiges Wesen, zu dessen Bedürfnissen auch religiöse und kultische Befriedigungen gehören.

Religion, Mythos und gruppendynamische Prozesse weisen uns im Verständnis der Humanstrukturologie auf Bereiche des Wissens und auf Erkenntnismöglichkeiten hin, die jenseits unseres rationalistisch aristotelischen wissenschaftlichen Denkens liegen und die Frage nach dem Umfang bzw. der Relativität unserer Erkenntnismethoden aufwerfen.

Das Unbewußte, Mythos und Religion ebenso wie gruppendynamische Prozesse gehören zu den sogenannten nichtrationalen Bezirken unseres Daseins. Gott und Religion sind für mein Verständnis ein ganzheitliches und gruppendynamisches Geschehen, welches einerseits die Gemeinschaft der Gruppe und andererseits die Begegnung mit sich selbst und dem Unbewußten bedeutet. Das Erleben von Menschen in Gruppen transzendiert sowohl den Einzelnen wie auch konventionelle Denk- und Lebensformen und kann bis hin zu kosmischer Erfahrung führen (AMMON, GRIEPENSTROH 1982).

Religionen und Kulte können dem Menschen helfen, das Einssein mit dem kosmischen Göttlichen zu erlangen, Raum, Zeit und Todesfurcht zu überschreiten und seine einmalige Identität beim Durchschreiten seiner begrenzten Lebensspanne zu gestalten. Erst das Bewußtsein der Begrenztheit menschlichen Lebens befreit den Menschen zu sich selbst und seiner einmaligen Aufgabe in dieser Welt, die auch seine Lebenszeit bestimmt (AMMON 1975c).

In archaischen Gemeinschaften waren Kult, Mysterium und Gruppe eine integrierte Einheit. Seit Jahrhunderten war es das Unbewußte im Menschen, das Mythen, Religionen, Kulte, Orakel, Beziehungen zur transzendenten Welt, zu Tod, Untergang und Widerauferstehung wie aber auch zur Medizin, See-

Altes Marienrelief an der Westterrasse

Hera-Mysterium Poseidonia

lenkrankheit und Heilung beherrschte. Es ist dies eine geistige Wanderung der Menschheit von der Magie, steinzeitlicher Höhlenmalerei über Orakel, transzendentale Zustände, Wiedergeburts- und Opferkulte, rituelle Beschäftigung mit Tod und Erotik. Eine geistige Wanderung auch durch psychodramatisches religiöses Theater sowie durch die kultischen Sexualrituale in den Geburtshäusern der altägyptischen Tempel, wie ähnliche Kulte der Astarte in Babylon und der weitverbreiteten Phalluskulte von Indien bis Mexiko, über kultische Therapie eines Imhotep über Aeskulap bis hin zu Hippokrates, der schon die Einheit von Seele und Körper lehrte und als einer der ersten großen Psychotherapeuten gilt und zusammen mit seiner Familiengruppe die Kranken heilte, bis hin zu modern anmutenden Schlaftherapien und Traumdeutungen im Aeskulap-Heiligtum in Epidaurus sowie die Tanz- und Schlaftherapie von Pythagoras.

In Kulten geht es um die geregelte Form der Begegnung und den Umgang mit dem göttlichen Prinzip. So folgen alle Kulte bestimmten Gruppenprinzipien; zuerst die Aufnahme des neuen Mitglieds in die Gruppe, die Entwicklung des Mitglieds zur höheren Erkenntnis, die Opferung des Meisters für die Gruppe, seine Tötung und Wiederauferstehung. Zur Gruppendynamik der Mysterien und Wiederauferstehungskulte gehört in der Regel die zentrale Figur des Meisters mit Jüngern, wie sie uns besonders in der Gruppe um Jesus und König Artus überliefert ist. Nach byzantinischer Lesart gehört zu Jesus der Judas, der ihn durch seinen Verrat zu Christus machte, ebenso wie der Zweifler Petrus und der Lieblingsjünger Johannes (vgl. AMMON 1979e).

Entscheidend ist, ob ein Raum da ist, ob ein Kult da ist, ob eine Gruppe da ist, in der Religiosität gelebt und menschlich kreativ umgesetzt werden kann. Gerade beim Kult schließt sich die Gruppe zusammen, es entsteht ein Zugang als Gruppe zum Unbewußten. Die Gruppe, die durch den Ritus einen starken Zusammenhalt erlebt, ist eine Voraussetzung für das tiefe Absinken in unbewußte Prozesse. Eine Religion bricht zusammen, wenn diese gruppendynamische Komponente, aus welchen Gründen auch immer, verloren geht, so zum Beispiel bei der Herausbildung einer Priesterkaste aus ökonomischen und politischen Gründen. In der ägyptischen Hochkultur hat sich Echnaton mit seiner Kulturrevolution und auch seiner religiösen Revolution gegen eine solche Entwicklung gewehrt, indem er den Versuch unternahm, eine monotheistische Religion einzuführen, um damit der ganzen Gemeinschaft ihren Kult wiederzugeben.

Wesentliches Anliegen meiner Arbeit ist die Durchbrechung jeglichen Dualismus, Dualismus zwischen Diesseits und Jenseits, gut und böse, Mann und Weib, krank und gesund, Herrscher und Beherrschte, Leben und Tod, Bewußtem und Unbewußtem. Die Grundauffassung meiner Lehre ist, daß das sogenannte Jenseits und Diesseits eine Einheit sind, genauso wie die Vergangenheit und Zukunft in der Gegenwart ruhen. Der Dualismus ist der größte Feind des neuen Humanismus, da er etwas Einheitliches trennt. So gesehen sind nach meinem Verständnis auch Mensch und Gott eine Einheit, Gott ist in jedem Menschen und der Mensch ist göttlich. Wie es uns die alten Jahrtausende vor Christus wirkenden Mythen lehren, ist Gott Vater und Mutter zugleich; sind die Erscheinungen des Göttlichen, die fälschlicherweise von den Christen als Vielgötterei abgetan werden, Mann und Weib zugleich, d.h. androgyn. Der Mensch ist männlich und weiblich seit Urzeiten angelegt. Somit verehren wir auch in jedem Manne das weibliche und in jeder Frau das männliche Element des Lebens (AMMON 1983a, 1984b).

Ich halte es für außerordentlich bedeutsam, daß eine Religion dem Menschen dient, dem Frieden, der geistigen und kulturellen Förderung und Entwicklung des Menschen.

Jede Religion hat nur solange einen Wert, solange sie dem Menschen dient und sich am Menschen orientiert. KARL MARX hat aufgezeigt, daß es Religionen gibt, die nur dazu dienen, wirtschaftliche Systeme aufrechtzuerhalten und zu verschleiern.

Das Urchristentum vor Paulus hatte gewisse sozialistische und kommunistische Ziele. Mit Paulus begann eine neue Ideologie, in der die Trennung von Leib und Seele betont wurde und viele Lebensbedürfnisse der Menschen auf das Jenseits vertröstet wurden. Gerade als ob der sündige Leib getrennt wird von der guten Seele. Umgekehrt ist es, daß der Leib überhaupt immer zur Seele mit dazugehört, eins ist. Nur wenn der Leib getrennt wird von der Seele, dann ist er nicht mehr beseelt, sondern ist er einem entseelten und damit einem entmenschlichten, leiblichen Geschehen ausgeliefert. Deswegen ist es so wichtig, Leib, Seele, Religion und Kult und Mysterien integriert und einheitlich zu erhalten.

Die Hochkulturen Ägyptens, Mittel- und Südamerikas und auch die Hochkulturen der Antike haben dem Menschen gedient. Sie haben die Idee der Nächstenliebe entwickelt, echter Nächstenliebe und die Idee des erfüllten Lebens, während die christliche Religion eine Religion der Buße und der Sünde, der Erbsünde und der Schuldgefühle war und weitgehend von den Herrschenden benutzt wurde, um die Schwächeren zu unterdrücken und auszubeuten. Thron und Altar beherrschten das Volk.

In diesem Zusammenhang möchte ich darauf hinweisen, daß alle Geisteskrankheiten, wie Neurosen, psychosomatische und schizophrene Reaktionen eine Wurzel in den Schuldgefühlen haben.

In der Psychotherapie werden wir die religiösen Bedürfnisse des Menschen achten und sie als einen wichtigen Bestandteil seiner Identität konstruktiv für die psychische Gesundheit innerhalb der Leib-Seele-Einheit ansehen, sie stärken und uns mit ihnen verbünden. Sie können ich-strukturell auch als Strebungen aus dem Unbewußten, dem zentralen Ich angesehen werden und hierbei aber auch schweren Schädigungen während der Entwicklungsgeschichte und Störungen ausgesetzt sein.

Sie können innerhalb der Gruppendynamik von Familie und Gesellschaft ähnlich pathologisch entarten wie andere wichtige Strukturanteile der Persönlichkeit des Menschen.

Am bekanntesten sind religiöse Wahninhalte in der Paranoia, Zwangsvorstellungen innerhalb der Zwangskrankheiten, hysterisch infantile Übersteigerungen und nicht zuletzt quälende, oft religiös gefärbte Schuldgefühle in der Depression. Hierbei ist es die Verantwortung und Kunst des Therapeuten, gesunde von kranker Religiosität zu unterscheiden und eventuell die Zusammenarbeit mit dem Seelsorger zu suchen. In den Kliniken der Menninger Foundation in Topeka/USA hatten wir jeweils einen Pastor oder Priester als Mitglied im Team und auch während meiner Arbeit in München und Berlin wurden mir umgekehrt oftmals Patienten von Beichtvätern oder evangelischen Pastoren überwiesen, wenn religiöse Wahnvorstellungen vorlagen.

Im Sinne unserer Arbeit und Forschung mit Tod und Sterben möchte ich auch sagen, daß hier die Religionen häufig versagen. Sie geben dem Sterbenden wenig Trost und Beruhigung. Es sei denn, daß er zu den wenigen Ausnahmen gehört, die wirklich glauben, daß es ein Jenseits gibt, in dem sie dort weiterleben werden.

Natürlich werden wir alle weiterleben, aber in einer ganz anderen Form. Wesentlich dabei ist, daß wir uns nicht von dem Gedanken an den Tod beherrschen lassen, aber ihn auch nicht verdrängen. Bedeutsam ist, daß die Lebenszeit zu einer erfüllten Zeit wird, gerade angesichts der Grenze des Todes. Ein erfülltes Leben besteht aus bedeutsamen Begegnungen, Begegnungen mit sich selbst und anderen Menschen. In diesem Sinne möchte ich MARTIN BUBER (Zitat nach JANTSCH 1982) zitieren: »Alles echte Leben ist Begegnung. Begegnung liegt nicht in Zeit und Raum, sondern Raum und Zeit liegen in der Begegnung«. Auf unseren Kongressen in Travemünde 1982 und München 1983 haben Vertreter der römisch-katholischen Kirche wie Kardinal CORRADO URSI, Vertreter des Judaismus wie Chefrabbi JOCHAK A. SHAPIRA, Vertreter des Hinduismus wie Professor JAI B.P. SINHA und Vertreter der Philosophie des historischen Materialismus wie die Professoren F.V. BASSIN,

VADIM S. ROTENBERG, I.N. SMIRNOV in ihren Veröffentlichungen unsere Lehre unabhängig voneinander begrüßt.
Ich überlasse es dem Leser, darin vielleicht auch eine Hoffnung für unsere Welt zu finden, daß Gelehrte, Denker und religiöse Führer von den verschiedensten Richtungen und Räumen dieser Erde nach einer Einheit streben, die in einem neuen humanistischen Ansatz ihren Ausdruck findet. Diese Hoffnung wird sich jedoch zu messen haben an der Einstellung und an den Maßnahmen zu der heutigen Bedrohung der Welt durch nukleare Waffen und der menschenfeindlichen These der Abschreckung durch diese Mordinstrumente, von denen nur ein Minimum genügen würde, unsere Erde zu zerstören.
Für mich ist die größte Hoffnung eine weltweite Dynamik verschiedenster, sich näherkommender Gruppen, die viele Millionen stark, bereit sind, Opfer für den Frieden zu bringen und die zu neuen Ufern von Zusammenleben, meditativen Kulten und Religionen aufbrechen. Die rational bestimmte und oft zur Routine gewordene Kirchlichkeit, die vor den Grausamkeiten des Faschismus kapitulierte, wie teilweise auch heute vor der atomaren Bedrohung der Welt, hat ihre Anziehungskraft für die Jugend verloren, so wie auch die letzten verbürgerlichten Ausläufer antiker und mittelalterlicher Mysterien in der Freimaurerei.
Nach meiner Ansicht befinden wir uns in einer kulturellen Übergangsphase, die durchaus einige Jahrhunderte anhalten kann, falls unsere Erde die atomare Bedrohung, Hunger, Durst und Umweltzerstörung überwinden und überleben kann. Die derzeitige Hinwendung unserer Jugend zu fernöstlichen Lehren wiederholt teilweise Tendenzen aus der Zeit nach dem Ersten Weltkrieg. Sie sind ein Ausdruck von Unzufriedenheit und Suche, und es ist kein Zufall, daß die etablierte Gesellschaft sich mit wütender Feindlichkeit dieser Suche unserer Jugend entgegenstemmt, statt sich selbst in Frage zu stellen und von der Jugend zu lernen, was sie ihr nicht geben kann.
In Grenzsituationen meines Lebens, in der Begegnung mit Tod und Angst, bin ich mir selbst begegnet und einem Anruf, das

Risiko meiner Lebensaufgabe auf mich zu nehmen. In der Therapie unserer Humanstrukturologie ist die bedeutsame Begegnung mit dem leidenden Menschen entscheidend für Hilfe und Heilung; ein Akt, der auf Gegenseitigkeit beruht und als Prozeß begriffen werden muß. Ganzheitlich gesehen ist das bedingungslose Eintreten für den Frieden hiervon nicht zu trennen. Vielleicht liegt hierin die gemeinsame Wurzel von Religiosität und Humanismus.

Zum Schluß meiner Ausführungen stelle ich an jede Religion folgende Fragen, die zu ihrer Beurteilung aus der Sicht unseres neuen Humanismus beantwortet werden sollten:

1. Inwieweit toleriert die Religion andere Religionen und Philosophien?
2. Ist freies Denken und die freie Rede möglich?
3. Hat eine Religion Dogmen, an deren Glauben sie ihre Anhänger zwingt oder ist sie ein offenes System, das sich in einem ständigen Prozeß befindet?
4. Wie definiert die Religion den Gottesbegriff auch im Hinblick auf mehrere Götter, zum Beispiel die Dreieinigkeit, die Schar der Heiligen, der Götter im Hinduismus oder der vielen Erscheinungen des Göttlichen in pharaonischen Religionen?
5. Welche Beziehung hat die Religion zu ihren Mythen, Kulten und Ritualen, Mysterien und ihrer Mystik?
6. Wie steht die Religion zum Staat und inwieweit bestehen dort Abhängigkeiten?
7. Wie steht die Religion zu Fragen der Kindererziehung, der Familie, eines freien Zusammenlebens von Menschen sowie zur Ehescheidung und zur Beziehung von Mann und Frau?
8. Wie steht die Religion zu Schuld und Sühne?
9. Wie steht die Religion zu Strafgesetzgebung und Strafvollzug und besonders der Todesstrafe?
10. Wie steht die Religion zu Sexualität und zu den §§ 218 und 175, zu sogenannten Sexualdelikten oder anderen Formen außergewöhnlicher Sexualität?

11. Wie steht die Religion zu Fragen der Kriegsdienstverweigerung oder des gewaltlosen Widerstandes und zivilen Ungehorsams gegen Kriegsvorbereitung?
12. Wie steht die Religion zur Frage psychischer Krankheit und deren Behandlung?
13. Wie steht die Religion zur Frage von Minderheiten religiöser, politischer oder ethnischer Art?
14. Wie weit bereut die Religion das Verhalten etablierter Religionen bei der Unterstützung von Kriegen und der Tolerierung des Faschismus und der Nichtverhinderung der grausamen Ermordung von 6 Mio. Juden zur Zeit des 2. Weltkrieges?
15. Wie steht die Religion zu Fragen der Zerstörung der Umwelt, Überbevölkerung und des Sterbens von 60 Mio. Menschen in der Welt vorwiegend an Hunger, Durst und Seuchen?
16. Wie steht die Religion zur Aufstellung nuklearer Waffen in aller Welt, von denen ein Minimalanteil die gesamte Erde zerstören könnte?
17. Inwieweit ist das Existieren von Religionen abhängig vom Staat und staatlich eingezogener Kirchensteuer, was die Frage der Unabhängigkeit der Kirche vom Staat anschneidet?
18. Was sind die geistigen und praktischen Machtverhältnisse von Priester- und Pastorenschaft innerhalb der Religionen?
19. Wie stark ist die Bürokratisierung einer Religionsgemeinschaft?
20. Wie stehen die in der Bundesrepublik Deutschland etablierten Religionen zur Ausgabe von über 90 Mrd. DM für militärische Zwecke?
21. Was hat eine Religion Gutes getan für die Menschen, Kultur und Natur in Gegenwart und Geschichte?

Die 21 Fragen sind für die Beurteilung einer Religionsgemeinschaft für uns als Vertreter der weltweiten Bewegung eines neuen Humanismus an jede Religion der Welt zu richten, um sie daran zu messen. Es geht mir grundsätzlich nur darum, was für Konsequenzen aus den Religionen und ihren Theologien gezogen werden können und inwieweit sie effektiv zum Dienste am Menschen anwendbar sind.

# Tod und Wiedergeburt. Eine Begegnung.

Es war im 2. Weltkrieg, als ich auf einer kleinen Insel auf einem Fluß an der Front als Hilfsarzt für die ärztliche Versorgung einer Kompanie die Verantwortung hatte, der die Artilleriebeobachtung der am andern Ufer des Flusses liegenden gegnerischen Truppe aufgetragen war. Nachts kamen mit Schlauchbooten jeweils Urlauber, Verpflegung, Post und anderes von der deutschen besetzten Flußseite zu der Insel gefahren, was von der anderen Seite her durch schweren Beschuß zu der bekannten Zeit beantwortet wurde. Ich hatte meine Verbandsstelle in einem halboffenen Unterstand an der Landestelle eingerichtet, um die zu erwartenden Verletzten sofort behandeln zu können.

Eines Nachts war wie üblich bei der Landung schwerster Beschuß und Himmel und Wasser waren durch Leuchtmunition hell erleuchtet. Ich saß auf einer Pritsche genau am offenen Eingang, als ein junger Kurier, den ich gar nicht persönlich kannte und der nichts bei mir zu suchen hatte, da er sich sofort bei dem Kompaniechef in einem anderen Bunker zu melden hatte, mit einem überirdischen Lächeln auf mich zutrat und mir die Hand zum Gruß entgegenstreckte, die ich erstaunt aber freudig ergriff. In diesem Augenblick war eine schwere Detonation und der Junge brach vor mir und an meinem Körper hinabgleitend mit einem kurzen Seufzer zu Boden. Sein ganzer Rücken war von Geschossen durchbohrt, ja selbst sein Stahlhelm. Er war tot und ich konnte nur noch seine Augen schließen. Ich war in meinem tiefsten Wesen erschüttert und weinte. Doch ein merkwürdiges Gefühl überkam mich, das Gesicht des Jungen, wie er mich so überirdisch lächelnd ansah, erinnerte mich an Christus, obwohl ich nie eine besondere Beziehung zu Jesus von Nazareth gehabt habe. Ich hatte das Gefühl, daß mein altes Ich gestorben war und mein Leben von nun an dem Dienste am leidenden Menschen und höheren Zielen bestimmt war. Dafür war mir das Leben geschenkt worden; denn wäre dieser junge Mensch nicht zu mir gekommen, völlig grundlos, so hätten mir diese Geschosse, die seinen Rücken durchbohrt hatten, Brust und Bauch zerfetzt. Ich fühlte mich seit diesem Ereignis geschützt und aufgerufen, der Stimme meines Gewissens und meiner inneren Überzeugung zu folgen, inbeirrbar von äußeren Gefahren gleich welcher Art. Von da an führte mein Weg zum Widerstand gegen den Faschismus bis hin zu meinem dornen- und leidvollen Weg für eine menschliche, verstehende und im Lichte einer neuen Wissenschaft stehenden Behandlung schwer psychisch Leidender. Auf meinem Weg durch zwei Kontinente habe ich immer wieder erfahren, daß mein wahrer Lehrmeister Leid, Entbehrung, Enttäuschung bis hin zu Bedrohung und neuerlicher Verfolgung war. Hier konnte ich mich am stärksten spüren, entwickeln und, glaube ich, auch schöpferisch werden. Bei den vielen Leidenden, denen ich in den darauffolgenden Jahrzehnten begegnete, war die suchtartige Suche nach Lust und Glück die Wurzel ihres Unglücks, ihrer Einsamkeit, inneren Leere und Verzweiflung und letztlich auch ihrer Angst.

Gerade, während ich diese Zeilen schreibe, werde ich von einem ehemaligen Patienten angerufen, der schwerstkrank mit der Diagnose Schizophrenie nach einem langen Weg durch psychiatrische Anstalten bei uns gelandet war und in unserer Klinik von mir und meinen Mitarbeitern behandelt wurde. Er wollte sich nur bedanken, daß er jetzt erstmals in seinem Leben lieben gelernt habe, seiner alten Mutter gerade in die Augen sehen könne und mit mir lange gute Gespräche führen könne. Der Wendepunkt in dieser Behandlung wie in vielen andern war, dem Menschen zu helfen, seine Ängste, seine Gefühle von Wut zu ertragen und durchzustehen, statt diese Gefühle zergliedernd zu analysieren, um Gründe zu suchen. Ich sagte ihm, daß sein Anruf mich glücklich und demütig zugleich mache und daß ich mich freuen würde, wenn er einmal bei mir vorbeikommen würde. War es schon ein Fortschritt in unserer Wissenschaft, beginnend mit Freuds großen Entdeckungen von der

Dynamik des Unbewußten, die Psyche zu behandeln, so führte dann der Weg über den Einbezug der körperlichen Seite des Menschen mit der Lehre der Psychosomatik zu der heutigen ganzheitlichen Schau des Menschen durch Einbeziehung seiner geistigen Dimension und transzendentalen Bedürfnisse. Alle Entwicklung des Menschen in Gesundheit und Krankheit oder besser gesagt mit den kranken und gesunden Aspekten seiner Persönlichkeit findet statt durch Begegnung. Begegnung durch den von mir so bezeichneten sozialenergetischen Austausch mit Menschen, aber auch mit der Natur und Ereignissen, wie ich dies beschrieben habe.

Für mich war die Begegnung mit dem jungen Mann in der Nacht des Krieges Tod und Wiedergeburt, das letzte Geheimnis aller Mysterien unserer Welt und bestimmend für mein Leben und Wirken.

# Frieden und Aggression

Frieden und Aggression sind in heutiger Zeit durch atomare Hochrüstung und die damit verbundene Vernichtungsgefahr der Erde zu einer lebenswichtigen Frage geworden. Frieden heißt mehr als ein Nicht-Kriegszustand, d.h. der Friede muß in lebendiger Auseinandersetzung zwischen Menschen und Gruppen immer wieder errungen werden und ist daher ein lebendiger und strukturierender Prozeß. Diese Arbeit zeigt Möglichkeiten psychologischer und gruppendynamischer Arbeit auf politischer Ebene auf, so beispielsweise psychiatrische Untersuchungen von Politikern, gruppendynamische Sitzungen bei den Vereinten Nationen und psychologische Maßnahmen bei verhärteten Verhandlungsfronten. Von wesentlicher Bedeutung für die Dynamik einer Friedensentwicklung auf nationaler und internationaler Ebene wird das Geflecht von persönlichen Beziehungen zwischen Menschen verschiedener Nationalität, Religion, Kultur und Gesellschaftssystemen angesehen, die ich für mehr dem Frieden dienlich halte als internationale Verhandlungen der Machthaber. Für die Anerkennung einer Wissenschaft ist zu fordern, daß sie dem Frieden dient. Grundlage dafür ist ein Menschenbild, das die konstruktiven und schöpferischen Kräfte des Menschen in den Mittelpunkt stellt und destruktive Entwicklungen von Menschen als pathologische Prozesse begreift.
Gefährlich ist die Theorie, daß der Mensch mit einem Zerstörungstrieb behaftet ist und es deswegen immer wieder Kriege geben müsse. Dieser Mythos wird ersetzt durch ein Verständnis von Aggression als einem primär konstruktiven Geschehen, das durch Umwelteinflüsse deformiert werden kann. Destruktive Aggressionsprozesse entstehen durch die Unterdrückung und Abwehr genuin konstruktiver Bedürfnisse nach Tätigsein

und Identität. Dargestellt wird insbesondere die Dynamik von Angst und Aggression. Die Angst macht den Menschen zum Menschen; wer heute keine Angst vor dem Atomkrieg oder vor der schleichenden Zerstörung der Welt hat, dem fehlt eine wesentliche menschliche Qualität. Friedensfähigkeit bedeutet geistige Stärke, Kreativierung und Erotisierung der dem Menschen gegebenen Lebenszeit, Toleranz, Interesse, Humanität und Liebe.


Frieden und Aggression sind eine lebenswichtige Fragestellung, die unsere heutige Zeit ergriffen hat. Frieden heißt leben, lieben, für sich und andere Menschen tätig sein, Freude haben und in sich ruhen, erfüllt für sich selbst und auch für andere interessant leben können im Rahmen der Möglichkeiten, die uns allen individuell durch gesamtgesellschaftliche Umstände gesetzt sind. Hierbei ist uns aber immer die Möglichkeit gegeben, im Rahmen unserer Kräfte und in Solidarität mit anderen, gesellschaftliche Bedingungen zu verändern. Frieden heißt nicht frei sein von Aggression, wie sie unter Menschen und Gruppen immer wieder vorkommt, ohne daß wir dabei gar an einen dritten Weltkrieg oder an eine atomare Selbstvernichtung unserer Erde denken müssen.

Zum Frieden gehört auch eine Einstellung und Bereitschaft zum Frieden, eine gewachsene und ständig in Bewegung befindliche Fähigkeit zum Frieden; zum Frieden gehören auch Regierungen, die von den Menschen des Volkes so weit kontrollierbar sind, daß sie nicht scheinbar rational im Interesse von Macht, Herrschaft und wirtschaftlichen Interessen Kriege anzetteln. Kriege sind in der Menschheitsgeschichte nicht etwa entstanden, weil der Mensch einen sog. ›Aggressionstrieb‹ hat, einen Zerstörungs- oder gar Todestrieb, wie FREUD (1920) sich das ausgedacht hatte, sondern sind eiskaltes rationales Kalkül mit Planung, Vorbereitung, Massensuggestion und Paranoia. Wir können dies heute durch uns vorliegende historische Dokumente wie selbst durch die aktuellen Kriegsvorbereitungsplanungen der Machthaber überprüfen.

Es mag dem Leser als antagonistischer Widerspruch erscheinen, daß Kriege einerseits als geplantes Kalkül und andererseits als Paranoia bezeichnet werden. Dies ist vergleichbar mit paranoisch-schizophrenen pseudo-logischen Systemen. Die Idee der Kriegsvermeidung durch atomare oder andere Hochrüstung oder den Aufbau eines Freund/Feind-Bildes ist als solche irrational, ähnlich einer Wahnidee. Alle folgenden Schritte sind logisch abgleitet und werden dann rational durchgeführt.

Es ist bekannt, daß in politisch einflußreicher und weisungsgebender Stellung zu sein nichts mit seelischer Gesundheit, Verantwortungsfähigkeit, Fürsorgepflicht, Friedensfähigkeit und Intelligenz zu tun haben braucht. Deswegen sollte man den herrschenden Politikern in aller Welt keineswegs ihren guten Willen bestreiten. Seit etwa 2 1/2 Jahrzehnten sind immer wieder von der modernen Psychiatrie Vorschläge gemacht worden, Politiker, bevor sie Macht erlangen, gründlich psychiatrisch und psychologisch durch verläßlich zusammengesetzte und nicht dogmatisch gebundene Gruppen von Fachleuten untersuchen zu lassen. Einer der Hauptvertreter dieser Richtung ist der amerikanisch-österreichische Psychiater und Aggressionsforscher FRIEDRICH HACKER (1971, 1973), der sowohl der USA wie der österreichischen Regierung beratend zur Seite stand. Es ist jedoch nicht zur Annahme eines derartigen Vorschlages gekommen; warum, mag man sich fragen.

Andererseits wissen wir, daß Hitler nach einem psychotischen Anfall, bei dem er vor Wut in den Teppich biß, da ihm die deutsche Industrie nicht die gewünschte Höhe an Wahlgeldern bereitstellen wollte, psychiatrisch untersucht wurde. Bereits damals, im Jahre 1932, wurde bei Hitler eine paranoisch-psychotische Persönlichkeitsstruktur festgestellt, die mit der damals gebräuchlichen Diagnose »paranoische Psychopathie« bezeichnet wurde. Obwohl diese psychiatrische Beurteilung vorlag, hatte sie wenig Wirkung auf die Öffentlichkeit, nicht einmal auf den damaligen Reichspräsidenten Generalfeldmarschall von Hindenburg und seine nähere Umgebung, wie Herrn von Papen, Oberst von Hindenburg, den Sohn des Marschalls, u.a.

Ein anderer Weg war, gruppendynamische Sitzungen bei den Vereinten Nationen durchzuführen, um zu einer Entspannung der Beziehungen von Verhandlungspartnern der Weltmächte beizutragen, wie mir BAHNE BAHNSON (USA) berichtete, was aber nur beim Versuch blieb.

Eine weitere Möglichkeit, verhärtete Verhandlungsfronten durch psychologische Maßnahmen aufzulösen, waren die bisher mit Erfolg gekrönten Unternehmungen von RITA ROGERS von der Universität von Kalifornien bei der Entspannung der Konflikte zwischen Ägypten und Israel, der Konflikt auf Zypern, Bangladesch und anderen Krisenherden. Die Grundtendenz dieser Methodik ist, beide Verhandlungspartner in ihrem Lebensmilieu zu besuchen, ihre Familien und Umgebung, Interessen, Hobbys, Gefühle und Vorstellungen kennenzulernen und diese dann jeweils dem Verhandlungspartner mitzuteilen, so daß er eine Vorstellung hat, welchem Menschen er begegnen wird. Mit anderen Worten handelt es sich hier um die Humanisierung einer ansonsten entfremdeten Verhandlungssituation. RITA ROGERS hat über ihre Friedensbemühungen über 100 Arbeiten veröffentlicht und auch auf unseren Kongressen gesprochen (ROGERS 1980, 1981, 1986). Ursprünglich hatte ich sie 1979 in Tbilisi in der UdSSR kennengelernt.

Auch meine Bemühungen, Politiker in gruppendynamische Selbsterfahrungsgruppen einzuladen, schlugen bis auf eine Ausnahme eines Mitgliedes des SPD-Bundesvorstandes fehl, obwohl ich ihnen deutlich machte, wie sehr Erkenntnis und Umgehen mit Gruppendynamik ihrer Arbeit, sowohl nach außen hin, wie auch innerhalb ihrer Partei oder innerhalb der von ihnen geleiteten Bundeskabinette oder anderer Gremien, von Nutzen sein könnte (vgl. AMMON 1976b).

Gerade bei der Verwirklichung einer friedfertigen und friedensfähigen Gesellschaft spielen die soziale Energie (AMMON 1979d, 1982b) und die Gruppendynamik aktueller Situationen eine weit größere Rolle als die psychologische Entwicklungsgeschichte von Einzelnen. Frieden ist ein dynamisches Konzept, was immer wieder neu verstanden, definiert und in Auseinandersetzungen errungen werden muß. Frieden kann nur durch Bereitschaft, Geist und Humanität zuerst im eigenen Gesellschaftsbereich errungen werden.

Es ist uns hier wichtig zu betonen, daß der innere Frieden eines Landes die beste Garantie für eine dem Frieden dienende Einstellung zu anderen Ländern und damit Grundlage des äußeren Friedens ist. Zum inneren Frieden gehören in erster Linie Verständnisbereitschaft, Toleranz und Interesse, die Lebensbedingungen aller Bürger kontinuierlich zu verbessern. Dazu gehören ferner Schaffung menschenfreundlicher Arbeitsplätze, menschenfreundliche und den Bedürfnissen dienende Behandlung von Kindern, Kranken, Alten und Sterbenden sowie ein freundliches Verhältnis gegenüber Minderheiten, gleich welcher Art im eigenen Lande, die Schaffung toleranter Gesetze und eines humanen Strafvollzuges.

Bei meiner Eröffnungsrede des Internationalen Symposiums über das Unbewußte in Tbilissi (1979) stellte ich die Fordrung an die Wissenschaft, daß sie dem Menschen dienende Konsequenzen haben müsse und somit auch der Völkerverständigung und dem Frieden zu dienen habe (AMMON 1982g). Von diesem Punkte an begann meine innige Freundschaft mit den dort anwesenden sowjetischen Wissenschaftlern.

Jeder weiß, daß alle Völker dieser Erde den Frieden wünschen. Deswegen sollten sich die Regierungen hüten, kollektive Angst durch psychologische Kriegsführung herzustellen und ein Freund/Feind-Denken, das oftmals der Ablenkung von nationalen Schwierigkeiten dient, zu entwickeln.

Zur Dynamik von Friedenserhaltung und -entwicklung gehören Gespräche, Kontakte, Beziehungen und Freundschaften und besonders Besuche der Länder, die von unverantwortlichen

Kräften als potentielle Bedroher und Feinde an die Wand gemalt werden. Man kann den Einfluß des Kennenlernens fremder Kulturen durch junge Menschen und besonders die Entwicklung von Freundschaften, wie z.B. von jungen Bundesbürgern und jungen Sowjets nicht hoch genug einschätzen. Ich halte das Geflecht von persönlichen Beziehungen von Menschen verschiedener Nationalität, Religion, Kultur und Gesellschaftssysteme für mehr dem Frieden dienlich als internationale Verhandlungen der Machthaber.

Der Frieden braucht eine breite Basis auf der Erde, die die unsrige ist. Nach der Vorstellung der Weltbewegung eines neuen Humanismus mit seinem ganzheitlichen Denken gehören die Erde und ihre Lebewesen als ein Teil des gesamten Kosmos zu einem neuen Begreifen von dem, was man »Gott« nennen kann. Jede Verletzung dieser Welt, selbst die Verletzung von Wäldern und der Stratosphäre bedeutet demnach eine Verletzung des Göttlichen. Auch haben wir eine Verantwortung für unsere Kinder und kommende Generationen von Menschen unserer Erde, diese nicht zu einem brodelnden Vulkan von atomaren und anderen Vernichtungswaffen werden zu lassen und Berge von Atommüll, zerstörte Wälder und Gewässer zu hinterlassen. Genauso friedensfeindlich ist eine unverantwortliche Wirtschaftspolitik, die die Länder dieser Erde für viele Generationen verschuldet, so daß wir heute auf Kosten unserer künftigen Kinder und Kindeskinder leben.

Die wahren Probleme unserer Zeit liegen nämlich nicht in einer sog. Kriegsgefahr, sondern darin, daß die Bevölkerung dieser Erde sich laufend vermehrt, und daß bei steigender Lebenserwartung die Versorgung der wachsenden Bevölkerung durch Nahrung, Wasser und Gesundheitsfürsorge ein bisher ungelöstes Problem ist, was auch nur durch gemeinsame Anstrengung aller Völker bewältigt werden kann. Als einem Mitglied der UNO- und WHO-Gremien für »population« und für »water and food supply for the world« liegen unserer Weltgesellschaft für Dynamische Psychiatrie WADP Berge von statistischem Material zu diesem Thema vor. Zu diesem Problem kommt

noch hinzu, daß durch die Umweltverschmutzung schon ein schleichender Suizid unserer Erde stattfindet.
Man fragt sich, warum wir in den Massenmedien so wenig über diese existentielle Problematik unserer Welt erfahren. Man wundert sich auch, wie wenig eindeutig, wie schwach und ambivalent die herrschenden Religionen zu diesem Problem Stellung beziehen.
Grundlage für die Erhaltung und Entwicklung des Friedens ist auch das Menschenbild eines nicht von Bösem und Schuld beladenen Menschen von Geburt an. Gefährlich ist die Theorie, daß der Mensch mit einem Zerstörungstrieb behaftet sei, und es deswegen immer wieder Kriege geben müsse. Dieser Mythos sollte in allen Kinderstuben, Schulen, Universitäten und politischen Gremien aufgegeben und durch ein freundliches Menschenbild ersetzt werden. Ich darf hier auf meine Forschung in dem Band »Gruppendynamik der Aggression« (AMMON 1970a) verweisen, in dem ich Aggressionsprozesse durch Umwelteinflüsse und Dynamiken von Sozialenergie und Gruppen untersucht habe. Ich habe Aggression unterteilt in destruktive, zerstörerische Aggression für den einzelnen und für andere, in schöpferische, konstruktive Aggression, die mein Freund Prof. ROTENBERG mit seiner Lehre der Suchaktivität (search activity) gleichsetzte, sowie eine defizitäre Aggression (bei ROTENBERG ›renunciation of search activity‹) des apathischen Aufgebens von Tätigsein und die damit verbundene Richtung von destruktiver Aggression gegen den eigenen Körper, die dann zu schweren körperlichen Erkrankungen führen kann (vgl. ROTENBERG 1982a, 1982b).
Die konstruktive, schöpferische Aggression des Schaffens und Tätigseins ist in ihrer dem Frieden dienenden Wirkung nicht zu unterschätzen. Erst kürzlich hat ROTENBERG in der internationalen Zeitschrift »Neue Zeit« die sowjetische Kreativitätsforschung im Zusammenhang mit unseren Forschungen dargestellt (ROTENBERG 1983).
Ich möchte auch auf den besonderen Zusammenhang von Angst und Aggression hinweisen, den ich schon oft beschrie-

ben habe (vgl. AMMON 1970a, 1979d, 1982g). Konstruktive Aggression im Sinne von Auseinandersetzungsfähigkeit, Aktivität und Handlungsbereitschaft geht einher mit dem Vermögen, Angst zu haben und auszuhalten. Die Angst macht den Menschen zum Menschen. Wer heute keine Angst vor dem Atomkrieg, aber auch vor der schleichenden Zerstörung der Welt hat, dem fehlt eine wesentliche menschliche Qualität. Basierend auf jahrzehntelangen Erfahrungen mit psychisch kranken Menschen ist diese defizitäre Angst eine pathologische Deformation der Ich-Struktur und immer verbunden mit Selbst- und Fremdgefährdung, also zerstörerischer destruktiver Aggression. Diese Psychodynamik ist nicht nur psychisch kranken Menschen vorbehalten — die nämlich im Gegenteil Menschen sind, die sehr viel Angst haben, mehr als ein Mensch oftmals ertragen kann. Die defizitäre Angst ist vielmehr ein Merkmal großer Teile der »gesunden« Bevölkerung, wobei hier der Gesundheitsbegriff ein statistischer ist. Angst zu haben gilt allgemein als Schwäche, als nicht-öffentliche Problematik des einzelnen. In welchen der vielen Gruppen, in der sich ein Mensch in Ausbildung, Arbeit oder Familie befindet, wird über Angst offen und echt gesprochen? Diese Abwehr der Angst treibt letztlich Menschen in die psychische Krankheit. Dies ist dann der Fall, wenn Menschen, die real bedrohlichen und angstauslösenden Situationen ausgesetzt sind, die wiederum oft subtil und unbewußt wirken, nicht über ihre Ängste sprechen dürfen. Die Angst vor psychisch Kranken und deren Abschiebung und Isolation ist die Angst vor deren Angst. Wenn die Friedensbewegung Losungen propagiert wie »Fürchtet Euch« und »Habt Angst«, so zeugt dies von menschlichem Verständnis.

Zur Friedensfähigkeit gehört auch ein Umgehen mit Erotik und Sexualität des Menschen und seiner gegebenen androgynen, d.h. zweigeschlechtlich psychischen und geistigen, aber auch in gewisser Hinsicht körperlichen Struktur. Je mehr der offene Übergang zwischen den der Phantasie und dem Schöpferischen dienenden ganzheitlichen Hirnstrukturen mit dem praktischen Verhaltens- und Fertigkeits-Ich des Menschen durch

Erziehung gewährleistet ist, desto mehr lernt der Mensch seine Ich-Grenzen zu regulieren und menschliche Befriedigung in Erotik und Zuwendung zu anderen Menschen und sich selbst zu finden, und um so toleranter und friedfertiger wird er sein und auch die Gesellschaft, die ihre Kinder in diesem androgynen Sinne ohne rollenfixierende und spezifische Leistung fordernde Erziehung aufwachsen läßt. Ich habe zu diesem Thema ausführlich auf unserem Weltkongreß in München im Dezember 1983 gesprochen und dabei auch die Vorschläge der amerikanischen Androgynitätforscher erwähnt, die fordern, Kinder möglichst androgyn aufwachsen zu lassen und habe die Vision einer androgynen friedfertigen und klassenlosen Gesellschaft vertreten (vgl. AMMON 1984b).

In gewissem Sinne haben FREUD und seine Nachfolger den Zusammenhang zwischen Aggression und Sexualität sowie die Zweigeschlechtlichkeit des Menschen erwähnt, wobei sie allerdings ein unverständliches Theoriegebäude von Neutralisierung von Trieben, Entstehung von Angst und Aggression durch sog. Verdrängung von Sexualität beschrieben. Heute können wir ganz einfach sagen, daß der seiner Sexualstruktur gemäß sich erotisch und kreativ in die Welt entwerfende Mensch grundsätzlich friedensfähig ist, da er höhere Befriedigung hat als Macht und Besitz ihm geben können.

Folgerichtig können wir sagen, daß echter und glaubwürdiger Frieden nur geschaffen werden kann ohne Waffen und daß die von Prof. EBERT (FU Berlin) vertretene Konzeption des gewaltlosen Widerstandes und zivilen Ungehorsams bei Einmarsch fremder Streitmächte der Erhaltung des Lebens dient (die Solidarität von Regierung und Bevölkerung des besetzten Landes vorausgesetzt). Die Auslösung eines atomaren Krieges dagegen würde zu einem Euroshima führen.

DANIEL ELLSBERG, der ehemalige Präsidentenberater und Atomkriegsexperte des US-Verteidigungsministeriums, der heute eindringlich vor den Folgen der Stationierung der amerikanischen Mittelstreckenraketen warnt, beschreibt (1981) unsere Lage als zukünftige politische Geisel: »Die USamerikanische Regierung ist zu einem begrenzten Nuklear-Krieg entschlossen. Um sich Rohstoffe und Weltmärkte zu sichern, ist sie nunmehr bereit, kleine, sog. taktische Atomwaffen, z.B. die Neutronenbombe gegen Befreiungsbewegungen und Länder der Dritten Welt einzusetzen, die keine Atomwaffen besitzen. Die Sowjetunion soll von einem Gegenschlag mit eigenen Atomwaffen abgeschreckt werden: durch die in Europa aufgestellten Pershing II und Cruise Missiles. Sollte sich die Sowjetunion davon nicht abschrecken lassen, würde sie durch die von West-Europa ausgestatteten Mittelstreckenraketen so hart angeschlagen, daß sie nur noch zu einem Gegenschlag auf West-Europa fähig wäre. Der Nuklear-Krieg bliebe auf Europa begrenzt. Die UdSSR wäre schwer verwundet, Europa eine verseuchte Wüste mit Millionen Toten, die USA aber blieben verschont.«

Frieden und Aggression sind zu einer Frage des (Über-)Lebens geworden. Ich habe versucht deutlich zu machen, daß Friedensfähigkeit und Frieden schaffen kontinuierliche Prozesse sind, mit denen behutsam umgegangen werden muß; ähnlich wie mit der Aggression, bei der die von uns und ROTENBERG beschriebenen Aggressionsmöglichkeiten des Menschen von einer von Menschlichkeit und Fürsorge abgespaltenen und rational kalkulierten Kriegsorganisation grundsätzlich zu unterscheiden sind. Gegen diese Gefahr des Planes Euroshima und der Entmündigung europäischer Regierungen, sind gewaltloser Widerstand im Geiste von GANDHI und ziviler Ungehorsam im Rahmen geltender Gesetze mindestens ebenso geboten wie der Widerstand gegen die damalige Reichsregierung der Nationalsozialisten im Zweiten Weltkrieg.

In der Frage der Aufstellung von neuen atomaren Waffen in West und Ost, in der Bundestags-Debatte um die Aufstellung der Pershing II und SS 20 und dem erwarteten Abstimmungsergebnis hat die Friedensbewegung dennoch moralisch gesiegt und den Kampf um den inneren und äußeren Frieden begonnen, denn es geht um mehr als um einzelne konkrete Maßnahmen. Noch nie in der Weltgeschichte haben so viele Millionen

Menschen in Europa und Amerika in einer gemeinsamen geistigen Haltung für den Frieden demonstriert und sich organisiert und erfreulicherweise auch grenzüberschreitend international verbunden. Nach dem Abstimmungsergebnis wurde von einer Niederlage der Friedensbewegung gesprochen, die geringe Beteiligung etwa an den Straßensperren in Mutlangen schien auf Resignation hinzuweisen.

Von der Gefahr der Resignation sind aber nur Menschen bedroht, die Mitläufer sind, keine wirkliche Identität und Standpunkt haben und aus der Flucht vor Identität den »starken Mann« wählen, der omnipotent sein soll. Diese Dynamik des Faschismus hat ERICH FROMM in seinem Buch »Die Furcht vor der Freiheit« (1966) beschrieben. Diese Furcht und Flucht vor Identität kennzeichnet große Teile unserer Gesellschaft, die ich schon an anderer Stelle als Borderline-Gesellschaft beschrieben habe. Kennzeichen dieser Borderline-Erkrankung ist das Fehlen von Identität, Kontakt- und Auseinandersetzungsfähigkeit wie auch die Abgespaltenheit der Gefühle (AMMON 1976b). So hatten in der Bundestagsdebatte zur Stationierung der Pershing II Gefühle keinen Platz und wurden als Hysterie abgetan. Heute, wo uns durch eine verhältnismäßig freie und demokratische Gesellschaftsordnung die Möglichkeit gegeben ist, frei zu denken, frei zu reden und zu schreiben, wird jeder Mensch ein aggressiver Verräter am Leben, der sich nicht mit aller Kraft wendet gegen das Sterben von Menschen an Hunger, Durst und Seuchen. Diese Menschen könnten durch den Abbau von Rüstungsgeldern am Leben erhalten werden. Denken wir nur an die über 90 Milliarden DM, die die Bundesrepublik jährlich für Rüstungs- und Schutzmachtgelder ausgeben muß, während im sozialen Bereich, insbesondere in der Versorgung von Kindern, Alten und psychisch Kranken, von »öffentlicher Armut« die Rede ist.

An diesem Punkt ist auch zu verdeutlichen, daß jeder Einzelne im gesellschaftlichen Kampf für den Frieden und gegen destruktive Aggression Möglichkeiten hat, sich einzusetzen, beispielsweise innerhalb der Friedensbewegung eines Landes. Eine andere Aufgabe ist es, daß jeder Mensch seine persönliche Friedensfähigkeit stärkt durch Kreativierung und Erotisierung seiner ihm gegebenen Lebenszeit.

Destruktion heißt geistige Schwäche. Für den Frieden sein, heißt geistige Stärke. Geist, Liebe und Gewaltlosigkeit haben in der Menschheitsgeschichte immer den Sieg davongetragen über Macht und Gewalt der Herrschenden.

# Schlußbetrachtung zum Paradigmenwechsel einer Wissenschaft

Wenn wir am Schluß dieses Buches einmal darüber nachdenken, daß hier vom Standpunkt der Wissenschaft von Psychiatrie und Psychotherapie ein Streifzug von Matriarchat und Androgynität über anthropologische Feldforschung bis hin zu menschlichen Dimensionen von Körper, Identität, Sozialenergie, Eifersucht, Kreativität, Träumen sowie Arbeit, Zeiterleben und Sterben, Religiosität, Frieden und Aggression stattgefunden hat, aus einer integrierenden ganzheitlichen Sicht mit dem Schwerpunkt konkreter Anwendung für den Menschen, so mag dem Leser das neue Bewußtsein und damit der Paradigmenwechsel einer Wissenschaft deutlich werden.
Nicht mehr die abweichenden Merkmale biologischer, verhaltensmäßiger oder fühlender Wesensmerkmale des Menschen stehen im Mittelpunkt von Verstehen und Heilen, sondern die Untersuchung: Wie steht der Mensch zu seinen männlich-weiblichen Bedürfnissen, zu seinem Körper, zu seinen schöpferischen Bedürfnissen, zu Eifersucht, Arbeit, Zeiterleben und seinem Tod, und wie steht er zu transzendentalen und religiösen Bedürfnissen, wie steht er zu seinem inneren Frieden und konstruktiver Aggression. Das neue Bewußtsein einer ganzheitlichen Schau sei hier aufgezeigt: statt Beschäftigung mit nur den kranken Anteilen des Menschen wird wichtiger die Entdeckung und Entwicklung kreativer und gesunder Persönlichkeitsanteile und ein therapeutisches Bündnis mit diesen; statt der Behandlung von Krankheit die Behandlung des krank gewordenen Menschen; statt des Schwerpunktes medizinisch-medikamentöser Behandlung der Schwerpunkt auf psychotherapeutische Methoden; statt eines Eklektizismus von therapeutischen Maß-

nahmen die Integration therapeutischer Methoden; statt Konkretismus Metaphorik; statt kausalem Denken sinnhaftes Denken; statt Reduktionismus Ganzheitlichkeit.

Das neue Bewußtsein sieht den Menschen in Entwicklung mit einem zu entdeckenden schöpferischen, menschlichen und biologischen Potential, mit dem sich der heilende Therapeut verstehend verbünden kann. Der Heilende wird aus der Geschichte alter Zeiten und anderer Kulturen lernen können, und er wird gesellschaftliche Prozesse historischer und aktueller Art, in denen er selber teilnehmend steht, nie aus dem Auge lassen können.

Bedeutsam für eine Wissenschaft vom Menschen, die sich mit menschlicher Entwicklung und mit psychischen und körperlichen Leiden befaßt, ist dabei die hierin liegende Herausforderung zu Gedanken, die vorher noch nicht gedacht worden sind, und dazu, neue Erfahrungen anzunehmen und sich ihnen zu öffnen. Ich denke hierbei z.B. an die unbegrenzten Möglichkeiten von Erfahrungen durch Meditation und die Entdeckungen durch den humanstrukturellen Tanz.

Psychisches und körperliches Leiden geht immer mit einer Zerstörung, Beeinträchtigung oder Hemmung menschlicher Möglichkeiten und psychischen Wachstums einher. Von daher muß in einer durch Behandlung und für Behandlung fortschreitenden Wissenschaft neu gedacht, neu entwickelt und Neues getan werden dürfen. Der Rahmen, in dem dies geschieht, kann nicht mehr allein die Wissenschaftsabteilung einer Psychiatrie, einer Psychologie oder eines Lehrstuhls für Psychoanalyse oder Psychosomatik sein.

Die Konzeption der Sozialenergie und das Modell von Humanstrukturen in ihrer Verbindung mit moderner neurophysiologischer Forschung stellen einen Grundpfeiler integrativer Forschung dar und können den Rahmen bilden für weitere Forschungen in dieser Hinsicht. Es wird hierdurch der Versuch unternommen, psychische Energie, psychische Struktur, somatische Gegebenheiten, geistige und spirituelle Bedürfnisse, Individuum und Umwelt, Bewußtes und Nichtbewußtes unmittelbar ganzheitlich zu erfassen und auch empirisch erforschen zu können.

Sozialenergie, Humanstruktur, die Konzeption des Unbewußten und seine Entwicklung, die Identität, die Gruppe und der menschliche Körper stellen mit den geistig-spirituellen Bedürfnissen des Menschen jeweils Felder einer ganzheitlichen Betrachtungsweise dar. Aufgrund dieser Betrachtungsweisen integrieren wir in die Konzeption der humanistischen Dynamischen Psychiatrie die vielfältigen Perspektiven und Dimensionen des Wesens »Mensch«.

An dieser Stelle möchte ich die grundlegenden Elemente, die die Dynamische Psychiatrie zu einem integrativen Modell machen, kurz darstellen:

a) Voran steht das Menschenbild. Es ist ein ganzheitliches Menschenbild, das den Menschen als primär gruppendynamisch bestimmtes individuelles Wesen mit einem Bedürfnis nach Identität und Selbstverwirklichung auffaßt, und verbunden ist mit einem Wissenschaftsverständnis, das Wissenschaft als Dienst am Menschen begreift.

b) Auf der Ebene der Theoriebildung sind es die integrativen Momente innerhalb der Humanstrukturologie: das Humanstrukturmodell verbunden mit dem Persönlichkeitsprofil als humanstruktureller Ausdruck im Hier und Jetzt, das Entwicklungsmodell, die Lehre von der Sozialenergie, die Spektraltheorie, sowie das dynamische Denken verbunden mit dem gruppendynamischen Prinzip.

c) Hinsichtlich einer Therapie-Theorie ist das gleitende Behandlungsspektrum als integrativ anzusehen sowie die fortwährende Veränderung der Theorie durch die Behandlungspraxis und das beiden zugrundeliegende Spektrum der Krankheitsbilder.

d) Auf der Ebene der direkten therapeutischen Intervention sehe ich die prozeßhafte Veränderung von Diagnose und Behandlungsstrategie ebenso wie das gruppendynamische Prinzip in der Supervisionsarbeit als integrativ. Hierzu gehört auch das Therapieziel der Identität, auf dem das thera-

peutische Arbeitsbündnis zwischen dem Leidenden und dem Therapeuten beruht und das seine Haltung dem Patienten gegenüber bestimmt.
e) Dynamische Psychiatrie wird auch immer Erkenntnisse anderer Wissenschaftsdisziplinen mit einbeziehen. Psychiatrie, Psychoanalyse, akademische Psychologie, Neurophysiologie, gruppendynamische und psychosomatische Forschungen, Philosophie, Pädagogik, Soziologie und Rechtswissenschaften sind hier zu nennen. Diese Wissenschaftsdisziplinen werden ihrerseits sich durch unsere Arbeit bereichern können.
f) Das hauptsächliche integrative Prinzip unserer Wissenschaft liegt darin, daß im Mittelpunkt der Mensch steht, der wesensgemäß Teil wie auch Diener der Gruppe ist und den die Gruppe auch fördert und heilt.

Unsere Wissenschaft, die im Zuge ihres Bewußtseinswandels auch neue Formen von Lehre, Forschung, Zusammenleben und Organisationsstrukturen schaffen mußte, mußte sich von Anfang an schwersten Angriffen, bis hin zu Verfolgungen in jüngster Zeit aussetzen. Umso beglückender und überraschender war die Erkenntnis der letzten Zeit, daß wir nicht alleine waren, sondern daß in anderen Wissenschaften und kulturellen Gruppen sich ein ähnlicher Bewußtseinswandel vollzogen hatte und daß manche in diesem Bewußtseinswandel weitreichender und radikaler waren, wie die Astrophysiker Kaliforniens oder Vertreter von Philosophie, Religionen und Mysterienbünden.

So hat sich in der ganzen Welt eine große Strömung evolutionärer Art, eine Zeit der Wende und des neuen Aufbruchs in Bewegung gesetzt, wovon wir nur ein kleiner Teil sind. Auch die Dimension religiöser Bedürfnisse und transzendentalen Erlebens für den Menschen über seine Privatheit hinaus zum Transpersonalen hat an Bedeutung für unsere Wissenschaft gewonnen.

Abschließend möchte ich die Grundessentials einer Wissenschaft des New Age zusammenfassen:
1. Ein klar definiertes Menschenbild
2. Entwicklungskonzept und prozeßhaftes Denken

3. Menschsein als Ganzheit in den verschiedensten integrierten Dimensionen
4. Integration und Synergismus mit und zwischen verschiedenen Wissenschaftsdisziplinen
5. Eine Konzeption von Wissenschaftstheorie und Behandlungsmethodik
6. Konzeption und Theorie von Ausbildung, Supervision und Qualifikation
7. Persönlichkeitsanforderungen an den heilenden Therapeuten wie Zuverlässigkeit, Fürsorgefähigkeit, Kontakt- und Beziehungsfähigkeit, d.h. die Fähigkeit, andere Menschen tragen zu können, auch für längere Zeiträume, Fähigkeit zu Verspieltheit, Humor, Kritikfähigkeit, Lernfähigkeit, Freiheit von gesellschaftlichen Klischeevorstellungen, Offenheit für Unerwartetes und Interesse am Menschen
8. Effizienzforschung im Hinblick auf die therapeutischen Erfolge und Mißerfolge
9. Erforschung gruppendynamischer Gruppen und gruppendynamischer sozialenergetischer Felder im Leben von Menschen und im therapeutischen Bereich
10. Eine Wissenschaft vom Menschen darf kein geschlossenes System darstellen, weil sie sonst die Kriterien der Gesundung bzw. des Persönlichkeitswachstums ausschließt, um die es ja in jeder Psychotherapie, in jedem Kontakt von Therapeut und Patient geht.
11. Hauptaufgabe aller Wissenschaft muß sein, dem Menschen und damit dem Frieden und der Verständigung der Völker der Erde zu dienen.

# Nachwort

Nach längerer Ankündigung kommt nun dieser Band zur Frankfurter Buchmesse 1986 heraus.

In dem sommerlichen Frieden von Paestum konnte ich nach einigen Bedenken dieses Buch zusammenstellen, in einer längeren Atempause von brutalen Angriffen einer eiskalten Vernichtungsstrategie, jenseits von Anständigkeit und Recht.

Die von mir erwähnten Bedenken kamen daher, daß ich es vorgezogen hätte, die vorliegenden Texte als Grundlage zu einem umfangreichen Werk zu benutzen, statt sie in dieser Form zu veröffentlichen. Da die Texte jedoch in einem innigen Bezug zueinander stehen und auch dem Leser theoretische und praktische Entwicklungen eines größeren Zeitraumes vermitteln, fiel meine letzte Entscheidung für die hier vorgelegte Lösung. Der Leser möge hierbei zum Insider werden und vielleicht auch angeregt zum Denken über gegebene Vorstellungen hinaus.

Dankbar bin ich den Freunden der kleinen Paestumer Sommergruppe am Vorabend der 66. Gruppendynamischen Klausurtagung zum Thema: »Körper, Geist und Seele«, die meine Arbeit unterstützten. Ich danke in erster Linie meiner lieben Gefährtin und Mitarbeiterin Frau *Maria Berger* für die Durchsicht des Manuskriptes und ihre hilfreichen Ratschläge, Frau *Margit Schmolke* für die technische Bewältigung des Apparates und Frau *Petra Hieber* für das unermüdliche Tippen des Manuskriptes. Herrn *Helmut Volger* gebührt der Dank für seine bewährte Erstellung des Namens- und Sachindex.

Mit diesem Band erscheint seit langer Zeit wieder ein Buch von mir, wenn man von der Herausgabe der Bände des Handbuches der Dynamischen Psychiatrie beim Ernst Reinhardt-Verlag absieht. Die Zeit war jedoch ausgefüllt mit der Entwicklung der Theorie und Praxis von Sozialenergie, Humanstrukturologie, Androgynität, der Integration von Ergebnissen der Hirnforschung mit dem Human-Struktur-Konzept, der Aufbau der Klinik Menterschwaige und der Weltgesellschaft, sowie großen Reisen durch Indien und Nepal, nach Israel und in die Sowjetunion, nach Ägypten, Marokko und in die Türkei, nach Frankreich, in die Schweiz und nach Italien, das fast meine zweite Heimat ist. Auch das alte Berliner Mutter-Institut wurde weiter ausgebaut zusammen mit der Weiterentwicklung des humanstrukturellen Tanzes, der ursprünglich in der Münchener Klinik entstanden war.

Dem Buch gebe ich alle meine guten Wünsche mit auf den Weg, möge es freundlich empfangen werden in einer Welt von Aufbruch und Neubestimmung.

# Humanstruktureller Tanz – Heilkunst und Selbsterfahrung

In dem von mir entwickelten Humanstrukturellen Tanz steht im Mittelpunkt die Sprache des Körpers – Erzählungen von der Geschichte und Gegenwart des Tänzers –, zusammen mit seiner Körperlandschaft, mit seinen Verwundungen, Schönheiten, seiner Androgynität oder auch starren Fixierung. Der Einzelne steht in der Mitte der Gruppe, zu der sein Körper spricht und in seinen Bewegungsmöglichkeiten, seiner Bewegungssprache Überraschungen gibt, Überraschungen für den Tänzer selbst wie auch für die ihn umgebende Gruppe: Einschränkung und Weite, fließender Phantasiereichtum oder verschlossene Starre teilen sich mit. Selbstgewählte Musik und Kleidung und absolute Freiwilligkeit und Freiheit sind Grundzüge unserer Tanzarbeit, bei der ich folgende Formen unterscheide: Therapie, Selbsterfahrung, Kunst und Kult. Unterschiedlichkeiten und Gemeinsamkeiten werden hierbei herausgearbeitet wie auch gleitende Übergänge in dem ganzheitlichen Geschehen des Tanzes, der die Grundstrukturen menschlicher Psyche, Körperlichkeit und Geistigkeit miteinander verbindet. Zu Beginn steht ein kurzer Abriß über die Kulturgeschichte des Tanzes mit seinen ursprünglich im religiösen Erleben wurzelnden Gesetzen aus Zeiten, wo Kult, Mysterium, Heilung und Gesellschaft eine Einheit bildeten und für den Menschen und seine Bedürfnisse unerhört wichtig waren. Besondere Beachtung findet die Entdeckung des Ausdruckstanzes von LABAN und MARY WIGMAN und die seit 1940 in den USA darauf beruhende Entwicklung moderner wissenschaftlicher Tanztherapie durch die American Dance Therapy Association (ADTA).
Ich beschreibe zwei Wurzeln meiner Arbeit: mein lebenslanges Ringen um die Phänomene Schizophrenie und Borderline-Syndrom und sowie meine lebenslange autodidaktische Beschäftigung mit Tanz und die am eigenen Leib erfahrene – oft lebensrettende – heilende Wirkung von oft stundenlangen Tänzen, allein oder im Krei-

se von Freunden, wie aber auch eine kurze Periode von Bühnentanz zur Finanzierung meines Studiums.
Der Leser wird in dieser Arbeit direkt in die Werkstatt des Humanstrukturellen Tanzes eingeführt, so daß er die Tanzarbeit lebendig miterlebt.

Der Humanstrukturelle Tanz ist Körper- und Bewegungssprache, Energieentwickler und -vermittler bei der zuschauenden und teilhabenden Gruppe, ist die zentrale Kraft eines sozialenergetischen ung gruppendynamischen Feldes. Tanz bedeutet totale Hingabe zu sich selbst, zur Gruppe und zur Transzendenz. Beim Humanstrukturellen Tanz könnte man meinen, daß die Körper sich äußern und lenken, sich verjüngen und altern und Affekte und Effekte hervorbringen. Als Körpersprache entwickeln hier die Körper vergangene, gegenwärtige und zukünftige Geschichte. Die Körper erzählen und geben gewissermaßen Erklärungen ab. Ich verstehe den Humanstrukturellen Tanz als eine Sprache von Mimik und Körperlandschaft und auch als eine Sprache der Bewegung und der Symbolik von Gestik. Der Humanstrukturelle Tanz geschieht in den Dimensionen von Raum und Zeit.
Seit Urzeiten war der Tanz der Schnittpunkt der Dimensionen von Kult und Heilung. Denken wir nur an die vielen in steinzeitlichen Höhlen dargestellten Tänze um große Muttergottheiten, die dem Fruchtbarkeitsritual dienten, wie ich sie in Aserbeidschan bei Baku am Kaspischen Meer studieren konnte. Während ursprünglich – zum Beispiel durch den Labyrinthtanz – die erst später Architektur gewordene Symbolik aller Mysterien, von Tod und Wiedergeburt, totaler Hingabe und strahlender Sich-Selbst-Findung getanzt wurde, wurde der Tanz dann in viel später entstandene layrinthartige Tempel, wie zum Beispiel in der minoischen Kultur von Kreta, verlegt. (WOSIEN 1986, KERN 1983, KOCH 1984).
Bei einer Aufführung haben alle Mitglieder der Deutschen Akademie für Psychoanalyse im Amphitheater unseres Tagungszentrums Paestum den Labyrinthtanz aufgeführt – als Gruppen- und Reigentanz mit einem breiten, roten Band, das das Labyrinth darstellte. Die Tänzer trugen dabei archaische Masken und auch Körperbemalung.

Grundelemente des Tanzes sind Ganzheitlichkeit, Energie, Entwicklung, Gruppe, Symbolik und Überwindung von Angst, Krankheit, Verzeiflung und Tod. Ganzheitlich bedeutet: Freiheit von dem lebens- und menschenfeindlichen Dualismus, der durch chronische schädliche und falsche Einstellungen Leben und kreative Energie des Menschen bis hin zu einem toten, ungelebten Leben einengt.

Erst sehr spät in der Geschichte der Menschheit wurde durch die Einführung dualistischer Religionen der Tanz aus den Tempeln verbannt, zusammen mit Körperlichkeit und naturgegebener Erotik. Während ursprünglich im Tanz das Göttliche mit dem Dämonischen verwoben war und das Göttliche durch den tanzenden Menschen sprach, trat nun die Spaltung zwischen Gott und Teufel ein. Der Mensch wurde ein Zerrissener zwischen den Dualismen Gott – gut und Teufel – böse, und die Heilkunst wurde zunehmend Spezialisten überlassen.

Als einer der letzten großen Heiler und Weisheitslehrer, der auch Meditation und Tanz zur erziehenden Entwicklung und Heilung einsetzte, ist PYTHAGORAS anzusehen, von dem viele seiner Zeitgenossen sagten, er sei ein Sohn Apollos, während andere ihn und seine Schüler blutig verfolgten (HESEMANN 1987).

Bemerkenswert ist, daß PYTHAGORAS seine Frau zu seiner Nachfolgerin bestimmt hat, während er sonst einer patriarchalischen Einstellung wegen der Trennung der Geschlechter bei gymnastischen Übungen verdächtigt wird.

Wie allgemein bekannt, entwickelte sich der Tanz in den letzten Jahrhunderten zu einem Kunsttanz, besonders in Europa an den Fürstenhöfen, während der Tanz bei den Naturvölkern seinen religiösen und heilenden Sinn bis in die heutige Zeit behielt. Ich denke da ganz besonders an die Kungs am Rande der Kalahari-Wüste, aber auch an viele andere verwandte Kulturen und besonders auch an den Heiltanz der Sufis (GÜVENC 1986).

Erstaunlich ist, daß in Europa und Amerkia der Tanz sich erst zu Beginn dieses Jahrhunderts aus dem Prokustesbett klassischer Ballett-Choreographie befreit hat zu einem Tanz nach klassischer Musik der ISADORA DUNCAN (1878-1927; 1903) und dem Ausdrucktanz von LABAN mit seiner pädagogischen Bewegungschoreographie, dem Ausdruckstanz der MARY WIGMAN – mit vorgegebenen Themen wie Trauer, Tod, Opfer, Hexentanz und choreographisch festgelegten Aufführungen – und ihren Schülern GRET PALUCCA und HARALD KREUZBERG u.a., wie aber auch dem grenzüberschreitenden Grotesktanz von VALESKA GERT (GERT 1950; PETER 1985), der Antagonistin von MARY WIGMAN.

Auf der Grundlage dieser Kulturrevolutionen des Tanzes, die einherging mit revolutionärer Entwicklung in Malerei, Architektur, Musik und gesamtgesellschaftlichen Entwicklungen, entstand dann, besonders in den USA, der modern oder auch basic dance.

Als der eigentliche Schöpfer des modernen Ausdrucktanzes gilt RUDOLF LABAN VON VARALYA (1879–1958). Für ihn war Tanz der vollkommenste Ausdruck eines einheitlichen Erlebens der Welt sowie der eigenen Persönlichkeit: »Ich aber fand, daß, was man geistige Einheitlichkeit, Menschlichkeit, wirklich allseitige Lebensbejahung oder ähnlich nennt, niemals durch den Denker oder den Träumer oder den Gewaltmenschen erreicht und dargestellt wurde, sondern einzig durche jene, die ihr Erleben und Handeln aus dem die ganze Welt erfüllenden Tanz der leiblich-seelich-geistigen Erscheinungen schöpften. Ich sah auch, daß die Kunst des Tanzes der einzige reine Vollausdruck dieses Erlebens sein kann (. . .) Tanz ist alle Kultur, alle Gesellschaftlichkeit,« (zitiert nach MÜLLER 1986).

Dabei war ihm die minutiöse Analyse der Körperbewegungen und ihres Ausdruckgehaltes wichtig. In seinem »Studio Art of Movement« in Manchester entwickelte LABAN seine Tanzschrift mit den Kategorien Kraft, Zeit und Raum mit ihren Entsprechungen Bewegung, Rhythmus und Richtung. Eine bis ins Einzelne ausgearbeitete Theorie und Technik der Energie- und Ausdrucksqualitäten tänzerischer Bewegung findet sich in seinem Buch »The Mastery of Movement« (LABAN 1980).

Seine bedeutendste Schülerin war MARY WIGMAN (1886-1973), deren Name am engsten mit der deutschen Ausdruckstanzbewegung verbunden ist. Ihre expressionistischen Solo-Gruppentänze wurde in der Regel nur mit Schlagzeugbegleitung und Betonung der rhythmischen Bewegungsabläufe des Tanzenden gestaltet. Sie wurde zur Protagonistin der Befreiung der vom klassischen Ballett gegebenen Entfremdung des Tänzers zu einer Art gedrillter Marionette mit festgelegter Choreographie: »Der tanzende Mensch ward sich der strömenden Kraft seiner naturgegebenen Bewegungen wieder bewußt, und die rhythmische Sprache seiner Gebärden empfing Sinn und Bedeutung durch ihre Verankerung im lebendigen menschlichen Sein.« (WIGMAN 1936)

In einen späteren Werk schreibt sie:

»Und wenn auch die tänzerische Aussage selbst – in der Einmaligkeit ihrer Form gewordenen Erscheinung – sich nicht in das gesprochene oder geschrieben Wort bannen lassen will – weil sie dieses Wort nicht bedarf! –, so läßt sich doch wohl einiges über jene tiefe und reinste Beglückung mitteilen, die der Mensch empfängt, wenn er sich in den Augenblicken eines voll strömenden Lebensgefühls seine Erlebnisbezirke erschließt und erschafft.« (WIGMAN 1986)

Ihre »Sprache des Tanzes« ist die Sprache von Bewegungsabläufen, ähnlich der Konzeption von LABAN. Auf die Frage, warum sie Tänzerin geworden sei, antwortete MARY WIGMAN einmal: »Weil der Tanz in seinem Ursprung lebendiges Leben ist und in seinen gleichnishaften Spiegelungen von diesem Leben kündet. Dazu wollte ich mich bekennen, mit allen Fasern meines Wesens.« (zitiert nach MÜLLER 1986)

Für die Entwicklung der amerikanischen Tanztherapie wurde die Norwegerin LILJAN ESPENAK, die Dresdner Schülerin und Assistentin MARY WIGMANS aus den Zwanziger Jahren, von Bedeutung. Sie war gleichzeitig eine Schülerin von ALFRED ADLER, trat als Tanzsolistin auf und ist heute noch gleichzeitig als Adlerianerin psychotherapeutisch in New York tätig (ESPENAK 1981). Anläßlich der MARY-WIGMAN-Ausstellung in der West-Berliner Akademie der Künste sagte sie auf einer Konferenz:

»Das war das Große an Marys Unterricht: wir konnten mit keiner Fälschung durchkommen, sie hat das alles immer durchschaut. Du wirst irgendwo hinkommen, wo es zu dir paßt, sagte sie zu mir, und ich habe diese ihre Methode in Amerika selbst weiter ausgebaut. Ich unterrichte an verschiedenen Universitäten.«

In den USA spricht man in diesem Zusammenhang von »Basic Dance« mit seinem spontanen Ausdruck, frei von Tanzstileinengung und Training, geprägt von Gefühl, Befindlichkeit, Vorstellungen, Wünschen und Bedürfnissen und der Kommunikation zu anderen. Hier wird der Tanz auch als eine Art Sprache aufgefaßt. Tänzerinnen wie TRUDI SCHOOP (SCHOOP 1981), LILJAN ESPENAK und PENNY BERNSTEIN (BERNSTEIN 1979; s. HERMELINK 1986) schufen dann die moderne Tanztherapie: sie taten sich mit tiefenpsychologischen Schulen zusammen, die sich besonders stark nach der Emigration zahlreicher ursprünglich kulturrevolutionärer Psychoanalytiker (JACOBY 1985) entwickelt hatten, und führten an den Kliniken Tanztherapie ein.

Der Berufsverband der amerikanischen Tanztherapeuten definiert nach ELKE WILLKE (1985) Thanztherapie folgendermaßen:

»Tanztherapie verwendet Tanz und Bewegung als psychotherapeutisches Medium in dem Prozeß, die psychische und physische Integration des Individuums zu fördern.«

ELKE WILKE versteht Tanz als eine jeweils persönliche Schöpfung des Individuums in ständiger Erneuerung und Veränderung in einem Fluß von stets veränderten Anordnungen von Kombinationen von Körper, Raum und Zeit, Energie und Rhythmus. CURT SACHS schreibt in »Eine Weltgeschichte des Tanzes«:

»Der Tanz ist die Mutter der Künste. . . Tanz lebt gleichzeitig in Raum und Zeit. Der Schöpfer und die Schöpfung, der Künstler und das Werk sind immer noch eins. Rhythmische Bewegungsmuster, plastischer Sinn für Raum . . . dies schafft der Mensch in seinem eigenen Körper, bevor er Materie, Stein und Worte benutzt, um seinen inneren Erfahrungen Ausdruck zu verleihen. . . Der Tanz hebt die Unterscheidung auf zwischen Körper und Geist, selbstvergessenem Ausdruck, Gefühlen und beherrschtem Verhalten, zwischen gesellschaftlichem Leben und Isolation.« (SACHS 1976)

Es ist diese mehrdimensionale und integrative Wirkung des Tanzes in der Körper, Seele und Geist ganzheitlich zusammenwirken, von der hier der Tanzhistoriker spricht, die den Tanz zum bedeutsamen therapeutischen Medium macht.

Bei allen Fortschritten der Tanztherapie war und ist allerdings einengend, daß die Tanztherapeuten selbst in der Regel keine Psychoanalytiker und Psychiater waren, sondern in Abhängigkeit von der Administration der Kliniken und ihrer Ärzte arbeiten mußten, die der Tanztherapie den Stellwert von Beschäftigungs-

therapie gaben, – und teilweise heute noch geben. Verdienstvoll und historisch ist jedoch, daß Tanztherapie überhaupt gemacht und entwickelt wurde und auch durch die American Dance Therapy Association (ADTA) mit ihren jährlichen Tagungen, ihrer Zeitschrift und einigen hundert wissenschaftlichen Arbeiten in den letzten 40 Jahren über die verschiedenen wissenschaftlichen Aspekte von tanztherapeutischer Methodik publiziert und diskutiert wurde.
Meine eigene Beschäftigung mit der Tanztherapie hat zwei große Wurzeln: erstens mein lebenslanges Ringen um die Phänomene Schizophrenie und Borderline-Syndrome und zweitens meine lebenslange autodidaktische Beschäftigung mit Tanz und seiner am eigenen Leibe erfahrenen – oft lebensrettenden – heilenden Wirkung von oft stundenlangen Tänzen, allein oder im Kreise von Freunden, wie aber auch durch eine kurze Periode von Bühnentanz zur Finanzierung meines Studiums.
Meine harten psychiatrischen und psychoanalytischen Lehrjahre in den USA von 1956 – 1965 bewegten sich um Schizophreniepsychotherapie, Gruppendynamik und Milieutherapie (AMMON 1959) und die Grenzzustände der Persönlichkeit.
Bei den Phänomenen Schizophrenie (AMMON 1957, 1969, 1971 c, 1972 b, d; 1973 b, 1975, 1979 c, 1980, 1986 g) und Borderline-Syndrome (AMMON 1973 a, 1976 c, 1979 h, 1984 d, 1985 b), um die ich mich immer bemühte – aus der Sicht von Verstehen-Wollen und Heilen-Wollen – traten für mich folgende Essentials in den Vordergrund:

1. die Grundstörung von Körper, Körpererleben, Körper-Ich und Körperbeziehung,
2. schwerste Kontakt- und Beziehungsstörungen zu sich selbst und zu anderen,
3. Desintegration von psychischem Erleben, Wollen und Denken,
4. Störung des Energiehaushaltes und seiner Regulation zwischen Verarmung und Destruktion,
5. Versagen der Sprache als Ausdrucksmittel und als Kommunikation,
6. fehlende Regulation der Abgrenzungsfähigkeit zur Welt des Unbewußten wie auch zur Umwelt.

Bei dem von mir beschriebenen sog. Borderline-Syndrom

(AMMON 1976) handelt es sich um Menschen, die ich als die »Unerreichten« (AMMON 1984 a) bezeichnet habe. In der Regel zeigen sie oft äußerlich brilliant angepaßtes Verhalten, aber selbst nach längeren Therapien sind sie im seelischen Bereich unintegrierte, verarmte und identitätslose, standpunktlose Menschen mit tiefster Verlassenheit. Sie stellen die weitaus größte Zahl aller unserer Patienten in der Klinik und in ambulanter Praxis dar, die oft trotz vielfältiger verbaler Therapieversuche »Unerreichte« bleiben, da ihnen in der Regel ihre Anpassungs-, Unterwerfungs- und Verführungsdynamik einen großen sekundären Krankheitsgewinn gibt, der sie über die Leere ihres tiefen Leidens hinwegtäuscht und damit auch die Motivation zu verbaler Therapie nimmt. Oftmals haben diese Patienten beim Humanstrukturellen Tanz erstmals das Erleben, sich selbst, andere und ihre eigene beglückende Existenz zu spüren. Die von mir beschriebene Identitätstherapie setzt hier am Körper-Ich, der frühesten Ich-Struktur des Menschen (AMMON 1985 b), an.

Für diese Menschen entwickelte ich die Humanstrukturelle Tanztherapie mit dem Ziel, ganzheitlich verschiedenste Persönlichkeitsstrukturen zu erreichen und zu entwickeln und dabei die Körpersprache als Bildsprache an die Stelle der verbalen Sprache und ihrer Logik zu setzen (AMMON 1986 a–e). Nachdem ich über einige Jahre hin wirkungslos konventionelle Tanztherapieformen – wie meditativen Tanz, Jazztanz, Folkloretanz usw. – eingesetzt hatte und die professionell eingesetzten »Tanztherapeuten« keinen psychologischen Zugang zu den Patienten finden konnten, blicke ich inzwischen auf eine Erfahrung von fünf Jahren mit Humanstruktureller Tanztherapie zurück.

Die Grundelemente des Humanstrukturellen Tanzes sind:

1. Das freiwillige und spontane Tanzen des Einzelnen in der Mitte der geschlossenen Tanzgruppe – mit selbstgewählter Musik oder ohne Musik oder nach Trommeln –, unter Leitung des Tanztherapeuten/in und des Co-Therapeuten/in. Die Patienten drücken sich nach der gewählten Musik tänzerisch aus, wobei ihnen die Bekleidung selbst überlassen ist. Manche Patienten tanzen im Straßenanzug, manche in Tanzdress, manche in Tüchern, d.h. je nach ihren Bedürfnissen. Im Vergleich zu den freien Tanzgrup-

pen der Institute, Klausurtagungen und Balintwochenenden unserer Akademie fällt es den Patienten der Klinik sehr schwer, sich unbekleidet zu zeigen wegen ihrer Störung im Körpererleben und Körper-Ich.

Hier wird die Tanztherapie auch zu einem Diagnostikum, da der Therapeut die Stärke der Einengung von Bewegungsmöglichkeit in Raum und Zeit beobachten kann, wie auch die Kontaktfähigkeit zur Musik, zur Gruppe und zu sich selbst. Aber auch die Fähigkeit zur Entspannung, zum Ausdruck von Emotionen und Katharsis sowie von Gestaltung und energetischer Kraft kommt zum Ausdruck. Wichtig ist auch die Beobachtung des Gesichtsausdrucks, der Mimik, des Blickes (manche Patienten können nur mit geschlossenen Augen tanzen), die Haltung des Körpers, die Beziehung zum Boden, die Möglichkeiten von Sprüngen in die Luft, die Nähe und Entfernung von der Gruppe, die Bewegung des Körpers in sich und die rhythmische Fähigkeit. Es ist auch die Möglichkeit des Tanzes ohne Musik oder mit Trommeln gegeben. Das pantomimische Tanzen ohne Musik erfordert kreativen Ausdruck und eine stärkeren Bezug zur eigenen Körperlichkeit, während das Tanzen mit einer Trommlergruppe Kontakt und Beziehung zu den Trommlern und besonders auch zu der ganzen Gruppe, die sich auch durch rhythmisches Klatschen, Zurufe und Summen beteiligt erfordert.

2. Nach jedem Tanz erhält die Tänzerin bzw. der Tänzer ein Feedback von Gruppenmitgliedern und Therapeuten über deren Wahrnehmung und spricht über sein eigenes Erleben beim Tanz. Oftmals klaffen hier Selbst- und Fremdwahrnehmung eklatant auseinander. Manchmal fühlt sich der Tänzer durch die Wahrnehmung der Gruppe gekränkt, reagiert wütend oder mit beleidigtem Rückzug. Oftmals decken sich jedoch auch Selbst- und Fremdwahrnehmung, und der Tänzer fühlt sich verstanden. Besonderer Wert wird bei diesen Besprechungen auf das prozeßhafte Geschehen im Tanz selbst, aber auch in der Beziehung des jetzigen Tanzes zu seinen früheren Tänzen gelegt. Das Übereinstimmende von Musik und Tanz, der Kontakt zu sich selbst und der Gruppe, das Ungewollte und Spontane, »Echte« und Spürbare wird angesprochen, aber auch Züge von Gewolltem, Auf-

gesetztem und Gekünsteltem kritisiert. Der Therapeut greift auch mitunter in die Diskussion mit ein, um die Darstellung des Tänzers auf sein Verhalten in anderen Situationen in der Klinik, wie zum Beispiel in der Gruppenpsychotherapie, Reit- oder Maltherapie, zu beziehen.

3. Das Phänomen der Sozialenergie spielt eine große Rolle in der Tanztherapie. Sozialenergie sehe ich – in Abgrenzung zum Freudschen Triebkonzept – als psychische Energie, die immer in Abhängigkeit steht von zwischenmenschlichen und gruppendynamischen Bezügen, von der Umwelt des Menschen, gesellschaftlichen Faktoren und seinem Sein in dieser Gesellschaft, was auch die Arbeit des Menschen und seine Erotik einbezieht. Durch Sozialenergie entwickelt sich ein Mensch, kann er wachsen und sich verändern, seine Identität ausbilden wie auch die Ich-Struktur als Ganze (AMMON 1982).

4. Zur Unterstützung dieser Prozesse werden routinemäßig alle Tänze auf Video aufgenommen und stehen den Teilnehmern der Tanzgruppe zur Verfügung, d.h. daß jeder Tänzer sich selbst auf dem Video noch einmal erleben kann, wie auch die umgebende Gruppe, und den Unterschied seines Erlebens während des Tanzes selbst und seiner Selbstwahrnehmung auf dem Video erkennen kann. Die Videoaufnahmen werden hier vorwiegend als Therapeutikum eingesetzt, dienen aber auch der Fortbildung und Forschung nach ausdrücklichem Einverständis der Patienten.

5. Bereits nach einem halben Jahr führte ich auf der Grundlage meines bei I. H. SCHULTZ erlernten Autogenen Trainings die Meditation ein, die durch die Erfahrung meiner Indienreise vertieft und erweitert werden konnte. In der Regel meditieren wir nach Meditationsmusik oder manchmal auch nach klassischer Musik mit oder ohne Eingaben, wobei ich dann nach I.H. SCHULTZ Schwere- und Wärmeerlebnisse kommen lasse sowie mit Identitäts- und Chakrenmeditation arbeite. Inzwischen hat einer meiner Mitarbeiter, Dipl. Psych. DANIEL HERMELINK, für uns eigene Meditationsmusik komponiert und auch Kassetten mit meinen Eingaben hergestellt. die ich neuerdings auch oftmals einsetze, wenn ich die Sitzung selbst leite, wodurch ich selber tiefer in die Meditation komme.

Bei der Meditation in der Welt der Töne werden wir oft in Erstaunen gesetzt durch bunte Bilder von Dingen, die wir noch nie gesehen haben, und erreichen manchmal danach ein Trance-Erlebnis. Manche Teilnehmer sehen sich selbst in Gegenwart, Vergangenheit und Zukunft, ihren Körper mit Aura und Passagen ihres Lebens wie in einem Film vorbeigleiten. Es handelt sich hier um ein mehrdimensionales Geschehen von Körperlichkeit, Spiritualität, Bewegung, Musik, Meditation, Psychotherapie, Kreativität und Gruppendynamik. Die ersten Tänzer tanzen dann sozusagen aus der Meditation her aus, und bei besonders tiefgehender Meditation – mit manchmal außergewöhnlichem und bedeutsamen Bilderleben – befindet sich dann die gesamte Tanzgruppe in einem meditativen Zustand.

6. Das spontane Geschehen des Tanzes selbst öffnet sozusagen den Fluß von belebender Energie aus dem Nicht-Bewußten, was durch die Meditation verstärkt wird. Der Tanz wird zur via regia zum Unbewußten – auch für das Miterleben der Zuschauer, weil dem Tanz der Umweg über verbale Vermittlung fortfällt.

Interessanterweise ergaben sich hier keine Schwierigkeiten bei schizophren strukturierten Patienten, während präpsychotische Patienten von sich aus spontan nicht meditieren – was von uns aus ihnen auch empfohlen wurde oder von ihnen auch bewußt abgelehnt wurde. Dazu ist anzumerken, daß wir jeweils eine spezifische Indikation zur Aufnahme in die Tanzgruppe – aufgrund der humanstrukturellen Diagnostik wie Interviews, ISTA, MMPI, ADA, TAT – stellen. Ganz selten kam es auch vor, daß sog. Grenzfallpatienten (Borderline-Patienten) die Kontrolle über sich verloren, die dann aber durch beruhigende Worte des Therapeuten bei Leiserdrehen der Musik oder bei beruhigendem Summen der Gruppe die Kontrolle wiedererlangten, was durch unsere Videoaufnahmen dokumentiert ist.

Besonders heilend wirkt auch der Humanstrukturelle Tanz bei durch Depression unerreichbar gewordenen Patienten, die sich sozusagen aus der Depression heraustanzen mit Wutausbrüchen wie Stampfen und Hämmern auf den Fußboden oder Schreien.

Die Zwangskranken tanzen sich besonders beim langen Trommeltanz, bei dem oft die ganze Gruppe mitklatscht und der

Therapeut durch Zurufe anfeuert, erstaunlich frei, was dann eine Wende in ihrem therapeutischen Prozeß bedeutet, wobei sich auch ihr Gesichtsausdruck schlagartig ändert. Auch Körper und Körperformen verändern sich oftmals erstaunlich: die Körper werden gestraffter, schlanker, weicher und strukturierter, wie auch besonders das Gesicht. Entscheidend wichtig ist jedoch dabei, daß sich die Beziehung zum eigenen Körper, das Körpergefühl und Körpererleben und die Beziehung zu dem eigenen psychischen Selbst verändert und herstellt. Meine Mitarbeiterin MARIA BERGER, die bereits nach einem halben Jahr an der Tanzgruppe teilnahm, hat durch ihre Untersuchung über die Veränderung des Körpererlebens durch den Humanstrukturellen Tanz einen objektivierenden, wissenschaftlichen Beitrag geleistet mit qualitativer Interviewtechnik unmittelbar nach dem sog. Ersttanz in Verbindung mit dem TAT. Darüber hinaus hat sie durch ihre eigenen Tänze, die sie von Zeit zu Zeit tanzte, auch Möglichkeiten multidimensionaler Entwicklung im Medium des Tanzes aufgezeigt.

7. Bei den Feedbacks wie aber auch aus der Gruppe wird der Schwerpunkt auf die konstruktiven Seiten des Tanzes und der prozeßhaften Entwicklung, die der jeweilige Tanz für den Patienten anzeigt, gesetzt. Nur störende Aspekte, die Entwicklungswiderstand deutlich machen, unterliegen einer Kritik. Es kommt bei dem Tanz nicht auf Perfektion oder Schönheit an, sondern auf den Mut, sich selbst im augenblicklichen Zustand zu zeigen.

8. Zum Abschluß der Tanzsitzung tanzen dann alle Teilnehmer der Gruppe gemeinsam in Meditation nach der gleichen Meditationsmusik wie beim Beginn. Auch hier ist alle Freiheit die Grundlage der Tanzarbeit: einige bewegen sich auf der Stelle tänzerisch mit geschlossenen Augen, viele liegen auf dem Rücken auf dem Boden, andere sitzen im Yoga-Sitz auf der Tanzfläche, wieder andere sitzen auf den Knien, und einige wenige bleiben auf den Stühlen in meditativer Haltung mit geschlossenen Augen sitzen. Grundsätzlich werden in letzter Zeit bei der Abschlußmeditation keine Eingaben gemacht. Auch die Tonbandkassetten, die es im Handel gibt, haben auf der Rückseite keine Eingaben, sondern nur meditative Musik.

Probleme der Sexualisierung, die der nicht Informierte, der Ignorant, vermuten würde, haben kaum eine Rolle bei unserer Tanzarbeit gespielt. Unerwarteterweise fand der Humanstrukturelle Tanz einen begeisterten Widerhall in unseren Instituten, Veranstaltungen und bei den Zweigen unserer Weltgesellschaft für Dynamische Psychiatrie. So entstanden freie Tanzgruppen, besonders an den Instituten unserer Akademie in Berlin und München, aber auch in Freiburg, Basel, Mainz und auf den Klausurtagungen von DAP/DGG in Paestum und Stelzerreut, und auch auf den jährlichen Kongressen von WADP und DAP, sowie besonders in Holland, aber auch in Moskau.

Inzwischen wurden auch eine Reihe von humanstrukturell ausgebildeten Psychoanalytikern meiner Schule im Humanstrukturellen Tanz ausgebildet und leiten Tanzgruppen, besonders Maria Berger, Agnes Wiehl-Volbehr, Heidi Mönnich, Ilse Burbiel, Gertraud Reitz, Margit Schmolke, Petra Hieber u.a., die alle auch selbst humanstrukturell tanzen und sich auch auf den Kongressen tänzerisch gezeigt haben.

Der Humanstrukturelle Tanz wurde eine feste Institution als Selbsterfahrung auf unseren Klausurtagungen, Selbsterfahrungs-Balintwochenenden und Kongressen für alle Teilnehmer. Man muß sich dabei vorstellen, was es für einen Menschen bedeutet, zum ersten Mal indie Mitte einer Gruppe zu treten und sich tänzerisch zu zeigen, dabei fotografiert zu werden, auf Video aufgenommen zu werden und sich der Kritik zu stellen. JOVANNA WEX beschrieb dies im Magazin 2000 wie folgt:

»Im ersten Tanz von Maria Berger leuchtete die Seele stark hindurch und berührte uns alle tief. Maria tanzte nicht nur die Sehnsucht nach den Seinzuständen der Seele, nein, sie zeigte, wie es aussieht, wenn ein Mensch im Tanz dieses Sein erreicht. Ihr Tanz zeigte klar und deutlich, daß Ganzheit die Vereinigung von Gegensätzen bedeutet. Sie tanzte kraftvoll und doch zart und leicht. Mal ging es nach innen, mit geschlossenen Augen in sich gekehrt, mal nach außen, mit Offenheit auf die Gruppe gerichtet. Sie tanzte traurig und dann wieder voller Lebenslust, Übermut und Freude. Trotz löste sich ab mit liebevoller Verspieltheit. Trauer tanzte sie am Boden, Freude drückte sie gelegentlich mit Luftsprüngen aus.

Auch Stille und Klang waren nicht im Widerspruch zueinander, sondern bildeten eine wundervolle Einheit zum Schluß des Tanzes. Und schließlich bemerkte ein Gruppenmitglied auch noch zu ihrem Tanz, daß sie eine Einheit zwischen Frau und Mann dargestellt hatte, Einheit trotz Getrenntheit. Jemand sagte: »Ich hatte den Eindruck, Ammon hätte mit dir getanzt.« Natürlich hatte er die ganze Zeit still dagesessen. Und darüber hinaus, sagte diese Person, von der ich leider nicht mehr weiß, wer es war, »darüber hinaus hast du trotz dieser Einheit eine eindeutige Individualität gehabt. Ja, das hat Maria Berger auch. Die Ganzheit, Vereinigung von Widersprüchen, im Tanz oder im realen Leben bedeutet den Eintritt in eine mystische Dimension. . . Ich habe niemanden auf dieser Klausurtagung gesehen, die oder der nicht aus der Begrenztheit der alten Strukturen herausgegangen wäre, niemand. . . Ein Gruppenteilnehmer drückte das so aus: Das Geheimnis, das diese Grenzüberschreitung möglich macht, ist die Gruppe, die dem Tänzer ihre ganze Aufmerksamkeit, Liebe und Energie schenkt, in die er oder sie sich völlig fallenlassen und sich geborgen fühlen kann. . . Der Gruppenteilnehmer sagte noch: Ich habe, wie die meisten von uns, immer wieder eine gehörige Angstschwelle zu überschreiten, bevor ich mich in die Mitte stelle und während die ersten Klänge der Musik ertönen. Aber nach und nach werde ich ganz ruhig, höre nur noch die Musik und spüre meinen Körper. Das Denken hört auf, und der Tanz geschieht mehr, als daß ich ihn mache. Der Körper entfaltet sich in der Musik und ist zu Bewegungen und Ausdrucksformen fähig, die ich bisher noch nie an mir kennengelernt habe, von denen ich nicht einmal eine Ahnung hatte.

Zum Beispiel der stille, völlig eingeschüchtert und schwermütig wirkende W., 28 Jahre alt. Auf Trommelmusik und afrikanische Gesänge tanzt er endlich am dritten Tag seinen ersten Tanz. Er tanzt so wild, bewegt und frei, nachdem er seine Angst hinter sich gelassen hat, daß wir nur noch staunen. Plötzlich ist er lebendig, kraftvoll, zeigt einen großen Reichtum an Bewegungsmöglichkeiten und tanzt sich bis in geradezu ekstatische Kraft. Wir sind begeistert. Ammon sagt: »Dieser Tanz spart ihm 10 Jahre Analyse.«

Und damit niemand denkt, nur junge Leute seien zu solchen Wandlungen fähig, Frau K., 50 Jahre alt. Noch morgens sagt sie traurig, sie sei zu alt, um spielerisch zu sein, traute sich auch am 4. Tag noch nicht zu tanzen. Wir ermutigen sie, erklären ihr, Alter sei dafür keine Grenze. Das sei ein Aberglaube. Abends wagt sie es dann. Und sie tanzt so jung, so verspielt, geradezu verliebt in sich, wie ein junges Mädchen. Es ist einfach hinreißend, sie so zu sehen. Von da an ist sie viel lebendiger, mutiger, offener und sieht viel jünger aus... Ein anderes wunderschönes Erlebnis bot uns die 44jährige R. Sie hatte ein trauriges Gesicht, depressiv nach unten gezogene Mundwinkel, die Schönheit ihres Körpers versteckte sie, indem sie sich schwerfällig, langsam und unauffällig machte.

Schon am zweiten Tag tanzt sie zu Live-Trommeln, beginnt vorsichtig und langsam, aber wird dann immer lebendiger, tanzt mit dem ganzen Körper, mit einer Vielfalt von Bewegungen. Schon in diesem Tanz wird ihre Schönheit mehr und mehr sichtbar. Am Ende strahlt sie. Im Verlauf der Gruppe wird sie immer strahlender, offener, jünger und schöner. Sie verläßt Paestum am Ende als strahlende Frau, deren Schönheit offen sichtbar ist und die sich selbst daran erfreut...

Herr S. zum Beispiel, 44 Jahre alt. Er ist immer sehr dezent und unauffällig gekleidet, so daß man ihn kaum sieht. Er trägt eine Brille. Beim ersten Mal ist er noch sehr vorsichtig, zeigt noch wenig von sich. Auch das ist immer o.k., weil jeder am besten sein eigenes Tempo benutzt. Am vorletzten Tag hat er dann genug Vertrauen gesammelt, tanzt in Badehose und ohne Brille und zeigt seinen schönen, zarten und doch männlichen und ausgewogenen Körper. Und diesmal tanzt er mit Leichtigkeit, Lebendigkeit, Kraft und Zartheit, Freude an der Bewegung, Lust an seinem Körper und an neuen Bewegungsmöglichkeiten. Im Laufe des Tanzes wird er immer offener. Am Schluß tanzt er einen langsamen Walzer, in dem deutlich wird, daß er anfängt, sich lieb zu haben. Sein Gesicht lächelt gelöst.

Kontrolle und Manipulation aufgeben, das lernen wir, bei diesen Tänzen zuzulassen.« (WEX 1986)

Diese Beobachtungen von einer unserer Arbeit fremden Berichterstatterin sollen die Atmosphäre unserer Arbeit auf einer Klausur-

Abb.1: DAP-Labyrinthtanz im Amphitheater des Tagungszentrums in Paestum; im Hintergrund der Turm der Casa Ammon

Abb. 2: Hera-Tempel von Paestum

Abb. 3: Steinzeitliche Kulttanzmalerei in den Höhlen von Aserbeidschan bei Baku. Günter Ammon mit Maria Berger

Abb. 4: Eröffnungstanz einer Klausurtagung im Amphitheater des Tagungszentrums in Paestum nach dem 5. Klavierkonzert von Beethoven. Maria Berger, Petra Hieber, Margit Schmolke

Abb. 5 u. 6: Humanstruktureller Tanz auf einer Sommerklausurtagung auf der Westterasse des Tagungszentrums in Paestum

Abb. 7 u. 8: Humanstruktureller Tanz auf einer Sommerklausurtagung auf der Westterasse des Tagungszentrums in Paestum

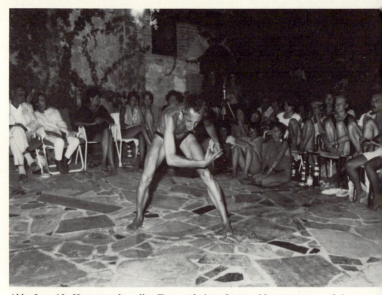

Abb. 9 u. 10: **Humanstruktureller Tanz** auf einer Sommerklausurtagung auf der Westterrasse des Tagungszentrums in Paestum

Abb. 11 u. 12: Humanstruktureller Tanz auf einer Sommerklausurtagung auf der Westterrasse des Tagungszentrums in Paestum

Abb. 13: Maria Berger beim Begrüßungstanz

Abb. 13 u. 14: Humanstruktureller Tanz auf einem Balintwochenende im Lehr- und Forschungsinstitut der DAP

Abb. 15 u. 16: Humanstruktureller Tanz auf dem Balintwochenende im Lehr- und Forschungsinstitut der DAP

Abb. 16: Detlef Krause beim Abschlußtanz

tagung wiedergeben, wo keine therapeutische Aufgabe die Tanzarbeit beherrscht. Trotzdem sehen wir zweifellos befreiende und therapeutische Effekte beschrieben, aber auch die eindrucksvolle Einwirkung der Tänze der Einzelnen auf die gesamte Gruppe. Wir können auch als weiteres Essential des Humanstrukturellen Tanzes hervorheben, daß der Tanz, besonders in der Therapietanzgruppe eine gleichstarke heilende Wirkung auf Tänzer wie auf Zuschauer hat. Letzteres ist verständlich aus der mitgehenden Identifikation mit der Tänzerin oder dem Tänzer.

Was den mit der Heilung eng verbundenen kreativen Prozeß angeht, steht hier das von Tänzer und Tänzerin wie Zuschauer unerwartete kreative spontane Element im Mittelpunkt, und die Zuschauer sind Teilhaber an einem kreativen Prozeß, der weder durch Regie noch durch Choreographie und in der Regel auch nicht durch Wille und Wollen bestimmt ist. Dies unterscheidet den Humanstrukturellen Tanz selbst auch als Kunsttanz auf der Bühne von üblichen Kunst- und Vorführtänzen oder überhaupt von anderen künstlerischen Gestaltungen. Es »passiert« – und Tänzer oder Tänzerin sind gleichermaßen überrascht und an dem kreativen Geschehen beteiligt. Man mag es nun erleben als das Unbewußte, das sich äußert, oder als das Göttliche. Es ist ein kreatives, spirituelles Ereignis, einzigartig und nicht wiederholbar. Es bleibt erhalten durch Videoaufnahmen, die nicht störend wirken, da sie routinemäßig durch Mitglieder der Gruppe gemacht werden.

Interessanterweise mußten wir feststellen, daß – im Gegensatz zu den Tanztherapiegruppen schwerkranker Patienten unserer Klinik Menterschwaige – die Mitglieder der freien Tanzgruppe vorwiegend in Strings, Tangas oder nackend tanzten und damit auch ihren gesamten Körper und seine Sprache in den Tanz einbrachten.

Ebenso interessant erscheint es, daß neben dem kreativen und oft künstlerischen Element bei den freien Tanzgruppen von Instituten und Tagungen auch tief ergreifende kultische Elemente in den Tänzen auftraten. Es waren oft Tänze, die wie Gebete wirkten oder wie letzte Hingabe zum Göttlichen, zu Menschen und zur Gesellschaft, oftmals auch rituelle Züge hatten, die die Vereinigung zwischen Himmel und Erde, Mensch und Kosmos symbolisch darzustelle schienen.

Zu betonen ist, daß aus dem Unbewußten – vielleicht könnte man hier auch an das von C.G. JUNG postulierte archetypische, kollektive Unbewußte denken – kultische Züge hervortraten, ohne daß allerdings an einen Kult gedacht werden könne.

Der Tanz ist hier in seiner körperlichen Ausdrucksfähigkeit eine »königliche Straße zum Unbewußten«. Ich möchte meinen, daß der Ausdruck »Tanz« hier eigentlich nicht zutreffend ist. In gewisser Hinsicht schon, wenn wir an die archaischen Kulturen und ihre Ausdrucksmöglichkeiten denken. Es kommt aber nicht auf das an, was wir mit dem Ausdruck »Tanz« gewöhnlich verbinden: ein schönes, ästhetisches Tanzerlebnis mit wohlgeformten Tänzerinnen und Tänzern – es ist etwas ganz anderes. Es kommt nicht auf Bewegungsqualitäten oder auf einen besonderen Rhythmus an. Wichtig ist, den Körper sprechen zu lassen, manchmal nur mit den Händen, dem Gesicht oder einfachem Stillstehen. In der Tanztherapie drücken sich auch Menschen mit Hüftgelenksverletzung, mit meningitschen Schädigungen, mit Adipositas, auch alte Menschen u.a. aus. Auch in Selbsterfahrungsgruppen haben Menschen getanzt, die poliomyelitische Störungen hatten, so daß sie nur mit einem Stock gehen konnten oder ein Bein nachziehen mußten. Auch Menschen mit orthopädischen Hüftleiden haben sich ergreifend ausgedrückt auf unserer Tanzterrasse in Paestum, und es haben alte Menschen und sehr fettleibige Menschen dort nackt getanzt, wobei alle anderen Teilnehmer aus der Gruppe Tränen in den Augen hatten. Das Eindrucksvolle hat nicht immer das konventionell Schöne zu sein. Es kommt allein darauf an, wie viel oder wie wenig Raum sich der Tänzer oder die Tänzerin gestattet oder wieviel Phantasie aus dem Unbewußten strömt und zur Gestaltung kommt und wie spürbar der Mensch dabei ist: es findet ein energetischer Austausch zwischen Zuschauern und Tänzern statt, eine befreiende Bewußtseinserweiterung für Tänzer und Zuschauer.

Oft stehen unsere Tänzer in der Mitte der Tanzgruppe und wissen am Anfang gar nicht, was sie tanzen wollen, und plötzlich tanzt es sozusagen aus ihnen heraus, ganz spontan, ohne Denken, ohne Vorübung, ohne choreographisches Bewußtsein. Sie sind dann selbst ganz erstaunt und ergriffen von dem, was da passiert, manchmal so stark, das sie weinen oder den Tanz abbrechen. Und die

Zuschauer sind oft überrascht über menschen, von denen sie nie erwartet hätten, daß sie so beeindruckend, rührend und erhebend tanzen würden.

Der Tanz selbst ist ein schöpferisches Geschehen, in ihm findet ein kreativer Akt statt: psychologisch gesehen handelt es sich um einen Zustand, wie wir ihn oft beim Aufwachen oder Einschlafen erleben. An dieser Stelle möchte ich aufgreifen, was ich kürzlich über die Dynamik des Schöpferischen geschrieben habe in der Enzyklopädi »Der Mensch« (AMMON 1983 e): daß wir all das, was uns antrainiert wurde an rationalem Denken, was zur kontrollierenden Instanz der linken Hirnhemisphäre gehört, wieder etwas in den Hintergrund drängen müssen. Die rechte Hirnhemisphäre – die diejenige des Unbewußten, des Kreativen, der Phantasie, der Träume, der konzeptionellen Denkweise ist – muß wieder reaktiviert werden bei den Menschen in unserer Gesellschaft, um sie für die Kreativität und für schöpferische Möglichkeiten freizumachen, die jeder Mensch hat. Insofern möchte ich sagen, daß der Tanz, mag er für den esoterischen Menschen ein Ausdruck des Göttlichen sein, eine Brücke zum Kosmos und zur Transzendenz, für den wissenschaftlich Denkenden auch eine Reaktivierung des Schöpferischen im Menschen, eine Rekreaktivierung oder überhaupt eine Kreativierung ist.

Hierin liebt, glaube ich, mit das wesentliche Moment des Tanzes für den sog. gesunden Menschen, der den Tanz nicht als Therapeutikum braucht.

Für den kranken Menschen scheinen solche Erfahrungen zu Beginn weit in der Ferne zu liegen. Hier kommt der Gedanke nicht auf, daß es auf tänzerisches Können ankäme, allzu spürbar ist die Angst, die überwunden werden muß, um sich der Gruppe gegenüber zeigen zu können, in der Gruppe sein Leid und manchmal auch seine leidvolle Lebensgeschichte darzustellen. Manchmal können sich die Patienten kaum bewegen oder es steht ihnen nur eine einzige Bewegungsmöglichkeit, wie zum Beispiel im Kreis herumzurennen, zur Verfügung. Manchmal bleiben die Tänzerin oder der Tänzer erschüttert oder weinend inmitten des Tanzes stehen, dann tritt vielleicht ein anderer Patient hinzu, und sie tanzen zu zweit oder zu dritt weiter. Manchmal wagt ein Patient gar nicht zu tanzen und wird dann von einem anderen begleitet, der ihm hilft, sich zu zeigen, und ihn dann alleine weitertanzen läßt, sobald er sich sicherer fühlt. Und oft drücken die Tänze Wut und Aggression aus. Selbstverständlich fehlen auch in der Klinik, zumal gegen Ende des Aufenthalts, nicht Lust und Freude am körperlichen und tänzerischen Ausdruck, der zum ergreifende Tanz werden kann. Aber es fehlen auch nicht Versuche, durch Perfektion und »schönes Tanzen« den Menschen dahinter zu verbergen, und wenn im Laufe des Entwicklungsprozesses solche Menschen dann eines Tages spürbar werden und beginnen, in großer Schlichtheit zu tanzen, so ergreift dies alle Zuschauer.

Die Tanztherapie darf nicht als eigenständige Therapie angesehen werden, sondern man muß sie als einen Aspekt des gesamten Klinikmilieus sehen, als eine von dessen verschiedenen therapeutischen Facetten, die als eine methodenintegrative Einheit zu verstehen sind.

Methodenintegration antwortet auf die ganzheitliche Einheit von Sozialenergie, Ich-Struktur, unbewußtem Persönlichkeitskern und bewußten Verhaltensweisen, Identität, Gruppe und auch besonders dem menschlichen Körper, die jeweils nur als Felder einer ganzheitlichen Betrachtungsweise erscheinen. In Verbindung mit dem spektraltheoretisch spezifizierenden Krankheitsverständnis ergibt sich für jeden einzelnen Patienten eine individuelle Behandlungskonzeption aus den verschiedenen Möglichkeiten des breiten Therapieangebots der Klinik (AMMON 1982).

Der besondere Ort der Tanztherapie in diesem Therapieangebot der Klinik ergibt sich aus den integrierenden Auswirkungen des Tanzes auf den Tänzer, der sich im Tanz ganzheitlich mit Körper, Geist und Psyche erlebt. Tanztherapie ist darüber hinaus gleichzeitig Körpertherapie, aber auch eine besondere Form von Gruppentherapie, die sich überwiegend auf den einzelnen Patienten konzentriert.

Zur Zeit erforschen wir in der psychologisch-diagnostischen Abteilung unserer Dynamisch-Psychiatrischen Klinik Menterschwaige auch Zusammenhänge zwischen den tiefen Schlafstadien III und IV mit seinen Deltawellen im Elektroencephalogramm und der Meditation im Humanstrukturellen Tanz sowie die Beziehungen zwischen Traumerleben und dem Bilderlebnis in der Meditation.

Als fremdartig und geradezu wahnhaft mußten wir erleben, daß unerwartet brutale Angriffe von Behördenbürokratie und Polizei über unsere Klinik und Tanztherapie hereinbrachen, vergleichbar nur mit HITCHCOCKS Film »Die Vögel«. Dabei wurden 800 Videobänder unserer Tanztherapie durch die Sittenpolizei beschlagnahmt und mit der lapidaren Bemerkung eines Kriminaloberkommissars: »Wir haben nicht das gefunden, was wir gesucht haben«, zurückgegeben.

Hier handelt es sich um ein bedeutsames geisteswissenschaftliches und kulturgeschichtliches Ereignis, das nur Beispiele in der Inquisition oder in den Verfolgungen von SIGMUND FREUD oder WILHELM REICH oder in den Verfolgungen eines PARACELSUS oder PYTHAGORAS kennt. Daß Menschen aus aller Welt empörte Briefe an die Ministerien schrieben, erschütterte diese nicht; Routineantworten waren die Regel, mit Ausnahme eines ausführlichen Briefes an einen US-Zwei-Sterne-General.

Zu der Frage, warum ausgerechnet der Tanz – eng verbunden mit dem Thema »Die Androgynität des Menschen« – Des West-Berliner Kongresses, der zu dieser Zeit vorbereitet wurde – solche brutalen Angriffe, die sich allein auf schäbige anonyme Anzeigen berufen konnten, auslösten, möchte ich am Ende den Bericht des Journalisten HANS KRIEGER vom Bayerischen Staatsanzeiger zitieren, den er über den klinischen Nachkongreß in der Dynamisch-Psychiatrischen Klinik Menterschwaige im Anschluß an den erwähnten Kongreß geschrieben hat:

». . . Vielleicht haben jene Psychologen recht, die sagen, die psychisch Kranken trügen stellvertretend etwas aus für die Gesamtgesellschaft, was diese aus sich verdrängt. Von der Dynamik dieser Verdrängung war etwas zu ahnen bei der abendlichen Tanztherapie in der Menterschwaige. Ein Mann, der in einer knappen Woche entlassen werden sollte, tanzte seinen Abschied von der Klinik und wurde vom Schmerz so überwältigt, daß alle tief erschüttert waren. Und dann wurde der Tanz einer jungen Frau, nur von Trommeln begleitet, zu einem ergreifenden Kampf um ihr Leben. Die innere Bedrohung war sehr unmittelbar zu spüren, freilich auch die Energie, mit der die rhythmisch mitklatschenden Mitpatienten den Lebenswillen dieser Frau unterstützen. Solche aufwühlenden

Szenen rühren auch beim Betrachter an Gefühle, die sich selten zeigen dürfen, weil sie das innere Gleichgewicht bedrohen. Dem entgehen zu wollen, ist eine wohlverständliche Fluchtreaktion, auch wenn sie mit eigener Verhärtung und menschlicher Verarmung bezahlt werden muß.« (KRIEGER 1986)

# Interview mit Günter Ammon über den Humanstrukturellen Tanz

*durch Paul Kalkbrenner im Tagungszentrum Paestum am 1.9.1986*

*Kalkbrenner:* Dr. Ammon, Sie sagen, daß der Humanstrukturelle Tanz nicht nur therapeutischen Zwecken dient, sondern in Zukunft auch mehr Teil einer Suche nach neuen Lebens- und Ausdrucksformen sein könnte. Ist das so richtig?
*Ammon:* Ich meine, daß man das, ganzheitlich gesehen, gar nicht so unterscheiden kann, denn der tanzende Mensch tanzt eben, wie man auch das ganze Leben als einen Tanz auffassen kann, denn der Mensch bewegt sich ja: er sitzt, steht und drückt sich immer auch durch seinen Körper aus, durch seine Mimik, seine Gestik, durch seine Körperhaltung, ja selbst durch seine Kleidung. Der Humanstrukturelle Tanz im besonderen ist ja eine Körpersprache. Der Mensch drückt sich durch seinen Körper aus, kommuniziert durch seinen Körper, der Mensch spricht auch zu sich selbst mit seinem Körper oder er spricht aus seinem Unbewußten heraus. Der Körper ist dabei das ausdrückende Organ, wobei aber eine bestimmte Aufgabe, die gestellt ist, die Arbeit mit dem Tanz bestimmt. Wenn man zum Beispiel an die Tanztherapie in der Klinik denkt, dann ist das Umgehen mit dem Tanz durch die umgebende Gruppe und durch den Tanztherapeuten natürlich das Entscheidende, was hier den Ausdruck des Menschen zu einem therapeutischen Medium macht. Dieses wird genutzt, um die Schwierigkeiten des leidenden Menschen zu verstehen, die er in der verbalen Therapie durch das Medium der Sprache nicht mitteilen kann; die Schwierigkeiten, die ihn schließlich in die Klinik brachten und die er nun ausdrücken kann durch die Sprache seines Körpers. Das ist hier die Aufgabe einer Therapie für Menschen, die so schwer krank sind, daß sie in einer formalen Gruppentherapie manchmal über ein Jahr lang schweigen, manche von ihnen sogar zwei Jahre, oder wenn diese Menschen sprechen, dann entweder sehr oberflächlich oder hektisch oder jedenfalls so, daß sie das gar nicht ausdrücken, was eine Brücke zu ihrem Unbewußten bilden könnte, was der mehr neuro-

tisch Leidende durch freie Assoziationen, durch Traumanalyse bewirken kann. Und ich möchte meinen, was bei der mehr formalen und besonders der analytisch orientierten Psychotherapie die Traumanalyse ist, die »via regia zum Unbewußten«, wie SIGMUND FREUD es genannt hat, das ist hier der Humanstrukturelle Tanz im Rahmen der Tanztherapie für die schwerkranken Menschen: der Tanz als eine »via regia« zum Unbewußten«. Das Unbewußte spricht dort durch den Körper.
In anderen Gruppen, die sozusagen eine Gruppenpsychotherapie für Gesunde darstellen, das heißt in gruppendynamischen Selbsterfahrungsgruppen, wie wir sie ja auch in Paestum, Süditalien, und in Stelzerreut im Bayrischen Wald im Rahmen unserer Arbeit der Deutschen Akademie für Psychoanalyse und der mit ihr verbundenen Deutschen Gruppenpsychotherapeutischen Gesellschaft haben, ist es eine spezielle Gruppenerfahrung, die im Zentrum steht. Es wird darüber gesprochen, was in der Gruppe passiert, was man erlebt, ob es Untergruppen gibt, welche Spannungen da sind, welche Ängste, Wut, Depression, Kampf um die Position und Stellung in der Gruppe, Auseinandersetzung mit dem Leiter – bekannt ist ja zum Beispiel die berühmte Leitersturzdynamik in Gruppen, die von Slater sehr gut beschrieben wurde und die auch auf die alte Theorie der sogenannten Urhorde von Freud zurückgeht – und vieles andere mehr. Dort aber, auf den Klausurtagungen zum Beispiel in Paestum, wurde im Lauf der letzten vier Jahre der Humanstrukturelle Tanz als Selbsterfahrung sehr beliebt: auf einer Terrasse wurde eine Gruppe gebildet, die zuerst auch immer eine geschlossene Gruppe war. Einzelne stellten sich im Tanz dar, wobei aber auch hier zu sagen ist, daß es hier nicht um Tanzschritte oder Choreographie oder bestimmte Tanzformen geht; der Einzelne kann auch in der Gruppe einfach stehen und sich durch Gestik oder Haltung oder durch ein Minimum an Bewegungen ausdrücken mit Musik, mit Trommeln oder auch ohne Musik und auch ohne Trommeln. Es kommt hier auf das Erfahren in der Gruppe an. Die Gruppe gibt dem Tänzer ein Feedback nach dem Tanz, kommt in Diskussion mit ihm, der Tänzer spricht über seine Gefühle, und auch mit dem Leiter der Tanzsitzung. Dies ist eine Form des Tanzes, wie wir sie sonst überhaupt noch nicht kennen. Es ist näm-

lich keine Tanztherapie, sondern eine gruppendynamische Selbsterfahrung durch das Medium Körpersprache, Körperausdruck.
Von dort aus geht dann der Weg zu einer neuen Form von Tanzkultur, die ihre Wurzeln hat bei ISADORA DUNCAN (1878 – 1927). Diese amerikanische Tänzerin war nach 1900 in Europa die Wegbegleiterin des Ausdrucktanzes und tanzte als erste nach klassischer, nicht für den Tanz komponierter Musik. Als der eigentliche Schöpfer des modernen Ausdruckstanzes gilt RUDOLF VON LABAN (1879 – 1958). Ihm war wichtig der Ausdruck durch die Bewegung und die Analyse der Körperbewegungen und ihres Ausdrucks, und er entwickelte in seinem Buch »The Mastery of Movement« eine bis ins einzelne ausgearbeitete Theorie und Technik. Seine bedeutendste Schülerin war MARY WIGMAN, deren Name mit der deutschen Ausdruckstanzbewegung am meisten verbunden wird. In seinem »Studio Art of Movement« in Manchester entwickelte von Laban seine Tanzschrift mit den Kategorien Kraft, Zeit, Raum mit ihren Entsprechungen Bewegung, Rhythmus, Richtung. Wigmans expressionistische Solo- und Gruppentänze wurden in der Regel nur mit Schlagzeugbegleitung mit Betonung der rhythmischen Bewegungsabläufe des Tanzenden gestaltet. Ihre »Sprache des Tanzes« ist die Sprache von Bewegungsabläufen, ähnlich der Konzeption von LABAN. War die Ausdruckstanzbewegung eine Befreiung der vom klassischen Ballett gegebenen Entfremdung des Tänzers zu einer Art gedrillter Marionette mit festgelegter Choreographie, so entwickelte dann MARY WIGMAN die von ihr gestalteten und öffentlich aufgeführten, vorwiegend melodramatischen Tanzstücke. Für die Entwicklung der amerikanischen Tanztherapie wurde die Norwegerin LILJAN ESPENAK, die Dresdner Schülerin und Assistentin MARY WIGMANs aus den zwanziger Jahren, von Bedeutung. Sie war gleichzeitig eine Schülerin von ALFRED ADLER, trat selber als Tanzsolistin auf und ist heute noch gleichzeitig als Adlerianerin psychotherapeutisch in New York tätig. Anläßlich der kürzlichen MARY WIGMAN-Ausstellung in der Akademie der Künste in Berlin sagte LILJAN ESPENAK: »Da war das Große an Mary's Unterricht. Wir konnten mit keinen Fälschungen wegkommen, sie hat das alles immer durchschaut. »Du wirst irgendwo hinkommen, wo es Dir

paßt«, sagte sie mit, und ich habe diese ihre Methode in Amerika selbst weiter ausgebaut. Ich unterrichte an verschiedenen Universitäten.«

Übrigens, zu den großen Pionieren des Ausdruckstanzes ist auch die größte Grotesktänzerin zu zählen, VALESKA GERT, die expressionistische Antagonistin MARY WIGMANs. Sie ist hier unbedingt zu nennen und ist deswegen so wichtig, weil sie nicht diesen üblichen schlanken Körper hatte, den man oft im herkömmlichen Denken von Tänzern und Tänzerinnen erwartet, sondern sie war eine sehr füllige, dicke Person mit einem großen Babykopf. Sie tanzte freien Ausdruckstanz. Dabei benutzte sie aber das groteske Element, was ihrem Wesen auch entsprach. Sie war eine Grenzüberschreiterin auf allen Gebieten: politisch, gesellschaftlich, sexuell und auch tänzerisch. Ich habe sie persönlich gekannt, sie war nach dem Zweiten Weltkrieg nach Berlin zurückgekehrt, später ging sie dann nach Sylt, wo sie die »Kupferkanne«, ein Lokal mit Tanzvorführungen, aufbaute. Dort tanzten auch ihre Freundinnen und Mitarbeiterinnen und servierten gleichzeitig, ähnlich wie auch in Westberlin, wo ich Valeska Gert kennengelernt habe.

Hier beginnen die Wurzeln einer Tanzbewegung, in der man wieder einen Bezug zur Körperlichkeit hergestellt hat, aber auch zu einer Freiheit des Körpers, des Ausdrucks, des unbekleideten Tanzens – da kann sich der ganze Körper viel mehr ausdrücken im Sinne einer Körpersprache, wie man sich leicht vorstellen kann, als wenn nur der Kopf frei ist und der ganze Körper aber bedeckt ist.

Mir ist hier wichtig zu betonen, daß es nicht darauf ankommt, jung, schlank, dick, alt oder groß oder klein zu sein, es kommt auch nicht darauf an, absolut körperlich gesund zu sein. Worauf es ankommt, ist, sich durch den Körper, den man hat, auszudrücken. Bei den nicht gruppenpsychotherapeutischen Gruppen, also in den Selbsterfahrungsgruppen, haben auch Menschen getanzt, die ein Hüftleiden hatten, die poliomyelitische Störungen hatten, so daß sie nur mit einem Stock gehen konnten, oder ein Bein nachziehen mußten. Auch Menschen mit orthopädischen Hüftleiden haben sich ergreifend ausgedrückt auf unserer Tanzterrasse in Paestum. Es haben auch alte Menschen und sehr fettleibige Menschen nackt auf unserer Tanzterrasse getanzt, wobei alle anderen Teilnehmer aus der

Gruppe Tränen in den Augen hatten, weil es so eindrucksvoll war. Das Eindrucksvolle hat nicht immer das konventionell Schöne zu sein, das ist ein ganz wichtiger Punkt.

*Kalkbrenner:* Was glauben Sie, ist denn der wesentliche Aspekt, der auch dem gesunden Menschen beim Humanstrukturellen Tanz dienen oder helfen kann? Was kann der normale, gesunde Mensch aus dem Humanstrukturellen Tanz lernen, sich mitnehmen für sein Leben?

*Ammon:* Der Humanstrukturelle Tanz, in der Selbsterfahrung wie in der Tanztherapie, wird bei uns ja mit der Meditation verbunden. Je nachdem, ob der Wunsch besteht oder wie die Stimmung in der Gruppe ist, erfolgt die Meditation mit Eingaben, zum Beispiel auch mit Eingaben im Hinblick auf das »Sich Sehen«, das Sehen des eigenen, nackten Körpers, und auch das Sehen der eigenen Aura, das Sehen von sich selbst im Sinne einer eigenen Identitätsvision – auch zwanzig Jahre später oder tausende von Jahren zurück in die Vergangenheit –, oder auch die Chakrenmeditation mit Aktivierung der Energiezentren des Körpers durch Eingaben –, das alles vertieft den Zugang zum Unbewußten und auch umgekehrt den Fluß aus den unbewußten Tiefen in den Tanz selbst.

Der Mensch wird also durch den Humanstrukturellen Tanz mit oder auch ohne Meditation eine tiefere Beziehung bekommen zu seinem Körper – Körper in dem Sinne eines beseelten Körpers – und zu seinen nichtbewußten Persönlichkeitsanteilen, die wir kurz als das Unbewußte bezeichnen. Der Mensch wird aber auch eine viel freiere Beziehung zu seinem Körper bekommen, er wird eine Freiheit bekommen, seinen Körper zu zeigen, oder auch sich selbst zu sehen. Wir hatten neulich einen Workshop in Basel. Dort gab es eine riesige Spiegelwand und es war sehr interessant für die Tänzer, auf sich selbst zuzutanzen, sich selbst im Spiegel beim Tanz zu sehen. Ich möchte hier von unseren Tänzerinnen sprechen, denn ich verstehe nicht, warum man immer vom Tänzer spricht und alle im patriarchalischen Sinne männlich anspricht. Die Männer müssen sich gefallen lassen, auch als Tänzerinnen bezeichnet zu werden, während ja seit langer Zeit immer nur vom Tänzer als solchem gesprochen worden ist. Unsere Tänzerinnen können sich später selbst im Video sehen; wir nehmen routinemäßig unsere ganze

Tanzarbeit auf Video auf, wobei Mitarbeiter und Teilnehmer der Tanzgruppe selbst die Videoaufnahmen machen. Dies ist sehr interessant im Sinne der Selbstwahrnehmung durch den Vergleich zu der erlebten Wahrnehmung beim Tanz, der Wahrnehmung, die die Tänzerin oder der Tänzer der Gruppe gegenüber hatte, dem Leiter gegenüber, von sich selbst beim Tanz.

Wichtig ist auch gerade in der großen Wendezeit, in der wir uns befinden, daß die Menschen, die einen Zugang zur Transzendenz haben, die auch in der Meditation spirituelle Dinge, die über den Menschen hinausgehen, erleben, auch verstärkt solche Erlebnisse im Tanz haben. Deswegen sage ich und auch viele andere, daß der menschliche Körper der edelste und bedeutendste Tempel des Göttlichen ist. Menschen, die mehr geöffnet sind gegenüber der spirituellen und esoterischen Welt, erleben auch im Tanz verstärkt eine Beziehung zum Göttlichen. Die Zuschauer und sie selbst erleben während des Tanzes, daß das Göttliche aus diesem Menschen im Tanze spricht und sich in seinem Tanz äußert. Sehr interessant ist auch, daß unsere Tänzer oft auf der sehr wichtigen Westterrasse der Casa unserer Akademie in Paestum in der Mitte stehen und am Anfang gar nicht wissen, was sie tanzen wollen, gar nicht denken, und plötzlich tanzt es sozusagen aus ihnen heraus, ganz spontan – das ist ja das wesentliche Moment unserer Tanzbewegung: der spontane Tanz ohne Denken, ohne Vorübung, ohne Choreographie – und dann sind sie erstaunt, was passiert, wenn sie tanzen und sind auch oft ganz ergriffen, weinen manchmal oder brechen den Tanz ab, und auch die Zuschauer sind erstaunt, manchmal über Menschen, von denen sie gar nicht erwartet hätten, daß sie so beeindruckend und erhebend und rührend und ergreifend tanzen würden. Auch die Zuschauer sind also überrascht und erstaunt. Dieses Moment erinnert mich daran, was der große DIAGHILEW oft den Tänzern seines Ballet Russe sagte, nachdem sie die ganze Choreographie eines Tanzes beherrschten – sie hatten natürlich eine langjährige, drillartige Ausbildung –: »Meine Herrschaften, bitte jetzt überraschen Sie mich.« Oder er sagte: »Setzen Sie mich in Erstaunen.« Der gedrillte Tänzer, der manchmal schon als Kind mit drei, vier, fünf Jahren an der Stange zu trainieren anfängt, besonders wenn es sich um Opern-, Ballett- oder Solotänzer han-

delt, muß später, wenn er die ganze Technik beherrscht, alles vergessen, und dann, dann kommt es: nämlich das, was aus seiner Seele spricht.
Dies ist auch zu vergleichen mit dem, was ich kürzlich über die Dynamik des Schöpferischen geschrieben habe in der Enzyklopädie »Der Mensch«, daß wir alles das, was uns antrainiert wurde an rationalem Denken und durch intensive Arbeit verstärkt wurde, was zur linken Hirnhemisphäre gehört, wieder etwas in den Hintergrund drängen müssen. Die rechte Hirnhemisphäre, die Hemisphäre des Unbewußten, des Kreativen, der Phantasie, der Träume, der konzeptionellen Denkweise, muß dann wieder reaktiviert werden bei den Menschen in unserer Gesellschaft, um sie für die Kreativität und für schöpferische Möglichkeiten freizumachen, die jeder Mensch hat. Insofern möchte ich sagen, daß der Tanz, mag er für den esoterischen Menschen ein Ausdruck des Göttlichen sein, eine Brücke zum Kosmos und zur Transzendenz, für den wissenschaftlich Denkenden – wobei ich ja zu beiden gehöre, bzw. beides verbinde – auch eine Reaktivierung des Schöpferischen im Menschen, eine Rekreativierung oder überhaupt eine Kreativierung sein mag. Dies, glaube ich, ist mit das wesentliche Moment des Tanzes für den sogenannten gesunden Menschen, der den Tanz nicht als Therapeutikum gebraucht. Darüber hinaus ist es natürlich eine großartige Idee, daß jeder Mensch tanzen kann, jeder Mensch kann sozusagen auf eine Art Bühne gehen und sich anderen Menschen zeigen, er kann dadurch kreativ wirksam sein, schöpferisch sein, was ihm eine unerhörte kreative Gestimmtheit verschafft, die das ganze Leben beeinflußt, – auch in Beziehung zu anderen Menschen. Aber ich möchte diesen freien Humanstrukturellen Tanz auch als eine neue Tanzkultur bezeichnen.
*Kalkbrenner:* Mann kann hier sagen, daß der Humanstrukturelle Tanz eine Möglichkeit ist in unserer modernen Gesellschaft, einen Weg zu finden heraus aus der Entfremdung, zurück zur Körperlichkeit. Ich denke da an die ganze Generation, die nichts weiter kennt, als an ihrem Schreibtisch zu sitzen und den Bezug zu ihrem Körper längst verloren hat.
*Ammon:* Ja, wenn wir unseren Tanz auf Video zeigen und mit unse-

ren Tanzgruppen auftreten bei den Weltkongressen unserer Weltgesellschaft für Dynamische Psychiatrie, dann haben wir damit erstmalig den Schritt gemacht, unseren Tanz auf einer Bühne der Öffentlichkeit zu zeigen. Seit vier Jahren machen wir das jetzt. Wenn wir von einer neuen Tanzkultur sprechen, heißt das auch, daß wir den Anspruch erheben, als eine Kunstform uns einen Platz in der Welt des Tanzes zu erobern. Ich meine, daß gerade auch durch unsere Form des Tanzes die Zuschauer sehr stark angesprochen und bewegt werden und auch befreit werden aus den engen Banden, die die Gesellschaft – besonders unter der Herrschaft des Patriarchats – seit zweitausend Jahren den Menschen auferlegt hat.
*Kalkbrenner:* Daß also der Humanstrukturelle Tanz nicht nur ein Weg ist zur Persönlichkeitsfindung für den Tänzer selbst...
*Ammon:* ... sondern auch besonders für den Zuschauer. Dieses Moment haben wir ja auch entdeckt bei der Tanztherapie im engeren Sinne wie auch bei der Selbsterfahrung durch unseren Tanz, daß diejenigen, die zuschauen, sehr stark bewegt und ergriffen waren und auch einen großen persönlichkeitserweiternden Effekt erlebt haben. In der Regel dürfen natürlich nur die zuschauen, die auch zur Tanzgruppe gehören und auch selber tanzen. Nun ist es aber so, daß bei einer Tanzsitzung nicht alle die Möglichkeit haben, zu tanzen. Manche fühlen sich auch nicht so. Wir handhaben das völlig nach dem Prinzip der Freiheit. Jeder kann sich so anziehen, wie er will; jeder kann tanzen, wie er will – man kann praktisch im Straßenanzug mit Schuhen tanzen und man kann unbekleidet tanzen. Aber die, die nun zuschauen – ob sie selber getanzt haben und selber vom Zuschauen berührt waren – oder ob sie nicht getanzt haben – alle werden gleichzeitig von den anderen Tänzen sehr berührt. Bei der Therapiegruppe ist diese Wirkung stark spürbar, wobei die prozeßhafte Entwicklung über einen längeren Zeitraum sehr wichtig ist. Die Tanzsitzungen finden wöchentlich statt. Aber auch eine als Kunstform betrachtete Tanzaufführung wird ihren Effekt haben auf den Zuschauer, der ihm unter die Haut geht.
*Kalkbrenner:* Es wird also beim Humanstrukturellen Tanz – gerade dadurch, daß der Tänzer ganz spontan tanzt ohne Vorbereitung – ein Zugang zum Unbewußten ermöglicht. Diese Kraft, die der

Tänzer in sich entdeckt, teilt sich auch dem Publikum mit. Diese kreative Energie ist für das Publikum spürbar.

*Ammon:* Ja, die energetische Ausstrahlung teilt sich dem Publikum mit, wie der Ausdruck des Gesichtes, der Ausdruck der Form des Tanzes – aber auch umgekehrt geht eine starke Ausstrahlung vom Publikum auf die Tänzer aus. Ich kenne das von Schauspielern, mit denen ich lange gearbeitet habe, die mir immer wieder berichteten, wenn das Publikum eine schlechte Ausstrahlung hatte, dann konnten sie nur formal gerade mal ihre Rolle spielen, aber wenn das Publikum eine gute Ausstrahlung hatte, es sie freundlich interessiert empfing, dann konnten sie wirklich spielen. Mir geht es auch ähnlich; wenn ich Vorträge halte vor einem ganz fremden Publikum, wie mir das neulich in Frankfurt passierte, wo ich die Ehre hatte, in dem gleichen Hörsaal, in dem ADORNO immer seine Vorlesung hielt, vorzutragen, und der Saal zu überfüllt war, daß man um mein Rednerpult herumsaß – es handelte sich um einen Vortrag über die Androgynität des Menschen –, da kam mir soviel freundliche Energie entgegen, daß ich fast den ganzen Vortrag frei sprechen konnte. Schon bei der Einführung, in der Teile meiner Biographie vorgetragen wurden, konnte ich sogar ganz freundlich und locker den einführenden Herren korrigieren und fühlte mich frei, aus meiner Biographie für mich wichtige Momente hinzuzufügen. Manchmal habe ich einen Saal in Berlin oder auch in München, der nicht sehr voll ist, wo eine Schwere im Saal ist aufgrund der schlechten Ausstrahlung, daß ich ein Gefühl habe, ich müßte in dem Vortrag ankämpfen gegen eine hemmende Wand. So ist das beim Tanz auch: da ist ein energetischer Austausch zwischen Zuschauern und Tänzern – aber auch eine befreiende Bewußtseinserweiterung für die Zuschauer wie für die Tänzer. Aber das Entscheidende ist, daß der Tanz selber ein schöpferisches Geschehen ist. Im Tanz selber findet ja ein kreativer Akt statt. Und das ist natürlich in bisher üblichen, durch Choreographie und langjährige Ausbildung bestimmten Berufstänzen nicht der Fall.

*Kalkbrenner:* Würden Sie auch einen Unterschied sehen zum Beispiel zu Choreographen wie PINA BAUSCH, die versuchen, auch gruppendynamische Prozesse auf der Bühne darzustellen? Geht der

Humanstrukturelle Tanz darüber noch hinaus, indem er wirklich eine Echtheit, eine Authentizität des Tänzers ermöglicht, die ansonsten im professionellen Tanz gar nicht vorhanden ist?

*Ammon:* Ja, er geht natürlich darüber hinaus, aber diese Bemühung, mehr Freiraum zu schaffen, ist natürlich sehr zu unterstützen und sehr gut. Es ist aber kein echtes kreatives Geschehen, bei dem man gar nicht weiß, was wird passieren: der Tänzer weiß es nicht, die Zuschauer wissen es auch nicht, das ist ein absolut kreativer Zustand, auch von der Psychologie her gesehen, ein Zustand zwischen Wachen und Schlafen, wie wir ihn oft beim Aufwachen oder Einschlafen erleben, oder was die Existentialphilosophen als das nebelhafte Kairos bezeichnen, bei dem man nicht weiß, was geschieht – nun: das ist der kreative Akt.

Daß Versuche gemacht werden, mehr Freiraum zu schaffen, erinnert mich an FURTWÄNGLER, der mit seinem Orchester immer einzelne Teile des Konzertes genau einübte und technisch studierte – aber nie als Ganzheit. Die Ganzheit entstand erst bei der Aufführung selbst, da passierte es, weil er nämlich dort den kreativen Akt vollzog. Dies natürlich auch durch die Kraft und Ausstrahlung seiner Persönlichkeit und seines Dirigierens – und seiner Beziehung zu den Musikern. Das ist ein Beziehungsgeschehen! Große Dirigenten, große Regisseure haben eine ganz zur gesamten Gruppe haben und die gruppendynamische Atmosphäre, das heißt das sozialenergetische gruppendynamische Feld, so intensiv ist, daß kreative Prozesse geschehen.

Um zu unseren esoterischen Punkten zurückzukommen: Das Göttliche spricht aus dem Tänzer und ich meine, daß in der Zukunft der Mysterienbewegung, -bünde- und -orden, und der sich neu entwickelnden Religionen oder im Zuge des Zurückführens zu uralten tiefe Beziehung zu ihren einzelnen Künstlern. Das Wesentliche ist aber auch, daß Dirigenten, Regisseure, Tanzmeister eine Beziehung Quellen alter Religionen, auch der Tanz und der Körper einmal wieder eine wesentliche Mitte finden werden. Zum Beispiel wurde erst kürzlich beim Abschlußgottesdienst des Katholischen Kirchentages durch weißgekleidete Frauen und Männer um ein Kruzifix getanzt. Wir wissen ja, daß in den alten großen Mysterienkulten von Dionysos und Mitras, in Eleusis, in den

381

Heramsysterien in Paestum und in Mysterien des PYTHAGORAS der Tanz eine ganz entscheidende Rolle gespielt hat; bei PYTHAGORAS aber auch als Heiltanz. Er ist in dem Sinne als einer der Urväter der Tanztherapie zu bezeichnen. In seinen Sanatorien der Tempel in Kroton – zum Tempelbezirk gehörten immer Sanatorien – oder in Tarent oder in Metapont spielte der Tanz auch als Heiltanz eine ganz große Rolle. Dort tanzten die Menschen so lange, bis sie in eine Art Heilschlaf fielen, und wenn sie aufwachten, saß ein Priester an ihrer Seite und sprach über ihre Träume, über ihre Visionen, und deutete sie. Wir kennen ja auch die tanzenden Derwische im Sufi-Orden – da spielt der Tanz als Heiltanz, aber auch als religiöser Tanz eine Rolle. Schon bei PYTHAGORAS gab es diese Verbindung. Aber auch in den ältesten Zeiten, besonders in der Steinzeit, war ja das Heilende und das Religiöse und das gruppendynamische Element der Einheit. Auch der Tanz wurde in der steinzeitlichen Gesellschaft ganzheitlich gesehen als das Göttliche; Götterboten wurden tanzend dargestellt, es wurden Tänze aufgeführt um Götter oder um große heilige Götterstatuen herum. Dies hatte einen heilenden Effekt und gleichzeitig eine religiöse meditative Wirkung. Der Mensch ist im Tanz ein In-sich-hinein-Geworfener, in seine geistige und psychische Mitte und auch in seinen Körper, und stellt sich im Vertrauen und in Demut der Gruppe dar. Und die Gruppe nimmt ihn dankbar, vertrauensvoll und demütig an.

*Kalkbrenner:* Insofern ist der Tanz eine einzigartige Kunst wegen dieser Unmittelbarkeit zwischen Akteur und Publikum, wie sie in anderen Künsten nicht so gegeben ist. Die Sufimitglieder sagen ja auch, daß der Tänzer sich im Tanz verliert, sich im Tanz findet und nur noch der Tanz existiert und der Tänzer nicht mehr – daß die Energie, die göttliche Energie, wie die Sufis es nennen, durch den Tänzer hindurch frei fließen kann.

*Ammon:* Sehr richtig, wir haben ja mit dem Sufi Professor HASSNAIN aus Srinagar zusammengearbeitet und den Kosmischen Tanz unter seiner Leitung und meiner Assistenz durchgeführt – das war ein großes Ereignis. Natürlich war das ohne Zuschauer – es war ein absolut geschlossener Raum, wo dieser Kosmische Tanz durchgeführt wurde, der sehr erinnert an den Sternentanz des großen PYTHAGORAS.

*Kalkbrenner:* Ist es der Sinn des Humanstrukturellen Tanzes, die Tänzer zu einer Trance zu bewegen?
*Ammon:* Nein. Aber der Tanz ist natürlich so, daß sie oft an die Grenze zur Trance kommen und der Tanz könnte natürlich auch benutzt werden, Menschen so lange tanzen zu lassen, bis sie in einen Trancezustand kommen oder auch in einen Schlafzustand und schlafen – was z.B. auch ein Therapeutikum wäre bei sehr eingeengten zwangsneurotischen Menschen im Sinne von Wilhelm Reich, um den Charakterpanzer dieser Zwangsmenschen zu sprengen. Wir machen dies oft im Sinne der Therapie, indem wir die Menschen nach Trommeln tanzen lassen, wenn sie es selber wünschen – gerade zwangsneurotisch Kranke wünschen sich das – weil sie gar nicht die Phantasie haben, um nach Musik tanzen zu können. Durch das starke Trommeln drücken sie sich sehr intensiv körperlich aus, bekommen auch sehr viel Sozialenergie aus der Gruppe, durch Klatschen, Zurufe oder durch Summen und erkämpfen sich so ein Stück Freiheit von ihren Einengungen.
*Kalkbrenner:* Wir haben das ja bei einer Tänzerin aus Berlin erlebt, die sehr viel Energie bekam während ihres Tanzes und immer wieder rief »Ich will leben!«
*Ammon:* Ja, sie tanzte sehr bis an die Grenze, wobei ich indiesem Falle schließlich beruhigend auf sie einwirkte und sie diese Grenze nicht überschritt – und sie war auch an der Grenze zu einer sehr starken Ekstase. Beides kann ja eintreten: die Ekstase oder die Trance oder eine Ekstase in Trance oder auch mal ein Kontrollverlust.
*Kalkbrenner:* Das bedeutet eine große Verantwortung für den Therapeuten.
*Ammon:* Ja, natürlich. Das kann nicht jeder einfach machen, weil das unverantwortlich wäre. Wenn Menschen alleine tanzen, ist es auch gut, wenn wie angeregt werden, eine Beziehung zu ihrem Körper einzugehen. Das kann kreativierend sein, aber auch therapeutische Effekte haben.
*Kalkbrenner:* Es ist ja eine Möglichkeit im Tanzen, daß sich Verspannungen, die sich im Körper niederschlagen, lösen, Ist Ihre Form des Tanzes auch als eine Art Körpertherapie zu verstehen? Als eine Möglichkeit, sich selber zu heilen, ohne Massage, ohne Bioenergetik?

*Ammon:* Gut – wir wissen, daß sich etwa Depression auch psychosomatisch im Körper auswirken können. Der Tanz ist eine Möglichkeit zur Selbstheilung. Bei einer schweren Erkrankung sollte man jedoch mit Fachleuten zusammenarbeiten – und dann kann man ja auch parallel dazu zuhause tanzen. Man braucht nicht unbedingt immer in eine Tanztherapie zu gehen – andererseits muß man sich ja irgendwie orientieren, es einmal miterlebt haben. Wer z.B. auf unseren Gruppendynamischen Tagungen zehn Tage lang am Humanstrukturellen Tanz teilgenommen hat, der wird anschließend auch die Freiheit haben, zuhause allein oder vor Freunden zu tanzen. Ich habe den Humanstrukturellen Tanz auch als eine neue Form von Körpertherapie bezeichnet. Auch nach dem Ende eines Tanzes kann der Körper weiterhin Aufmerksamkeit bekommen, etwa indem der Tänzer umarmt und beruhigt wird oder, wenn er nach seinem Tanz sehr verschwitzt ist, mit dem Frottiertuch abgetrocknet wird. Das braucht aber nicht zu sein.
Während ich so die Humanstrukturelle Tanztherapie als eine form der Körpertherapie beschrieben habe in dem Reader von Prof. HILARION PETZOLD »Leiblichkeit«, habe ich sie auf der anderen Seite, in einer japanischen Kunsttherapie-Zeitschrift, im »Japanese Bulletin of Art Therapy« (AMMON 1983 a), auch als eine besondere Form der Kunsttherapie dargestellt. Ganzheitlich gesehen ist der Humanstrukturelle Tanz beides.

# Man as a Multidimensional Being in Health and Illness

# Reflections at a Congress Opening

In this contribution I would like to line out my conception of multidimensionality of man, concerning the therapeutic consequences and the treatment methods of the Dynamic Psychiatry. I want to put special emphasis on the point that the work with the healthy parts of the patient's personality can overcome the onedimensional diagnostic and therapeutic approach in psychiatry. Essentials of the theoretical conception are the holistic image of man in health and illness, thinking in terms of a group-dynamic and social energetic field and a structural and processual understanding of human development. An integrated spectrum of verbal and nonverbal therapeutic methods within the group dynamic setting of a therapeutic team with heterogeneous personalities and groups, can provide individually for each patient a multidimensional treatment. Thereby, the Dynamic Psychiatric Hospital as a whole is based on the quality of cooperation and communication of the therapeutic team group. In my concept, every patient is surrounded by a group of different qualified therapists according to the specific needs of the severely ill patient as well as his healthy and creative abilities. I want to underline that any psychotherapeutic method of Dynamic Psychiatry is part of an interwoven system of diagnostics and treatment and that there does not exist any isolated treatment method.

Man as a multidimensional being is a part of our conception of man in general and is related to conceptions of our school such as identity, social energy and androgynity in relation to the groupdynamical influences of man and is in steady development. Multidimensionality is the conception of an individual with all his different gifts, interests, qualifications, achievements and values, all the healthy parts of personality. These healthy parts are subjects to the diagnostic evaluation of man as well as the desintegrated multidimensional pathology like: destructiveness, anxiety, disregulation of ego-boundaries, narcissism, body-image disturbance, thought disorder and phantasy disturbance.

The core of our theory is the social-energetic groupdynamic field conception of man and his lifelong development leading to a specific personality structure dominated by the basic structure of biological, psychological, spiritual and social parts of personality. We conceive different human functions of the above-mentioned structures. For our therapeutic approach it is consequent that we mainly work with the basic structure of personality instead of disturbed functions and symptoms.

The structure of personality is important for our humanstructural work because it is the leading and integrating force of identity. However, we should never forget that all human structures are based on the unconscious and therefore we can understand the methodological need to work with transference, resistance and free association and the application of nonverbal treatment methods providing a multidimensional treatment program within the milieutherapeutic, socialenergetic and groupdynamic field of the hospital.

Mental illness means to me one-dimensional limitations of the originally multidimensional man or disregulation and desintegration of the multidimensional aspects of a person. I critisize psychiatric thinking in one-dimensional categories and say that the multidimensional potentialities and needs of man and particularly their recognition by the psychiatrist, are more important for the healing process than the causality of the patient's condition. The diagnostic dimension is combined with the dimension of treatment and its multidimensionality, according to the given personality structure and the different symptoms.

The therapist with the need to overlook the wholeness of the patient's personality with the multidimensional healthy and pathological aspects has to use the integrational forces for the treatment of the sick parts of the personality. A general principle for this process is to offer the patient more healthy, creative and satisfying activities in life than the pathology had to offer before. For example, alcohol, drugs or other symptoms have to be replaced by satisfying activities.

The psychotherapist has to be engaged and interested and, to a certain degree, enthusiastic about the offered nonverbal basic program with multidimensional therapeutic methods such as music therapy, dance therapy, theatre therapy, horse-back riding therapy, painting therapy, milieu-project therapy and working therapy. A special offer for more intellectually developed patients are the so-called interest group activities where patients are conducting seminaries, selecting and discussing old movies from a documentary centre, foreign language learning groups and so on. All these non-verbal treatment groups shall lead to the capacity of expressing emotions verbally and to the ability to take part in more formal therapeutic situations such as individual psychotherapy including psychoanalysis and group psychotherapy.

The therapist has to concentrate on his patient as a human being, on his needs, wishes, feelings and anxiety. The therapist has to attempt to reach the person and to offer him new conceptions in the way of thinking, his professional possibilities and so on. In other words, our attempt will be to change the basis structure of a person in its roots instead of being preoccupied with the treatment of symptoms. Sometimes it was helpful to ask the patients at the plenary sessions to report about their therapeutic achievements during the last week and their plans of achievements in the near future as well as their general and far-reaching aim of treatment.

Psychological pathology is in itself multidimensional with different parts of the personality being desintegrated or integrated. Therefore it is necessary to apply therapeutical methods which consider the multidimensional aspects of the patients. Milieutherapy is one of the basic treatment approaches. Milieutherapy can be described as a non-verbal group psychotherapy leading towards verbalization and interpretation. It has to work with different personality functions and structures of the patients. The therapeutic institution in which milieutherapy takes place is perceived as a social-energetic groupdynamical therapeutic field, where staff and patients are included. In this way the whole group of the psychotherapists are involved in treating the whole group of the patients. Therefore, each patient has a group of therapists treating him multidimensionally with different treatment tools. This group becomes obvious as one group mainly at case conferences and supervision group sessions. This represents a far-reaching therapeutic network where multidimensional therapeutic techniques are reaching a field of multidimensional pathology.

For the patients this means to live in a totally different life situation as at home. While in general the patients shall perceive the whole hospital set-up as a constructive, warm and homelike atmosphere, often the patients experience the whole milieutherapeutic field with all the people like their emotionally disturbed family homes. The slow recognition of the difference is introducing and supporting the healing process.

In our philosophy, life is a process and treatment is a process as well with progressive and regressive periods. Desintegration of the different dimensions of personality means illness, while treatment should be an integrating process. The treatment of milieu therapy is indicated for patients with a so-called split personality, a desintegrated human structure; with so-called archaic humanstructural diseases in general, particularly for borderline patients, patients with psychosomatic and drug problems, but also patients with schizophrenic reaction and depression.

After a careful evaluation of the patient's abilities and inabilities, a treatment program will be composed with the application of nonverbal and verbal therapeutic methods. Qualified and supervised therapists are crucial, as well as additional supervision by case conferences which take place for each patient particularly after the first evaluation of the diagnosis and treatment program and at the end of the hospital treatment.

Thus, the diagnosis may change during the process of treatment and the psychodynamics and group dynamics will also be likely to change in general. *KARL MENNINGER* used to describe this as a diagnosing process.

On the other hand, we can sometimes observe a patient's totally different behavior in different groups. For example, one patient behaved very demandingly and aggressively in the kitchen, even throwing a plate at the wall. He was, however, absolutely quiet in the formal group psychotherapeutic session, was talking friendly and laughing during the art therapeutic session and was mostly in contact during the horse-back riding through the forest with his horse-back riding therapy group. Through the different behavior patterns of this patient we gained new insight and could understand situations in which he spoke freely like during painting and horseback riding while he was totally silent during the formal group psychotherapy because of the transference situation. Hence we concluded that he was capable of transference. In the kitchen situation he transferred his infantile oral demands directed towards the mother represented by the kitchen chief. Naturally, being on horse-back in the forest there was not much space for transference.

Important in dealing with predominantly non-verbal patients is the interpretation of the dynamics of hostile resistance, of the high degree of anxiety, the high degree of destructive aggression and narcissism. The dynamic relationship between narcissism, destructive aggression and paranoid anxiety dominates the human structure of the group of non-verbal patients, which quite often includes subgroups of acting-out patients. The group of acting-out patients communicates via agitation, thus showing a possibility of reaction in comparison to silent patients. In group psychotherapy those patients stimulate the silent patients.

The therapists have to help the patient to learn to differentiate between the healthy and ill parts of his humanstructure. While at the beginning of treatment he experiences his problems as human-structurally syntonic, during treatment they become human-structurally alien and an object for discussion with the therapists. In this way, the concrete thinking of these patients will change slowly into a more reflective, relativating, abstract thinking. This is another important step in the healing process.

The alpha and omega of the psychotherapeutic treatment is our conception of social energy, a form of psychic energy which is developed by interpersonal and groupdynamic relationships, leading to the development of human structure as a whole and of multidimensional humanfunctions. Constructive social energy will be a part of all integrating healing processes in the milieu, while destructive social energy or even deficient social energy is always part of the disturbance of personality structure.

Concluding, it can be said that the hospital as a therapeutic instrument is based on the abilities of cooperation and communication of the therapeutic team. Each patient will be surrounded by different qualified therapists. In this way each patient has a group of therapists treating him multidimensionally. One might add that the patients are receiving social energy directed towards them from this group of psychotherapists. The patients, as well, are giving each other social energy and interpretations of their experiences in the therapeutic milieu.

We would like to emphasize that there does not exist any isolated treatment method, such as milieutherapy. Any psychotherapeutic methods are part of an interwoven therapeutic system.

This conception of treatment offers many new possibilities for therapeutic research as well as for further development of treatment methods. Further research on different human structures, functions and group dynamics should be of interest.


*Der Mensch als mehrdimensionales Wesen in Gesundheit und Krankheit*
*Gedanken zur Eröffnung eines Kongresses*

Das Verständnis vom Menschen als einem mehrdimensionalen Wesen ist Teil des Menschenbildes in der Dynamischen Psychiatrie und steht in enger Beziehung zu Konzepten der Schule wie Identität, Sozialenergie und Androgynität. Es basiert auf gruppendynamischen Entwicklungsvorraussetzungen und dem Verständnis eines Menschen, der sich lebenslang in prozeßhafter Entwicklung befindet. Das Konzept der Mehrdimensionalität umfaßt die verschiedenen Begabungen, Interessen, Leistungsmöglichkeiten und Wertvorstellungen, d.h. alle gesunden Anteile seiner Persönlichkeit. Diese sind ebenso Gegenstand diagnostischer Bewertung wie die desintegrierte mehrdimensionale Pathologie eines Menschen, sein zerstörerisches Potential, seine Ängste, die Unfähigkeit zur Regulation seiner Ich-Grenzen, sein gestörter Narzißmus, seine Denk- und Körper-Ich-Störungen.

Herzstück der Theorie ist die Konzeption eines sozialenergetisch-gruppendynamischen Feldes und das Verständnis vom Menschen als eines sich lebenslang entwickelnden Wesens. Bestimmt durch grundlegende Strukturbedingungen auf biologischer, psychologischer und geistiger Ebene entwickelt jeder Mensch eine spezifische Persönlichkeitsstruktur. Für den therapeutischen Ansatz heißt dies konsequenterweise, statt mit gestörten Funktionen überwiegend mit den grundlegenden Strukturen der Persönlichkeit zu arbeiten. Die Struktur der Persönlichkeit ist entscheidend für die humanstrukturelle Arbeit, denn sie ist die bestimmende und integrierende Kraft der Identität. Dabei sollte man niemals vergessen, daß alle humanstrukturelle Entwicklung auf einem Verständnis vom Unbewußten basiert. Daraus wird die methodologische Notwendigkeit verständlich, mit Übertragung, Widerstand und freier Assoziation zu arbeiten sowie nonverbale Behandlungsmethoden anzubieten. Diese beinhalten innerhalb des milieutherapeutischen, sozialenergetischen und gruppendynamischen Feldes, wie es die Dynamisch-Psychiatrische Klinik Menterschwaige in München anbietet, ein mehrdimensionales Behandlungsprogramm.

Psychische Krankheit bedeutet für *mich* eine eindimensionale Einschränkung des ursprünglich mehrdimensional angelegten Menschen oder Dysregulation und Desintegration der mehrdimensionalen Aspekte einer Person. Ich kritisiere psychiatrisches Verständnis und Denken in eindimensionalen Kategorien und weise darauf hin, daß die mehrdimensionalen Möglichkeiten und Bedürfnisse eines Menschen und ganz besonders deren Anerkenntnis durch den behandelnden Psychiater oft entscheidend wichtiger für den Heilungsprozeß sind als die genaue Ursachenforschung der Erkrankung. Die diagnostische Dimension steht in enger Beziehung zur Behandlungsdimension und zur Mehrdimensionalität, entsprechend der Persönlichkeitsstruktur des Menschen und seiner verschiedenen Symptome. Der Therapeut muß die Persönlichkeit des Patienten in ihrer Gesamtheit mit ihren mehrdimensionalen gesunden und pathologischen Aspekten erfassen und hat zur Behandlung der kranken Anteile dessen integrierende Kräfte und Möglichkeiten zu nutzen. Ein grundlegendes Prinzip für diesen Prozeß besteht darin, dem Patienten mehr gesunde, kreative und befriedigende Aktivitäten im Leben anzubieten als die Pathologie es bislang vermochte. So sind zum Beispiel Alkohol, Drogen und andere Symptome durch befriedigendere Aktivitäten zu ersetzen.

Der Psychotherapeut muß engagiert, interessiert und bis zu einem gewissen Grad begeisterungsfähig hinsichtlich der angebotenen nonverbalen Behandlungsmöglichkeiten mit ihren therapeutischen Ansätzen auf vielen verschiedenen Ebenen sein, wie etwa der Musiktherapie, Tanztherapie, Theater-, Reit- und Maltherapie sowie der projektbezogenen Milieutherapie und Arbeitstherapie. Ein spezielles Angebot für intellektuell besser entwickelte Patienten liegt in den sogenannten Interessengruppen, wo Patienten selbst Seminare leiten oder Dokumentarfilme auswählen und diskutieren oder sich gegenseitig Fremdsprachen-Unterricht geben. Alle diese nonverbalen Behandlungsgruppen sollen die Fähigkeit entwickeln helfen, Gefühle zu verbalisieren und die Teilnahme an mehr formalen therapeutischen Situationen wie individueller Psychotherapie, Psychoanalyse und Gruppentherapie zu ermöglichen.

Der Therapeut muß sich einstellen auf die Bedürfnisse, Wünsche, Gefühle und Ängste seines Patienten. Er muß den Patienten in der Tiefe erreichen und verstehen und ihm neue Möglichkeiten des Denkens, seiner beruflichen Möglichkeiten usw. anbieten. Das Entscheidende unseres Behandlungsansatzes liegt also im Bemühen, die Persönlichkeitsstruktur eines Menschen an ihren Wurzeln zu verändern anstatt sich auf die Behandlung von Symptomen zu konzentrieren.

Psychologisch gesehen ist Pathologie an sich mehrdimensional mit den verschiedenen Persönlichkeitsanteilen verbunden, welche integriert oder desintegriert sind. Deshalb ist es notwendig, therapeutische Methoden anzuwenden, welche die mehrdimensionalen Möglichkeiten eines Patienten berücksichtigen. Milieutherapie stellt einen der grundlegenden Behandlungsansätze dar. Sie kann beschrieben werden als nonverbale Gruppenpsychotherapie, die schließlich zur Möglichkeit der Verbalisierung und Interpretation verhilft. Die therapeutische Institution, in welcher Milieutherapie angewandt wird, wird verstanden als sozialenergetisch-gruppendynamisches therapeutisches Feld, welches Mitarbeiter und Patienten einschließt. Auf diese Weise ist die gesamte Gruppe der Psychotherapeuten engagiert in der Behandlung der gesamten Gruppe der Patienten. Dementsprechend steht jedem Patienten eine Gruppe von Therapeuten zur Verfügung, die ihn auf mehreren

Dimensionen mit verschiedenen therapeutischen Ansätzen behandeln. Als Gruppe wird die Gruppe der Therapeuten hauptsächlich sichtbar bei Casekonferenzen und Supervisionssitzungen. Dies repräsentiert ein weitreichendes therapeutisches Beziehungsgeflecht, wo therapeutische Techniken auf mehreren Dimensionen das Feld mehrdimensionaler Pathologie beeinflussen. Für die Patienten bedeutet dies, gegenüber zuhause in einer gänzlich anderen Lebenssituation zu leben, wobei ihnen die Klinik insgesamt in einer konstruktiven, warmen und heimischen Atmosphäre angeboten werden soll. Oft erleben Patienten allerdings die gesamte Klinik wie ihre gestörte Familiensituation. Das allmähliche Erkennen des Unterschiedes leitet den Heilungsprozeß ein und unterstützt ihn.

Wir verstehen in unserer Philosophie Leben als Prozeß und ebenso Behandlung als einen Prozeß mit Phasen der Weiterentwicklung und auch mit regressiven Phasen. Desintegration der verschiedenen Dimensionen einer Persönlichkeit bedeutet Krankheit, wohingegen Behandlung einen integrierenden Prozeß darstellt. Milieutherapie eignet sich besonders für Patienten mit sogenannter gespaltener Persönlichkeit, einer desintegrierten Humanstruktur, für sogenannte archaische Ich-Erkrankungen generell, besonders für Borderline-Patienten, Patienten mit psychosomatischen und Drogen-Problemen, aber auch für schizophren reagierende und depressive Patienten. Nach einer sorgfältigen Untersuchung der Fähigkeiten und Schwierigkeiten des Patienten wird ein Behandlungsprogramm mit den verschiedenen verbalen und nonverbalen Behandlungsmethoden aufgestellt. Die Arbeit mit qualifizierten und supervidierten Therapeuten ist essentiell wichtig, ebenso wie die zusätzliche Supervision durch Casekonferenzen, welche für jeden Patienten vor allem nach einer ersten diagnostischen Untersuchung, während der Behandlung und kurz vor der Entlassung stattfinden sollen. So wird eine Veränderung der Diagnose während des Behandlungsprozesses sichtbar und auch die Psychodynamik und Gruppendynamik wird sich vermutlich generell ändern. *KARL MENNINGER* pflegte dies als »diagnosing process« zu beschreiben.

Immer wieder kann beobachtet werden, wie das Verhalten von Patienten sich in unterschiedlichen Gruppen völlig voneinander unterscheidet. So benahm sich zum Beispiel ein Patient in der

Küche sehr fordernd und aggressiv und warf sogar Teller an die Wand. Er war jedoch in der formalen Gruppenpsychotherapie absolut schweigsam, sprach freundlich, lachte während der Kunsttherapie-Sitzungen und war die meiste Zeit im Kontakt mit den anderen Therapiegruppenmitgliedern während der Reittherapie. Durch die verschiedenen Verhaltensweisen dieses Patienten bekommen seine Therapeuten neue Einsichten und können Situationen verstehen, in welchen er während der Mal- und Reittherapie frei sprechen konnte, während er während der formalen Gruppentherapie aufgrund ihres Übertragungscharakters total schwieg. Immerhin kann man daraus schließen, daß er zu Übertragungen fähig gewesen ist.

Entscheidend für den Umgang mit überwiegend nicht-sprechenden Patienten ist die Interpretation der feindseligen Widerstands-Dynamik, des hohen Ausmaßes an Angst und destruktiver Aggression und des gestörten Narzißmus. Die dynamische Wechselbeziehung zwischen Narzißmus, destruktiver Aggression und paranoischer Angst ist bei der Humanstruktur der Gruppe der nonverbalen Patienten vorherrschend. Diese schließt sehr oft Untergruppen von Patienten ein, die zum Ausagieren tendieren. Sie kommunizieren durch Agitation und zeigen so die Möglichkeit einer Reaktion im Vergleich zu den schweigenden Patienten. Aufgabe der Therapeuten ist es, den Patienten zu helfen, zwischen gesunden und kranken Anteilen ihrer Persönlichkeit unterscheiden zu lernen. Während sie zu Beginn der Behandlung ihre Probleme als zu ihrer Persönlichkeit gehörig (»ich-synton«) erleben, werden sie im Laufe der Behandlung »ego-alien« und Gegenstand der Auseinandersetzung. So wird sich auch das konkretistische Denken der Patienten allmählich wandeln zu einem mehr reflektierenden, relativierenden abstrakten Denken, eine weitere wichtige Stufe im Heilungsprozeß.

Alpha und Omega des psychotherapeutischen Behandlungskonzeptes ist die Konzeption der Sozialenergie, einer Form von psychischer Energie, welche aus dem zwischenmenschlichen und gruppendynamischen Beziehungsgeflecht entsteht. Sie führt schießlich zu einem Wachstum der Humanstruktur als ganzer und der Humanfunktionen auf verschiedenen Dimensionen. Konstruktive Sozialenergie ist ein wesentlicher Teil aller integrierenden Heilungsprozesse im milieutherapeutischen Feld, während destruktive oder gar defizitäre Sozialenergie stets ein Bestandteil gestörter Persönlichkeitsentwicklung ist.

Zusammenfassend kann gesagt werden, daß die Klinik als therapeutisches Instrument auf der Fähigkeit und Bereitschaft des therapeutischen Teams zu Kooperation und Kommunikation basiert. Jeder Patient ist umgeben von unterschiedlich qualifizierten Therapeuten. Auf diese Weise hat jeder Patient eine Gruppe von Therapeuten, die ihn auf mehreren Dimensionen behandelt. Diese Patienten werden also ihre Sozialenergie direkt von der Gruppe der Psychotherapeuten erhalten, wobei die Patienten untereinander sich ebenfalls Sozialenergie geben und sich austauschen hinsichtlich ihrer Erfahrungen im therapeutischen Milieu.

Wir möchten betonen, daß es keine isolierte Behandlungsmethode gibt. Jede psychotherapeutische Methode ist Teil eines untereinander vernetzten therapeutischen Systems. Diese Behandlungskonzeption bietet viele neue Möglichkeiten sowohl für Therapieforschung als auch die Entwicklung weiterer Behandlungsmethoden, auch für ungewöhnliche Patienten. Von besonderem Interesse ist Forschung in Bezug auf die verschiedenen Humanstrukturen, -funktionen und Gruppendynamiken.

# Glossar

*Aggression:* Eine zentrale → Ich Funktion im unbewußten Kern der Persönlichkeit; ursprünglich konstruktiv beim Kind mit neugierigem Herangehen an Menschen und Dinge; kein angeborener Zerstörungs- oder Todestrieb, wie FREUD es postulierte. Erst ungünstige Umwelteinflüsse und Entwicklungsstörungen im Sinne von Verformung der Aggression können sie in Destruktion oder ins Defizitäre verwandeln. Destruktive oder defizitäre Aggression stehen im Mittelpunkt psychischer Erkrankung oft im Wechselspiel mit Depression und krankem → Narzißmus. Der Erfolg aller Therapie hängt ab von der Durcharbeitung und Auflösung von Destruktion in der Psyche des Kranken. Oftmals wird destruktive Aggression auf Frustration zurückgeführt. Auch menschliche Beziehung fordert aggressive Auseinandersetzung mit Menschen und Gruppen, wenn eine Beziehung tragend sein soll. Konstruktiv aggressives Herangehen an Menschen ist oft eine effektive Kontaktaufnahme, die zu Beziehung und Freundschaft führen kann. Konstruktive kreative Aggression ist immer auch ein Ausdruck von Standpunktbeziehen und Identität und beinhaltet → sozialenergetische Auseinandersetzung.

*Androgynität:* Der Mensch ist androgyn, d.h. zweigeschlechtlich angelegt, sowohl körperlich wie psychisch. Er hat die Möglichkeit, sich sowohl männlich als auch weiblich zu erleben und zu verhalten. Dabei ist Androgynität entsprechend dem ganzheitlichen Persönlichkeitskonzept des Autors auf den ganzen Menschen bezogen und betrifft alle Dimensionen der Identität, nicht nur die Sexualstruktur, sondern die Struktur des Lebensstils, der Köperlichkeit, der Emotionalität, der Berufs- und Arbeitswelt, der Partnerwahl usw.

*Androgyniat:* Das Androgyniat ist ein Begriff neben Matriarchat und Patriarchat, d.h. nach AMMON wird das Patriarchat vom Androgyniat abgelöst, was er als evolutionären Prozeß versteht. Das Androgyniat bedeutet einen Bewußtseinswandel, der eine ganzheitliche Sicht von Mensch und Welt zufolge hat, wo sich beide Geschlechter von ihren Rollenzwängen je nach den Bedürfnissen des Einzelnen befreien und entwickeln können.

*Androgynitäts-Dimensionstest nach AMMON (ADA):* Ein von AMMON entwickelter psychologischer Test zur Erfassung der → Androgynität eines Menschen. Der Test geht aus von Androgynität als inhaltliche Ausgestaltung von Identität auf der Basis eines ganzheitlichen Persönlichkeitskonzeptes. Im ADA werden vier Dimensionen berücksichtigt mit den Skalen: 1) Sexuelles Verhalten 2) Berufs- und Arbeitswelt 3) Emotion und Phantasiewelt 4) Körperlichkeit. Wesentliches Konstruktionsprinzip ist, daß an den Enden jeder Dimension die fixierten und starren Verhaltens- und Erlebensweisen stehen, im mittleren Bereich jeder Skala stehen beide Verhaltensweisen, d.h. sowohl männlich als auch weiblich zur Verfügung, was die eigentliche Androgynität ausmacht. Der ADA kann sowohl als Fragebogen als auch in Form eines Gruppen-Ratings durchgeführt werden. Aufschlußreich ist auch die Beziehung von Selbsteinschätzung und Fremdeinschätzung durch die Gruppe.

*Autokinetisches Phänomen:* Fixieren Menschen einen objektiv feststehenden winzigen Lichtpunkt in einem völlig abgedunkelten Raum, nehmen sie diesen in Bewegung wahr (z.B. auch bei Fixsternen). Es existiert zahlreiche Literatur über Untersuchungen mit dem Autokinetischen Phänomen aus verschiedenen Forschungsbereichen, wie z.B. Astronomie, Neurophysiologie, Wahrnehmungs-, Gestalt-, Sozialpsychologie und Psychiatrie. HARALD M. VOTH und MARTIN MAYMANN (1959), basierend auf der Arbeit von ALBERT C. VOTH (1947) führten Untersuchungen mit Patienten der Menninger Clinic (USA) durch. ALBERT VOTH wollte das Phänomen als projektives Testverfahren nutzen, um Unterschiede in Persönlichkeitsstrukturen seiner psychiatrischen Patienten festzustellen. AMMON (1959) zitierte in seiner milieutherapeutischen Arbeit die Ergebnisse dieser Untersuchung und nahm das Autokinetische Phänomen 1982 mit seinen Mitarbeitern in die → humanstrukturologische Forschung auf (siehe → Autokinetischer Lichttest).

*Autokinetischer Lichttest:* Der Test basiert auf dem Gedanken des → Autokinetischen Phänomens. 10-minütiger Test, der in einem dunklen Raum stattfindet, in dem ein winziger Lichtpunkt vorgegeben wird. Von der Versuchsperson werden Bewegungen, Nichtbewegung und Haltepunkte aufgezeichnet. Der Test dient als diagnostisches Instrument bei der Differenzierung der → Humanstruktur und wird auch in Form von Gruppenuntersuchung, z.B. als Momentaufnahme nach Gruppenpsychotherapie, in der Diagnostischen Abteilung der Dynamisch-Psychiatrischen Klinik Menterschwaige München durchgeführt.

*Borderline-Syndrom:* (GÜNTER AMMON): Psychiatrische Krankheitsbilder, die im gleitenden Spektrum zwischen neurotischen und → psychotischen Persönlichkeitsstörungen liegen. Bei zugrunde

liegender Ich-Schwäche und Störungen im Persönlichkeitskern, der Identität, unterscheidet sich das Borderline-Syndrom von den psychotischen Krankheitsformen durch eine relativ intakte Fassade, manchmal sogar überkompensierte und brillierende → Ich-Funktionen. Es besteht eine Bereitschaft zu kurzen psychotischen Episoden, aber auch zu passageren neurotischen Reaktionen.
(aus: Pschyrembel. Klinisches Wörterbuch mit klinischen Syndromen und Nomina Anatomica. 254. neubearbeitete Auflage, 1982. New York, Walter de Gryuter)

*Borderline-Gesellschaft:* Identitätsdefizitäre Gesellschaftsstruktur mit desintegrativen Erscheinungen wie Hedonismus und Terrorismus.

*Denken:* rechtshemisphärisches Denken: bildhaftes, konzeptionelles Denken, Traumdenken, Phantasieren; Denken ist hier als zentrale → Ich-Funktion im nichtbewußten Areal der Persönlichkeit angesiedelt. Linkshemisphärisches Denken: praktisches, rationales, logisches Denken, konkretes Denken; im bewußten Verhaltens-Ich der Persönlichkeit angesiedelt. Beim gesunden Menschen findet ein kontinuierlicher → Synergismus zwischen rechts- und linkshemisphärischem Denken statt.

*Denkprozeß, primärer:* ursprünglich von FREUD geprägter Begriff; Traumsprache und Symbolik

*Denkprozeß, sekundär:* das rationale Denken im Alltag

*Denkprozeß, tertiärer:* Vergleichbar einem fließenden Geschehen zwischen Wachen und Schlafen, insbesondere bei kreativen Zuständen. Im tertiären Denkprozeß fallen logisch-rationales und ganzheitliches, konzeptionelles und bildhaftes Denken zusammen.

*double-bind:* Ein von BATESON u.a. (1956) geprägter Begriff zur Charakterisierung der pathogenen Beziehung von Mutter und Kind in der → Symbiose, wie sie insbesondere in schizophrenogenen Familiengruppen gefunden wird. Die Mutter konfrontiert das Kind gleichzeitig mit widersprüchlichen Botschaften und Forderungen; z.B. wünscht sie einerseits die Nähe des Kindes, die sie andererseits abwehrt und meidet. Verbal erklärt sie ihre Liebe, nonverbal stößt sie das Kind zurück. Die pathogene Dynamik dieser »Beziehungsfalle« resultiert daraus, daß es dem Kind unmöglich gemacht wird, über dieses widersprüchliche Verhalten mit der Mutter zu kommunizieren bzw. sich der Situation zu entziehen. In der Regel antwortet die Mutter auf den Versuch des Kindes, den Widerspruch aufzudecken, mit Vorwürfen oder dem Abbruch der Kommunikation. Beides wird vom Kind, das auf die Nähe zur Mutter angewiesen bleibt, als existentielle Bedrohung erfahren. Das Kind wird auf diese Weise in einer dauernd als unsicher und gefährlich erlebten Symbiose festgehalten.

*Dynamische Psychiatrie:* Eine ursprünglich in den USA entwickelte psychiatrische Richtung eklektischer Art, die versucht, psychoanalytisches Verständnis in der Psychiatrie zur Geltung zu bringen. Hauptvertreter: KARL MENNINGER, FRANZ ALEXANDER, HARRY STUCK SULLIVAN, FRIEDA FROMM-REICHMANN, BRUNO BETTELHEIM, MARTIN GROTJAHN, u.a. AMMON hat ausgehend von seiner ursprünglichen Schülerschaft zu KARL MENNINGER in den letzten 25 Jahren eine neue ganzheitliche Dynamische Psychiatrie und Psychologie entwickelt mit einer ihr eigenen Theorie und daraus folgender Behandlungsmethodik und Prophylaxe. Siehe → Humanstrukturologie.

*endogenes Krankheitsgeschehen:* Von der Schulpsychiatrie aufgestelltes Postulat, daß psychische Erkrankungen auf körperliche Ursachen zurückzuführen seien, die noch nicht gefunden wären. Die zur Untermauerung angeführten erbbiologischen Untersuchungen sind inzwischen von KRINGELEN, AMMON u.a. widerlegt, vielmehr ist die Bedeutung psychogenetischer Faktoren nachgewiesen worden.

*facilitating environment:* Ein von WINNICOTT (1963) geprägter und vom Autor konzeptionell weiterentwickelter Begriff für eine Umgebung, die die Entwicklung des Kindes fördert. Dem Kind wird dabei ein eigener Lebensraum eingeräumt, eine Identität im eigenen Recht gestattet, und ihm stehen unterstützend in einem freundlich annehmenden Milieu die → Ich-Funktionen der umgebenden Gruppe zur Verfügung.

*Gegenübertragung:* Reaktion des Psychotherapeuten auf die → Übertragung des Patienten, wobei sich z.B. der Therapeut dem Patienten gegenüber verhält wie die Mutter des Patienten in seiner Kindheit. Bei Erkennen dieser Gegenreaktion wird dem Therapeuten dann die therapeutische Situation erscheinen wie eine Widerspiegelung der ursprünglichen Schwierigkeiten in der Primärgruppe des Patienten.

*Grenzfall-Patient:* synonym gebraucht für → Borderline-Patient.

*Gruppendynamik:* Eine Dynamik, d.h. ein Beziehungsgeflecht prozeßhafter Art, das immer in menschlichen Gruppen gleich welcher Art spontan entsteht; zuerst erkannt und beschrieben von dem Soziologen KURT LEWIN und in die analytische Gruppenpsychotherapie eingeführt von SIEGMUND H. FOULKES.

In der → Dynamischen Psychiatrie wird Gruppendynamik verstanden als ein → sozialenergetisches Feld im Gegensatz zu der herkömmlichen psychologischen Vorstellung eines Interaktionsfeldes. Erkenntnisse der Gruppendynamik sind nicht nur notwendig für die Psychotherapie, sondern besonders auch für politische Gruppen, Meditationsgruppen, Mysterienbünde, Wohngemeinschaften, Institutionen wie Krankenhäuser, Universitätsinstitute, Forschungsgruppen, bei Gerichtsverhandlungen sowie in der Pädagogik. Die Soziometrie stellt eine Augenblicksaufnahme des Beziehungsgeflechtes einer Gruppe dar.

*Hilfs-Ich-Funktion:* Die zeitweilige Übernahme nicht bzw. noch nicht entwickelter oder gestörter → Ich-Funktionen (z.B. Angst, → Aggression, → Ich-Abgrenzung) eines Menschen durch andere, z.B. durch Gruppenmitglieder, durch den Psychotherapeuten, oder — während der frühkindlichen → Symbiose — durch primäre Bezugspersonen. Durch dieses Zur-Verfügung-Stellen von gesunden Ich-Funktionen kann die Persönlichkeit von Menschen mit Defiziten in ihrer → Ich- bzw. Humanstruktur soweit stabilisiert und damit ein Umgehen mit Realitäten oder auch mit Kommunikation in der Gruppentherapie ermöglicht werden.

*holistisch* bzw. *Holismus:* wird vom Autor synonym gebraucht für Ganzheitlichkeit.

*Hospitalismus:* Von RENÉ SPITZ zuerst geprägter Begriff körperlicher und psychischer Störung durch langdauernden Aufenthalt in Heimen, psychiatrischen Anstalten, Krankenhäusern, vor allem bei Kindern durch Entzug zwischenmenschlicher Beziehung und den emotionalen Kontakt zur Mutter. Es tritt motorische Unruhe und Angst auf später Apathie und Abstumpfung, Entwicklungsretardierung; im Extremfall führt die Hospitalisierung zum psychogenen Tod. Neuerdings spricht man auch von psychopharmakologischen Hospitalismus durch hohe und über lange Zeit unverändert verabreichte Dosen.

*Human-Funktionen:* siehe → Ich-Funktionen.

*Humanstrukturologie:* Eine von AMMON entwickelte Konzeption der Persönlichkeit mit ihren biologischen (insbesondere neurophysiologischen), nicht bewußten und bewußten Persönlichkeitsstrukturen mit deren für den Menschen wichtigen → Ich-Funktionen bzw. Humanfunktionen in den verschiedenen oben angeführten Arealen. Durch den von AMMON und Mitarbeitern entwickelten Ich-Struktur-Test (ISTA) ist auch testpsychologisch ein klares Bild von jedem einzelnen Menschen zu erstellen, was zu einem individuellen Persönlichkeitsprofil mit den jeweiligen konstruktiven oder geschädigten Humanfunktionen führt.

*Ich:* bedeutet das Eigenerleben des Menschen in Abgrenzung zum Nicht-Ich, wie bereits von IMMANUEL KANT beschrieben; wenn das Kind anfängt, nicht mehr von sich in der dritten Person zu sprechen »Karl will Ata-Gehen«, sondern nunmehr sagt »Ich will Ata-Gehen«. SIGMUND FREUD verwandte den Ich-Begriff in seinem sog. topographischen Modell von Ich-Es-Über-Ich, wobei er das Ich als funktional dem Bewußtsein zuordnete, beim Neurotiker (nach FREUD) »zerdrückt« zwischen dem triebhaften Es und der moralischen Instanz des Über-Ichs (letztere Funktionen nach FREUD dem Unbewußten zugeordnet). Ich-Autonomie bedeutet dann die konfliktfreie Sphäre des Ichs.

Durch sein Ich-Struktur-Modell hat AMMON das topographische Modell abgelöst und spricht von nichtbewußten → Ich-(Human) Funktionen, die koordiniert und integriert in die Identität des Menschen einfließen im → Synergismus mit den bewußten Funktionen des Verhaltens-Ich, dem sog. sekundären Ich der Perönlichkeit. Vgl. auch die psychoanalytische Ich-Psychologie, die mit Beibehalten von Triebkonzept und topographischem Modell, besonders mit Schwerpunkt der Ich-Autonomie, eine Weiterentwicklung der Psychoanalyse darstellte, besonders durch ANNA FREUD, HEINZ HARTMANN, E. KRIS und R.M. LEOWENSTEIN, DAVID RAPAPORT u.a. AMMON wurde an der Menninger Foundation stark durch die amerikanische Ich-Psychologie RAPAPORTs und seiner Schüler beeinflußt. AMMON entwickelte das sog. Ich- und Gruppenkonzept und sieht die Ich-(Persönlichkeits-) Entwicklung des Menschen in Abhängigkeit vom → gruppendynamischen → sozialenergetischen Feld, von Kindheit an durch das ganze Leben gehend bis zu seiner Sterbestunde. Eine gesunde konstruktive Gruppe wird von AMMON als die Dienerin für die Ich-Identitäts-Erweiterung jedes einzelnen Mitglieds angesehen. Das Ich (Ego) ist eine zu entwickelnde Kraft auch im transpersonalen Bereich und etwas zu Entwickelndes. Es hat nichts zu tun mit volkstümlichen Vorstellungen von egoistisch oder selbstsüchtig.

*Ich-Abgrenzung:* Entwicklungsvorgang, in dessen Verlauf das Kind seine → Ich-Grenzen aufbaut und der es ermöglicht, ein Gefühl und ein Bewußtsein der eigenen Identität zu erleben, was auch bedeutet, sich abzugrenzen von der Welt der Phantasien, zur Umwelt, eine Notwendigkeit für menschlichen Umgang.

*Ich-Funktionen (bzw. Humanfunktionen):* Sie sind die Funktionen innerhalb der drei großen humanstrukturellen Persönlichkeitsbereiche 1) des bewußten Verhaltens-Ich, 2) des nichtbewußten zentralen Ichs und 3) der biologischen Struktur des Menschen. Meßbar durch den ISTA (Ich-Struktur-Test nach AMMON).

*Ich-Grenze:* Von PAUL FEDERN entwickeltes Konzept, wonach die dynamische Einheit des Ichs von flexiblen Grenzen umgeben ist, die den Bereich des Ich-Gefühls nach innen und außen in wechselnder Ausdehnung umschließen und als eine Art peripheres Wahrnehmungsorgan des Ichs dienen. Als Ich-Gefühl wird dabei das kontinuierliche Erlebnis der einheitlichen Qualität jener Vorstellungsinhalte bezeichnet, die als zum Ich gehörend wahrgenommen werden. Die Ich-Grenze dient der Unterscheidung von Ich und Nicht-Ich.

*Ich-Krankheiten, archaische:* Von AMMON geprägter Begriff zur Bezeichnung schwerer psychischer Störungen, die als Reaktion auf einen in frühester Kindheit erworbenen Defekt in der → Ich-Struktur verstanden werden können ( → Symbiosekomplex). Charakteristisch ist die mehr oder weniger generalisierte Unfähigkeit in der Unterscheidung von innerer und äußerer Welt, das Fehlen eines konfliktfreien Ich-Gefühls im Sinne des Erlebens der eigenen Identität, und die reaktive Deformierung der konstruktiven → Aggression in ein nach innen und außen gewendetes destruktives Verhalten. Zum Spektrum der archaischen Ich-Krankheiten zählen die → psychotischen Reaktionen des schizophrenen und des manisch-depressiven Formenkreises, die destruktive Sexualität, die psychosomatischen Erkrankungen und das sog. → Borderline-Syndrom, d.h. Störungen aus dem weiten Grenzbereich zwischen Psychose und Neurose.

*Ich-Strukturen* (bzw. *Humanstrukturen*): Persönlichkeitsstrukturen bewußter, nichtbewußter und biologischer Art.

*Kirlianfotografie:* Kontakt zwischen einer menschlichen Hand und einer fotochemischen Emulsion unter Einwirkung von Hochspannung als sog. Corona (d.h. elektrische Entladungen an den Fingerspitzen) sichtbar. ERIK P. IGENBERGS war mit der ungenügenden Reproduzierbarkeit der Corona-Bilder unzufrieden und entwickelte daraufhin die Methode der Elektrographie. Er zeichnet mit einer Videokamera die Corona-Bilder einer Hand auf, die auf eine elektrisch leitende Glaskathode gelegt wird, an der eine Hochspannung von 100 000 Volt angelegt wird. Als Ergebnis konnte er den Einfluß von Konzentration, Schmerzreizen auf die Corona-Form und vor allem aus der Art der Coronas von zwei gleichzeitig aufgezeichneten Menschen Aufschluß über die Beziehung zueinander gewinnen (z.B. sog. Freundschaftsbrücke zwischen zwei zueinander freundlich eingestellten Menschen). Damit ist für IGENBERGS ein erster physikalischer Zugang zur menschlichen Psyche eröffnet. Er sieht breite Anwendungsmöglichkeiten seiner Methode in der medizinischen Schmerzforschung, der psychologischen und soziologischen Forschung. AMMON sieht hier die Möglichkeit der Messung von → Sozialenergie, die er ursprünglich als Metapher postuliert hatte.

*Körper-Grenze:* Oberfläche und Begrenzung des Körpers, deren Wahrnehmung und Erforschung erst die Unterscheidung von Ich und

Nicht-Ich, von innen und außen ermöglicht.

*Körper-Ich:* Psychische Repräsentanz des eigenen Körpers, die zum Ausgangspunkt der Ich-Entwicklung wird. Das Erleben und Erforschen des eigenen Körpers, seiner Funktionen und Grenzen ermöglicht die erste Unterscheidung von Ich und Nicht-ich, von innen und außen. Das Körper-Ich hat einen funktionellen Aspekt insofern, als es sich auf die Körperfunktionen und ihre Koordinaten bezieht, und einen Identitätsaspekt insofern, als es sich auf das Gefühl und das Erleben des Körpers als einer unverwechselbaren kohärenten Einheit bezieht.

*Körper-Ich-Grenze:* psychische Repräsentanz der Körper-Grenze. Vgl. auch → Ich-Grenze.

*Körper-Ich-Identität:* Ein einheitliches körperliches Existenzgefühl, das durch die gelingende Ausbildung einer → Körper-Ich-Grenze ermöglicht wird.

*Loch im Ich:* Bildliche Beschreibung eines strukturellen Defizits im Bereich der zentralen → Ich-Funktionen (Löcher auf der Landkarte des → Ichs), das durch ein Symptom oder durch das Agieren der Konflikte in der Außenwelt ausgefüllt werden kann und so eine Desintegration des Ichs verhindert.

*Narzißmus:* Der gesunde konstruktive Narzißmus beinhaltet die Fähigkeit, mit dem eigenen Unbewußten, mit den eigenen → Ich-Funktionen, die beziehungsvoll eingesetzt werden können, liebevoll umzugehen. Er bedeutet somit eine gesunde Form von Selbstliebe mit dem sich Gestattenkönnen von Erfolgserlebnissen. Er ist eine Notwendigkeit für die Entwicklung des Kindes und geht einher mit einer lustvollen Bejahung der eigenen Körperlichkeit, Interessen, Geistigkeit. Der Rolle des Narzißmus für die psychische Entwicklung kommt eine Schlüsselrolle im Krankheitsgeschehen zu. Durch die begriffliche Differenzierung in konstruktiven, defizitären und destruktiven Narzißmus werden diesem Begriff volkstümliche Vorurteile genommen. Die gemeinhin negativen Vorstellungen, die dem Narzißmus-Begriff beigeordnet werden, wie Privatismus, Isoliertheit, Beziehungsunfähigkeit, Egoismus, versteht AMMON als sekundäre und reaktive Verformungen des ursprünglich konstruktiven Narzißmus. Sie sind nicht Ausdruck des menschlichen Narzißmus schlechthin.

Defizitärer und destruktiver Narzißmus entsteht bei mangelhafter Zuwendung, Erfahrungsunfähigkeit, starrer und einseitiger Kommunikation von Mutter und Primärgruppe. Anstelle des konstruktiven Narzißmus entsteht ein Defekt dieser Ich-Funktion, ein reales Ich-Struktur-Defizit im zentralen Persönlichkeitskern. Bei destruktivem und defizitärem Narzißmus bildet sich eine dauernde Abhängigkeit des nur rudimentär entwickelten Ich von narzißtischer Zufuhr von außen. Die fehlende Ich-Energie muß permanent von außen zugeführt werden, ansonsten droht die psychische Desintegration. Diese Menschen haben dauernd das Gefühl, daß sie alles unerhört anstrengt, was sie tun, alles unendlich langsam vonstatten geht, was sie erreichen wollen, die geringsten Realitätsanforderungen zehren viel der minimalen ich-eigenen Energie auf.

*Paradigmenwechsel:* Eine ursprünglich in der Paradigma-Theorie von T.S. KUHN (1967) entwickelte Konzeption, d.h. der Wandel von Vorstellungen mit einer Veränderung in der Praxis von Wissenschaft und Lebensbereiche des Menschen. Ein bedeutsamer Begriff im Hinblick auf die »Wendezeit zum Neuen Bewußtsein« im »Wassermann-Zeitalter« der New Age-Bewegung.

*paranoische Reaktion:* Überbewertung der eigenen Persönlichkeit mit wahnhaften Verfolgungsvorstellungen. Ursprünglich von EUGEN BLEULER als selbständiges Krankheitsbild mit den bei der Schizophrenie häufig auftretenden Wahn- und Größenvorstellungen angesehen. Mit seiner klassischen Arbeit über die Eifersuchtsparanoia schuf FREUD einen psychodynamischen Ansatz zum Verständnis des Wahns. Die Hauptdynamik bei der Paranoia ist die Projektion eigener destruktiver Gefühle auf den anderen: Nicht ich bin wütend auf meinen Chef, er ist wütend auf mich. In der Humanstrukturologie ist das paranoische Reagieren prozeßhaft auf einem gleitenden Spektrum zu verstehen (→ Spektraltheorie) mit dem Kern von Verlassenheitsangst. Fast immer sind auch Realitätsaspekte bei paranoischen Inhalten im Spiel.

*Psychose:* Schwere psychische Störung, die gekennzeichnet ist durch die Unfähigkeit des Patienten, zwischen innerer und äußerer Welt zu unterscheiden. Die Folge ist ein weitgehender Realitätsverlust, verbunden mit inhaltlichen und formalen Störungen des → Denkens, der Affekte und des Handelns und mit Kontrollverlust. Im Unterschied zur neurotischen Reaktion handelt es sich nicht um eine graduelle Beeinträchtigung der psychischen Funktionen, sondern um eine qualitative Veränderung der psychischen Strukturen im Sinne einer mehr oder weniger ausgedehnten Desintegration der Persönlichkeit. Die Psychosen zählen zu den → archaischen Ich-Krankheiten.

*Regression:* In der psychoanalytischen Literatur verwendeter Begriff im Sinne des Zurückgehens auf frühere psychische Entwicklungsstufen in Belastungssituationen als Abwehr dieser bedrohlich erlebten Situation.

*Sozialenergie:* Eine vom Autor entwickelte Konzeption von psychischer Energie, d.h. Zuwendung, Interesse, Verständnis, Fürsorge und schließlich Liebe, die sich Menschen einander geben. Sie ist lebensnotwendig für die Entwicklung des Neugeborenen und Kleinkindes. Mit dem Konzept der Sozialenergie hat AMMON die FREUDsche Vorstellung der Triebenergie ersetzt und zwar durch die zwingende Notwendigkeit in der Arbeit am psychisch Leidenden. Sozialenergie ist notwendig bei der Persönlichkeitsentwicklung und dem damit verbundenen Aufbau der → Humanstrukturen in einem → gruppendynamischen sozialenergetischen Feld.

*Spektraltheorie:* Eine Konzeption, die psychische Störungen als veränderbar und sich prozeßhaft entwickelnd versteht und auf einem gleitenden Spektrum ansiedelt, so daß es z.B. möglich wird, die Diagnose während eines Behandlungsprozesses zu verändern. Ein starres Kategoriendenken kann somit aufgegeben werden zugunsten eines ganzheitlichen Verständnisses von Gesundheit und Krankheit.

*Sublimierung:* Von FREUD angenommene Ablenkung sog. sexueller Triebenergie auf kulturelle Leistung.

*Symbiose:* Ein in der Pflanzenwelt gebräuchlicher Ausdruck, der auf die Kindheitsentwicklung des Menschen angewendet wird und die notwendige Symbiose zwischen Mutter und Kind, beginnend mit dem postembryonalen Lebensjahr bis etwa ins 3. Lebensjahr hineingehend, beinhaltet. Bei Fixierung symbiotischer Bedürfnisse durch das Leben besonders in Partner- und Arbeitsbeziehungen spricht der Autor vom Symbiosekomplex, den er als Kern psychischer Erkrankung annimmt, im Gegensatz zum sog. Ödipuskomplex SIGMUND FREUDs.

*Synergismus:* Fließende Übergänge z.B. zwischen bewußt und nichtbewußt.

*Übertragung:* Eine Gefühlsübertragung auf den Therapeuten oder andere wichtige Beziehungspersonen im Leben eines Menschen, wobei er nichtbewußte Gefühle, die er einst in der Kindheit gegenüber wichtigen Beziehungspersonen hatte, wiedererlebt. Übertragungsprozesse bilden einen wichtigen Störfaktor im Leben seelisch erkrankter Menschen (siehe auch → Gegenübertragung).

*Widerstand:* Manifestationen nichtbewußter Abwehr in der Psychotherapie gegen Reifungsprozesse und Veränderung in Richtung auf Identitätsentwicklung.

*Wiederholungszwang:* Zwanghaftes Wiederholen traumatisierender Erfahrungen oder früherer Beziehungskonstellationen, die aktiv herbeigeführt werden, ohne daß die ursprüngliche Situation erinnert wird. Der Wiederholungszwang erscheint als ein Versuch, frühere Konflikte durch Wiederbeleben doch in veränderter Form zu lösen.

# Literaturverzeichnis

ABRAHAM, K. (1924): Psychoanalytische Schriften. Frankfurt/ M.: Fischer, 1969

ACKERKNECHT, E. H. (1968): Der Tod in der Geschichte der Medizin. In: HAEFLINGER, v. ELSASSER, Hrsg.: Krankenhausprobleme der Gegenwart, II. Bern/Stuttgart: Huber

AICHHORN, A. (1925): Verwahrloste Jugend. 4. Aufl. Bern/Stuttgart: Huber, 1957

ALONZO, G.Z. (1980): An Overview of the Mayan World. Merida, Yucatan, Mexiko

AMMON, GISELA (1972): Stufen der Kreativität in der Vorlatenz. In: AMMON, GÜNTER, Hrsg.: Gruppendynamik der Kreativität. Berlin: Pinel Publikationen. 1974, München: Kindler. Jetzt Frankfurt/M.: Fischer

— Hrsg. (1973): Psychoanalytische Pädagogik. Hamburg: Hoffmann & Campe

AMMON, GÜNTER (1946 a): Kleopatra – Göttin und Königin. In: Für Dich 1, S. 9

— (1946b): Als die Mütter herrschten. In: Für Dich 1, S. 10

— (1950a): Yang und Yin. In: Colloquium 4, S. 2

— (1950b): Zur Frage der Luesübertragung bei Bluttransfusion und deren Verhütung. In: Ärztl. Woch. Schrift 5, S. 15-16

— HEIM, W., LEICHNER (1954): Recherches sur la refrigération du sang conservé basse température avec un appareil spécialment construit. In: Proceedings of the International Bloodtransfusion Convention, Paris

— (1957): The Psychotherapeutic Process of a Painter with Schizophrenic Reaction, Demonstrated with Pictures. In: Proceedings 6. Convent. of Inter. Am. Soc. F. Psychol., Mexico City, Univ.

— (1959): Theoretical Aspects of Milieu Therapy. The Menninger School of Psychiatry, Topeka, Kansas, USA. Berlin: Pinel Publiktionen, 1977

— (1966): Beobachtungen und Erfahrungen eines Psychiaters und Psychoanalytikers mit den Lacandon-Maya Mittelamerikas. In: Mitteilungen d. Berl. Ges. f. Anthropol. Ethnol. u. Urgesch. 1, S. 52-55

— (1969a): Verifikation von Psychotherapie bei schizophrener Reaktion. In: Confinia Psychiatrica 12, S. 65-71

— (1969b): Oralität, Identitätsdiffusion und weibliche Homosexualität: Eine psychoanalytische Studie. In: Dyn. Psychiat. 2, S. 63-82
— (1969c): Herrschaft und Aggression: Zur Psychoanalyse der Aggression. In: a.a.O., S. 122-133
— (1970a): Gruppendynamik der Aggression. Berlin: Pinel Publikationen; Neuaufl. 1973, München: Kindler
— (1970b): Ich-Struktur und Gesellschaft: Zur psychoanalytischen Kulturtheorie. In: Dyn. Psychiat. 3, S. 65-76
— (1971a): Freizeitgestaltung im Rahmen einer gruppendynamischen Milieutherapie. In: Psychother. Med. Psychol. 21, S. 197-204
— (1971b): Zur Psychodynamik des Todes. In: Med. Welt XXII (N.F.)
— (1971c): Auf dem Wege zu einer Psychotherapie der Schizophrenie I, II, III. In: Dyn. Psychiat. 4, S. 9-28; 123-167; 181-201
— (1971d): The Psychodynamics of Dream, Psychosis and Reality in Schizophrenia, from the Aspect of Ego-Regulation (with Case Study). Lecture held at the IV. International Symposium on Psychotherapy of Schizophrenia in Turku, Finnland, 4.–7.8.1972
— (1972a): Sulla psicodinamica della morte e del morire nella societá industriale. In: Incontri culturali 5, S. 419-442
— (1972b): Auf dem Wege zu einer Psychotherapie der Schizophrenie IV. In: Dyn. Psychiat. 5, S. 81-107
—, Hrsg. (1972c): Gruppendynamik der Kreativität. Berlin: Pinel Publikationen; München: Kindler; jetzt Frankfurt/M.: Fischer
— (1972d): Verschiedene Ausdrucksformen bei schizophrener Reaktion. In: Jap. Bull. of Art Ther.
— (1972e): Über die psychodynamische Beziehung von Traum, Psychose und Realität in der Schizophrenie unter dem Aspekt der Ich-Regulation. In: Psychotherapie und Psychosomatik (20) 366-378
— (1973a): Dynamische Psychiatrie. Darmstadt: Luchterhand; erw. Neuaufl. München: Kindler, 1980; jetzt Frankfurt/M.: Fischer
— (1973b): Schizophrenie. In: ebd.
— (1973c): Borderline-Syndrom. In: ebd.
— (1973d): Was macht eine Gruppe zur Gruppe? In: Wissensch. u. Praxis in Kirche und Gesellsch. 62, S. 511-519
— (1973e): Ich-psychologische und gruppendynamische Aspekte der psychoanalytischen Gruppentherapie. In: ders., Hrsg.: Gruppenpsychotherapie. Hamburg: Hoffmann & Campe
— (1973f): Die Psychodynamik der Psychosen, der Symbiosekomplex und das Spektrum der archaischen Ich-Krankheiten. In: Dyn. Psychiat. 6, S. 355-372
— (1974a): Das narzißtische Defizit als Problem der psychoanalytischen Behandlungstechnik — Ein Beitrag zur Theorie und Praxis der nachholenden Ich-Entwicklung. In: Dyn. Psychiat. 7, S. 201-215
— (1974b): The psychosomatic symptom formation as compensation of

an Ego-structural deficit. In: World J. of Psychosynthesis VI, S. 28-30
— (1974c): Psychoanalyse und Psychosomatik. München: Piper.
—, Hrsg. (1974d): Psychoanalytische Traumforschung. Hamburg: Hoffmann & Campe
—, Hrsg. (1975): Psychotherapie der Psychosen. München: Kindler
— (1975a): Analytic group psychotherapy as an instrument for treatment and research of psychosomatic disorders. In: WOLBERG, L.A., ARONSON, M.L., Hrsg.: Group Therapy, an overview. New York: Stratton
— (1975b): Ich-psychologische und gruppendynamische Aspekte der psychoanalytischen Gruppentherapie unter besonderer Berücksichtigung psychotischer Strukturen. In: ders., Hrsg.: Psychotherapie der Psychosen. München: Kindler; jetzt Frankfurt/M.: Fischer
— (1975c): Tod und Identität. In: The Human Context VII, S. 84-102 (dt., engl.)
— (1975d): Die Rolle des Körpers in der Psychoanalyse. In: Integrative Therapie 1, S. 58-76
—, Hrsg. (1976a): Analytische Gruppendynamik. Hamburg: Hoffmann & Campe
— (1976b): Gruppendynamik in Institutionen. In: a.a.O.
— (1976c): Das Borderline-Syndrom — ein neues Krankheitsbild. In: Dyn. Psychiat. 9, S. 317-348
— (1976d): Psychotherapeutische Prozesse mit Jugendlichen — Betrachtungen der Ich-Struktur, der Gruppendynamik und der Identitätsentwicklung im Rahmen der Dynamischen Psychiatrie. In: Dyn. Psychiat. 9, S. 238-250
— (1978): Psychodynamics of the Unconscious in the Case of Psychosomatic Illness. Methodological Pre-Considerations. In: PRANGISHVILI, A.S., SHEROZIA, A.E., BASSIN, F.V., Hrsg.: The Unconscious. Nature, Functions, Methods of Study, Vol. I. Tbilisi: Metsniereba Publ. House
—, Hrsg. (1979a): Handbuch der Dynamischen Psychiatrie, Bd. 1, München: Ernst Reinhardt
— (1979b): Das ich-strukturelle Prinzip bei Depression und psychosomatischer Erkrankung. In: Dyn. Psychiat. 12, S. 445-471
— (1979c): Was ist Dynamische Psychiatrie? In: Dyn. Psychiat. 12, S. 113-127
— (1979d): Entwurf eines Dynamisch-Psychiatrischen Ich-Struktur-Konzepts — Zur Integration von funktional-struktureller Ich-Psychologie, analytischer Gruppendynamik und Narzißmus-Theorie. In: ders., Hrsg.: Handbuch der Dynamischen Psychiatrie, Bd. 1, München: Ernst Reinhardt
— (1979e): Gruppendynamisches Prinzip. In: a.a.O.
— (1979f): Psychoanalytische Milieutherapie. In: a.a.O.

—, unter Mitarbeit von WALLENBERG PACHALY, A.v. (1979g): Schizophrenie. In: a.a.O.

—, unter Mitarbeit von AMMON, GISELA und MARSEN, B. (1979 h): Das Borderline-Syndrom und das ich-strukturelle Arbeiten. In: a.a.O.

— (1980): Ich-strukturelle und gruppendynamische Aspekte bei der Entstehung der Schizophrenie und deren Behandlungsmethodik. In: Dyn. Psychiat. 13, S. 429-450

— (1981a): Kreativität, Therapie und künstlerische Gestaltung. In: Dyn. Psychiat. 14, S. 101-115

—, unter Mitarbeit von AMMON, GISELA, GRIEPENSTROH, D. (1981b): Psychoanalytische Aspekte des Widerstandes. In: PETZOLD, H., Hrsg.: Widerstand. Ein strittiges Konzept in der Psychotherapie. Paderborn: Junfermann

—, Hrsg. (1982a): Handbuch der Dynamischen Psychiatrie, Bd.2. München: Ernst Reinhardt

— (1982b): Das sozialenergetische Prinzip in der Dynamischen Psychiatrie. In: a.a.O.

— (1982c): Kreativität als Grenz-und Identitätsgeschehen. In: a.a.O.

— (1982d): Hirnstrukturen, Unbewußtes und Ich-Strukturologie. In: a.a.O.

— (1982e): Arbeit und menschliche Existenz. In: a.a.O.

—, unter Mitarbeit von AMMON, GISELA und GRIEPENSTROH, D. (1982f): Behandlungsmethodik und Widerstand von der traditionellen Psychoanalyse zur Dynamischen Psychiatrie. In: a.a.O.

— (1982g): Methodenintegration aus der Sicht der Dynamischen Psychiatrie. In: a.a.O.

— (1982h): Constructive Aggression in the Relation to Ego-Structure and Psychosomatic Pathology. In: Proceedings of Intermozg, Int. Symp. on »Search Activity, Motivation, Sleep«, 5.—10. Oktober 1981, Baku, USSR

— (1983a): Ego-structural Conception of Art Therapy. In: Japan. Bull. of Art Ther. 14, S. 93-100

— (1983b): Die Rolle der Arbeit in der Psychoanalyse und in der Dynamischen Psychiatrie. In: PETZOLD, H., HEINL, H., Hrsg.: Psychotherapie und Arbeitswelt. Paderborn: Junfermann

— (1983c): Zur Dynamik des Schöpferischen. In: Kindlers Enzyklopädie »Der Mensch«, Bd. VI (Zürich: Kindler)

— (1984a): Die Unerreichten — Zur Behandlungsproblematik des Urnarzißmus. In: Dyn. Psychiat. 17, S. 145-164

— (1984b): Der androgyne Mensch. In: Dyn. Psychiat. 17, S. 235-254

— (1984c): L'uomo androgino. In: Psichiatria Dinamica 1

— (1984d): The Borderline-Syndrome. In: PRANGISHVILI, A.S., BASSIN, F.V., ROTENBERG, V.S., Hrsg.: The Unconscious. Nature, Functions, Methods of Study, Vol. IV. Tbilisi: Metsniereba Publ. House

— (1984e): Die Bedeutung des Körpers im ganzheitlichen Verständnis der

humanistischen Dynamischen Psychiatrie. In: Dyn. Psychiat. 17, S. 339-356
— (1985a): Das Borderline-Syndrom — ein neues Krankheitsbild in Abgrenzung zur Schizophrenie (diagnostische, klinische und therapeutische Aspekte). In: Proceedings, Symp. des Serbsky All-Union Scientific Research Institute for General and Forensic Psychiatry of the Ministry of Health of the USSR, zum Thema »Theoretical and Clinical Problems of Modern Psychiatry and Narcology«, Baku/USSR, 17.—20.Mai 1984; Dyn. Psychiat. 17, S. 357-380
— (1985b): Nachschrift zu »Rolle des Körpers in der Psychoanalyse« unter Berücksichtigung der körperlich-psychisch-geistigen Androgynität des Menschen. In: PETZOLD, H., Hrsg.: Leiblichkeit — philosophische, gesellschaftliche, therapeutische Perspektiven. Paderborn: Junfermann
— (1986a, b, c): Humanstruktureller Tanz. Selbsterfahrung, Meditation, Körpererleben, Therapie. Vortrag gehalten auf dem 4. Weltkongreß der World Association for Dynamic Psychiatry WADP und XVII. Internationalen Symposium der Deutschen Akademie für Psychoanalyse (DAP) vom 14.—15. März 1986 an der Hochschule der Künste Berlin, an der TU Berlin am 11.4.1986 und 26.9.1986 sowie an der Ludwig-Maximilian-Universität München am 14.11.1986
— (1986d): Humanstruktureller Tanz- Selbsterfahrung, Meditation, Körpererleben, Therapie. In: Krankengymnastik 38, S. 862-867
— (1986e): Tanz als Therapie — Humanstruktureller Tanz in Theorie und Praxis. In: Magazin 2000, 8, Nr. 64, S. 48-52
— (1986f): Die Androgynität des Menschen. In: Dyn. Psychiat. 19, S. 133-146
— (1986h): Interview mit *Günter Ammon* über Humanstrukturellen Tanz durch *Paul Kalkbrenner* im Tagungszentrum Paestum am 1.9.1986. In: Dyn. Psychiat. 19, S. 343-352
— (1986i): Zur Dynamisch-Psychiatrischen Konzeption und Behandlungsmethodik (Rehabilitation von psychiatrisch-psychisch Kranken). In: Dyn. Psychiat. 19, S. 308-316
— (1987): Schizophrenie — ein ganzheitliches Geschehen. In: Dyn. Psychiat. 20, S. 1-23
AMMON, GÜNTER, AMMON GISELA und GRIEPENSTROH, D. (1981): Das Prinzip von Sozialenergie — gleitendes Spektrum und Regulation. In: Dyn. Psychiat. 14, S. 1-15
AMMON, G., GRIEPENSTROH, D. (1982): Methodenintegration — Möglichkeiten und Gefahren aus der Sicht der Psychoanalyse. In: PETZOLD, H., Hrsg.: Methodenintegration in der Psychotherapie. Paderborn: Junferman
AMMON, G., BURBIEL, I., FINKE, G., WAGNER, H. (1982): Ergebnisse Dynamisch-Psyiatrischer Forschung. In: AMMON, G., Hrsg.: Hand-

buch der Dynamischen Psychiatrie, Bd. 2, München: Ernst Reinhardt
AMMON, G., BURBIEL, I., STUCK, U. (1983): Der Autokinetische Lichttest in der Humanstrukturologischen Forschung. In: Dyn. Psychiat. 16, S. 63-109
AMMON, G., KÖPPEN, U., HOFFSTEN, M., WOLFRUM, G., TERPELUK, V., VILBIG, M., HOFFMANN, H (1984): Vergleichsuntersuchungen bei Gruppen narzißtisch depressiv und psychosomatisch reagierender Patienten im Schlaf- und Traumlabor in der Dynamisch-Psychiatrischen Klinik Menterschwaige. In: Dyn. Psychiat. 17, S. 165-195
AMMON, G., KÖPPEN, U., HOFFSTEN, M (1985a): Neue Ansätze zu einem Verständnis von Schlafprofilen unter ontogentischen Aspekten. Eine Pilot-Study aus der humanstrukturologischen Schlafforschung (Teil 1). In: Dyn. Psychiat. 18, S. 111-133
AMMON, G., BURBIEL I., KÖPPEN, U., HOFFSTEN, M. (1985b): Neue Ansätze zu einem Verständnis von Schlafprofilen unter ontogenetischen Aspekten — Eine Pilot-Study aus der humanstrukturologischen Schlafforschung (Teil 2 — Ergebnisse). In: Dyn. Psychiat. 18, S. 175-201
ANDRITZKY, W. (1983): Eine ethnologische Literaturstudie zur Transsexualität. Vortrag auf dem 2. Weltkongreß der World Association for Dynamic Psychiatry WADP und XV. Int.. Symp. der DAP, 11.—16. Dezember 1983, München
ANGELUS SILESIUS (1674): Cherubischer Wandersmann
ANOCHIN, P.K. (1953): Die Einheit von Zentrum und Peripherie in der Nerventätigkeit. In: Beiträge zur allgemeinen Theorie des funktionellen Systems. Jena: G. Fischer, 1978
ANZIEU, D. (1971): Psychoanalytische Interpretation in großen Gruppen. In: Dyn. Psychiat. 4, S. 108-122
BACHOFEN, J.J. (1861): Das Mutterrecht. G.W. II. Basel: Benno Schwabe & Co-Verlag, 1948
— (1927): Mutterrecht und Urreligion. Leipzig: Krönach-Verlag
BALINT, M. (1968): The Basic Fault. Therapeutic Aspects of Regression. London: Tavistock. Dt. Ausg.: Therapeutische Aspekte der Regression. Die Theorie der Grundstörung. Stuttgart: Klett, 1970
BARDWICK, J.M. (1970): Psychological Conflict and the Reproductive System. In: BARDWICK, J.M. et al., eds.: Feminine Personality and Conflict. Belmont, C.A..: Brooks/Coole Publ.
BARTEMEIER, L.H. (1950): Eating and Working. In: Am. J. Orthopsychiat. 20, S. 634-640
BASSIN, F.V. (1981): Aus der wissenschaftlichen Korrespondenz Dr. Günter Ammons. In: Dyn. Psychiat. 14, S. 318-321
BASSIN, F.V., ROTENBERG, V.S., SMIRNOV, I.N. (1983): On Günter Ammon's Principle of Social Energy: Analysis of the Methodological Basis. In: Dyn. Psychiat. 16, S. 14-25

BATESON, G., JACKSON, D.D., HALEY, J., WEAKLAND, J.W. (1956): Towards a Theory of Schizophrenia. In: Behavioral Science 1, S. 252-264

BAUMANN, H. (1955): Das doppelte Geschlecht. Studien zur Bisexualität in Ritus und Mythos. Berlin: Reimer

BEE, R. L. (1965): Peyotism in North American Indian Groups. In: Transactions of the Kansas Academy of Science 68, S. 13-61

BEM, S. (1974): The Measurement of Psychological Androgyny. In: J. of Consulting and Clinical Psychology 42, S. 155-162

BENEDEK, I. (1968): Der vergoldete Käfig. Gütersloh: Bertelsmann

BERGER, M. (!985): Die prozeßhafte Persönlichkeitsentwicklung in der Tanztherapie am Beispiel einer Patientin. Mit Video. Arbeitsgruppe, gehalten auf dem 3. Weltkongreß der World Association for Dynamic Psychiatry WADP und dem XVI. Int. Symp. der DAP zum Thema »Der mehrdimensionale Mensch«, 1.—5. März 1985, München

BERGER, P., LIEBAN, R. (1969): Kulturelle Wertstruktur und Bestattungspraktiken in den Vereinigtn Staaten. In: Kölner Zeitschr. f. Soziologie und Sozialpsychologie XII.

BERINGER, K. (1922): Experimentelle Psychosen durch Meskalin. Vortrag auf der Südwestdeutschen Psychiater-Versammlung in Erlangen

— (1927): Der Meskalin-Rausch. Seine Geschichte und Erscheinungsweise. Berlin: Springer, 1969

BERNSTEIN, P.L. (1979): Eight theoretical appoaches in dance-movement therapy (Dubuque)

BERTALANFFY, L.v. (1950): An Outline of a General System Theory. In: Brit. J.f. Philosophy of Science 1, S. 134-165

— (1956): General System Theory. In: BERTALANFFY, L.v. und RAPAPORT, A., eds.: General Systems. Yearbook of the Society for the Advancement of General System Theory. Vol. 1, S. 1-10

BLEULER, E. (1911): Dementia Praecox oder die Gruppe der Schizophrenien. In: ASCHAFFENBURG, G.: Handbuch der Psychiatrie. Leipzig/-Wien: Deuticke

BLOM, F. und DUBY, G. (1955): La Selva Lacandona. México, D.F.: Editorial Cultura, T.G., S.A.

BLÜMER, H.: Das Kunstgewerbe im Altertum. Leipzig: Freytag

BORNEMANN, E. (1979): Zur Genealogie der Eifersucht. In: KÖRNER, H., Hrsg.: Eifersucht. Ein Lesebuch für Erwachsene. Fellbach: L. Körner

BÖTTCHER, H. (1981): Die Therapeut-Beziehung in der Psychotherapie. In: KATZENSTEIN, A., THOM, A., Hrsg. Philosophische und ethische Probleme der Psychotherapie in der sozialistischen Gesellschaft. Berlin: Akademie-Verlag

BUBER, M. (1966): Ich und Du. Köln: Hegner

BURBIEL, I. STUCK, U. (1984): Gruppenuntersuchungen mit dem Autokinetischen Lichttest — eine Pilot-Study. In: Dyn. Psychiat. 17, S. 501-516

BURBIEL, I., WAGNER, H. (1984): Einige Ergebnisse Dynamisch-Psychiatrischer Effizienzforschung. In: Dyn. Psychiat. 17, S. 468-500

CROTCHET, R., SANDISON, R.A., WALK, A. (1963): Hallucinogenic Drugs and their Psychotherapeutic Use. Springfield/Ill.: Thomas

DEUTSCHMANN, M. (1979): Soziale Reproduktion, Zeiterfahrung und Identität — Gesellschaftstheoretische Aspekte einer Dynamischen Psychiatrie. In: AMMON, G., Hrsg.: Handbuch der Dynamischen Psychiatrie, Bd. 1. München: Ernst Reinhardt

DUBY, G. (1961): Chiapas Indigena. Universidad Nacional Autonoma de México

DUNCAN, I. (1903): Der Tanz der Zukunft: Eine Vorlesung. Leipzig: Diederichs

ECCLES, J.C. (1981): Sprache, Denken und Gehirn. In: WENDT, H., LOACKER, N., Hrsg.: Kindlers Enzyklopädie »Der Mensch«, Bd. IV. Zürich: Kindler

EHMANN, P. (1976): Zur Ätiologie und Phänomenologie ambisexueller und androgyner Daseinsweisen. Dissertation, Bonn

EICKE, D. (1973): Der Körper als Partner. München: Kindler

ELLIS, H. (1897): A Note on the Phenomena of Mescal Intoxication. In: The Lancet 1, S. 1540-1542

ELLSBERG, D. (1981): Rede an der Technischen Universität Berlin am 29. Juni 1981

ELWIN, V. (1947): The Muria and their Ghotul. Bombay: Oxford Univ. Press

ENGLISH, H.B., ENGLISH, A.G. (1958): A comprehensive dictionary of psychological and psychoanalytical terms. New York: Longmans

ERIKSON, E.H. (1954): The Dream Specimen of Psychoanalysis. In: J. Am. Psychoanal. Ass. 2, S. 5-56

— (1970): Identität und Lebenszyklus. Frankfurt/M.: Suhrkamp

ESPENAK, L. (1981): Dance Therapy, Theory and Application. Springfield, Illinois: Charles C. Thomas

FAGEL, A.F. (1978): Coital Position and Sex Role: Responses to Cross-Sex Behavior in Bed. In: J. of Consulting and Clinical Psychology 46, S. 588-589

FAST, I. (1975): Aspects of Work Style and Work Difficulty. In: Borderline Personalities. Psycho-Anal. 56, S. 397-403

FEDERN, P. (1952): Ego-Psychology and the Psychoses. New York: Basic Books. Dt. Ausg.: Ich-Psychologie und die Psychosen. Bern: Huber, 1956

FELDMANN, H. (1955): The Illusions of Work. In: Psychoanalytic Review 42, S. 262-270

FERBER, CH. v. (1970): Der Tod. Ein unbewußtes Problem für Mediziner und Soziologen. In: Kölner Z. für Soziologie und Sozialpsychologie XXII

FERENCZI, S. (1919): Sonntagsneurosen. In: Int. Z. ärztl. Psychoanal. V, S. 46-48

— (1921): Weiterer Ausbau der aktiven Technik in der Psychoanalyse. In: Int. Z. f. Psychoanal. 7, S. 233-251

— (1960): Theory and Technique of Psychoanalysis. New York: Basic Books

FEYERABEND, P. (1976): Wider den Methodenzwang. Frankfurt/M.: Suhrkamp

FLIESS, W. (1897): Die Beziehung zwischen Nase und weiblichem Geschlechtsorgan. Leipzig und Wien

FOULKES, S.H., ANTHONY, E.J. (1965): Group Psychotherapy. London: Penguin Books, 2. Aufl.

FRENCH, T.H. (1954): The Interpretation of Behavior, Vol. 2: The Integrative Process in Dreams. Chicago: Univ. Chicago Press

FREUD, A. (1936): Das Ich und die Abwehrmechanismen. Neuaufl. 1964, München: Kindler

FREUD, S. (1985): Entwurf eine Psychologie. In: Aus den Anfängen der Psychoanalyse. London: Imago

— (1900): Die Traumdeutung. G.W., Bd. II/III. London: Imago 1940-1952

— (1901): Über den Traum. a.a.O.

— (1905): Drei Abhandlungen zur Sexualtheorie. G.S., Bd. V. a.a.O..

— (1907): Der Wahn und die Träume in W. Jensens »Gradiva«, G.W., Bd. VII. a.a.O.

—(1908a): Die »kulturelle« Sexualmoral und die moderne Nervosität. G.W., Bd. VII. a.a.O.

— (1908b): Der Dichter und das Phantasieren. G.W., Bd. VII. a.a.O.

— (1910a): Eine Kindheitserinnerung des Leonardo da Vinci, G.W., Bd. VIII. a.a.O.

— (1910b): Beiträge zur Psychologie des Liebeslebens. G.W., Bd. VIII. a.a.O.

— (1910c): Über Psychoanalyse. 5. Vorlesung. G.W., Bd. VIII. a.a.O.

— (1911): Psychoanalytische Bemerkungen über einen autobiographisch beschriebenen Fall von Paranoia (Dementia paranoides). G.W., Bd. VIII. a.a.O.

— (1914): Zur Einführung des Narzißmus. G.W., Bd. X. a.a.O.

— (1916/17): Vorlesung zur Einführung in die Psychoanalyse. G.W., Bd. XI. a.a.O.

— (1920): Jenseits des Lustprinzips. G.W., Bd. XIII. a.a.O.

— (1922): Über einige neurotische Mechanismen bei Eifersucht, Paranoia und Homosexualität. G.W., Bd. XIII. a.a.O.

— (1926): Hemmung, Symptom und Angst. G.W., Bd. XIV. a.a.O.

— (1927): Die Zukunft einer Illusion. G.W., Bd. XIV. a.a.O.
— (1930): Das Unbehagen in der Kultur. G.W., Bd. XIV. a.a.O.
— (1932): Neue Folge der Vorlesungen zur Einführung in die Psychoanalyse. G.W., Bd. XV. a.a.O.
FROMM, E. (1939): Selfishness and Selflove. In: Psychiatry, J. of the Biology and Pathology of Int. Relations 11, S. 517
— (1966): Die Furcht vor der Freiheit. Frankfurt/M.: Suhrkamp
GABEL; J (1967): Ideologie und Schizophrenie. Formen der Entfremdung. Frankfurt: S. Fischer
GADPAILLE, W.J. (1983): Innate Masculine/Feminine Traits: Their contributions to conflict. In: The J. of the Am. Academy of Psychoanal. 11, S. 401-424
GALPERIN, P.J. (1980): Grundfragen der Psychologie. Köln: Pahl-Rugenstein
GEISLER, G., Hrsg. (1984): New Age — Zeugnisse der Zeitenwende. Freiburg i.Br.: Bauer
GERT, V. (1950): Die Bettlerbar von New York. Berlin: Arani
GODFREY, K.E. (1965): LSD in Forschung und Therapie. In: AMMON, G., Hrsg.: »Bewußtseinserweiternde« Drogen in psychoanalytischer Sicht, Berlin: Pinel Puplikationen
GOLDSCHMIDT, R. (1916/17): Die biologischen Grundlagen der konträren Sexualität und Hermaphroditismus beim Menschen. In: Arch. Rassen-Gesellschaftsbiologie 12
GORER, G. (1956): Die Pornographie des Todes. In: Der Monat (Mai), S. 58-62
GRIEPENSTROH, D., WALLENBERG PACHALY, A.v. (1979): Das energetische Prinzip bei Freud und Ammon. In: AMMON, G., Hrsg.: Handbuch der Dynamischen Psychiatrie, Bd. 1. München: Ernst Reinhardt
GÜVENC, R.O. (1986): Alttürkische Musik und schamanische Heiltänze. Vortrag (mit Demonstration) gehalten auf dem 4. Weltkongreß der World Association for Dynamic Psychiatry WADP/XVII. Internationalen Symposium der Deutschen Akademie für Psychoanalyse (DAP) vom 14.—18. März 1986 in der Hochschule der Künste Berlin
HACKER, F. (1971): Aggression. Die Brutalisierung der modernen Welt. Wien: Molden
— (1973): Terror. Mythos — Realität — Analyse. a.a.O.
HALBAN, J. (1900): Über den Einfluß der Ovarien auf die Entwicklung des Genitals. In: Mschr. Geburtsh. Gynäkol. 12, S. 496
HALPERN, H. (1964): Psychodynamic and Cultural Determinants of Work Inhibition in Children and Adolescents. In: Psychoanal. Rev. 51, S. 173-189
HARLOW, H.F., HARLOW, M. (1966): Learning to Love. In: Am. Scient. 54, 3

HARTMANN, H.(1939): Ich-Psychologie und Anpassungsprobleme. Stuttgart: Klett, 1960
— (1950): Bemerkungen zur psychoanalytischen Theorie des Ichs. In: ders.: Ich-Psychologie. Studien zur psychoanalytischen Theorie. Stuttgart: Klett, 1972
— (1964a): Zur Psychoanalytischen Theorie des Ichs. Stuttgart: Klett
— (1964b): Essays on ego-psychology. New York: Int. Univ. Press
HARTMANN, H., KRIS, E., LOEWENSTEIN, R. (1949): Notes on the theory of aggression. In: Psychoanal. Stud. of the Child III, IV. New York: Int. Univ. Press
HATTERER, L. (1966): A Psychotherapeutic Dimensions. In: Am. J. Psychiat. 122, S. 1284-1286
HAUSENSTEIN, W. (1922): Die Bildnerei der Etrusker. München
HEIDEGGER, M. (1950): Der Ursprung des Kunstwerkes. In: ders.: Holzwege. Frankfurt/M.: Klostermann
HEILBRUN, A. Jr. (1976): Measurement of Masculine and Feminine Sex Role Identities as Independent Dimensions. In: J. of Consulting and Clinical Psychology 44, S. 183-190
HERMELINK, D. (1986): Sozialenergetische Aspekte der Tanztherapie — ein Vergleich. Diplomarbeit am Psychologischen Institut der FU Berlin
HESEMANN, M. (1987): Ganzheitliche Wissenschaft und integrativer Lebensstil bei Pythagoras. Vortrag gehalten auf dem 5. Weltkongreß der World Association for Dynamic Psychiatry WADP/XVIII. Internationalen Symposium der Deutschen Akademie für Psychoanalyse (DAP) vom 6.— 10. März 1987 in der Fachhochschule München
HIRSCHFELD, M. (1903): Ursachen und Wesen des Uransismus. In: Jahrbuch für sexuelle Zwischenstufen 5, S. 1-193
— (1918): Jahrbuch für sexuelle Zwischenstufen, Bd. 1. Bonn: ;Marcus & Weber
HOLMES, D. (1965): A Contribution to a Psychoanalytical Theory of Work. In: Psychoanlytic Study of the Child
HORNEY, K. (1949): Arbeitsstörungen. In: Psyche, Bd. XI, S. 481-492
HUXLEY, A. (1954): Die Pforten der Wahrnehmung. München: Piper
HUXLEY, J.: Diskussionsformulierung auf einer Konferenz einer WHO-Studiengruppe, Zit. nach ERIKSON, E.H., 1970, a.a.O.
IGENBERGS, E. (1985): Die Kraft des Denkens — Zur Methode der Elektrographie. In: Dyn. Psychiat. 18, S. 402-432
ISAKOWER, O. (1938): A Contribuiton to the Patho-psychology of Phenomena Associated with Falling Asleep. In: Int. J. Psychoanal. 19, S. 331-345
JACOBY, R. (1985): Die Verdrängung der Psychoanalyse. Frankfurt/M.: Fischer
JANTSCH, E. (1982): Die Selbstorganisation des Universums. Vom Urknall zum menschlichen Geist. München: dtv

JUNGEBLODT, U. (1982): Schöpferische Durchbrüche in Grenzsituationen des Lebens — die Sprache der Musik aus dem Unbewußten bei Gustav Mahler. In: AMMON, G., Hrsg.: Handbuch der Dynamischen Psychiatrie, Bd. 2. München: Ernst Reinhardt

KANT, I. (1798): Anthropologie in pragmatischer Hinsicht. In: Preuß. Akademie der Wissenschaften, Hrsg.: Kants Gesammelte Schriften (1907-1917), Bd. VII (unveränd. photomech. Nachdr.) Berlin: Walter de Gruyter, 1968

KATZ, R. (1985): Num. Heilen in Ekstase. Interlaken: Ansata

KELLY, J.A., WORELL, J. (1977): New Formulations of Sex Roles and Androgyny: A Critical Review. In: J. of Consulting and Clinical Psychology 45, S. 1101-1115

KERÉNYI, K. (1967): Auf den Spuren des Mythos. Werke Bd. 2. München/Wien: Langen-Müller

KERN, H. (1983): Labyrinthe. Erscheinungsformen und Deutungen. 5000 Jahre Gegenwart eines Urbilds. München: Prestel

KIPPENBERG, H.G. (1980): Einleitung: Zur Kontroverse über das Verstehen fremden Denkens. In: KIPPENBERG, H.G., LUCHESI, H.G., Hrsg. Frankfurt/M.: Suhrkamp

KLEIN, P. (1983): Tanztherapie — Eine einführende Betrachtung im Vergleich mit konzentrativer, integrativer Bewegungstherapie—. Suderburg

KNIGHT, R.P. (1953): Management and Psychotherapy of the Borderline Schizophrenic Patient. In: Bull. Menn. Clinic 17, S. 139-150

KOCH, U. (1984): Labyrinthe • Labyrinthe. Irrwege, Wirrgarten, Suchbilder und ein Ariadnefaden zum Herausfinden. München: Hugendubel

KOHUT, H. (1976): Narzißmus. Eine Theorie der psychoanalytischen Behandlung narzißtischer Persönlichkeitsstörung. Frankfurt/M.: Suhrkamp

KORNEMANN, E.: Große Frauen des Altertums. Leipzig: Dietrich'sche Buchhandlung

KÖRNER, H. (1979): Meine Eifersucht. In: ders., Hrsg.: Eifersucht. Ein Lesebuch für Erwachsene. Fellbach: L. Körner

KOSTANDOV, E.A., GENIKINA, O.A. (1975): Interhemispheric interaction in man during perception of visual stimuli. In: Zhurnal vysshey nervnoy deyatelnosti 25, S. 899-907

— (1976): Hemispheric symmetry of evoked electrical activity of the cerebral cortex to letter an non-verbal stimuli. In: a.a.O., 26, 1, S. 21-29

KRAVETT, S. (1983): Meditation — das unbegrenzte Abenteuer. Ein Handbuch. München: Dianus Trikont

KRIEGER, H. (1986). Der Wahn wird liebevoll ausgehungert. Ein therapeutisches Modell geriet ins Zwielicht: die Dynamisch-Psychiatrische Klinik Menterschwaige. In: Bayerische Staatszeitung und Bayerischer Staatsanzeiger vom 27.3.1986

KRIS, E. (1952): Psychoanalytic explorations in art. New York: Int. Univ. Press.
KÜBLER-ROSS, E. (1969): On Death and Dying. New York: Macmillan
KUHN, T.S. (1967): Die Struktur wissenschaftlicher Revolution. Frankfurt/M.: Suhrkamp
LABAN, R. (1980): The Mastery of Movement. Estover, Plymouth: Macdonald & Evans
LA BARRE, W. (!938): The Peyote Cult. Hamden/Conn.: The Shoe String Press, 1964
LAING, R.D. (1974): Das geteilte Selbst. Rom: Editione Continua
LANDESVATER, S.: Die Kultur der Babylonier und Assyrer. München: Kösel und Rustel
LANGE, J. (1971): Dying with Dignity. Everyone's Birthright. In: Menninger Perspektive, April/May, S. 9-12
LANGE-EICHBAUM, W., KURTH, W. (1967): Genie, Irrsinn und Ruhm. München: Ernst Reinhardt (Erstausg. 1927)
LANTERNARI, V. (1963): The Religions of the Oppressed. New York: Knopf
LANTOS, B. (1952): Metapsychological Considerations on the Concept of Work. In: Int. J. Psychoanal. 33, S. 439-443
LAURENT, R. (1903): Okkultismus und Liebe. Berlin: Barndorf
LEARY, T., METZNER, R., ALPERT, R. (1964): The Psychedelic Experience. A. Manual Based on the Tibetan Book of the Dead. New York: Univ. Books
LEHMANN, D., KOUKKOU, M. (1981): Gehirnaktivität in Schlaf und Traum. In: WENDT, H. LOACKER, N., Hrsg. Kindlers Enzyklopädie »Der Mensch«, Bd. III. Zürich: Kindler
LEONTJEV, A.N. (1971): Probleme der Entwicklung des Psychischen. Berlin: Volk und Wissen
— (1977): Tätigkeit, Bewußtsein, Persönlichkeit. Stuttgart: Klett
LEWIN, B.D. (1946): Sleep, the Mouth, and the Dream Screen. In: Psychoanal. Quart. XV
— (1948): Inferences from the Dream Screen. In: Int. J. Psychoanal. XXII
— (1953): Reconsideration of the Dream Screen. In: Psychanal. Quart. XXII
LEWIN, K. (1963): Feldtheorie in den Sozialwissenschaften. Bern/Stuttgart: Huber
LURIA, A.R. (1970): Die höheren kortikalen Funktionen des Menschen und ihre Störungen bei örtlichen Hirnschädigungen. Berlin: VEB Deutscher Verlag der Wissenschaften
LURKER, M. (1981): Götter und Symbole der alten Ägypter. München: Goldmann
MAHLENDORF, U. (1982): Kreativität und Kreativitätserlebnisse bei Dichtern und ihren Gestalten. In: AMMON, G., Hrsg.: Handbuch der Dynamischen Psychiatrie, Bd. 2. München: Ernst Reinhardt

MAKARENKO, A.S. (1962): Ein pädagogisches Poem. Der Weg ins Leben. Berlin: Volk und Wissen

MALINOWSKI, B. (1962): Geschlecht und Verdrängung in primitiven Gesellschaften. Hamburg: Rowohlt

MARCUSE, H. (1967): Triebstruktur und Gesellschaft. Frankfurt/M.: Suhrkamp

MARIOTT, A. (1954): The Opened Door. In: The New Yorker 30, S. 80-91

MARSEN, B. (1982): Hirnhemisphären und Ich-Struktur. In: AMMON, G., Hrsg.: Handbuch der Dynamischen Psychiatrie, Bd. 2. München: Ernst Reinhardt

MARTIN, A.R. (1969): Idle Hands and Giddy Minds. Our Psychological and Emotional Unpreparedness for Free Time. In: Am. J. Psychoanal. 29, S. 147-156

MARX, K, (1962): Frühe Schriften. In: LIEBER, J. und FURTH, P., Hrsg.: Werke I. Stuttgart Klett Cotta

MEAD, M. (1930): Growing up in New Guinea. New York: William Morrow & Co.

— (1965): Leben in der Südsee. Jugend und Sexualität in primitiven Gesellschaften. München: Kindler

MEIER-ABICH, A., HESKE, S., JORDAN, P. (1954): Organik. Beiträge zur Kultur unserer Zeit. Berlin: Haller

MINKOWSKI, E. (1933): Die gelebte Zeit, Bd. 1: Über den zeitlichen Aspekt psychopathologischer Phänomene. Salzburg: Otto Müller, 1972

MOMMSEN, TH.: Römische Gedichte

MONEY, J., EHRHARDT, A. (1975): Männlich, Weiblich: Die Entstehung der Geschlechtsunterschiede. Reinbek: Rowohlt

MOORE, W.H. (1979): Alpha-hemispheric asymmetry of males and females on verbal and nonverbal tasks: Some preliminary results. In: Cortex 15, 2, S. 321-326

MÜLLER, H. (1986): Mary Wigman, Leben und Werk der großen Tänzerin. Herausgegeben von der Akademie der Künste, Berlin. Weinheim & Berlin: Quadriga

MUMEY, N. (1951): The Peyote Ceremony among the American Indians. In: bull. Med. Library Ass., 39, S. 102-188

MURPHY, G. (1958): Human Potentialities. New York: Basic Books

— (1963a): Creativity and its relation to extrasensory perception. In: J. of the Am. Society for Psychical Research 57, 4

— (1963b): Persönliche Mitteilung

NEEDLES, W. (1982/83): Reflections of the sexual dilemma of the phallic female: Biologic considerations. In: The Psychoanal. Rev. 69, S. 497-512

NIETZSCHE, F. (1967): Also sprach Zarathustra. In: SCHLECHTA, K., Hrsg.: München: Carl Hanser

ORTEGA Y GASSET, J. (1953): Aufstand der Massen. Stuttgart: Deutsche Verlagsanstalt
PARSONS, E.C. (1936): Taos Pueblo. In: General Series in Anthropology 2 (Menasha, Wis.)
PESCHKE, V. (1982): Neuropsychische funktionelle Systeme und Ich-Struktur. In: AMMON, G., Hrsg.: Handbuch der Dynamischen Psychiatry, Bd. 2. München: Ernst Reinhardt
PETER, F.M. (1985): Valeska Gert. Berlin: Fröhlich & Kaufmann
PETZOLD, H. (1977): Thymopraktik als Verfahren integrativer Therapie. In: ders., Hrsg.: Die neuen Körpertherapien. Paderborn: Junfermann
PETZOLD, H., BERGER, A. (1977): Integrative Bewegungstherapie und Bewegungspädagogik als Behandlungsverfahren für psychiatrische Patienten. In: ebda.
PFISTER, K.: Die Etrusker. München: Bruckmann
POHL, J., ROCK, W. (1979): Zwang. In: AMMON, G., Hrsg.: Handbuch der Dynamischen Psychiatrie, Bd. 1, München: Ernst Reinhardt
RAPAPORT, D. (1958): The Theory of Ego-Autonomy: A Generalization. In: Bull. Menn. Clinic 22,13
REDL, F. (1971): Gruppenemotion und Führerschaft. In: FATKE, R., Hrsg.: Erziehung schwieriger Kinder. München: Piper
REICH, W. (1933): Charakteranalyse. Frankfurt/M.: Fischer
ROGERS, R. (1980): Psychiatry and Foreign Affairs. Vortrag auf dem XII. Int. Symp. der DAP, 8.—13. Dezember 1980, München
— (1981): Identiy and Society. Vortrag auf dem XIII. Int. Symp. der DAP, 11. — 16. Dezember 1981, München
— (1986): Psychological Aspects of Diplomatic Contacts in an Multi-cultural Framework. In: Dyn. Psychiat. 19, S. 178-200
RÖHLING, G. (1979): Sucht. In: AMMON, G., Hrsg.: Handbuch der Dynamischen Psychiatrie, Bd. 1. München: Ernst Reinhardt
ROTENBERG, V.S. (1982a): Funktionale Dichotomie der Gehirnhemisphären und die Bedeutung der Suchaktivität für physiologische und psychopathologische Prozesse. In: AMMON, G., Hrsg.: Handbuch der Dynamischen Psychiatrie, Bd. 2. München: Ernst Reinhardt
— (1982b): Schizophrenie im Lichte des Konzepts der Suchaktivität psychophysiologischer Aspekte. In: Dyn. Psychiat. 15, S. 10-20
— (1983): Paradoxe des Schöpfertums. In: Neue Zeit 51, Dezember
RUBINSTEIN, S.L. (1971): Grundlagen der allgemeinen Psychologie. Berlin: Verlag Volk und Wissen
SAND, K. (1920): Moderne experimntelle Sexualforschung. In: ZSW 7
SCHACHERMEYR, F. (1938): Hethiter und Achäer. Leipzig
SCHÄFER, H., PFLANZ, M., STROTZKA, H., LÖWITH, K. et al. (1969): Was ist der Tod? 11 Beiträge und eine Diskussion. München: Heidelberger Studio
SCHINDLER, R. (1968): Das Verhältnis von Soziometrie und Rangord-

nungsdynamik. In: Gruppenspychoth. und Gruppendyn. 3, S. 31-37
SCHINDLER, W. (1972): Controversial Aspects of Group-Analytic Theory and Techniques. In: Dyn. Psychiat. 5, S. 44-58
SCHMIEDECK, R. (!968): Zur Psychodynamik von Tod und Trauer. In: Dyn. Psychiat. 1, S. 110-120
SCHMOLKE, M. (1985): Zur Bewältigung von Tod und Sterben durch Mysterien: Das Tibetanische Totenbuch unter Berücksichtigung altägyptischer und Maya-Texte. In: Dyn. Psychiat. 18, S. 283-300
SCHOOP, T. (1981): . . . Komm und tanz mit mir! Ein Versuch, dem psychotischen Menschen durch die Elemente des Tanzes zu helfen. Zürich: Musikhaus Pan
SCHWIDDER, W. (1967): Zur Strukturspezifität von Arbeitsstörungen. In: Z. psychosom. Med. Psychoanal. 13, S. 244-246
SEATTLE (1983): Wir sind ein Teil der Erde. Die Rede des Häuptlings Seattle vor dem Präsidenten der Vereinigten Staaten von Amerika im Jahre 1855. Freiburg i.Br.: Walter
SIFNEOS, P.E. (1975): Problems of Psychotherapy of Patients with Alexithymic Characteristics and Physical Diseases. In: Psychother. and Psychosom. 26, S. 65-70
SIMONOW, P.W. (1975): Widerspiegelungstheorie und Psychologie der Emotionen. Berlin: VEB-Verlag, Volk und Gesundheit
SINGER, J. (1981): Nur Mann — Nur Frau? — Wir sind auf beides angelegt. München: Pfeiffer
SLOTKIN, J.S. (1956): The Peyote Religion. Glencoe: The Free Press
SMITH, P.B. (1959): A Sunday with Mescaline. In: Bull. Menn. Clin. 23, S. 20-27
SMUTS, J.Ch. (1938): Die holistische Welt. Berlin: Metzner
SOUSTELLE, J. (1933): Note sur les Lacandones du Lac peljá Rio Jetja (Chipas). In: J. de la Sociéte des Américanistes de Paris N.S. 25, S. 153-180
— (1935): Le Totémisme des Lacandones. In: Maya Research II, S. 325-344
—(1937): La Culture Matérielle des Indiens Lacandones. In: J. de lá Sociéte des Américanistes de Paris N.S. 29, S. 1-95
SPENCE, J.T., HEILMREICH, R.L. STAPP, E. (1975): Ratings of Self and Peers on Sex-Role Attributes and their Relation to Selfestem and Conceptions of Masculinity and Feminitiy. In: J. of person. and social psychology. Vol. 32 N 1, S. 29-39
SPITZ, R.A. (1945): Hospitalism: An Inquiry into the Genesis of Psychiatric Conditions in Early Childhood. In: Psychoanal. Study Child I. New York: Int. Univ. Press
— (1946): The Smiling Response. In: Genet. Psych. Mon. XXXIV
— (1948): The Smiling Response. Film. New York: Ney York Univ. Film Libr.

— (1955): Die Urhöhle: Zur Genese der Wahrnehmung und ihrer Rolle in der psychoanalytischen Theorie. In: Psyche IX, S. 641-667
— (1957): Die Enstehung der ersten Objektbeziehungen. Stuttgart: Klett
STEINACH, E. (1910): Geschlechtstrieb. In: Zentr. Bl. f. Physiol. 24
SUDNOW, D. (1973): Organisiertes Sterben. Frankfurt/M.: Fischer
SULLIVAN, H.S. (1953): The Interpersonal Theory of Psychiatry. PERRY, H.S., GAWEL, M.L., eds. New York: Norton
SWOBODA, H. (1904): Perioden des menschlichen Organismus. Wien
TILLICH, P. (1969): Sein und Sinn. In: Gesammelte Werke, XI. Stuttgart: Evangelisches Verlagswerk
»TOD UND STERBEN«, 1975, Programmheft des International College of Psychosomatic Medicine, Schloß Weidenkam, Starnberger See bei München
TOZZER, A. (1907): A Comparative Study of the Mayas and the Lacandones. London
VOLBEHR, H., unter Mitarbeit von HULLMEINE, D. (1979): Drogenabhängigkeit. In: AMMON, G., Hrsg. Handbuch der Dynamischen Psychiatrie, Bd. 1. München: Ernst Reinhardt
VOTH, A.C. (1947): An experimental study of mental patients through the autokinetic phenomenon. In: Am. J. of Psychiatry 103, S. 793-803
VOTH, H.M., MAYMAN, M. (1959): Personal Communication. Unpubl. Manuscript
WALLACE, A., HENKIN, B. (1982): Anleitung zum geistigen Heilen. Essen: Synthesis
WEININGER, O. (1908): Geschlecht und Charakter. Wien/Leipzig
WEX, J. (1986): Nahrung für Körper, Geist und Seele. In: Magazin 2000 (8), Nr. 64, S. 52-55
WIGMANN, M. (1936): Vom Wesen des neuen Tanzes. In: LABAN, R.V., WIGMANN, M. u.a.: Die tänzerische Situation unserer Zeit. Dresden
— (1986): Die Sprache des Tanzes. München: Battenberg
WILKE, E. (1985): Zur Verwendung des Mediums Tanz in der Psychotherapie. In: PETZOLD, H. (Hrsg.): Leiblichkeit, Philosophische, gesellschaftliche und therapeutische Perspektiven. Paderborn: Junfermann
WINNICOTT, D.W. (1963): The Development of the Capacity for Concern. In: The Maturational Process and the Facilitating Environment. London: Hogarth
— (1969): Kind, Familie, und Umwelt. München: Ernst Reinhardt
WOLFF, CH. (1981): Bisexualität. Frankfurt/M.: Fischer
WOLLSCHLÄGER, P: (1981): Geschlechtsstereotype. Frankfurt/M.: Fischer
WOSIEN, M.-G. (1986): Tanz im Angesicht der Götter. München: Kösel
ZANDER, W. (1967): Arbeitsstörungen und Neurosestruktur. In: Z. Psychosom. Psychoanal. 13, S. 236-244

ZELDOW, P. (1982): The androgynous vision, a critical examination. In: Bull. Menn. Clin. 46, S. 401-413

ZENKOV, L.R. (1978): Einige Aspekte der semiotischen Struktur und der funktionalen Organisation des »rechtshemisphärischen Denkens« (in russ. Sprache): In: The Unconscious: Nature, Functions, Methods of Study. Vol. 1. Tbilissi: Metsniereba Publ. House


Informationen über die vom Autor erwähnten Angriffe siehe
1) Nachrichtenteil der Zeitschrift »Dynamische Psychiatrie« 19, Heft 96, S. 80-104
2) Nachrichtenteil der Zeitschrift »Dynamische Psychiatrie« 19, Heft 97/98, S. 201-294

jeweils mit Pressespiegel

# Namens- und Sachregister
Zusammengestellt von Helmut Volger

*Namensregister – Deutscher Text*

| | |
|---|---|
| Abraham, K. | 235, 395 |
| Ackerknecht, E.H. | 291, 353 |
| Adler, A. | 347, 374 |
| Adorno, Th.W. | 380 |
| Aeskulap | 26 |
| Aichhorn, A. | 96, 395 |
| Alexander, F. | 388 |
| Allgeier | 45 |
| Alonzo, G.Z. | 99, 395 |
| Alpert, R. | 192, 406 |
| Ammon, Gi. | 142, 395, 399 |
| Ammon, G. | 8, 14, 19, 40, 47, 48, 95, 105, 120, 123, 124, 125, 127, 128, 129, 130, 133, 134, 136, 137, 138, 142, 144, 148, 149, 152, 153, 156, 159, 162, 164, 169, 172, 181, 182, 183, 196, 198, 215, 218, 219, 220, 221, 222, 224, 228, 231, 232, 234, 235, 236, 237, 238, 239, 243, 244, 246, 247, 250, 254, 263, 268, 271, 272, 286, 295, 310, 311, 312, 313, 314, 327, 328, 330, 331, 332, 334, 434, 386, 388 ff, 349, 350, 352, 353, 354, 355, 356, 357, 359, 368 f., 372 ff., 384 |
| Andritzky, W. | 136, 137, 399 |
| Androgynitäts-Dimensionstest nach Ammon (ADA) | 18, 47, 49, 50, 385 f. |
| Angelus Silesius | 229, 400 |
| Anzieu, D. | 173, 179, 400 |
| Aristophanes | 37 |
| Aristoles | 28, 239 |
| Bachofen, J.J. | 64, 400 |
| Bahnson, B. | 327 |
| Balint, M. | 181, 400 |
| Bardwick, J. M. | 45, 400 |
| Bartemeier, L.H. | 243, 400 |
| Bassin, F.V. | 96, 219, 316, 400 |
| Bateson, G. | 387, 401 |
| Baumann, H. | 136, 401 |
| Bausch, P. | 380 |
| Bee, R.L. | 401 |
| Bem, S. | 44, 45, 46, 51, 401 |
| Benedek, I. | 96, 401 |
| Berger, M. | 22, 341, 354, 359, 364, 401 |
| Berger, P. | 281, 401 |
| Beringer, K. | 192, 210, 401 |
| Bernstein, P. | 348, 401 |
| Bertalanffy, L.v. | 66, 401 |
| Bettelheim, B. | 388 |
| Bleuler, E. | 154, 393, 401 |
| Bloch, E. | 41 |
| Blom, F. | 69, 70, 401 |
| Blümer, H. | 401 |
| Böttcher, H. | 95, 219, 401 |
| Bornemann, E. | 270, 401 |
| Brown, E.C. | 205 |
| Buber, M. | 218, 316, 401 |
| Burbiel, I. | 19, 239, 399, 402 |
| Churchill, W. | 280 |
| Corrado, Ursi, Kardinal | 316 |
| Crotchet, R. | 192, 402 |
| Dalai Lama, XIV. | 24, 25 |
| Nikolaus von Damaskus | 61 |
| Decorah, E. | 191, 197, 202 |

| | |
|---|---|
| Dehné, E. | 56 |
| Deutschmann, M. | 220, 221, 222, 223, 224, 402 |
| Diaghilew, S.P. | 160, 273, 377 |
| Diodor | 61 |
| Duby, G. | 69, 402 |
| Duby Blom, G. | 65, 69, 70 |
| Duncan, I. | 345, 374, 402 |
| Dynamisch-Psychiatrische Klinik Menterschwaige | 125, 386 |
| | |
| Ebert, T. | 332 |
| Eccles, J.C. | 142, 402 |
| Ehmann, P. | 44, 402 |
| Ehrhard, A. | 51, 408 |
| Eicke, D. | 126, 402 |
| Ellis, H. | 192, 402 |
| Ellsberg, D. | 332, 402 |
| Elwin, V. | 269, 402 |
| English, H.B. | 140, 402 |
| English, A.G. | 140, 402 |
| Erikson, E.H. | 164, 165, 166, 172, 402 |
| Espenak, L. | 347, 348, 374 |
| | |
| Fagel, A.F. | 45, 402 |
| Fast, I. | 243, 402 |
| Federn, P. | 164, 167, 168, 172, 178, 184, 348, 402 |
| Feldmann, H. | 243, 402 |
| Ferber, Ch.v. | 281, 291, 403 |
| Ferenczi, S. | 128, 243, 403 |
| Feyerabend, P. | 100, 403 |
| Finke, G. | 19, 239, 399 |
| Fliess, W. | 35, 36, 403 |
| Foulkes, S.H. | 346, 403 |
| French, T.H. | 166, 403 |
| Freud, A. | 224, 348, 403 |
| Freud, S. | 35, 36, 41, 101, 103, 126, 140, 141, 152, 162, 165, 166, 167, 172, 173, 175, 178, 180, 188, 224, 242, 243, 256, 285, 326, 332, 343, 345, 347, 348, 351, 352, 403 f., 370, 373 |
| Fromm, E. | 297, 334, 404 |
| Fromm-Reichmann, F. | 388 |
| Furtwängler, K. | 381 |
| | |
| Gabel, J. | 221, 222, 404 |
| Gadpaille, W.J. | 45, 404 |
| Galperin, P.J. | 96, 404 |
| Gandhi, M. | 333 |
| Gebühr, O. | 159 |
| Geisler, G. | 228, 404 |
| Genkina, O.A. | 149 |
| Gert, V. | 346, 375, 404 |
| Godfrey, K.E. | 195, 197, 198, 214, 404 |
| Goethe, J.W.v. | 152, 154 |
| Goldschmidt, R. | 36, 41, 404 |
| Gorer, G. | 282, 293, 404 |
| Green, H. | 191 |
| Griepenstroh, D. | 105, 219, 312, 357, 404 |
| Grotjahn, M. | 388 |
| Gúvenc, R.O. | 345 |
| | |
| Hacker, F. | 326, 404 |
| Halban, J. | 36, 404 |
| Haley, J. | 358 |
| Halpern, H. | 243, 404 |
| Hameister, H.-J. | 292 |
| Harlow, H.F. | 96, 404 |
| Harlow, M. | 96, 404 |
| Hartmann, H. | 168, 243, 390, 404 |
| Hassnain, F.M. | 382 |
| Hatterer, L. | 243, 405 |
| Hausenstein, W. | 405 |
| Healey | 68 |

|  |  |
|---|---|
| Heid, Ch. | 32 |
| Heidegger, M. | 160, 161, 405 |
| Heilbrunn, A.Jr. | 46, 405 |
| Helmreich, R.L. | 46, 410 |
| Hermelink, D. | 348, 352, 405 |
| Herodot | 60 |
| Henkin, B. | 21, 411 |
| Hesemann, M. | 345, 405 |
| Heske, S. | 408 |
| Hieber, P. | 341 |
| Hippokrates | 13, 26 |
| Hirschfeld, M. | 36, 41, 405 |
| Hitler, A. | 326 |
| Hoffmann, H. | 400 |
| Hoffsten, M. | 400 |
| Holdand | 113 |
| Holmes, D. | 405 |
| Homer | 63 |
| Horney, K. | 243, 244, 405 |
| Huxley, A. | 188, 189, 192, 197, 405 |
| Huxley, J. | 405 |
| Ibsen, H. | 277 |
| Ich-Struktur-Test nach Ammon (ISTA) | 16, 18, 103, 389 |
| Igenbergs, E.P. | 13, 391, 405 |
| Isakower, O. | 174, 177, 405 |
| Isakower-Phänomen | 177 |
| Jackson, D.D. | 401 |
| Jacoby, R. | 348, 405 |
| Jantsch, E. | 113, 227, 316, 405 |
| Jordan, P. | 408 |
| Jung, C.G. | 45 |
| Jungeboldt, U. | 154, 406 |
| Kalkbrenner, P. | 372 ff. |
| Kant, I. | 389, 406 |
| Kelly, J.A. | 45, 406 |
| Kerényi, K. | 101, 406 |
| Kern, H. | 344, 406 |
| Kippenberg, H.G. | 101, 406 |
| Knight, R.P. | 182, 406 |
| Koch, U. | 344, 406 |
| Köppen, U. | 400 |
| Körner, H. | 270, 274, 406 |
| Kohut, H. | 119, 406 |
| Konnert, H. | 281 |
| Kornemann, E. | 406 |
| Kostandov, E.A. | 149, 406 |
| Koukkou, M. | 144, 407 |
| Kraveth | 45 |
| Kravett, S. | 21, 406 |
| Kreuzberg, H. | 346 |
| Krieger, H. | 370, 371, 406 |
| Kringelen | 388 |
| Kris, E. | 142, 390, 405, 407 |
| Kübler-Ross, E. | 278, 290, 291, 407 |
| Kuhn, T.S. | 351, 407 |
| Kurth, W. | 163, 407 |
| Laban, R. | 343, 345, 346, 347 |
| LaBarre, W. | 192, 407 |
| Laing, R.D. | 222, 407 |
| Landesvater. S. | 407 |
| Lange, J. | 283, 407 |
| Lange-Eichbaum, W. | 163, 407 |
| Lanternari, V. | 192, 407 |
| Lantos, B. | 243, 407 |
| Laurent, R. | 407 |
| Leary, T. | 192, 407 |
| Lehmann, D. | 144, 407 |
| Lenin, W.I. | 95 |
| Leontjev, A.N. | 96, 245, 407 |
| Lewin, B.D. | 175, 177, 178, 407 |
| Lewin, K. | 346, 407 |
| Lieban, R. | 281, 258 |
| Loewenstein, R.M. | 348, 405 |
| Löwith, K. | 281, 409 |
| Lonetree, W. | 191 |

Luria, A.R. 96, 407
Lurker, M. 36, 407

Magnus-Hirschfeld-Institut,
  Berlin 126
Mahlendorf, U. 163, 407
Mahler, G. 154
Makarenko, A.S. 96, 408
Malinowski, B. 269, 408
Marcuse, H. 27, 408
Marsen, B. 149, 162, 408
Martin, A.R. 243, 408
Marx, K. 314, 408
Maymann, M. 386, 411
McKenney, L. 191, 209
Mead, M. 66, 269, 408
Meier-Abich, A. 113, 408
Menninger, K. 10, 191, 196, 197 388
Menninger, W. 10
Menninger Foundation, Topeka, USA, 65, 69, 73, 186, 196, 316
Metzner, R. 192, 407
Minkowski, E. 221, 223, 408
Mommsen, Th. 408
Money, J. 51, 408
Moore, W. H. 149, 162, 408
Müller, H. 346, 347
Müller-Braunschweig, K. 126
Mumey, N. 189, 192, 408
Munch, E. 273
Murphy, G. 65, 66, 71, 189, 226, 408

Native American Church 11, 186, 187, 190, 191, 196, 202
Needles, W. 45, 408
Nietzsche, F. 154, 224, 408
Nijinksi, W. F. 159, 273

Ortega y Gasset 128, 409

Palucca, G. 346
Paracelsus, 13, 370
Parsons, E.C. 214, 409
Patterson, P.G.R. 11, 129, 186, 191 196, 210, 211, 212, 213, 214
Pawlow, I.P. 149
Personal Attributes Questionsnaire (PAQ) 46
Peschke, V. 409
Peter, F.M. 346
Petrow, D. 95
Petzold, H. 137, 384, 409
Pfister, K. 409
Pflanz, M. 281, 409
Platon, 7, 8, 37, 124
Pohl, J. 235, 409
Pythagoras 13, 26, 134, 345, 370, 382

Rapaport, D. 168, 184, 390, 409
Redl, F. 250, 409
Reich, W. 126, 128, 129, 284, 370, 409
Rittersberger 65, 68
Rock, W. 235, 409
Röhling, G. 238, 409
Rogers, R. 327, 409
Romero, R. 71
Rotenberg, V. S. 28, 29, 133, 142, 144, 149, 162, 219, 311, 317, 330, 333, 400, 409
Rubinstein, S.L. 244, 409

Sachse, C. 348, 409
Sand, K. 36, 402
Sandison, R.A. 192, 409
Schacher
Schachermeyr, F. 409
Schäfer, H. 281, 409
Schindler, R. 253, 271

Schindler, W. 174, 367
Schmiedeck, R. 298, 410
Schmolke, M. 280, 241, 359, 410
Schoop, T. 348
Schultz, I.H. 12, 352
Schwidder, W. 243, 410
Seattle 310, 410
Shapiro, J.A. 272, 316
Sifeneos, P.E. 237, 410
Simonow, P.W. 149, 410
Singer, J. 44, 45, 46, 410
Sinha, J.B.P. 316
Slotkin, J.S. 190, 192, 410
Smirnov, I.N. 219, 317, 400
Smith, P.B. 192, 410
Smuts, J.Ch. 113, 410
Soustelle, J. 68, 410
Spence, J.T. 46, 410
Spitz, R.A. 96, 106, 174, 175, 176, 177, 178, 347, 410 f.
Stapp, E. 46, 410
Steinach, E. 36, 411
Strotzka, H. 281, 409
Stuck, U. 19, 400, 402
Sudnow, D. 293, 300, 411
Sullivan, H.S. 129, 346, 411
Swoboda, H. 36, 368

Terpeluk, V. 400
Tillich, P. 277, 411
Theopomp 62
Tolstoi, L. 280
Tozzer, A. 68, 411

United Nations Fund for Population Activities UNEFPA 56
United Nations Organization UNO 56
Uznadze-Schule 95

Vilbig, M. 357
Volbehr, H. 238, 411
Volger, H. 341
Voth, A.C. 386, 411
Voth, H.M. 386, 411

Wabaunsee, W. 191, 197
Wagner, H. 19, 239, 399, 402
Wahzow-Kouck, W. 191
Walk, A. 192, 402
Wallace, A. 21, 411
Wallenberg Pachaly, A.v. 105, 219, 404
Wallerstein, J. 66
Weakland, J.W. 401
Weininger, O. 35, 411
Wex, J. 355, 357
Wigman, M. 343, 345, 346, 347, 374 f.
Willke, E. 348
Winnicott, D.W. 142, 388, 411
Wolff, Ch. 44, 45, 52, 411
Wolfrum, G. 400
Wollschläger, P. 46, 411
Worell, J. 45, 406
World Association for Dynamic Psychiatry WADP 56
World Health Organization WHO 56
Wosien, M.-G-. 344

Zander, W. 243, 411
Zeldow, P. 45, 412
Zenkov, L.R. 29, 133, 144, 145, 149, 162, 311, 412

*Namensregister – Englischer Text*

| | |
|---|---|
| Abraham, K. | 78 |
| Ammon, Gü. | 72, 73, 74, 75, 76, 77 |
| Baz., J. | 73 |
| Blom, G. | 73 |
| Duby Blom, G. | 72, 73 |
| Freud, S. | 78, 84 |
| Frost, R. | 83 |
| Healey | 85 |
| Loyd, C. | 77 |
| Mead, M. | 79 |
| Menninger, K. | 79 |
| Menninger Foundation, Topeka, USA | 73 |
| Morley | 85 |
| Turner, L. | 73 |
| Zeller, E. | 73 |

*Sachregister – Deutscher Text*

Abgrenzung   90, 110, 168, 169, 176, 177
- als zentrale Ich-Funktion   90
- von Ich und Nicht-Ich   168, 169, 176, 177
Abhängigkeit, symbiotische   253, 295, 304
Abwehrfunktion   18
Abwehrmechanismen   179, 284, 294
Aggression,   11, 12, 110, 119, 153, 179, 324 ff., 385, 369
- und Angst   119
- und Frieden   324 ff.
- als zentrale Ich-Funktion   90, 110, 343
- und Kultur   12
- und Narzißmus   119
- und Sexualität   332
- in der therapeutischen Gruppe   179
- in der Therapie   118, 119, 120, 343
Aggression, defizitäre   330, 385
- und Suchverzicht   330
Aggression, destruktive   119, 125, 268, 269, 330, 385
- und defizitäre Angst   269, 331
- und Eifersucht   268, 269
Aggression, konstruktive   90, 222, 330
- und Angsttoleranz   331
- als zentrale Ich-Funktion   90, 110, 11
- und Suchaktivität   330
sog. Aggressionsbetrieb   325
Agieren   153, 222
Alexithymie   237
Alter   8, 117, 323, 233, 234

- sdepression 234
- und Identität 233, 234
- und Jugend 8
- und Sozialenergie 117
Altersheime 289
   Gruppendynamik in 289
Amozonen 63
Androgynes Denken 35, 39
Androgyner Lebensstiel 35, 39, 42, 53, 137
Androgyne Persönlichkeit 42
Androgyniat 54, 55, 124, 385
Androgynität 11, 15, 17, 18, 19, 20, 32 ff., 59, 123, 135, 136, 314, 331, 332, 385 f.
   Androgyniat in der - 54, 55, 60
- und Anpassung 124
- als Archetypus 45
- und Bedürfnisse 42, 47, 50, 53, 124
- und Beruf 20, 47
Biologische Voraussetzung der - 39, 41
- und Bisexualität 35 ff., 43, 44, 45, 46
Brüche in der - 50
- und Denken 33, 35, 39, 47
Dimensionen der - 39
- und Dualismus 46, 54
Emanzipation und - 34
- und Eltern 51
- und Emotionalität 20, 33
Erleben der - 47
ethnologische Studien zur - 136
- und Feminismus 45
- und Fixierungen 35, 39, 42, 43, 47, 48
- und Frieden 37, 332
- und Geistigkeit 42
- und genitale Gestaltung 37, 50
- und Geschlechtsrollenwechsel 137
- und Geschlechtsumwandlung 38, 39, 51, 53, 123, 126, 137
- und Gesellschaft 20, 34, 42, 53, 54, 55
- und Gruppe 42
- und Hermaphroditismus 36, 37, 46
- und Hirnhemisphären 33, 52
- und Homosexualität 41, 43
- und Identität 20, 42, 55, 124
- des Kindes 51, 52, 332
- und Koituspositionen 45
- und Körperlichkeit 20, 34, 42, 47, 49, 50
- und Kreativität 20, 45, 50, 51, 55, 124
- und »Kugelmensch« 37, 124
- und Lebensstil 20
- und Lehrer-Schüler-Verhältnis 124
Messung der - 44, 45, 46
- bei den Naturvölkern 38
- und Partnerwahl 20, 136, 137
- und Philosophie 124
- und Phylogenese 41
- und psychische Erkrankung 123
- und Psychoanalyse 38, 123, 136, 137
- und Rationalität 33
- und Religion 36, 37, 136
- und Rollenfixierungen 20, 33, 35, 39, 42, 44, 50, 60, 123
- bei Schamanen 38, 135, 136
- und Schöpfungsmythen 45, 46
- und Schuldgefühle 50
- und Sensibilität 44
- und Sexualität 47

- und Sozialenergie 42
- und Synergismus 33
- und Therapie 50, 51, 53, 136, 137
- und Transsexualisierung 53, 124, 135
- und Transsexualität 38, 39, 45, 52, 53, 124, 135, 136
- kultischer Transvestitismus 136
- und Wendezeit 34
Androgynitäts-Dimensionstest nach Ammon (ADA) 47 ff. 343, 344
  Eigen-Rating bei 49, 344
  Fremd-Rating bei 49, 344
Angst 16, 17, 110, 119, 125, 153, 157, 170, 180, 200, 201, 222, 237, 252, 263, 328, 331, 368
  Abwehr der - 331
  - und Arbeit 252
  Beziehungs- 224
  -, defizitäre 331
  - der Gruppe 297
  - als zentrale Ich-Funktion 110
  Identitäts- 170
  Kontakt- 224
  - und Narzißmus 119
  - vor dem Tod 276 ff., 292 ff.
  Trennungs- 237, 295, 297
  Verlassenheits- 237, 263, 264, 265, 266, 268, 273
  Vernichtungs- 295
Angsttoleranz 331
Anpassung 17, 224, 277
Anthropologie 11, 12, 65 ff., 101
Arbeit 11, 15, 20, 26, 27, 214 ff.
- und Agression 254
- und Angst 252, 254
- in archaischen Kulturen 245, 246, 247

Bedeutung der - 26, 248
- und Bedürfnisbefriedigung 242, 247, 258
- und konzeptionelles Denken 254
- und Emotionalität 254
- und Psychische Energie 242, 243, 244, 248
- und Entfremdung 247
Erotik und - 257, 258
Flucht in die - 283, 284
- und Freunde 242
- im Freudianismus 242, 243
- und Frustrationsregulation 254
- und Gesellschaft 248, 249, 257, 260
- und Grenzsituationen 251, 252
- und Gruppe 246, 247, 248, 249, 250, 251, 252, 253, 254, 255, 256, 257, 258, 259, 260, 261
- und Gruppengrenzen 249, 251, 252
- und Ich-Abgrenzung 254
- und Ich-Energie 243
- und sekundäre Ich-Funktionen 254, 257
- und Ich-Grenzen 255, 256
- und Ich-Integration 254
- in der Ich-Psychologie 243
- und Ich-Struktur 200, 201
- und Identität 26, 27, 241 ff.
individualistische Einstellung zur - 243, 257
- in der Industriegesellschaft 241, 246, 255
- und Kommunikation 244, 247, 252
- und Körper-ich 254, 258
- und Kreativität 251, 254

- und Kultur 242, 243, 247
Leistungsanforderungen an die -
251, 252, 254, 255
- und Lernen 250, 252
- und Liebe 242
- und Lustprinzip
- und Narzißmus 254
Negativdefinition der - 242, 243
- in der Neoanalyse 243, 244, 257
- als Notwendigkeit 241, 242
- und Persönlichkeit 244, 245
- und Phantasie 254
- in der Philosophie 242
Positivdefinition der - 245
- in der orthodoxen Psychoanalyse 242, 243, 257
- in der sowjetischen Psychologie 242, 244, 245
- und Realitätsprinzip 242
- und Rentner 260, 261
-, schöpferische 244
- und Schuldgefühle 255, 256
- und Selbstdarstellung 247
- und Selbstverwirklichung 241, 242, 246, 247, 249
- und Selbstwertgefühl 254
- und Sozialenergie 247, 248, 256, 259, 260
Spezialisierung in der - 246, 250, 257
- und Spiel 242
- und Tätigkeit 244, 245, 259
- und Tätigsein 244
- und Triebpsychologie 242, 243
Überschaubarkeit der - 246
- und Unbewußtes 251
- und Werte 248, 249
- und Zeit 255
- und Zielsetzung 245, 249, 250, 251

Arbeitsgruppen 241 ff.
- und Aggression 251
-, dynamische 26
-, erstarrte 26
Hilfs-Ich-Funktion in - 252
-, kreative 26
Krisen in - 251, 252
Leiter der - 250, 251, 253
Arbeitsprojekte 246, 247, 248, 249, 250, 251, 252, 253, 255, 256, 258
- und Angst 252
Aufgeben des - 256
- und Ich-Grenzen 255
Widerstand gegen - 258
Arbeitsstörungen 43, 241, 244, 251, 255, 257
- und Symbiose 251
Archäologie 11, 12, 65
Aufklärung 27
Ausbildungskandidaten, psychoanalytische 106
Auswahl von - 106
Ausdruckstanz 345 f.
Autismus 222
Autogenes Training 12
Autokinetischer Lichttest 239, 344
Zeiterleben im - 239
Autokinetisches Phänomen 386
Bedürfnisse
- Menschen 17, 25, 242, 247, 258, 332
Bedürfnisverbote 17
Begegnung, bedeutsame 23, 25, 91, 96, 97, 107, 225, 226, 230, 232, 316
- und Identität 91, 96, 97
- und Sozialenergie 107

- und Therapie 232
- und Zeiterleben 225, 226, 230 232
Bevölkerungswachstum 58, 329
- und ökologische Probleme 329
Bildung 57, 58
Bisexualität 35, 36, 37, 41, 42, 43, 45, 46
  biologische Faktoren der - 41, 42
  - und Dualismus 44
  - und Genetik 41, 42
  psychologische Faktoren der - 41
  - als Dimension sexueller Bedürfnisse 42
  - und Triebtheorie 42
Blutforschung 12
Borderline-Kranke 89, 181, 182 f., 238, 349 f.
  Als Ob-Persönlichkeit der - 182
  - mit destruktiver Identität 89
  Humanstrukturelle Tanztherapie bei -n 353
  Therapie der - 238
  Traumverhalten bei - 181, 182 f.
  Zeiterleben bei - 238
Borderline-Syndrom 129, 153, 169, 334, 349, 386 f.
  - und Ich-Abgrenzung 169
  - und Kreativität 153
  Therapie des -s 129
Denken
  -, androgynes 35, 39, 52
  -, bildhaftes 29, 33, 52, 345
  Kategorien - 34
  -, konzeptionelles 29, 33, 57
  -, konkretisches 29
  -, linkshemisphärisches 28, 52, 133, 149, 345
  -, logisch-verbales 28, 34, 142
  -, metaphorisches 28, 52, 133, 142, 144, 145, 149
  -, tertiärprozeßhaftes 151, 345
Denkprozeß 151, 163, 345
  -, primärer 163
  -, sekundärer 163, 345
  -, tertiärer 151, 345
Depression 43, 50, 90, 123, 234, 235, 261, 283, 284, 296
  Alters- 234, 261
  -, narzißtisch 90
  Therapie der - 234
  - und Zwang 235
Depressiver Patient
  Agression des -en 234
  Kontaktunfähigkeit des -en 234
  Schuldgefühle des -en 234
  Suicidalität des -en 234
  Zeiterleben des -en 234, 235
Destruktionsbetrieb, angeblicher 330
Diagnostik 10, 11, 19, 87, 235
Double-Bind 387
Drogenkranke 238
  Therapie der -en 238
  Zeiterleben bei -en 238
Dualismus 15, 16, 28, 44, 314
  - von Individuum und Gruppe 28
Dynamisches Prinzip 7
Dynamische Psychiatrie 9, 11, 15, 112, 336 ff., 343 f., 373 f., 388
  Angriffe gegen die - 322, 341
  Ausbildung in der - 340
  Behandlungsplanung in der - 117, 138
  gleitendes Behandlungsspektrum der - 338
  - als Behandlungswissenschaft 104, 117, 338, 340
  Diagnostik in der - 114, 117, 338

- dynamisches Denken in der - 338
Effizienzforschung in der - 340
Entwicklungskonzeption der - 108, 109, 337, 338
Forschung in der - 15, 16, 17, 116, 337, 338
- und Frieden 324 ff., 340
ganzheitliches Prinzip in der - 16, 93, 113, 235, 337
- und Gruppe 339
Gruppendynamik in der - 137, 138, 340, 388 f.
Humanstrukturen in der -15, 93, 103, 116, 117, 123, 126, 137, 138, 218, 337, 338
Archaische Ich-Krankheiten in der - 114
ich-strukturelles Arbeiten in der -103, 117, 118, 119, 159, 238
Identität und - 338
Identitätstherapie in der - 217
integratives Modell der - 338
Körperlichkeit in der - 126, 338
- und archaische Kulturen 26, 337
holistisches Menschenbild der - 88, 93, 102, 103, 112, 113, 123, 330, 337, 338, 310, 311
mehrdimensionales Denken in der - 15 ff.
metaphorisches Denken in der - 337
Methodenintegration in der - 336
Narzißmuskonzept in der - 105
Neurophysiologie in der - 116
Persönlichkeitsprofil in der - 89, 218, 338

Sozialenergie in der -11, 12, 13, 17, 27, 42, 90, 91, 92, 93, 94, 95, 98, 103 ff., 139, 152, 229, 337, 338
Sozialenergetisches Feld in der - 117, 340, 388
Spektraltheorie in der - 137, 338, 394
Supervision in der - 338, 340
- als offenes System 340
Tests in der - 18, 19
Theorie der - 9, 10, 137, 338
Therapeuten in der - 340
Therapeutisches Bündnis in der - 338, 339
Therapeutische Methodik in der - 104, 138
Therapieziel der - 338
- als holistische Wissenschaft 112, 336 ff.
- und andere Wissenschaftsdisziplinen 339, 340
Wissenschaftstheorie und - 340
Wohngemeinschaften in der - 270
Umgehen mit der Zeit in der - 218, 224, 225, 233 ff.
Dynamisch-Psychiatrische Klinik 98, 117, 125, 231, 234, 341, 342, 343 ff., 372 ff.
Angriffe gegen die - 322, 341
Eifersucht in der - 268
Großgruppe in der - 268
Körpertherapie in der - 125, 130 ff.
Massagen in der - 125
Milieutherapie in der - 125
Musiktherapie in der - 125
narzißtische Zuwendung in der - 98

Reittherapie in der - 125
Schlafforschung in der - 369
Sporttherapie in der - 125
Sozialenergetisches Feld in der - 231
Sozialenergetischer Kreis in der - 231
Sozialenergie in der - 89, 117
humanstrukturelle Tanztherapie in der - 12, 125, 130, 131, 132
Theatertherapie in der - 159
Übertragung in der - 98
»Unerreichte« in der - 125
- und Zeiterleben 234
EEG 29
Eifersucht 11, 262 ff.
 - und Beziehungsgeschehen 262 ff.
 - und destruktive Aggression 268, 269
 - und Angst 263, 264, 265, 266, 268
 - und Eifersuchtsmacher 265
 - der Eltern 271
 - und Eltern 268
 - und Erotik 262, 263, 264, 268, 273
 - und Gesellschaft 269
 - in Gruppen 263, 270
 - und Ich-Grenzen 272, 273
 - und Identität 273
 - und Interessen 267
 - und Kontakt 267
 - und archaische Kulturen 269
 - und Mord 266
 - und pathologischer Narzißmus 269
 - und Paranoia 265, 269
 - und Partnerbeziehung 262 ff., 272, 273, 274, 275
 - und psychische Erkrankung 264, 265, 266, 268
 - und Psychotische Reaktion 265, 266
 - und Rivalität 274
 - und Schizophrenie 273
 - bei schöpferischen Menschen 273
 - und Sexualität 262, 263, 264, 273
 - und sozialenergetisches Defizit 267
 - und Sozialenergie 262, 263, 264, 268
 - als Suchtgeschehen 262, 263
 - und Suicid 265
 - und erstarrte Symbiose 272
 - in der therapeutischen Gruppe 268
 - und frühkindliche Verlassenheit 267
 - und Verlassenheitsangst 263, 264, 265, 266, 268, 273
 - in Wohngemeinschaften 270
 - und Wiederholungszwang 267
 - und Wut 264
Eindimensionalität 15, 16, 17, 18, 22, 27, 29, 30
 - der Arbeit 27
 - und Gesellschaft 27
 - der Menschen 15, 17, 18, 27, 29, 30
Einheit 7
 - und Gegensätze 7
Eltern 51, 268, 271
 Eifersucht der - 271
 - und Sexualität 51
Emanzipation 34
 - und Androgynität 34
Empathie 109, 110, 119

- in der Mutter-Kind-Beziehung 109, 110
Endogenitätsdenken 104, 346
Entfremden 220, 247
- und Arbeit 247
Entwicklung 98, 99, 108
- als Ich-Struktur-Erweiterung 108, 109
- des Kindes 109
- und sozialenergetischer Austausch 108
Entwicklungspychologie 241
Erotik 257, 258, 262, 263, 268, 273
- und Arbeit 257, 258
- und Eifersucht 262, 263, 264, 268, 273
- und Gruppe 257, 258
Ethnologie 101
Evolution 10
Facilitating Environment 388
Familiendynamik 109, 114, 285
- und Ich-Struktur des Kindes 109
-, pathologische 285, 305
- bei der schizophrenen Reaktion 114
Faschismus 334
Feldstudie
- bei den Lacandon-Mayas 65 ff.
Feindbild 326, 328
Feminismus 45
Frau 56 ff.
- in archaischen Kulturen 59 ff.
Bildung der - 58
Emotionalität der - 57
Gleichberechtigung der - 56, 57, 58, 65
Konzeptionelles Denken der - 57
Kreativität der - 57
Liebesfähigkeit der - 57
Menschenrechte der - 56, 57
Schmerztoleranz der - 57
Freizeit 30
Frieden 11, 34, 324 ff.
- und Aggression 11, 324 ff.
- und Androgynität 37, 53, 54, 332
- und Angst 328
- und Erotik 331, 332
- und Freund/Feind-Denken 326, 328
- und Gesellschaft 54, 55
- und Gruppendynamik 326, 327
- und Humanität 328, 329
- und Kontakte 328, 329
- und psychologische Konfliktvermittlung 327
- und Sozialenergie 328
- und Toleranz 328
- und Wissenschaft 328
- und ziviler Ungehorsam 332
- und gewaltloser Widerstand 332
Friedensfähigkeit 324 ff.
Friedensbewegung 331, 333, 334
Frustrationsregulation 90, 111, 112
Frustrationstoleranz 111, 112
Ganzheitliche Sicht 7, 60
Ganzheitlichkeit 29, 30, 60
Gastfreundschaft 64
- und Matriarchat 64
Gehirnentwicklung 116, 117, 247
- und Arbeit 247
- und Gruppe 247
- und Sozialenergie 116, 117, 247
Geisteskrankheit 24
- bei den Lacandon-Mayas 70
Geistigkeit
- des Menschen 112, 113

Geschichte 226, 227
Geschlecht
  Chromosomen - 41
  Genital - 41
  Gonadophorisches - 41
  Rollenzwänge der -er 60
  Unterdrückung eines - 57
Geschlechtsrollen 32 ff., 44, 45, 46, 56, 57, 60
  - und Kultur 57
  - und Religion 57
Geschlechtsrollenverhalten 44, 45, 46
Geschwisterehen 61, 64
Gesellschaft 20, 27, 34, 53, 54, 55, 59 ff., 104, 106, 124, 127, 248, 249, 257, 260, 269, 293, 324 ff.
  - und Androgynität 20, 34, 42, 53, 54, 55, 124
  - und defizitäre Angst 3, 331
  -und Arbeit 248, 249, 257, 260
  - und Bedürfnisbefriedigung 50
  Borderline 55, 334, 345
  - und Dualismen 54
  - und Freiheit 53
  - und Frieden 54
  - und Gleichheit 54
  - und Gruppe
  Hierarchische Strukturen der - 54
  - und Ich-Struktur 260
  - und Identität 334
  - und Individuum 104
  Industrie - 27, 281, 293
  Identitätskrise der - 293
  Kinder und - 54
  - und Körperentwicklung 127
  -, matriarchalische 11, 59 ff., 124
  -, patriarchalische 34, 55, 59, 64, 124

-, rationalistische 34
- und Rollenzwänge 54
- und Sexualität 42
- und Sozialenergie 106
- und Zeiterleben 220 ff.
Gesundheit 7, 233
- und Zeiterleben 233
Grenzsituationen 29, 34, 88 ff., 102, 112, 143, 154, 227, 229, 230, 251, 252
- und Arbeit 251, 252
- und Identität 88 ff.
- und Kreativität 29, 143, 154
- und Nuklearrüstung 34
- und Sozialenergie 112
- und Zeiterleben 227, 229, 230
Größenwahn 119
Gruppe 11, 17, 25, 26, 27, 28, 42, 88, 90, 91, 92, 93, 94, 98, 104, 109, 110, 13, 114, 115, 127, 139, 141, 142, 150, 151, 152, 153, 161, 162, 179, 180, 181, 185, 229, 231, 238, 239, 241, 247, 248, 250, 251, 263, 270, 271, 278, 279, 293, 297, 303, 304, 305, 306, 324, 325, 338, 339, 343, 351 f., 372 f., 382
symbiotische Abhängigkeit in der - 253
- und Aggression 324, 325
- und Androgynität 42
- und Arbeit 241, 246, 247, 248, 249, 250, 251, 252, 253, 254, 255, 256, 257, 258, 259, 260, 261
- und Arbeitsziel 27
- und Bedürfnisbefriedigung 27
-, dynamische 26, 27
- und Eifersucht 263, 270
-, erstarrte 26

437

- und Erotik 257
- und Gehirnentwicklung 247
Gegnerposition in der - 253, 254
- und Gesellschaft 248, 249, 257
Grenzperson in der - 147, 253, 270, 271
Gruppendynamische Positionen in der - 253, 271
-, hierarchische 27
Hilfs-Ich-Funktion der - 152, 252, 253, 347
- und Humanfunktionen 17
- und Humanstruktureller Tanz 351 f., 382
- und Ich-Entwicklung 88, 115, 169, 180, 287
- und Identität 27, 88, 90, 91, 93, 110, 115, 180, 231
- und Individuum 28, 91, 104, 113, 162
-, kreative 26, 27, 251, 254, 273
- und Kreativität 139, 140, 141, 146, 147, 151, 152, 153, 162
Leiter der - 26, 147, 250, 251
Lernfähigkeit der - 250, 252
Menschenbild in der - 110
- und werdende Mütter 109
- und Mutter-Kind-Beziehung 109
- und pathologischer Narzißmus 161
»Omegas« in der - 253, 271
Omnipotenzvorstellungen in der - 251, 253
- und Persönlichkeitsentwicklung 27
- und Sozialenergie 27, 42, 91, 92, 93, 98, 104, 109, 110, 114, 115, 141, 150, 151, 229, 231, 256, 258, 259, 260

»Sündenböcke« in der - 253
-, symbiotische 278, 279
- und Tod 278, 279, 293, 297, 298, 303, 304, 305, 306
-, »tote« 152
- und Traum 185
- und Unbewußtes 251
Verstärkerwirkung der - 13, 254, 259
Wertsetzung in der - 110
- und Zeiterleben 238, 239
Ziele der - 27
Gruppendynamik 88, 90, 91, 93, 94, 95, 115, 120, 133, 137, 138, 247, 253, 254, 260, 324, 388 f.
- und Arbeit 247
- und Frieden 324
- und Ich-Struktur 88, 93, 95
-, kreative 153
-, pathologische 120, 153
verinnerlichte sozialenergetische - 97
- und Sozialenergie 93, 95, 97, 115
- und Unbewußtes 88, 94
Gruppendynamisches Feld 27, 382
Gruppendynamische Klausurtagung 341, 355 ff., 373
Gruppendynamische Selbsterfahrungsgruppe 327, 373
- für Politiker 327
Gruppengrenzen 26, 91, 180, 249, 251, 253
- und Arbeit 249, 251, 253
Gruppenphantasien 173
Halluzinationen 197
Hallzinogene Drogen 186 ff.
- und Ich-Struktur 210 ff.
- und Regressionsforschung 215
Heilkunde 7, 8, 13, 16, 18, 19, 25

-, ägyptische 26
-, chinesische 7
-, ganzheitliche 13, 18, 19
-, griechische 26
Hermaphrodit 36, 37, 46
Heterosexualität 35
Hilfs-Ich-Funktion 152, 252, 253, 347
  - in Arbeitsgruppen 252
  - in der Gruppe 152, 252, 389
Hirnforschung 28, 33, 52, 116, 311
  - und Androgynität 33, 52
  - und Kreativität 28, 52, 311
Hirnhemisphären 368, 378
Hirnhemisphärenforschung 28, 29, 116
  EEG in der - 29
  - und Humanstrukturologie 116
Hirnstromuntersuchungen 18, 29
  Alpha-Aktivität bei - 29
Hirnsubstanz
  -, ungenützte 88
Höhlenmalerei 26
Holismus 112, 113
  -, historischer 112
  -, philosophischer 112, 113
Homöostase 15, 16
  Dysregulation der - 15, 16
Homosexualität 41, 43, 169
  - und Eltern-Kind-Beziehung 43
Hospitalismus 96, 106, 389
  Sozialenergetische Erklärung des - 96, 106
  Triebtheoretische Erklärung des - 96, 106
Humanfunktionen 16, 17, 18, 347
  Entwicklung der - 18, 394
  - und Ich-Funktionen 16
Humanfunktionen, zentrale 16, 17
  Aggression als - 16
  Angst als - 16
  defizitäre Aspekte der - 16
  destruktive Aspekte der - 16
  - und Gruppendynamik 17
  Identität als - 16
  Ich-Abgrenzung als - 16
  Konstruktive Aspekte der - 16
  Konzeptionelles Denken als - 16
  Körper-Ich als - 16
  Kreativität als - 16
  Meßbarkeit der - 17
  Narzißmus als - 16
  Sexualität als - 16
  -en und Sozialenergie 17
  Traumfähigkeit als - 16
Humanismus 11, 14, 329
  - und Frieden 329
  -, neuer 11, 14, 34, 319, 320, 329
Humanistische Philosophie 11, 34
Humanistische Psychiatrie 19, 34
Humanistische Psychologie 34
Humanistische Psychotherapie 34
Humanstruktureller Tanz 12, 22, 337, 342, 343 ff., 372 ff.
  Feedback beim - 373
  schützender Freiraum im - 132, 133
  Gruppendynamisches Feld beim - 382
  - auf Gruppendynamischen Klausurtagungen 355 ff., 373
  Gruppendynamische Selbsterfahrung im - 373
  - und rechte Hirnhemisphäre 368, 378
  - und Ideal-Ich 133
  Identifikation und - 133
  Integrative Wirkung des - 134
  - auf Klausurtagungen 132
  - und Körperlichkeit 22

Körper-Ich im - 133
- als Körpersprache 372, 374, 375
Kreativer Prozeß im - 366, 368, 378, 380 f.
Kultisches Element im - 367
- als Kunstform 379
- und Meditation 22, 23, 135, 352, 353, 354, 376 f.
- und Mehrdimensionalität 22
Musik im - 22, 135
- und Persönlichkeitsentwicklung 22, 23
- und Selbsterfahrung 23, 132
- Sozialenergetischer Austausch beim - 367
Spontanität beim - 377
Trance und - 383
Traumeln und - 383
- und Unbewußtes 367, 368, 376, 379
- und Video 22, 377
- und Zuschauer 379, 380
Humanstrukturelle Tanztherapie 12, 122, 125, 130 ff., 343 ff., 372 ff.
  Abschlußmeditation in der - 354
  Aggression in der - 369
  Angst in der - 369
  Borderline-Patienten in der - 353
  - in der Dynamisch-Psychiatrischen Klinik 12, 125, 133 ff.
  Feedback bei der - 131, 351, 354
  Forschung in der - 354
  - und Gruppe 350 ff., 372 ff.
  - und Gruppendynamik 122
  Heilung in der - 366
  Identitätswachstum und - 122
  Kleidung bei der - 131
  Körpererleben in der - 354
  Körpersprache in der - 343, 351, 372 f.
  - als Körpertherapie 122, 131, 369, 383
  Kreativer Prozeß in der - 366
  - und Kult 122
  Meditation in der - 352, 353, 354, 376 f.
  Musik in der - 350 ff.
  - bei psychotischen Patienten 132
  - und Religiosität 122
  Schizophren reagierende Patienten in der - 353
  - und Schlafprofil 369
  Selbstausdruck in der - 122
  Sozialenergie in der - 352
  Therapeut in der - 352, 372, 383
  - und Traumerleben 369
  - und Unbewußtes 353, 373, 379
  Videoaufnahmen in der - 352
  - bei Zwangskranken 353
Humanstrukturologie 15, 93, 103, 116, 117, 123, 137, 138, 218, 309, 318, 337, 338, 341, 342, 389
  - und Hirnhemisphärenforschung 116, 117
  Identität in der - 93
  Körper in der - 122 ff.
  Mehrdimensionalität in der - 15
  Menschenbild in der - 309
Hypnose 24, 65
  - und Zeit 24
Ich 114, 116, 218, 347, 348
Ich, primäres 114, 116, 218
  Forschung über das - 116
  - und Sozialenergie 116
Ich, sekundäres 114, 162

Ich, zentrales   111, 112, 114, 115, 151, 162, 218, 249
- und sozialenergetisches Feld   115
- und Unbewußtes   151
Ich-Abgrenzung   16, 17, 168, 169, 171, 185, 254, 295, 296, 297, 348
- und Arbeit   254
- und Borderline-Syndrom   169
- des Kindes   295, 296, 297
- und Mutter-Kind-Symbiose   169, 295, 296, 297
- und Primärgruppendynamik   169, 172
- und psychosomatische Erkrankung   169, 296
- und psychotische Reaktion   169, 172
- und sexuelle Perversion   169
Ich-Autonomie   168, 169, 390
Ich-Energie   243
- und Arbeit   243
Ich-Entwicklung   88, 168, 169, 180, 287, 294, 390
  Arretierung der -   169
- und Gruppe   88, 115, 169, 180, 287
- und Primärgruppendynamik   169
Ich-Funktion/en   88, 89, 90, 93, 114, 119, 169, 257, 389 f.
  defizitäre Ausprägung von -   89, 90, 257
  destruktive Ausprägung von -   89, 90, 257
  Interdependenz der - 89, 90, 119
  Konstruktive Ausprägung von -   89, 90
-, primäre   88, 114, 169
- und Mutter-Kind-Symbiose   169
-, sekundäre   88, 114
-, zentrale   88, 89, 90, 110, 114
- der Abgrenzung   90
- der konstruktiven Aggression   90, 110
- der Angst   110
- der Frustrationsregulation   90
- der Gruppenfähigkeit
  Identität als -   89
- der Kreativität   90
- des Narzißmus   90, 110
- der Sexualität   90
- der Sozialenergieregulation   90
Ich-Grenzen   28, 146, 147, 148, 167, 168, 169, 172, 173, 178, 179, 180, 181, 184, 255, 256, 272, 273, 294, 295, 390 f.
- und Arbeit   255, 256
  Aufbau von -   168, 169, 184, 295
- und Eifersucht   272, 273
- und Kreativität   28, 146, 147, 273
- des neurotischen Patienten   181
- und Traum   167, 168, 178, 179, 180, 181
Ich-Integration   177
Ich-Krankheiten, archaische   114, 120, 295, 349
  Gleitendes Spektrum -   114, 295
- und Gruppe   120, 121
  Therapie der -   120
Ich-Psychologie
-, analytische   167, 188, 215, 243, 348
Ich-Struktur   92, 93, 106, 108, 109, 110, 111, 115, 152, 231, 255, 260, 261, 352, 391
- und Gesellschaft

- und Arbeit 261
- und Leitungsanforderungen 111, 255
- und sozialenergetischer Austausch 92, 93, 106, 109, 110
- und Sozialenergie 93, 106, 108, 115, 152, 160, 352

Ich-Struktur-Defizit 184, 294
- und Traumverhalten 184

Ich-Struktur-Modell 16, 93, 390

Ich-Struktur-Test 16, 17, 89, 103, 114

Ideal-Ich 133
- und Real-Ich 133

Identität 10, 11, 16, 17, 20, 25, 26, 27, 42, 55, 87 ff., 143, 150, 151, 170, 185, 217, 219, 229, 231, 233, 238, 241 ff., 255, 270 ff., 292 ff., 334, 338, 352, 390
- und Alter 233, 234
- und Androgynität 20, 24, 55, 124
- und Arbeit 26, 241 ff.
- und bedeutsame Aufgabe 250
- Bedürfnis nach - 259, 260
- und Begegnung 91, 96, 97
-, defizitäre 89, 90, 112, 114
-, destruktive 89, 114
- Dimensionen der - 93
- als dynamisches Entwicklungsprinzip 93
- und Gesellschaft 90
- als Grenzgeschehen 88 ff.
- und Gruppe 27, 88, 90, 93, 94, 95, 101, 110, 120, 231
- Gruppen - 101
- als zentrale ich-Funktionen 89
- interpsychische Ebene der - 90, 91
- intrapsychische Ebene der - 90
-, konstruktive 89, 114
- und Kreativität 148, 150, 151
- als psychische Energie 91
- und Raum und Zeit 91, 113, 219
- und Religion 25
- und Sozialenergie 27, 91, 92, 93, 94, 95, 98, 111, 113, 114, 120, 121, 229, 352
- und Synthese 94, 95
- und Tod 276 ff.
- und Unbewußtes 88, 90, 94
- und Wertsetzungen 97
- und Zeit 94, 113, 238
- und Zukunft 94

Identitätsdiffusion 123

Identitätsentwicklung 88, 96, 168, 180, 221, 241, 258, 276
- und Arbeit 241 ff.
- und Grenze 88 ff.
- und Gruppe 88, 143, 180
- und Identitätsforderung 111
- und Kreativität 148
- und Primärgruppendynamik 143
- und Sozialenergie 258

Identitätserweiterung 92, 95, 231
- und narzißtische Zufuhr 92
- und sozialenergetische Auseinandersetzung 92, 231

Identitätsforderung 106, 111

Identitätskonflikt 169, 173, 174, 180

Identitätstherapie 20, 238, 350
- und Körper-Ich 350

Identitätsverbot 171, 305

Identitätswachstum 111, 250
- und Arbeit 250

Initiationsriten 307

Integration 14, 15, 153

442

Intersexualitätsforschung 41
Inzest 65, 170
Jugend
- und Alter 8
Kind 51, 52, 92, 109
  Abgrenzungsbedürfnis des -es 110
  Aggression des -es 110
  Androgynität des -es 51, 52
  linkshemisphärisches Denken beim - 142
  rechtshemisphärisches Denken beim - 142
  Eifersucht des -es 271
  Entwicklung des -es 109, 110
  - und Familiendynamik 109, 143
  Frustrationstoleranz des -es 111, 112
  - und Hirnhemisphären 52, 142
  Ich-Struktur-Entwicklung des - 92, 109, 110, 110, 143
  Identifikation des - 92
  - und Kindergarten 92
  Körpererleben des -es 127, 128
  Körper des -es 127
  Kreativität beim - 142
  Leistungsanforderungen an das - 111
  konstruktiver Narzißmus des -es 143
  Primärgruppendynamik beim - 92, 97, 109, 127
  -und Schule 92
  sozialenergetischer Austausch beim - 92, 110
  - und Symbiose 143
  - und Tod 278, 283
  Versagungsschäden bei -ern 111
  Verwöhnungsschäden bei -ern 111
  Konaesthetische Wahrnemung des -es 128, 176
  Zärtlichkeitsbedürfnis des -es 110
Kindergruppen 142
Kirlian-Fotografie 13, 391
  - und Beziehungsaspekte 13
  »Freundschaftsbrücken« und - 13
  - und physikalische Gesetzte 13
  - und Sozialenergie 13
Kommunikation 244, 279
  - und Arbeit 244
Konkretismus 29, 224
Körper 15, 19, 20, 21, 22, 24, 112, 122 ff., 338
  - und Ausdruck 21, 22
  Berührung des - 127, 128
  Beziehung zum - 21, 22
  - als Ganzheit 20, 338
  - und Gesellschaft 127
  - und Gruppe 127, 128
  -, hospitalisierter 22, 128
  - und Humanstruktureller Tanz 21
  - und Persönlichkeit 20
  - und Primärgruppe 127
  - und Psyche 20
  - in der freudianischen Psychoanalyse 126
Körpererleben 15, 21, 22, 127, 128, 349
  - in der Humanstrukturellen Tanztherapie 354
  - und Identität 128
  - und Primärgruppe 127, 128
  - und psychische Erkrankung 128, 349
Körper-Grenze 391 f.
Körper-Ich 22, 115, 116, 122 ff., 167, 254, 258, 350, 392

- und Arbeit 254, 258
-, destruktives 115, 116
- und Identitätstherapie 350
- und Mutter-Kind-Symbiose 123, 127, 128
- bei psychosomatisch Kranken 115, 116
-, reales 123
Körper-Ich-Entwicklung 123
Körper-Ich-Identität 123, 350
-, erlebte 123
Körperlandschaft 21, 127, 343
Körpermeditation 12, 21
Körpersprache 343, 351, 372 f., 374 f.
Körperstruktur 127
- und psychische Struktur 127
Körpertabu 19
Körpertherapie 19, 122, 125, 129, 130, 369, 383
Humanstrukturelle Tanztherapie als - 122
Körper-Geist-Seele 15, 16, 20, 21, 42, 54
- und Androgynität 42, 54
Homöostase und - 21
Krankheit 9, 11, 15, 16, 18, 50, 115, 124, 233, 236
- als Befreiungsversuch 18, 50, 124, 236
- und Einengung 18
- als Kontaktmittel 115
- und Zeiterleben 233 ff.
Krankheitsbilder, psychiatrische 233
Kreativer Akt 28, 144 f., 151, 156
- im tertiären Denkprozeß 144, 149, 151
- und Grenzsituationen 146
- im besonderen Ich-Zustand 144

kreative Atmosphäre 150
kreative Persönlichkeit 142 ff., 163, 233
- als Grenzperson 147
Ich-Grenzen bei - 146, 147, 148
Kontaktfähigkeit bei - 146
Lebensstil der - 145, 151, 233
konstruktiver Narzißmus bei - 143, 146
unkreative Phasen bei - 146
Sexualität bei - 146, 233
Kreativer Prozeß 147, 153, 156, 159, 163, 164
primärer Denkprozeß im - 163
sekundärer Denkprozeß im - 163
Kreativität 11, 12, 15, 20, 27, 28, 29, 45, 50, 51, 55, 57, 90, 133, 138 ff., 258
- und Arbeit 254, 258
- und konstruktive Aggression 143
- und Androgynität 20, 45, 50, 51, 55
- und Borderline-Syndrom 153, 154
- und rechtshemishärisches Denken 142, 144, 145, 149
-, destruktive 159
Alpha-Aktivität in der - und EEG 29, 144
- und Entspannung 144
- der Frau 57
- und Grenzsituation 29, 143, 154
- und Gruppe 27, 28, 139, 140, 141, 142, 143, 146, 148, 150, 151, 152, 153, 162
- und Hirnhemisphären 133
als zentrale ich-Funktion 90, 133, 143

- und Ich-Grenzen 28, 146, 147
- als besonderer Ich-Zustand 142, 144
- und Identität 148, 151, 153
Interpersonalität der - 28
- und Integration 156
- und Intuition 149
- und Kommunikation 143
- und Kooperation 143
- und Kultur 12
- und konstruktiver Narzißmus 143, 146
- und fragende Neugierde 28, 140, 143
- in der herkömmlichen Psychoanalyse 140 ff.
- und schizophrene Reaktion 153, 154
- und Sexualität 143, 146, 151
- und Sozialenergie 139, 141
- und Sublimierung 141, 142
- und Symbiose 143
- und therapeutischer Prozeß 154 ff.
- und Unbewußtes 151
Krieg 325, 326, 333
- und Paranoia 326
Kult 25, 26, 101, 102, 133, 186 ff., 309, 312, 313, 317, 343, 382
- und Gruppe 313
- und Tanz 343, 382
Peyote - 186 ff.
Kultur 60 ff., 99, 100, 269
-en, archaische 60 ff., 99, 100, 269
- der Lacandon-Mayas 65 ff.
- und Triebverzicht 242
- und Zwang 242
Kulturelle Regression 66
Labyrinth 101, 102

- und Unbewußtes 101
Lacandon-Mayas 65 ff.
Autonomie bei den - 67, 70
Denken der - 71
Stellung der Frau bei den - 70
Geisteskrankheiten bei den - 70
Hypnoseexperimente bei den - 71
Parapsychologische Forschung bei den - 71
Polygamie bei den - 67, 70
Zeitbegriff der - 71
Lehren
- und Lernen 8, 10
Lehrer
- und Schüler 8, 124
Libido 104, 141, 167
Liebe 8, 37
Liebe 8, 37
»Loch« im Ich 221, 350
Logik
-, aristotelische 34
LSD 197
Magie 25, 26
Manische Reaktion 235
- und Depression 235
Zeiterleben bei - 235
Matriarchat 11, 59 ff., 124, 343
- und Brüderlichkeit 64
- und Erbrecht 61
- und Gastfreundschaft 64
- und Gleichheit 64
Mayakultur 65 ff.
Meditation 8, 12, 21, 22, 23, 203, 337, 354, 369
Bilder in der - 8, 32
-, freie 12
- und Humanstruktureller Tanz 12, 352 ff., 376 f.
Identitäts- 12

Körper- 12, 21
Kreativitäts- 12
- und Sozialenergie 12
Mehrdimensionalität 7 ff., 15 ff.
Mensch
  bedeutsame Begegnung mit
  -en 17
  Geistigkeit des -en 24, 25
Menschenbild
  -, ganzheitlich 15
Menschenrechte 56, 57, 58
- der Frauen 56, 57, 58
- der Männer 56
Menschenwürde 309
Meskalinrausch 189
Mileutherapie 241
Modern Dance 346
Mutter 43, 53, 60, 61, 63, 64, 114, 156, 171, 174, 175, 176, 177, 178, 286, 287, 296, 297, 304, 305
  Brust der - 174, 175, 176, 177, 178
  -, identitätsverbietende 287
  Sprache der - 109
  Tod der - 286, 287, 296, 297, 304, 305
Mutter-Kind-Beziehung 109
  Empathie in der - 109, 110
- und Gruppe 109
- und Kreativität 143
- und Sozialenergie 109
- und Unbewußtes 109
- und Wahrnehmung 109, 110
Mutterkulte 61, 62
Mysterium 25, 101, 136, 228, 313, 317, 344, 381
Mythen 16
Mythos 24, 100, 309
Narzißmus 90, 105, 110, 119, 161, 269, 392 f.
  Aggression und - 119
  Angst und - 119
-, defizitärer 119, 161, 392, 393
- und Eifersucht 269
- als zentrale Ich-Funktion 90, 110
-, konstruktiver 161, 392
- und Kontaktabwehr 161
Narzißtische Bestätigung 231
Narzißtische Depression 90
Narzißtische Erwartungen 112
Narzißtische Komplizenschaft 231
Narzißtische Kranke 119, 161, 162
- und Gruppe 161
Narzißtische Zufuhr 91, 92, 112, 119
  Regulation der - 92, 119
- und sozialenergetischer Austausch 91, 92
- und arretierte symbiotische Situation 92
- in der Therapie 92
- und Verlassenheitsangst 92
Neurophysiologische Strukturen 103, 116, 247
- und Arbeit 247
- und Sozialenergie 116, 247
Neurose 278
New Age 228, 339
New-Age-Psychiatrie 13, 15
Nuklearrüstung 326, 332, 333
Objektbesetzung 167
Ödipuskomplex 271
Orakel 26
Oralität 169
Paradigmenwechsel 13, 15 ff., 336 ff., 351
- in der Psychiatrie 15 ff.

- in der Wissenschaft 13, 15 ff., 336 ff.
Paranoia 119, 236, 265, 269, 327, 393
Parapsychologie 65, 66
Partnerbeziehungen 30, 262 ff.
- und Eifersucht 262 ff., 272, 273, 274, 275
- und Ich-Grenzen 272, 273
Patriarchat 34, 55, 59, 64, 124, 385
Persönlichkeit 50
-, desintegrierte 50
- und bedeutsame Begegnung 97
- und Grenzsituation 97
und sozialenergetischer Austausch 103, 104
Persönlichkeitskonzept
-, holistisches 103
Persönlichkeitsprofil 89, 218, 338
- und Ich-Struktur-Test 89, 338
Persönlichkeitspsychologie 242
Peyote-Kult 11, 186 ff.
Peyote-Zeremonie 11, 186 ff.
Drogenerfahrung bei - 198 ff.
Gruppendynamik der - 194 f.
Verhalten der Indianer bei - 208 ff.
Halluzinationen bei - 198 ff.
Situationen der - 192, 193, 194
- und Trance 200
Zeitgefühl bei der - 199
Philosophie 30, 124
- und Androgynität 124
-, ganzheitliche 30
Phylogenese 247
- des Menschen 247
Platonische Beziehung 124
Polygamie 67, 70, 269
Primärgruppendynamik 95, 169, 185, 297

- und Ich-Abgrenzung 169, 297
PSI-Phänomene 66
Psyche 10, 24, 26
- und Soma 10, 24, 26
- und Tätigsein 26
Psychiatrie 10, 54, 56, 336, 337
- und Androgynität 54
- und Politik 326
Psychiatrische Kliniken, herkömmliche 19
Psychische Energie 87, 88, 91, 92, 103 ff., 141, 337, 338
- als unspezifisches Energiereservoir 105
- und Gruppe 104, 105
- und Gruppendynamik 105
Identität als - 91
- und Libido 104, 105, 141
- in der herkömmlichen Psychoanalyse 104
- in der herkömmlichen Psychologie 104
Sozialenergie als - 91, 92, 96, 103 ff., 141, 337, 388
- als Triebenergie 141
Psychische Erkrankung 29, 94, 128, 153, 221, 264, 265, 266, 268, 331
- und Angst 331
- und Eifersucht 264, 265, 266, 268
- und Symbiose 221
- und Synergismus der Hirnhemisphären 133, 134
- und gestörtes Körpererleben 129, 133
- und Tod 304 ff.
- und Zeiterleben 94
Psychoanalyse 10, 38, 95, 123, 126, 128

447

- als Behandlungswissenschaft 104
Berührungstabu in der - 128
- und Körperlichkeit 38, 126
Kreativität in der - 140 ff.
-, orthodoxe 38, 126
Traumanalyse in der - 126, 164 ff.
Psychoanalyse, orthodoxe 242, 243, 271
Arbeit in der - 242, 243
Psychoanalytische Schulen 19
Psychologie 20, 30
-, ganzheitliche 30
-, physiologische 20
Psychologische Konfliktvermittlung
-, in der Politik 327
Psychose 154, 155, 213, 283, 393
Psychosomatische Erkrankung 169, 296
- und Ich-Abgrenzung 169, 296
Psychosomatisch Kranker 115, 116, 129, 237
Alexithymie bei -en 237
Gruppendynamik bei -en 116, 155
Körper-Ich, des -en 115, 116, 129
Krankheit als Kontakt beim -en 115
destruktive Sozialenergie beim - 116
Symptom als Kontaktbrücke beim - 237
Zeiterleben bei -en 237
Psychosomatische Medizin 10, 20
Psychotherapeutische Schulen 19, 232
Umgang mit der Zeit in - 232

Psychotherapie 29, 54, 95
- und Androgynität 54
Sozialenergie in der - 95
Psychotherapiegruppen 98
pathologische Dynamik in - 98
Psychotische Reaktion 169, 265, 266
- und Ich-Abgrenzung 169
Pubertät 36, 43
Realitätsprinzip
- und Lustprinzip 242
Regression 174, 175, 177, 178, 182, 215, 393
- des Ichs 174
- und Schlaf 174, 177
- in der Therapie 182
- im Traum 174, 175, 178, 182
Reinkarnation 25
Religion 24, 25, 309 ff., 343, 345, 382
- und Abrüstung 317
und Erkenntnis 25, 309, 312
- und Frieden 314, 317, 318
- und Gruppe 25
- und Identität 25, 309 ff.
- und Jugend 317
- und Dienst am Menschen 314, 315
- und Menschenwürde 309
- und Ritual 309
- und Psychotherapie 315, 316
- und Tanz 343, 345, 382
- und Tod und Sterben 316
Religiosität 12, 15, 20, 25, 133, 309 ff.
- und Gottesbegriff 309 ff.
Revolution
-, androgyne 54
-, sexuelle 54
Rhythmus 7, 8

Ritual 25, 26, 309, 313
Rüstung 34, 317, 326, 333, 334
Sadomasochismus 183
Säugling 174, 175, 176, 177, 178
- und Bedürfnisbefriedigung 178
- und Brust der Mutter 175, 176, 177
  Wahrnehmung beim - 176, 177
Schamanen 38, 51
-, transsexualisierte 38, 51
Schizophrene Raktion 114, 154 ff., 212, 213, 215, 273, 349, 353
- und Familiendynamik 114
- und Kreativität 153, 154 ff.
  Therapie der - 129, 154 ff., 236
  Zeitgefühl in der - 235, 236
Schlaf 167, 369
- und Ich-Grenzen 167
- und Körper-Ich-Gefühl 167
- und Meditation 369
  Objektbesetzung im - 167
Schlafprofil 369
Schuldgefühle 50, 274
Schule 92
Schwangerschaft 53, 109
- und Gruppen 109
Selbst 119
Selbstverwirklichung 27, 241, 242, 246, 247, 249, 276, 277
- und Arbeit 241, 242, 246, 247, 249, 276, 277
Sexualität 12, 16, 17, 23, 32 ff., 41, 42, 43, 47, 90, 123, 151, 183, 224, 236, 258, 262, 263, 264, 331, 332
- und Aggression 332
-, destruktive 183, 236
- und Eifersucht 262, 263, 264, 273
- und Frieden 331
  Fixierungen in der - 43
- als zentrale Ich-Funktion 90
- und Kontaktfähigkeit 43
- und Kreativität 143, 146, 151
-, pathologische 43
- und Sucht 43
- und Zwang 43
Sexuelle Perversion 169, 183, 236
- und Ich-Abgrenzung 169
- und Traumverhalten 183
Sozialenergetische Atmosphäre 109
Sozialenergetische Auseinandersetzung 92, 93, 97, 98, 106, 107, 118, 119, 230, 231, 237
- und Grenzsituationen 97
- und Gruppe 93, 98, 230, 231
- und Identität 93, 97
- in der Therapie 92, 118, 119, 237
Sozialenergetischer Austausch 92, 95, 103, 106, 109, 159, 231, 247, 248, 258, 367
- und Arbeit 247, 248, 258
- im Humanstrukturellen Tanz 367
- und Ich-Struktur-Entwicklung 92, 95, 106, 231
- in der Kindheit 103, 109
- in frühen Lebensgruppen 92, 94, 95
Sozialenergetisches Feld 15, 103, 105, 107, 115, 118, 120, 121, 231, 256, 382, 388
- und Gruppendynamik 115
- und zentrales Ich 115
- und Identität 256
- in der Therapie 103, 118, 120, 121, 231

Sozialenergetischer Kreis 95, 120, 231, 232
Sozialenergetische Verstärkerfunktion 13, 254, 259
- der Gruppe 13, 254, 259
Sozialenergetische Zuwendung 97, 237
Sozialenergie 11, 12, 13, 17, 27, 42, 90, 91, 93, 94, 95, 98, 103 ff., 139, 152, 229, 247, 248, 256, 260, 262, 263, 264, 268, 311, 337, 338, 352, 393 f.
- und Androgynität 42
- und Arbeit 247, 248, 256
- und Ausstrahlung 98
- und bedeutsame Begegnungen 107, 112
- und Eifersucht 262, 263, 264, 268
- und Entwicklung 92
- und Gehirnentwicklung 116, 117
- und Gesellschaft 106, 260
- und Grenzsituationen 112
- und Gruppe 13, 17, 27, 42, 98, 104, 105, 107, 114, 115, 120, 150, 153, 229, 231, 256, 258, 259, 260, 311
- und Gruppendynamik 107
- und Humanfunktionen 17
- in der Humanstrukturellen Tanztherapie 352
- und Ich-Struktur-Aufbau 91, 92, 106, 108, 115, 152, 260, 352
- und Identität 27, 91, 113, 114, 120, 229, 256, 352
- und Identitätsanforderungen 106, 111, 112
- und Kontakt 106, 107
- und Körperlichkeit 103, 104
- und Kreativität 139, 141
- und Meditation 12, 13
Meßbarkeit von - 13
- und Mutter-Kind-Beziehung 109
- und neurophysiologische Strukturen 116, 117, 247
- und Persönlichkeit 104
- als psychische Energie 91, 92, 103 ff., 219, 248, 352
- in der sowjetischen Psychologie 95
- in der amerikanischen Psychologie 95
- und Synapsenbildung 116
- und Therapie 95
Transmitterfunktion der - 93
- und Unbewußtes 109
Sozialenergie, defizitäre 98, 106, 107, 108, 229
- und fehlendes Interesse 108
- und Kontaktverweigerung 108
- und fehlender Körperkontakt 108
- und Liebesentzug 108
Sozialenergie, destruktive 99, 107, 108, 116, 229
Kindesmißhandlung und - 108
- und Lebenseinengungen 108
- bei psychosomatisch Kranken 116
- und Verbote 108
Sozialenergie, konstruktive 98, 107, 258
- und Angsttoleranz 107
- und Identität 258
- und Kontaktfähigkeit 107
Sozialenergieregulation 90
- als zentrale Ich-Funktion 90
Spätentwickler 285

Spektraltheorie 137, 338, 394
Spiritualität 24
Sprache 344, 350, 372
- und Schizophrenie 349
Sterben 11, 234, 276 ff., 292 ff.
- in Altersheimen 289
- und Gruppe 293, 298 ff.
Humanisierung des - 307
- in Krankenhäusern 282, 289, 290, 293, 300, 301
Umgang mit dem - 291, 292
- als Trennungsprozeß 298, 300, 301
- und Identität 292 ff.
Studentenrevolte 124
Sublimierung 141, 394
Suchaktivität 330
- und konstruktive Aggression 330
Suchverzicht 330
- und defizitäre Aggression 330
Suicid 285, 286
- und Lebensverbot 285, 286
Suicidalität 261, 265, 285
- und Eifersucht 265
Symbiose 157, 158, 221, 272, 277, 387, 394
-, »tote« 272
Symbiosekomplex 221, 278, 387, 391, 394
- und archaische Ich-Krankheiten 391
Symbol 7, 8
Symptom 114, 237
- als Kontaktbrücke 237
Symptomverhalten, destruktives 295, 297
Synergismus 33, 90, 113, 127, 133, 218, 238, 394
- von Bewußtem und Unbewußtem 90, 113
- von Emotionalität und Rationalität 33
- der Hirnhemisphären 33, 133
- von zentralem und sekundärem Ich 90
- von Körperstruktur und psychischer Struktur 127
- der verschiedenen Zeitdimensionen 238
Systemtheorie 113
Tanz 343 ff., 372 ff.
Ausdrucks- 345, 346, 374, 375
heilende Kräfte des -es 122
vergl. Humanstruktureller Tanz
- und Heilung 343, 345, 382
Gruppen - 344
-, Kosmischer 382
- und Körpererleben 354
- und Kult 343, 382
Labyrinth- 344
- und Meditation 345
- und Religion 343, 345, 382
Tanzkultur, neue 378, 379
Tanztherapie 343 ff., 374
amerikanische - 347, 348, 349, 374
Basic Dance in der - 347
Humanstrukturelle 343 ff., 372 ff.
Tätigkeit 244, 245, 259
- und Arbeit 259
- und Sozialenergie 259
- und Unbewußtes 245
Tätigsein 15, 20, 26, 244, 245, 260
- und Arbeit 244, 245
- und Gesellschaft 260
Therapeut 44, 106, 119, 121, 156, 157, 158, 337, 340
Gegenübertragung des -en 119

Grenzüberschreitendes Denken
 der -en 44
 - in der Humanstrukturellen Tanz-
 therapie 352, 372, 383
 Interesse des -en 106
 - und Körper des Patienten 126, 127
 Persönlichkeit des -en 121, 340
 Standpunkthaftigkeit des -en 121
 Verläßlichkeit des -en 106
 Verständnis des -en 106
 Wut des -en 118
Therapeutische Beziehung 44, 106, 154 ff.
Therapeutisches Bündnis 336, 338, 339
Therapeutische Effizienz 103
Therapeutische Gruppe 174, 178, 179, 180, 182, 185
 Abwehrmechanismen in - 179
 Aggression in - 179
 Eifersucht in - 268
 - und Ich-Grenzen 178, 179
 - als Mutter 174, 178, 182
 Rivalität in - 179, 180,
 Traum in der - 179, 180, 181, 184, 185
 Widerstand in der - 180, 268
Therapeutische Methodik 104
Therapeutischer Prozeß 154 ff., 159, 184, 185, 232
 Bilder im - 154 ff.
 - und Kreativität 154 ff.
 Traumgeschehen im - 164 ff.
 Wendepunkt im 232
Therapeutische Situation 181
Therapeutische Symbiose 157, 158
Therapie 18, 23, 29, 50, 51, 103, 117, 118, 119, 137, 138, 182, 217, 230, 236, 237, 241, 304, 338, 339, 343, 372
 Abgrenzung in der - 118, 171
 Aggression in der - 118, 119, 120, 385
 - und Androgynität 50, 51
 - und Angst 119, 129
 Anpassungs- 50
 archaische Elemente in der - 133
 Assoziationen in der - 118
 Arbeit in der - 241
 Bedeutsame Begegnungen in der - 332
 Berührung in der - 129, 130, 137
 Beendigung der - 232
 - des Borderline-Syndroms 129
 - der Drogenkranken 238
 Eifersucht in der - 120
 Empathie in der - 118
 Größenwahn in der - 120
 - und Gruppe 120, 121
 - und Ich-Abgrenzung 185
 nachholende Ich-Entwicklung in der - 92, 121, 182, 184, 241
 Ich-strukturelles Arbeiten in der - 103, 117, 118, 119, 159, 238
 Ich-Struktur-Wachstum in der - 92
 Identitäts- 20, 217, 238
 - und Integration 18
 Konfrontatorisches Arbeiten in der - 92, 119
 Einbeziehung des Körpers in die - 129
 Sprechen über den Körper in der - 126, 127, 135
 - als kreativer Prozeß 159
 Kunst in der - 154 ff., 159
 Lernen in der - 232
 Malerei in der - 133

Narzißmus in der - 120
Narzißtische Zufuhr in der - 92, 117, 118, 119
Paranoia in der - 120
Regression in der - 182
- der Schizophrenie 129
Sozialenergetische Auseinandersetzung in der - 92, 103, 118, 119, 230, 231
Sozialenergetischer Austausch in der - 159
Sozialenergetisches Feld in der - 117, 118, 120, 231
Sozialenergetischer Kreis in der - 231
Sozialenergetische Zufuhr in der - 92
Sozialenergieregulatives Arbeiten in der - 120
Tanz in der - 130, 133
Theater in der - 133, 159
Traumanalysen in der - 118
Übertragung in der - 118, 119, 120, 171, 304
»Urhöhlensituation in der - 182
- und Zeit 23, 217, 230 ff.
- der Zwangsneurose 129
Tod 11, 25, 227, 234, 276 ff., 292 ff., 316., 321, 322, 323
Abwehrmechanismen und - 294, 295, 296
Akzeptieren des -es 287, 290, 300, 305, 306
Angst vor dem - 276, 277, 278, 281, 284, 287, 290, 292, 294, 295, 296, 297, 298, 306, 307
- und Altersheime 289
- und Ärzteschaft 288, 293, 300, 301, 302
- und Gesellschaft 278, 279, 281, 282, 293, 293, 307
- und Gruppe 293, 297, 298, 303, 304, 305, 306
- und Gruppendynamik 281, 297, 298 ff.
- und Identität 276 ff., 292 ff.
Kind und - 278, 283, 298
- und Kommunikation 179, 301, 302
Mystifizierung des -es 298
- und Primärgruppe 306
- und humanistische Psychiatrie 290
- und Religion 316
- und Rituale 279, 280, 302, 303
- und Trennung 300, 302, 304, 305, 306
Verdrängung des -es 279, 282, 283, 284, 287, 288, 290, 293, 301, 302, 305
- und Wiedergeburt 321, 322, 323
Todestriebhypothese 326
Trance 24
- und Zeit 24
Transsexualisierung 38 f., 53,
- durch therapeutische Methoden 53
Transsexualität 38, 39, 45, 51, 52, 53
Trauerarbeit 287, 298, 299, 300
Traum 11, 118, 164 ff.
Gruppen- 181
- als Ich-Funktion 166
Ich-Gefühle im - 168
- und Ich-Grenzen 167, 168, 178, 179
- und Identitätskonflikt 169, 173, 174, 180, 181

latenter Inhalt des -s 165, 166
manifester Inhalt des -s 165, 180
- als Regression 174, 175, 178
- im therapeutischen Prozeß 164 ff.
- und Unbewußtes 166, 179
- und infantiler Wunsch 166
- und Wunscherfüllung 166, 178
Traumarbeit 166, 167, 173, 180
- des Primärprozesses 173
- und Zensur 166, 167
Traumbilder 167, 168, 175, 180
Träumender
 Ich-Potential des -en 167
Traumdeutung 172
 -, gruppendynamisch orientierte 172
 -, ich-psychologische 172
Traumerleben 166, 172, 184
- und Gruppendynamik 172
- und Ich-Zustand 168
Traumforschung 165
Traumgeschehen 164 ff.
Traumgestaltung 166, 167, 172, 173, 184
 - und aktuelle Gruppendynamik 172, 173, 184
 Anteil des Ichs an der - 166, 167
Traumhintergrund 175, 178, 179, 185
 Gruppe als - 185
 - und Ich-Grenzen 179
 Mutterbrust als - 178
Traum-Ich 168, 183, 184
Traumverhalten 164 ff.
- bei Borderline-Kranken 181, 182 ff.
- und nachholende Ich-Entwicklung 182
- bei archaisch Ich-Kranken 181, 182, 183, 184
- und Ich-Grenzen 172, 181
- und Ich-Struktur-Defizit 184
- und aktuelle Lebensgruppe 172, 181
- eines neurotischen Patienten 164, 181
- bei psychosomatischen Patienten 181, 183
- und Primärgruppendynamik 172, 181
- von psychosenahen Patienten 171, 181
- von sexuell perversen Patienten 181, 183
- eines schizophren reagierenden Patienten 164, 172
- und therapeutische Situation 181, 184, 185
Triebenergie 141, 243, 394
- und Arbeit 243
Triebpsychologie 87, 96, 103, 242
Triebtheorie 103, 141
Triebverzicht 242
Überlastungssyndrom 29, 111, 237
Übertragung 118, 119, 120, 153, 157, 174, 182, 388, 394
 Gegen- 388
 Mutter- 174, 182
Umweltverschmutzung 330
Unbewußtes 25, 87, 88, 90, 94, 99, 101, 102, 109, 114, 115, 145, 151, 153, 154, 160, 179, 188, 338, 353, 367 f., 376, 379
- und Bewußtes 90
- und Gegenwart 94
- und Gruppendynamik 88, 94, 153

- und Humanstruktureller Tanz 353, 367 f., 373, 376, 379
- und zentrales Ich 151
- und Ich-Struktur 88, 94
- und Identität 94, 151
- und Kreativität 151, 153, 160
- und Kunstwerk 160
Positivdefinition des - 153
- und Primärgruppendynamik 94, 153
- und Raum und Zeit 101
- und Sozialenergie 109
Sprache des - 101
Symbol des - 101
- und Vergangenheit 94
- und Zukunft 94
»Unerreichte« Patienten 122, 125, 350
  Destruktive Aggression bei - 125
  innere Leere bei - 125
  Psychosomatische Reaktion bei - 125
  Suicidalität bei - 125
Universum
  ganzheitliche Sicht des -s 227, 228
»Urhöhle« 175, 177, 178
»Urninge« 41
Urphantasien 173
Vater 43, 53, 114, 157, 285, 287, 304, 305, 306
  Identifikation mit dem - 304
  Tod des -s 285, 287, 304, 305, 306
Verdinglichung 220, 221
Verdrängung 181
Vereinte Nationen 327
  Gruppendynamische Sitzungen bei den - 327
Verlassenheitsangst 237, 263, 264, 265, 266, 268, 273
Wahrnehmung 109, 110
Weib-Mann 38
Wendezeit 34, 54, 60
Widerstand 268, 394
Wiederholungszwang 267, 286, 394
Wissenschaft 10, 11, 13, 15, 16, 24, 34, 60, 99, 100, 101, 312, 336 ff.
  Behandlungsmethodik, in der - 340
  neues Bewußtsein in der - 336, 337, 339
  - und Dienst am Menschen 10, 338, 339, 340
  Effizienzforschung in der - 340
  Entwicklungskonzept in der - 339
  - und Erkenntnis 99, 100, 101, 312
  - und Frieden 328, 340
  ganzheitliches Denken in der - 7, 34, 60, 340, 323
  - und Gruppe 99
  -, holistische 112
  -, humanistische 322, 323
  - und Identität 10, 13
  - und Integration 10, 13, 340
  Kategoriendenken in der - 11, 17, 18, 129, 134
  - in archaischen Kulturen 99
  Mehrdimensionalität in der - 10, 16
  - und Mythos 100
  Menschenbild in der - 339
  - des New Age 339
  - als offenes System 340
  Paradigmenwechsel in der - 13, 15, 336 ff., 351

-, rationalistische 99
Synergismus der -sdisziplinen 340
- und Unbewußtes 99, 101, 102
Wohngemeinschaften 270
-, gruppendynamische 270
-, therapeutische 270
Yang
- und Yin 7, 228
Zeit 15, 19, 23, 24, 25, 71, 94, 217 ff.
- und Begegnungen 23, 218, 225, 226
-, biologische 217, 218, 227, 232, 233
Dimensionen der- 225, 226
-, fließende 226, 227
fragmentierte - 223, 224
- und Geschichtsschreibung 226
- u. Gesellschaftsstruktur 229 ff.
-, gesellschaftliche 23, 217, 218
- und Grenzsituationen 217
- und lebendige Gruppen 238, 239
- und Ich-Struktur 218
- und Identität 219
-, linear gemessene 23, 217, 228, 233
Lebens- 217, 227, 229, 230
Multidimensionalität der - 23, 24, 219, 239
- und Meditation 24
-, psychologische 23, 217, 218
Relativität der - 23, 218, 233, 239
Rhythmus der - 226, 227
- und Sozialenergie 219, 229
Synergismus der verschiedenen Dimensionen der - 218, 238
- und Therapie 23, 217, 224, 225

-, »tot« 224, 225
Zeiterleben 11, 15, 23, 24, 71, 94, 217 ff.
- und konstruktive Agression 222
- und Angst 224, 238
- im Autokinetischen Lichttest 239
-und bedeutsame Begegnung 225, 226, 230
- des Borderline-Kranken 238
-, defizitäres 221
- des depressiven Patienten 234
-, destruktives 221
Dimensionen des -s 217
- des Drogenkranken 238
- und Gesellschaft 232
- und Gesichtsausdruck 233
- und Gesundheit 233
- und Grenzsituationen 227, 229, 230
- der archaisch Ich-Kranken 222, 223, 233 ff.
- und Identität 94, 217, 238
- auf Klausurtagungen 225
-, konstruktives 221
- bei manischer Reaktion 235
- und psychische Krankheit 94, 221
- bei psychosomatischen Patienten 237
Relativität des -s 225
- in der schizophrenen Reaktion 235, 236
- und Sexualität 224, 225
- bei destruktiver Sexualität 236
- und Sozialenergie 229
- archaischer Völker 228
- des Zwangsneurotikers 237
Zwangskranke 353

Humanstrukturelle Tanztherapie bei -n 353
Zwangsneurose 17, 129, 235, 237
- und Depression 235
- und schizophrene Reaktion 235
Therapie der - 129, 237

*Sachregister – Englischer Text*

aggression 83
archeology 78 ff.
  - and psychiatry 78 ff.
  - and psychoanalysis 78 ff.
atomic weapons 83
children 75, 76
culture 78, 79, 82, 83, 84, 85
  integration of - 84
  -, present 80, 82
  Maya- 79, 84, 85
  transitory phase of - 82, 83
dream 84, 85
ethnology 79
history 85, 86
human values 82, 83
integration 84
  - in psychiatry 84
  - of personality 84, 85
Lacandone-Mayas 72 ff.
  agriculture of - 73
  anthropological study of - 72 ff.
  autonomy of - 73
  child of - 75, 76, 77
  communication among - 73
  leadership with - 73
  mental health of - 76, 77
  - as nomads 73
  polygamy among - 74, 75
  - as primitive society 72 ff.
  parapsychological research with - 75
  modes of thinking of - 74
  conception of time among - 75
peace 83
personality 84, 85
  integration of - 84, 85
psychiatry 78 ff.
  - and archeology 78 ff.
  integration in - 84
psychoanalysis 84, 85
  dreams in - 84, 85
  symbols in - 85
science 83, 84
  -and society 84, 86
symbols 82, 83, 85
  -, new 82, 83
  - in psychoanalysis 85
therapeutic community 79
time conception 75, 76

# Quellennachweis

Für die Zwecke dieses Buches wurden die Texte geringfügig verändert bzw. erweitert.

*Yang und Yin*
»Colloquium«, Zeitschrift der Studentenschaft der Freien Universität Berlin. 4. Jahrgang, Heft 7, S. 2, 1950

*Der mehrdimensionale Mensch*
Vortrag, 3. Weltkongreß der World Association for Dynamic Psychiatry WADP und XVI. Internationales Symposium der Deutschen Akademie für Psychoanalyse (DAP) zum Thema »Der mehrdimensionale Mensch«, 1.-5. März 1985, Fachhochschule München.
Veröffentlicht in »Dynamische Psychiatrie/Dynamic Psychiatry«, Internationale Zeitschrift für Psychiatrie und Psychoanalyse, 18. Jg., S. 99-110, 1985

*Als die Mütter herrschten. Ein Essay über das Matriarchat*
»Für Dich«, Sozialistische Frauenzeitschrift, Berlin. 1. Jg., Nr. 10, S. 8, 1946

*Archeology and Psychiatry*
Interview. Veröffentlicht in »829«, Journal published by the Menninger Foundation, Topeka, Kansas, Nr. 3, S. 5-8, 1962

*Beobachtungen und Erfahrungen bei den Lacandon-Mayas*
Vortrag mit Dia- und Filmvorführung in der Berliner Gesellschaft für Anthropologie, Ethnologie und Urgeschichte, 1965.
Veröffentlicht in »Mitteilungen der Berliner Gesellschaft für Anthropologie, Ethnologie und Urgeschichte«, Bd. 1, Heft 2, 1966.
Mit freundlicher Genehmigung der Gesellschaft.

*A Psychiatrist Studies a Vanishing Tribe*
Interview von Clay Loyd. Veröffentlicht in »Topeka Capital-Journal«, Sunday Magazine, Topeka, Kansas, 16. Dezember 1964

*Die Androgynität des Menschen*
Vortrag »Der androgyne Mensch«, 2. Weltkongreß der WADP/XV. Internationales Symposium der DAP zum Thema »Behandlungskonzeption der Dynamischen Psychiatrie«, 11.—16. Dezember 1983, Kongreßzentrum München.

Veröffentlicht in »Dynamische Psychiatrie/Dynamic Psychiatry«, 17. Jg., S. 235-254, 1984
Vortrag »Die Androgynität des Menschen«, 4. Weltkongreß der WADP/XVII. Internationales Symposium der DAP zum Thema »Die Androgynität des Menschen«, Hochschule der Künste Berlin, 14.-18. März 1986.
Veröffentlicht in »Dynamische Psychiatrie/Dynamic Psychiatry«, 19. Jg., S. 133-146, 1986

*WADP/UNO-Deklaration für die Rechte der Frau*
Statement of the World Association for Dynamic Psychiatry WADP at the International Conference on Population Mexico City of the United Nations Fund for Population Activities (UNFPA), 6.-13. August 1984 (Originaltitel: »Status of Women«).
Veröffentlicht in »Dynamische Psychiatrie/Dynamic Psychiatry«, 17. Jg., S. 283-284, 1984

*Identität — ein Geschehen an der Grenze von Raum und Zeit*
Vortrag, XIII. Internationales Symposium der DAP zum Thema »Unbewußtes und Identität«, 11.-16. Dezember 1981, Kongreßzentrum München.
Veröffentlicht in »Dynamische Psychiatrie/Dynamic Psychiatry«, 15. Jg., S. 114-128, 1982

*Das Prinzip der Sozialenergie*
Vortrag, 1. Weltkongreß der WADP/XIV. Internationales Symposium der DAP zum Thema »Das sozialenergetische Prinzip in der Dynamischen Psychiatrie«, Kongreßzentrum Lübeck-Travemünde, 6.-10. Dezember 1982.
Veröffentlicht in »Dynamische Psychiatrie/Dynamic Psychiatry«, 16. Jg., S. 169-191, 1983

*Zur Dimension des Schöpferischen*
Kindler's Enzyklopädie »Der Mensch«, Bd. VI, Kindler Verlag München (Originaltitel: Zur Dynamik des Schöpferischen), 1983.
Mit freundlicher Genehmigung des Kindler Verlages.

*Der Traum im therapeutischen Prozeß*
Vortrag, IV. Internationales Forum für Psychoanalyse, New York, 28.9.—2.10.1972.
Veröffentlicht in »Dynamische Psychiatrie/Dynamic Psychiatry«, 6. Jg., S. 145-164, 1973. (Originaltitel: Der Traum als Ich- und Gruppenfunktion)

*Erfahrung bei der Peyote-Zeremonie*
Vortrag, Menninger Foundation und VA Hospital Topeka, USA, 1965.

Veröffentlicht zusammen mit Paul G.R. Patterson in » ›Bewußtseinserweiternde‹ Drogen in psychoanalytischer Sicht«, hrsg. von Günter Ammon. Pinel-Publikationen, Berlin, 1971. (Originaltitel: Peyote: Zwei verschiedene Ich-Erfahrungen)

*Zeit und Zeiterleben*
Vortrag, Humboldt-Universität in Berlin (Ost), 18. April 1985.
Veröffentlicht in »Dynamische Psychiatrie/Dynamic Psychiatry«, 17. Jg., S. 317-334, 1984. (Originaltitel: Das Konzept der Zeit und ihre Bedeutung für die Behandlung in der Dynamischen Psychiatrie)

*Die Bedeutung des Körpers*
»Leiblichkeit — philosophische, gesellschaftliche, therapeutische Perspektiven«, hrsg. von Hilarion Petzold. Junfermann Verlag, Paderborn, 1985 (Originaltitel: Nachschrift zu »Die Rolle des Körpers in der Psychoanalyse« unter Berücksichtigung der körperlich-geistigen Androgynität des Menschen). Und in:
»Dynamische Psychiatrie/Dynamic Psychiatry«, 17. Jg., S. 339-352 1984

*Humanstruktureller Tanz – Heilkunst und Selbsterfahrung*
»Dynamische Psychiatrie/Dynamic Psychiatry«, 19. Jg., S. 317-342

*Interview mit Günter Ammon über den Humanstrukturellen Tanz durch Paul Kalkbrenner im Tagungszentrum Paestum am 1.9.1986*
In: a.a.O., S. 343-352

*Arbeit und menschliche Existenz*
»Dynamische Psychiatrie/Dynamic Psychiatry«, 15. Jg., S. 268-285, 1982 (Originaltitel: Arbeit, Gruppe und Gesellschaft)

*Eifersucht*
»Dynamische Psychiatrie/Dynamic Psychiatry«, 17. Jg., S. 456-467, 1984

*Tod und Identität*
»The Human Context«, VII, S. 84-102 (dt., engl.), 1975

*Tod und Sterben — Identitätsprozeß und Gruppendynamik*
Vortrag, 1. Deutsches Regional Meeting des International College of Psychosomatic Medicine (ICPM) zum Thema »Tod und Sterben«, 22.-26. September 1974, Schloß Weidenkam (Starnberger See bei München).
Veröffentlicht zusammen mit Hans-Joachim Hameister in »Dynamische Psychiatrie/Dynamic Psychiatry«, 8. Jg., S. 129-142, 1975 (Origi-

naltitel: Tod und Sterben als Identitätsproblem — Ich-psychologische und gruppendynamische Aspekte)

*Religiosität und Gottesbegriff als ganzheitliches Geschehen*
»Der evangelische Erzieher«, Zeitschrift für Pädagogik und Theologie, 36. Jg., Heft 3, S. 302-309, 1984. Und in:
»Dynamische Psychiatrie/Dynamic Psychiatry«, 17. Jg., S. 255-265, 1984

*Tod und Wiedergeburt. Eine Begegnung*
Beitrag für das Buch »Seht, welch ein Mensch!« Zum 22. Evangelischen Kirchentag, 17.-21. Juli 1987 in Frankfurt/Main

*Frieden und Aggression*
»Dynamische Psychiatrie/Dynamic Psychiatry«, 17. Jg., S. 393-403, 1984

*Man as a Multidimensional Being in Health and Illness*
*Reflections at a Congress Opening*
Vortrag, 10. Weltkongreß des WADP, XXIII. Internationales Symposium DAP zum Thema »Medicine and Psychology in a Holistic Approach to Health and Illness«, Bekhterev Institut St. Petersburg, 25.-29. Oktober 1994
Veröffentlicht in »Dynamische Psychiatrie/Dynamic Psychiatry«, 27. Jg., 1994

# Bildnachweis

S. 64a oben: aus: PARS, Hans, Göttlich aber war Kreta. Das Erlebnis der Ausgrabungen, 1957, Walter Verlag, Olten und Freiburg i.Br.
Standort: Irma Schindler, Berlin, privat

S. 64a unten: aus: SCHACHERMEYER, F., Die frühe Klassik der Griechen, 1966, W. Kohlhammer Verlag, Stuttgart, Berlin, Köln, Mainz.
Standort: Kunstbibliothek Berlin, Nr. CA 7439$^W$

S. 60a: aus: BRENDEL, O.J., Etruscan Art. The Pelican History of Art, Penguin Books, 1978, Printed by Kingsport Press, Inc., Kingsport, Tennessee.
Standort: Kunstbibliothek Berlin, Nr. CA 6810$^t$

S. 65a oben: aus: SCHACHERMEYER, F., Die frühe Klassik der Griechen, 1966, W. Kohlhammer Verlag, Stuttgart, Berlin, Köln, Mainz.
Standort: Kunstbibliothek Berlin, Nr. CA 7439$^W$

S. 65a unten: Foto: Daniel Hermelink, Berlin

S. 272a: aus: STANG, Ragna, Edvard Munch. Der Mensch und der Künstler, 1979, Verlag Karl Robert Langewiesche Nachfolger Hans Köster, Königstein.
Standort: Munch-Museet Oslo; OKK 202, Sch. 58., 46,5x56,5

Fotos:

Privatbesitz des Autors: S. 40a, S. 76 a-d, S. 80,-82, S. 193a-b, S. 358 a-b, S. 359 a

Paul Kalkbrenner, Köln: Verzweiflung S. 128b, Nach dem Tanz 128b, Meditativer Abschlußtanz S. 128c

Daniel Hermelink, Berlin: Zur Sonne S. 128 a, »gebend« S. 128c

Fotos S. 16a, 33, 48a, 96a, 112a, 176a, 312a, 312b 359 b, S. 360-363 aufgenommen während der 66. Gruppendynamischen Tagung der DAP zum Thema »Körper, Geist und Seele« in Paestum/Süditalien, August 1986: Doris Hoffmann, Daniel Hermelink, Gudrun Stein.

Fotos S. 364-365 aufgenommen während Gruppendynamischer Balintwochenenden 1986 am Berliner Lehr- und Forschungsinstitut der DAP

# Über den Autor

Günter Ammon, geboren am 9.5.1918 in Berlin, Dr. med., Arzt für Psychiatrie und Neurologie, Psychotherapie, Psychoanalyse, ist Begründer der Humanstrukturologie und der ganzheitlichen humanistischen Dynamischen Psychiatrie und Präsident der World Association for Dynamic Psychiatry WADP, Inc., Bern. Er ist tätig am Berliner Lehr- und Forschungsinstitut für Dynamische Psychiatrie und Gruppendynamik und in eigener Praxis in Berlin, an der Dynamisch-Psychiatrischen Klinik Menterschwaige in München und im gruppendynamischen Tagungszentrum der DAP in Süditalien.

Er studierte Medizin, Psychologie, Philosophie, Anthropologie und Archäologie in Berlin, Heidelberg und Greifswald; Psychoanalyse in Berlin und Topeka/USA an der Menninger Foundation, an der er zehn Jahre wirkte. Seine psychiatrischen und neurologischen Lehrjahre verbrachte er an Berliner und amerikanischen Kliniken.

Ammon hat als ganzheitlicher Denker immer wieder die verschiedenen Aspekte von Wissenschaft, Philosophie und Religiosität behandelt und erforscht. Seine tiefe Liebe zum Menschen ließ ihn immer wieder nach Wegen suchen, das kreative Potential, das in jedem von uns ruht, zu wecken. Als freiheitlicher Denker, der schon in seiner Jugend im Widerstand gegen das Naziregime aktiv war, trat Ammon immer wieder für die Menschenrechte und den Frieden ein. Seine wissenschaftlichen Kontakte, nicht nur im Westen, sondern auch in der Dritten Welt und den osteuropäischen Ländern, machten ihn zu einem Botschafter eines humanistischen Menschenbildes.

Die ganzheitliche Weite und Fülle seines Menschenbildes ist begründet in seiner lebenslangen Beschäftigung mit den Kulturen, Mythen und Religionen der verschiedensten Völker der Vergangenheit und Gegenwart und basiert auf seiner 50 Jahre gehenden Forschung und daraus resultierenden Behandlungsmethodik von schwer psychisch erkrankten Menschen in den USA und der BRD.

Weil er neue Wege in Psychiatrie und Psychoanalyse geht, gilt Ammon als der fortschrittlichste aber auch als der umstrittenste Psychiater in der BRD.

Auf Forschungs- und Vortragsreisen besuchte er viele Länder Europas, Amerikas, Asiens und Nordafrikas.

Hauptarbeitsgebiete:

Persönlichkeitsforschung und Behandlungsmethodik mit Schwerpunkt auf sog. Borderline-, Schizophrenie- und Psychosomatik-Leiden, Kreativitätsforschung und Arbeit mit sog. Gesunden, Meditation, gruppendynamische Selbsterfahrung, Klausurtagungen, Kindergärten, Humanstruktureller Tanz.

# Weitere Werke des Autors

In PINEL-Publikationen erschienen:

Gruppendynamik der Aggression. 1970. 3. Aufl. 1972
»Bewußtseinserweiternde« Drogen in psychoanalytischer Sicht (Hrsg.). 1971
Gruppendynamik der Kreativität (Hrsg.). 1972
Vorträge 1969 — 1988. 1988
In anderen Verlagen erschienen:

Dynamische Psychiatrie. 1973. Luchterhand, Darmstadt. 1980. Kindler, München. Jetzt: Fischer, Frankfurt/M. (Ital. Lizenzausg.: Psichiatria Dinamica. 1974. Casa Ed. Astrolabio, Roma)
Gruppendynamik der Aggression. 1973. 2. Aufl. 1981. Kindler. München. (Ital. Lizenzausg.: La Dinamica di Gruppo dell' Aggressività. 1973. Casa Ed. Astrolabio, Roma. Niederl. Lizenzausg.: Groepsdynamika en agressie. 1973. Nelissen, Bloemendal)
Gruppenpsychotherapie (Hrsg.). 1973. Hoffmann & Campe, Hamburg. 1976. Kindler, München
Gruppendynamik der Kreativität (Hrsg.). 1974. Kindler, München. Jetzt: Fischer, Frankfurt/M.
Psychoanalyse und Psychosomatik. 1974. Piper, München. (Ital. Lizenzausg.: Psicosomatica. 1977. Edizioni Borla, Roma. Amer. Lizenzausg.: Psychoanalysis and Psychosomatics. 1979. Springer, New York. Jap. Lizenzausg.: 1979. Iwasaki-Gakujutsu, Tokio)
Psychoanalytische Traumforschung (Hrsg.). 1974. Hoffmann & Campe, Hamburg
Psychotherapie der Psychosen (Hrsg.). 1975. Kindler, München. Jetzt: Fischer, Frankfurt/M.
Analytische Gruppendynamik (Hrsg.). 1976. Hoffmann & Campe, Hamburg
Kindesmißhandlung (unter Mitarbeit von Rock, v. Wallenberg Pachaly, H. Volbehr, Gülsdorff, Röhling und Nickel). 1979. Kindler, München. Jetzt: Fischer, Frankfurt/M.
Handbuch der Dynamischen Psychiatrie, Bd. 1 (Hrsg.). 1979. Ernst Reinhardt, München/Basel
Handbuch der Dynamischen Psychiatrie, Bd. 2 (Hrsg.). 1982. Ernst Reinhardt, München/Basel

Günter Ammon, Gisela Ammon: Werken met kindergroepen en oudergroepen: en alternatief model uit de dynamische psychiatrie en de psychoanalytische theorie. 1985. Nelissen, Baarn

Herausgeber der Internationalen Zeitschrift für Psychiatrie und Psychoanalyse »Dynamische Psychiatrie/Dynamic Psychiatry«, 28. Jg., Pinel-Verlag, München. (Ital. Lizensausg.: »Psichiatria Dinamica«, 1974-1977, 1984 und ab 1986)

# Dynamische Psychiatrie  *Dynamic Psychiatry*

Internationale Zeitschrift für Psychiatrie und Psychoanalyse
Herausgegeben von Günter Ammon

Die Zeitschrift Dynamische Psychiatrie/Dynamic Psychiatry veröffentlicht internationale wissenschaftliche Forschungsergebnisse auf den Gebieten humanistischer Psychiatriekonzepte auf dem Hintergrund des sich vollziehenden Paradigmenwechsels in Psychiatrie und Psychoanalyse. Besondere Berücksichtigung finden dabei Arbeiten über schizophrene Reaktion, Psychosomatik und Borderlinephänomene, sowie die Schlaf-, Traum- und Hirnhemisphärenforschung.

In Zusammenarbeit mit Dr. Ammon und seinen deutschen Mitarbeitern wie Dr. I. Burbiel, Dr. R. Schmidts, M. Ammon u.a. veröffentlichen hier Wissenschaftler wie Prof. Judge A. Carmi, Dr. M. Erdreich (Haifa), Prof. V.S. Rotenberg (Tel Aviv), Prof. M.M. Kabanov (St. Petersburg), Prof. R. Rogers (Los Angeles), Prof. M. Knobel (Campinas, Brasilien), Prof. J.B.P. Sinha (Patna, Indien), Prof. P.L. Eletti (Florenz), Prof. A. Lambertino (Parma), Prof. Wu Chen-I (Peking), Dr. B. Buda (Budapest), Dr. Y. Tokuda (Tokio) u.a.

erscheint im 28. Jahrgang, (sechs Hefte pro Jg.)
Einzelheftpreis DM 20,– (ÖS 145,– / sFr 17,–)
Jahresabonnement DM 120,– (ÖS 880,– / sFr 108,–)
Studenten DM 63,– (ÖS 480,– / sFr 59,–)

**Fordern Sie ein kostenloses Probeheft an!**

»Pinel« Verlag für humanistische Psychiatrie und Philosophie GmbH
Kantstraße 120/121,
D - 10625 Berlin
Fax (030 - 313 69 59)

# Egon Fabian

## Glossar der Grundbegriffe der Dynamischen Psychiatrie

\* \* \*

## Glossary of Basic Terms of Dynamic Psychiatry

\* \* \*

## Глоссарий основных понятий Динамической психиатрии

1994

The Glossary of Basic Terms of Dynamic Psychiatry is written in German, English and Russian and intended to facilitate the understanding of Dynamic Psychiatry to a larger public. Its detailed explanations and comments make further reading easier and can serve as an up-to-date guide for teaching the concept of Human Structurology.

DM 40,– / Orders to PINEL-Verlag, Kantstr. 120/121, D-10625 Berlin

# NEUERSCHEINUNG

## Günter Ammon
# VORTRÄGE
# 1969 – 1988

Günter Ammon, Dr. med., Arzt für Psychiatrie und Neurologie, Psychotherapie, Psychoanalyse

Präsident der World Association for Dynamic Psychiatry WADP, Inc. Bern und Präsident der Deutschen Akademie für Psychoanalyse (DAP) e.V. Chefkonsilarius der Klinik für Dynamische Psychiatrie München München

Das Buch enthält eine Sammlung von entscheidenden weiterführenden Arbeiten Günter Ammons über einen Zeitraum von 20 Jahren. Heute, da die Dynamische Psychiatrie sowohl theoretisch wie praktisch als zukunftsweisende Alternative zu den bestehenden psychiatrischen und psychoanalytischen Richtungen Gestalt gewonnen hat, kommt einer Sammlung, die die Entwicklung dieser Schule vor Augen führt, besondere Bedeutung zu. In ihr zeigt sich die Dynamische Psychiatrie nicht als ein festes abgeschlossenes Lehrgebäude, sondern als eine lebendige, sich verändernde Theorie – als ein offenes System. So bietet dieses Buch Gelegenheit, die Entstehung einer grundlegenden neuen Konzeption vom Menschen von den ersten Keimen an zu erleben: die Geburt eines neuen Paradigmas, aus dem Geiste ständiger Auseinandersetzung.

**Paperback DM 38,50**
500 Seiten
ISBN-Nr. J-922-109-00-4

»Pinel« Verlag für humanistische Psychiatrie und Philosophie GmbH
Kantstraße 120/121, 10625 Berlin